本书得到国家社科基金项目(13CJLOO8)及
中国农业大学中央高校基本业务费"人文社科繁荣计划"资助

气候变化对清代华北地区粮食生产及粮价波动的影响

李军 胡鹏 黄玉玺 马烈 ◎ 著

人民出版社

责任编辑:邵永忠
封面设计:黄桂月

图书在版编目(CIP)数据

气候变化对清代华北地区粮食生产及粮价波动的影响/李军 等著. —北京:
　人民出版社,2021.12
　ISBN 978-7-01-023921-7

Ⅰ.①气… Ⅱ.①李… Ⅲ.①气候变化-影响-粮食-生产-研究-华北
　地区-清代②气候变化-影响-粮食-物价波动-研究-华北地区-清代
　Ⅳ.①F326.11②F729.49③F724.721

中国版本图书馆 CIP 数据核字(2021)第 217577 号

气候变化对清代华北地区粮食生产及粮价波动的影响

QIHOU BIANHUA DUI QINGDAI HUABEI DIQU LIANGSHI SHENGCHAN JI
LIANGJIA BODONG DE YINGXIANG

李军　胡鹏　黄玉玺　马烈　著

人民出版社 出版发行
(100706 北京市东城区隆福寺街 99 号)

北京汇林印务有限公司印刷　新华书店经销

2021 年 12 月第 1 版　2021 年 12 月北京第 1 次印刷
开本:710 毫米×1000 毫米 1/16　印张:23.5　字数:380 千字

ISBN 978-7-01-023921-7　定价:90.00 元

邮购地址 100706　北京市东城区隆福寺街 99 号
人民东方图书销售中心　电话 (010)65250042　65289539

目　录

第一章 绪 论

《洪范》八政，食为政首。粮食安全问题一直是我国农业生产的重中之重。近年来，虽然我国粮食连年丰收，但随着人口增加、城镇化推进、食品消费升级，粮食需求相当长时间内仍将保持刚性增长，粮食生产供给又面临耕地和水资源硬约束、农村青壮年劳动力大量流出、国外进口不确定性增加等挑战，未来粮食供需还将长期处于紧平衡。民为国基，谷为民命。习近平总书记十分关心粮食生产和粮食安全，对粮食安全主动权、耕地红线、粮食储备调节等重要问题都作过深刻阐释。他多次强调保障国家粮食安全是一个永恒的课题，任何时候这根弦都不能松，"对我们这样一个有着 14 亿人口的大国来说，农业基础地位任何时候都不能忽视和削弱，手中有粮、心中不慌在任何时候都是真理"。

"历史是现实的根源，任何一个国家的今天都来自昨天。只有了解一个国家从哪里来，才能弄懂这个国家今天怎么会是这样而不是那样，也才能搞清楚这个国家未来会往哪里去和不会往哪里去。"我国自古以来就是一个农业大国，粮价的高低关乎农民的收益、社会的福祉，关系着国家的安全。在粮食价格变动引起国际社会普遍关注的今天，探究历史时期粮食价格长期趋势和短期波动，以及其中折射出的制度性与技术性因素，各种粮食作物价格之间的关联，对当今社会仍然具有较强的理论与现实意义。

粮食安全是历史气候变化影响研究的核心议题之一，是经济史研究的重要主题。在经济社会现代化研究中，市场化是其核心内容之一，而商品价格——尤其是粮食价格则是衡量历史时期市场化程度的重要尺度。粮价是表征气候变化影响粮食安全的关键指标之一，价格的形成受供给、需求和市场规则等三个方面的影响，而气候变化对这三方面均有明显的影响。

一、国内外研究现状

（一）历史时期气候变化

目前，对"气候变化"的概念定义主要有两种。其一，按照1992年达成的《联合国气候变化框架公约》（*United Nations Framework Convention on Climate Change*，UNFCCC），除了自然变异外，气候变化还包括人类各种活动对大气组成的影响。其二，联合国政府间气候变化专门委员会（Intergovernmental Panel on Climate Change，IPCC）将气候变化定义为：气候随时间的任何变化，无论其原因是自然变率，还是人类活动的结果。二者的区别在于UNFCCC更强调人为因素，而IPCC则兼顾了人为和自然因素。本书采用IPCC的定义。

对"历史时期气候变化"主题的研究主要涉及两个方面：一是历史时期气候变化——尤其是冷暖（温度）和干湿（降水）序列的重建；二是气候变化的历史影响。从研究者身份和文献构成上看，历史时期气候变化重建的研究主体是地理学领域的学者，且研究成果大多发于《地理研究》《地理学报》《科学通报》《第四纪研究》《中国科学（D辑：地球科学)》等与地理学相关的期刊，英文期刊也有关于我国历史时期气候变化的文献，但也大多为我国地理学领域的学者所著；气候变化的历史影响这一主题的研究主体范围则较广，不单限于地理学领域，历史学、社会学、农学等其他领域的学者也多有涉及，且研究成果在数量上不分伯仲。此外，除了国内学者外，还有许多外国学者对历史时期气候变化对经济社会的影响开展了深入的研究。

第一，历史时期气候变化序列重建。

对历史时期气候变化的研究源于20世纪20年代，竺可桢、蒙文通等老一辈学者为历史时期气候变化的研究做出了开拓性的贡献。1925年，竺可桢首先发表文章利用历史文献推测了我国南宋和各个时期的气候状况及其与现代气候的差异，此后，又连续发表了多篇探讨历史时期气候变化的文章，开创了我国气候变化研究的先河。① 同一时期，胡焕庸从理论上介绍了气候变化的改变和研究方法②，谢义炳和张汉松分别对明清旱涝灾害的周期进行了探讨。③ 此外，历史学界也逐渐开始关注历史时期的气候变化，蒙文通从历史的角度考察了北方历史时期的气候变化，徐中舒、胡厚宣和董作宾等学者也凭借其历史学和考古学知识参与了对中国殷商时期气候变化的讨论。④ 新中国成立初期，徐近之、文焕然、唐锡仁、薄树人、萧廷奎、蒋德隆、严济远等学者对我国古代文献采用科学的方法进行了整理和分析，并搜集了气象记录、河湖冰冻、雪线变化、冰川进退、动植物分布等气候变化相关资料。⑤

　　20 世纪六七十年代是历史时期气候变化研究发展史上十分重要的时期，1962 年和 1972 年，竺可桢先后发表了《历史时代世界气候的波动》和《中国近五千年来气候变迁的初步研究》，前文通过对中国和欧洲历史时期气候变化情况的比较，发现 17 世纪后半期长江下游的寒冷期与欧洲的小冰期具有一致性；后文依据古文献中有关物候的记载，重建了我国五千年的气温序

---

① 参见竺可桢《中国历史上气候之变迁》，《东方杂志》1925 年第 3 号；《南宋时代我国气候之揣测》，《科学》1925 年第 2 期；《南京之气候》，《史学与地学》1927 年第 4 期；《直隶地理的环境和水灾》，《科学》1927 年第 12 期；《天时对于战争之影响》，《科学杂志》1932 年第 11—12 期；《前清北京之气象记录》，《气象杂志》1936 年第 2 期。

② 胡焕庸：《气候变更说述要》，《科学》1929 年第 11 期。

③ 谢义炳：《清代水旱灾之周期研究》，《气象学报》1943 年第 Z1 期；张汉松：《明代水旱灾周期的初步探讨》，《气象学报》1944 年第 1—4 期。

④ 蒙文通：《中国古代北方气候考略》，《史学杂志》1930 年第 3—4 期；徐中舒：《殷人服象及象之南迁》，《中央研究院历史语言研究所集刊》1930 年第 1 期；胡厚宣：《气候变迁与殷代气候之检讨》，《甲骨学商史论丛》1945 年第二集下册；董作宾、魏特夫：《商代卜辞中的气象记录》，《中国文化研究所集刊》1943 年第 1—4 期；董作宾：《殷文丁时卜辞中一旬间之气象记录》，《气象学报》1943 年第 Z1 期；董作宾：《再谈殷代气候》，《华西协合大学中国文化研究所集刊》1946 年第 3 卷。

⑤ 徐近之：《黄淮平原气候历史记载的初步整理》，《地理学报》1955 年第 2 期；文焕然：《秦汉时代黄河中下游气候研究》，商务印书馆 1995 年版；文焕然：《秦汉时代黄河中下游气候研究》，商务印书馆 1995 年版；唐锡仁、薄树人：《河北省明清时期干旱情况的分析》，《地理学报》1962 年第 1 期；萧廷奎、彭芳草、李长付、周拔夫、盛福尧、张恒渤：《河南省历史时期干旱的分析》，《地理学报》1964 年第 3 期；蒋德隆、严济远：《长江下游地区夏季旱涝演变趋势的研究》，《地理学报》1965 年第 2 期。

列。① 竺可桢的研究打破了欧洲学界关于欧亚大陆气候长期不变的观念，在学理上为研究历史时期气候变化奠定了基础，为研究我国历史时期气候变化指明了大方向。

此后，许多学者通过大量史料证据的整理，利用更为先进的方法，得出新的结论，推动气候变化的研究向纵深发展。② 学者们通过证实公元 13 世纪前期气候突变和中国东部中世纪暖期的存在，进一步充实和拓展了历史时期气候变化研究的视野。③ 另外，利用树轮、冰芯、石笋、沉积和孢粉等自然证据分析气候变化的研究也取得了进展。尤其是 20 世纪 90 年代以来，通过国际合作，不仅在理论上，而且在应用方法上都实现了与国际研究的接轨。④ 2011 年葛全胜等出版的《中国历朝气候变化》更是对 20 世纪 20 年代以来历史时期气候变化研究的综合成果进行了全方位的展示。⑤

历史文献研究方面。通过对历史文献资料的研究，我国一些区域近百年至千年的湿润指数序列和温度序列得以建立，显示了历史时期中气候变化明显的波动、突变和周期性特征。例如，干湿序列方面，绘制了 1470—1979 年中国干湿变化图册，建立了太湖流域历史旱涝等级序列、华北海河流域和陕西关中地区两千多年来的旱涝变化概况、我国东部 6 个区域近 1033 年的区域干湿气候序列、我国近 2000 年来的旱涝气候序列，以及用多因子回归法重建了北京 1724—2000 年的降水序列，建立了湖北近 500 年来的干湿气候变化序列等⑥；温度序列方面，建立了北京 1724—1903 年夏季月

① 竺可桢：《历史时代世界气候的波动》，《气象学报》1962 年第 A1 期；竺可桢：《中国近五千年来气候变迁的初步研究》，《考古学报》1973 年第 2 期。

② 满志敏：《关于唐代气候冷暖问题的讨论》，《第四纪研究》1998 年第 1 期。

③ 郑景云、葛全胜、张丕远：《气候突变：史实与意义》，《地球科学进展》1999 年第 2 期；杨保、康兴成、施雅风：《近 2000 年都兰树轮 10 年尺度的气候变化及其与中国其它地区温度代用资料的比较》，《地理科学》2000 年第 5 期。

④ 杨保、施雅风、李恒鹏：《过去 2ka 气候变化研究进展》，《地球科学进展》2002 年第 1 期；葛全胜、方修琦、郑景云：《中国历史时期气候变化影响及其启示》，《地球科学进展》2014 年第 1 期。

⑤ 葛全胜：《中国历朝气候变化》，科学出版社 2011 年版。

⑥ 中央气象局气象科学研究院：《中国近五百年旱涝分布图集》，地图出版社 1981 年油印本；陈家其：《从太湖流域旱涝史料看历史气候信息处理》，《地理学报》1987 年第 3 期；严中

温度年计序列、近 500 年华北四季温度距平十年计序列、合肥地区 250 多年来年冬季温度年计序列、过去 2000 年黄河和长江中下游十年和三十年温度序列、昆明地区 1721—1855 年间冬季年计气温序列和 1856—1900 年冬季十年温度序列，等等。①

此外，自 20 世纪 70 年代以来，学术界便开始对正史、地方志、档案等历史文献中历史时期气候变化资料进行收集整理，比如，根据北京清代"晴雨录"整理出了 1724—1973 年北京地区的降水量，近 500 年中国旱涝变化，初步建立起了历史气候变化文献数据库以及挖掘出了近 3000 年来我国古代历史文献中有关气候变化的史料、各大流域清代洪涝档案史料和省际历史气象灾害史料，等等。②

伟、李兆元、王晓春：《历史上 10 年—100 年尺度气候跃变的分析》，《大气科学》1993 年第 6 期；张德二、刘传志、江剑民：《中国东部 6 区域近 1000 年干湿序列的重建和气候跃变分析》，《第四纪研究》1997 年第 1 期；张丕远、葛全胜：《2000 年来我国旱涝气候演化的阶段性和突变》，《第四纪研究》1997 年第 1 期；张德二、刘月巍：《北京清代"晴雨录"降水记录的再研究——应用多因子回归方法重建北京（1724—1904 年）降水量序列》，《第四纪研究》2002 年第 3 期；徐新创、葛全胜、郑景云、刘成武：《湖北省近 500 年区域干湿序列重建及其比较分析》，《地理研究》2010 年第 6 期。

① 张德二、刘传志、江剑民：《中国东部 6 区域近 1000 年干湿序列的重建和气候跃变分析》，《第四纪研究》1997 年第 1 期；王绍武：《公元 1380 年以来我国华北气温序列的重建》，《中国科学（B 辑：化学　生命　科学　地学）》1990 年第 5 期；周清波、张丕远、王铮：《合肥地区 1736—1991 年年冬季平均气温序列的重建》，《地理学报》1994 年第 4 期；杨煜达：《清代昆明地区（1721—1900 年）冬季平均气温序列的重建与初步分析》，《中国历史地理论丛》2007 年第 1 期。

② 中央气象局研究所：《北京 250 年降水（1724—1973）》，中央气象局研究所 1975 年；中央气象局气象科学研究院：《中国近五百年旱涝分布图集》，地图出版社 1981 年版；郑景云、郝志新、狄小春：《历史环境变化数据库的建设与应用》，《地理研究》2002 年第 2 期；张德二：《中国三千年气象记录总集》，凤凰出版社 2004 年版；水利水电科学研究院：《清代江河洪涝档案史料丛书·清代海河滦河洪涝档案史料》，中华书局 1981 年版；水利水电科学研究院：《清代江河洪涝档案史料丛书·清代淮河流域洪涝档案史料》，中华书局 1998 年版；水利水电科学研究院：《清代江河洪涝档案史料丛书·清代黄河流域洪涝档案史料》，中华书局 1993 年版；水利水电科学研究院：《清代江河洪涝档案史料丛书·清代辽河、松花江、黑龙江流域洪涝档案史料清代浙闽台地区诸流域洪涝档案史料》，中华书局 1998 年版；水利水电科学研究院：《清代江河洪涝档案史料丛书·清代长江流域西南国际河流洪涝档案史料》，中华书局 1988 年版；水利水电科学研究院：《清代江河洪涝档案

运用自然证据进行研究方面。从 20 世纪 80 年代开始，为研究气候变化，学者们采集并分析了大量的自然证据，包括冰芯、树轮、沉积、孢粉、石笋等应用于气候变化的研究。葛全胜等认为，20 世纪 80 年代以来，我国迎来了历史气候数据重建的热潮，仅中国知网、维普中文期刊网、Sciencedirect、Web of science 等网站收录的文章就有 600 多篇，通过 500 多个地点的采样，学者们重建了我国历史时期的降水与气温数据。①

树轮是重建历史气候变化序列的一种主要代用证据，因为树轮具有分布广泛、分辨率高、易于复本、定年精确等良好优势。我国利用树轮等自然证据重建历史时期气候变化的研究虽然起步较早，但直到 20 世纪七八十年代才获得了较明显的成果。例如，卓正大等利用祁连山地区树木年轮记录，探讨了中国 1059—1975 年的气候变化；1986 年，中国科学院地理资源所建立了国内第一个树轮研究实验室，并出版了国内第一部关于树轮气候学的专著；1989 年又出版了利用树轮重建阿尔泰山区、天山山区和塔里木河流域等新疆地区干湿变化的论文集。② 至 20 世纪 90 年代以来，利用年轮重建中国历史时期气候变化的研究成果已十分丰富，如重建了长白山区 1655 年以来 1—4 月平均最高气温的变化序列、川西地区 1650—1994 年冬季平均最低气温距平序列、近 2000 年青海都兰地区的平均温度、1319 年黑龙江黑河出山口径流量、西安与汉中地区 1736—1999 年冬季年计气温序列、黄河上游过去 1234 年以来的流量变化、祁连山中部 1480 年以来上年 8 月至当年 7 月的年降水量，等等。③

史料丛书·清代珠江韩江洪涝档案史料》，中华书局 1988 年版；温克刚：《中国气象灾害大典》（32 卷），气象出版社 2005—2008 年版。

① 葛全胜、方修琦、郑景云：《中国历史时期气候变化影响及其启示》，《地球科学进展》2014 年第 1 期。

② 卓正大、胡双熙、张先恭、赵溱、王芸生、刘光远：《祁连山地区树木年轮与我国近千年（1059—1975 年）的气候变化》，《兰州大学学报》（自然科学版）1978 年第 2 期；吴祥定等：《树木年轮与气候变化》，气象出版社 1990 年版；李江风、袁玉江、周文盛：《新疆年轮气候年轮水文研究》，气象出版社 1989 年版。

③ 邵雪梅、范金梅：《树轮宽资料所指示的川西过去气候变化》，《第四纪研究》1999 年第 1 期；邵雪梅、吴祥定：《利用树轮资料重建长白山区过去气候变化》，《第四纪研究》1997 年第 1 期；康兴成、程国栋、康尔泗、张其花：《用树轮资料重建黑河近千年来出山

　　利用冰芯重建中国历史时期气候变化，在区域上主要集中于青藏地区。中国科学院兰州冰川冻土研究所在 1986—1987 年，与美国俄亥俄大学 Byrd 极地研究中心展开了通力合作，在祁连山敦德冰帽钻取深孔冰芯，揭开了国内学界利用冰芯重建中国历史时期气候变化的序幕。自 1990 年起，我国在希夏邦马冰帽与西昆仑山古里雅冰帽等多处钻取冰芯。至 1997 年，又与俄罗斯、美国、尼泊尔、秘鲁等多国进行合作，在希夏邦马峰达索普冰川进行了深孔冰芯的钻取工作。① 在这些科研工作的基础上，也形成了诸多研究成果，同时也有学者将依据冰芯重建的气候变化研究成果与我国东部地区历史文献中的记载和树轮研究结果进行比较。②

　　除利用冰芯、树轮等进行历史气候数据重建外，湖泊沉积也成为学者的较优选择。由于其具有高分辨率的特点，越发受到学者的关注，并出现了诸多成果，对我国历史时期气候变化的研究结果作出了佐证③。但利用湖泊

口径流量》，《中国科学 D 辑》2002 年第 8 期；康兴成、张其花、Lisa J.Graumlich、Paul Sheppard：青海都兰过去 2000 年来的气候重建及其变迁》，《地球科学进展》2000 年第 2 期；郑景云、葛全胜、郝志新、田砚宇：《1736—1999 年西安与汉中地区年冬季平均气温序列重建》，《地理研究》2003 年第 3 期；勾晓华、邓洋、陈发虎、杨梅学、方克艳、高琳琳、杨涛、张芬：《黄河上游过去 1234 年流量的树轮重建与变化特征分析》，《科学通报》2010 年第 33 期；田沁花、周秀骥、勾晓华、赵平、范泽鑫、Samuli HELAMA：《祁连山中部近 500 年来降水重建序列分析》，《中国科学（地球科学）》2012 年第 4 期。

① 谢自楚、武筱舲、姚檀栋、L.G.Thompson：《敦德冰岩芯古气候环境记录的初步研究》，《第四纪研究》1989 年第 2 期；姚檀栋、杨志红、黄翠兰、焦克勤、谢超、L.G.Thompson：《近 2ka 来高分辨的连续气候环境变化记录——古里雅冰芯近 2ka 记录初步研究》，《科学通报》1996 年第 12 期；姚檀栋、L.G.Thompson、施雅风、秦大河、焦克勤、杨志红、田立德：《E.Mosley-Thompson. 古里雅冰芯中末次间冰期以来气候变化记录研究》，《中国科学（D 辑：地球科学）》1997 年第 5 期；姚檀栋、秦大河、徐柏青、杨梅学、段克勤、王宁练、王有清、侯书贵：《冰芯记录的过去 1000a 青藏高原温度变化》，《气候变化研究进展》2006 年第 3 期。

② 施雅风、姚檀栋、杨保：《近 2000A 古里雅冰芯 10A 尺度的气候变化及其与中国东部文献记录的比较》，《中国科学（D 辑：地球科学）》1999 年第 S1 期；施雅风：《近 2000a 古里雅冰芯 10a 尺度的气候变化及其与中国东部文献记录的对比》，《中国科学（D 辑：地球科学）》1999 年第 S1 期；姚檀栋、杨梅学、康兴成：《从古里雅冰芯与祁连山树轮记录看过去 2000 年气候变化》，《第四纪研究》2001 年第 6 期。

③ 曹建廷、王苏民、沈吉、张振克：《近千年来内蒙古岱海气候环境演变的湖泊沉积记录》，《地理科学》2000 年第 5 期；何报寅、张穗、蔡述明：《近 2600 年神农架大九湖泥炭的气

沉积物进行历史数据重建也存在一定的局限性，湖泊沉积物具有物化复杂性，要想达到十年尺度的分辨率较为困难。①

利用石笋和孢粉重建中国历史时期气候变化的研究也取得了一定成果②，但由于技术等原因，应用程度不及树轮、冰芯以及湖泊沉积等自然证据。此外，也有学者将历史文献和自然证据相结合，重建中国历史时期的气温年度序列，并得到了广泛的认可。③ 在历史时期气候变化的研究方法方面，除了散落于单篇期刊文章外，也有专门对其进行研究分析的著述。④

候变化记录》，《海洋地质与第四纪地质》2003 年第 2 期；沈吉、王苏民、R.Matsumoto、朱育新：《内蒙古岱海古水温定量恢复及其古气候意义》，《中国科学（D 辑：地球科学）》2001 年第 12 期；沈吉、张恩楼、夏威岚：《青海湖近千年来气候环境变化的湖泊沉积记录》，《第四纪研究》2001 年第 6 期；王苏民、李建仁：《湖泊沉积——研究历史气候的有效手段——以青海湖、岱海为例》，《科学通报》1991 年第 1 期；肖尚斌、李安春、蒋富清、李铁刚、黄朋、徐兆凯：《近 2ka 来东海内陆架的泥质沉积记录及其气候意义》，《科学通报》2004 年第 21 期；张恩楼、沈吉、王苏民、夏威岚、金章东：《青海湖近 900 年来气候环境演化的湖泊沉积记录》，《湖泊科学》2002 年第 1 期。

① 杨保、施雅风、李恒鹏：《过去 2ka 气候变化研究进展》，《地球科学进展》2002 年第 1 期。

② 姜修洋、李志忠、李金全、孔兴功、郭允：《最近 500 年来福建玉华洞石笋氧同位素记录及气候意义》，《地理科学》2012 年第 2 期；李红春、顾德隆、D.Stott Lowel、陈文寄：《高分辨率洞穴石笋稳定同位素应用之一——京津地区 500A 来的气候变化——Δ~(18) O 记录》，《中国科学（D 辑：地球科学）》1998 年第 2 期；李红春、顾德隆、陈文寄、袁道先、李铁英：《高分辨率洞穴石笋中稳定同位素应用——北京元大都建立后对森林资源的破坏—δ~(13) C 记录》，《地质论评》1998 年第 5 期；张美良、程海、林玉石、覃嘉铭、朱晓燕、冉景丞、杨琰、陈会明、R.L.Edwards：《贵州荔波地区 2000 年来石笋高分辨率的气候记录》，《沉积学报》2006 年第 3 期；张美良、林玉石、朱晓燕、覃嘉铭、杨琰、罗贵荣：《云南宁蒗地区中全新世晚期气候变化的石笋记录》，《海洋地质与第四纪地质》2006 年第 1 期；许清海、肖举乐、中村俊夫、阳小兰、杨振京、梁文栋、井内美郎：《孢粉记录的岱海盆地 1500 年以来气候变化》，《第四纪研究》2004 年第 3 期；许清海、阳小兰、杨振京、梁文栋、孙黎明：《孢粉分析定量重建燕山地区 5000 年来的气候变化》，《地理科学》2004 年第 3 期。

③ Ge, Q., Wang, S. and Zheng, J., "Reconstruction of Temperature Series in China for the Last 5000 Year", Progress in Natural Science, 2006, 16（8）；王绍武、闻新宇、罗勇、董文杰、赵宗慈、杨保：《近千年中国温度序列的建立》，《科学通报》2007 年第 8 期。

④ 龚高法、张丕远、吴祥定、张瑾瑢：《历史时期气候变化研究方法》，科学出版社 1983 年版。

第二，气候变化的历史影响。

历史时期气候变化对中国经济社会影响的研究可追溯至 20 世纪 30 年代。李四光在 1932 年发表的《战国后中国国内战争的统计和治乱的周期》一文认为，历史治乱循环的影响因素中，气候变化可能是极为重要的一种。此后到 20 世纪 70 年代，相关研究以气候变化中灾害的影响为主。[①] 从 80 年代开始，历史时期气候变化对经济社会的影响再次成为学者所关注的热点问题之一。80 年代初曾出现了一个探讨气候变化与农业生产关系为中心的高潮，尤其是在当时"灾害学"方兴未艾的背景下，小冰期以来气候变化对明清农业生产的影响得到了较为深入的探讨。[②] 近年来，研究成果更为丰富，数量有了显著的增长，加之地理学科不断发展，高分辨率气候序列重建及其与历史社会经济序列的对比，以及对气候—人类社会相互作用机理的研究，受到了学者们的高度关注。研究内容主要包括作用机理的定量分析、各种气候要素的作用差异、不同区域受气候影响的差别，研究方法主要包括定量化、高分辨率化和集成化。[③]

从内容上看，目前学术界对历史时期气候变化对经济社会影响的研究，主要集中在以下三个方面：

首先，气候变化对经济发展的影响。气候变化对经济发展的影响具有两面性。一方面，气候变化有助于经济发展，如根据地方志及《清实录》等资料，一些学者通过重建清代东蒙地区人口、收成及耕地等序列数据，以此与当期华北旱涝序列进行比对分析，发现作为华北洪涝灾害的异地响应，移民开垦对清代东蒙地区的农业生产发展具有一定的促进作用。[④] 另一方面，

① 邓云特：《中国救荒史》，生活·读书·新知三联书店 1958 年版。

② 吴滔：《建国以来明清农业自然灾害研究综述》，《中国农史》1992 年第 4 期。

③ 魏柱灯、方修琦、苏筠、萧凌波：《过去 2000 年气候变化对中国经济与社会发展影响研究综述》，《地球科学进展》2014 年第 3 期。

④ Xiao, L., Fang, X. and Ye, Y., "Reclamation and Revolt: Social Responses in Eastern Inner Mongolia to Flood/Drought-Induced Refugees From the North China Plain 1644–1911", *Journal of Arid Environments*, 2013, 88；Ye, Y., Fang, X. and Khan, M. A. U., "Migration and Reclamation in Northeast China in Response to Climatic Disasters in North China Over the Past 300 Years", *Regional Environmental Change*, 2012, 12 (1)；萧凌波、方修琦、黄欢、魏柱灯：《1780—1819 年华北平原水旱灾害社会响应方式的转变》，《灾害学》2011 年第 3 期。

气候变化具有很强的消极作用。李伯重认为，18 世纪我国经济发展存在较长时期的繁荣，但进入 19 世纪后，我国经济转变为长期衰退，其中一个重要因素是气候变化，它导致了我国农业和手工业生产条件不断恶化。气候变化所带来的温度下降，使得自然灾害频率加剧，进而影响社会经济的发展。[1] 研究显示，明代中期与北朝的经济倒退与气候变化的影响密不可分。[2] 此外，气候变化对古代社会经济格局的形成和演变也有明显的影响。全新世暖期的结束是导致我国传统经济社会中的农牧交错带格局的直接原因。[3] 自 11 世纪起，我国气候逐渐变冷，严重影响了北方地区的农业生产，人口逐渐向南方地区迁移，一定程度上促进了南方经济发展，经济重心也因此向南移动。[4] 气温不断变冷，降水逐渐减少，这种气候变化一定程度上是对江南潮湿气候的改善，有利于土地的开垦，同时人口南移带来的先进技术，对江南农业与手工业的发展起到了巨大的促进作用。[5]

其次，气候变化对社会发展的影响。该方面的研究主要可分为社会稳定与王朝兴衰等两类。关于社会稳定，早在 1932 年，李四光就统计了我国战国以后发生的内战，通过分析发现，我国历史上存在较为明显的 800 年治乱周期，这一周期的产生很可能与气候变化有较大关联。[6] 此后，邓云特在

---

[1]　李伯重：《"道光萧条"与"癸未大水"——经济衰退、气候剧变及 19 世纪的危机在松江》，《社会科学》2007 年第 6 期。

[2]　Atwell，W. S.，"Time，Money，and the Weather：Ming China and the 'Great Depression' of the Mid-Fifteenth Century"，*The Journal of Asian Studies*，2002，61（1）；李文涛：《气候变冷与市场经济衰退——以北朝为例》，《南都学坛》2009 年第 2 期。

[3]　方修琦：《从农业气候条件看我国北方原始农业的衰落与农牧交错带的形成》，《自然资源学报》1999 年第 3 期；连鹏灵、方修琦：《岱海地区原始农业文化的兴衰与环境演变的关系》，《地理研究》2001 年第 5 期。

[4]　赵红军、尹伯成：《公元 11 世纪后的气候变冷对宋以后经济发展的动态影响》，《社会科学》2011 年第 12 期；葛全胜、刘浩龙、郑景云、萧凌波：《中国过去 2000 年气候变化与社会发展》，《自然杂志》2013 年第 1 期；王铮、张丕远、周清波：《历史气候变化对中国社会发展的影响——兼论人地关系》，《地理学报》1996 年第 4 期。

[5]　任美锷：《气候变化对全新世以来中国东部政治、经济和社会发展影响的初步研究》，《地球科学进展》2004 年第 5 期。

[6]　李四光：《战后中国内战的统计和治乱的周期》，载《庆祝蔡元培先生六十五岁论文集》，1932 年。

《中国救荒史》中也支持了这一观点。他认为，气候变化与自然灾害是引发农民起义的首要因素。①

近年来，历史时期气候变化对人类社会发展的影响的研究取得了较大的进展。Butzer 通过对古代北非、东非和两河流域的五个文明的考察，提出了"环境变化—人类社会—历史崩溃的概念模型"，从理论上在气候变化与社会发展之间建立起了联系。② 就我国而言，最新研究也表明，社会动乱与气候的冷暖变化，两者间存在较为明显的对应关系。如近千年以来，冷期导致的农业生产萎缩是造成我国战争数量增加和社会不稳定的根本原因，暖期战争与动乱的发生频率明显低于冷期，战争发生频率与温度呈现负相关，南方地区较北方地区更加明显，温度下降主要通过直接增加外患、蝗灾与旱灾的发生频率，从而间接增加了我国北方农业社会中的农民起义，与温度下降相对，温度上升有利于减少社会的不稳定性。③ 此外，也有学者通过研究发现，气候变化对社会稳定的间接影响也十分巨大。例如，清代华北地区出现的社会动乱，在很大程度上就是气候变化与人地矛盾形成叠加效应造成的，18 世纪末 19 世纪初，华北平原气候突变，一度使得社会脆弱性水平达到临界值，比风调雨顺年景提前 20 年。④ 明末和清朝中期的饥荒、流行病、起

① 邓云特：《中国救荒史》，生活·读书·新知三联书店 1958 年版。

② Butzer, K. W., "Collapse, Environment, and Society", *Proceedings of the National Academy of Sciences*, 2012, 109（10）.

③ Zhang, D., Jim, C., Lin, C., He, Y. and Lee, F., "Climate Change, Social Unrest and Dynastic Transition in Ancient China", *Chinese Science Bulletin*, 2005, 50（2）；王俊荆、叶玮、朱丽东、李凤全、田志美：《气候变迁与中国战争史之间的关系综述》，《浙江师范大学学报》（自然科学版）2008 年第 1 期；Zhang, D. and Lu, L., "Anti-Correlation of Summer/Winter Monsoons?", *Nature*, 2007, 450（7168）：E7–E8；Zhang, Z., Tian, H., Cazelles, B., Kausrud, K. L., Bräuning, A., Guo, F. and Stenseth, N. C., "Periodic Climate Cooling Enhanced Natural Disasters and Wars in China During AD 10–1900", *Proceedings of the Royal Society B—Biological Sciences*, 2010, 227（1701）；赵红军：《气候变化是否影响了我国过去两千年间的农业社会稳定？——一个基于气候变化重建数据及经济发展历史数据的实证研究》，《经济学》（季刊）2012 年第 2 期。

④ 葛全胜、王维强：《人口压力、气候变化与太平天国运动》，《地理研究》1995 年第 4 期；萧凌波、方修琦、黄欢、魏柱灯：《1780—1819 年华北平原水旱灾害社会响应方式的转变》，《灾害学》2011 年第 3 期；Fang, X., Xiao, L. and Wei, Z., "Social Impacts of the Climatic Shift Around the Turn of the 19th Century On the North China Plain", *Science China*（Earth Sciences）, 2013, （6）.

义和人口减少在很大程度上是人地矛盾造成的，而土地承载能力的不断下降则是气候变冷的结果。①作为自然延伸，气候变化影响社会的中介——尤其是国家应对机制在一定程度上是能够抵消气候变化的影响，例如由于国家应对机制的不同，相似的气候变化对社会的影响程度却存在较大差异。②当然，也有学者对气候变化与社会稳定的关系持怀疑态度，如 Fan 认为，单纯地依靠气候与社会动乱序列的比对，无法解释土地生产力降低是温度下降的结果，以及由此对社会稳定性影响的机制，南北地区在响应气候变化上的差异也需要进一步研究。③

关于王朝兴衰。在气候变化对王朝兴衰的认识上，目前学者多认为，王朝在暖湿时期往往人口繁盛、经济发达、社会安定、国力强盛、疆土广袤，而冷干时期则相反，存在十分明显的"冷抑暖扬"的文明韵律。④中华文明的诞生也和气候变化紧密相连，距今 4000 年前后的降温（新仙女木事件）和洪水等气候变化刺激了中国上古时期原始国家的形成和发展；武王伐纣在一定程度上也有着其气候变化的历史大背景。商代末期，随着全新世大暖期的结束，气候出现了干旱化，受气候变化的驱动，商人开始向南方的淮河流域扩展，周人东向水资源状况较好的河谷平原低地移动，商周易代。⑤除了共识外，在具体解释一些历史事件时学界也往往会出现争论，其中最具

① Lee，H. F. and Zhang，D. D.，"A Tale of Two Population Crises in Recent Chinese History"，*Climatic Change*，2013，116（2）.

② 曾早早、方修琦、叶瑜、张学珍、萧凌波：《中国近 300 年来 3 次大旱灾的灾情及原因比较》，《灾害学》2009 年第 2 期；萧凌波、方修琦、叶瑜：《清代东蒙农业开发的消长及其气候变化背景》，《地理研究》2011 年第 10 期；萧凌波、黄欢、魏柱灯：《华北 1743—1744 年与 1876—1878 年旱灾中的政府粮食调度与社会后果对比》，《灾害学》2012 年第1 期。

③ Fan，K.，"Climatic Change and Dynastic Cycles in Chinese History：A Review Essay"，2010，*Climatic Change*，101（3–4）.

④ 方修琦、葛全胜、郑景云：《环境演变对中华文明影响研究的进展与展望》，《古地理学报》2004 年第 1 期；葛全胜、刘浩龙、郑景云、萧凌波：《中国过去 2000 年气候变化与社会发展》，《自然杂志》2013 年第 1 期。

⑤ 吴文祥、刘东生：《4000aB.P. 前后降温事件与中华文明的诞生》，《第四纪研究》2001 年第 5 期；王晖、黄春长：《商末黄河中游气候环境的变化与社会变迁》，《史学月刊》2002 年第 1 期。

代表性的是关于气候变化和唐朝历史兴衰关系的问题的讨论。这一问题实际最早是由蓝勇提出，他认为 8 世纪中叶中国气候转在很大程度上导致了唐朝的衰落。此后对这一问题的探讨陷于沉寂。2007 年，Yancheva 等在 *Nature* 上发文，骤然掀起了对这一问题的国际讨论。为探讨过去 1600 年冬季风的强度，Yancheva 利用广东雷州半岛湖光沉积岩芯，从中提取出磁属性和钛物质，根据其含量的不同重建了冬季风强度代用序列，他认为，唐朝衰亡的主要原因是长期干旱，而造成这一现象的主导因素是夏季风逐渐减弱、冬季风不断增强。张平中等在 *Science* 上发文以万象洞石笋记录为基础，对 Yancheva 的观点进行了支持。[①] 张德二等则先后在 *Nature*、*Chinese Science Bulletin* 和《气候变化研究进展》等国内外期刊发文对此提出反对观点，首先，他指出上述观点对我国历史理解错误，而且气候重建存在一定的区域差异和不确定性；其次，根据历史文献记录重建的降水序列表明，唐朝衰亡时不在干旱时期；最后，根据万象洞石笋记录重建数据显示，夏季风减弱所对应的历史时期，也并非均对应的是社会稳定繁荣阶段。[②]

在研究气候变化对社会发展的影响方面，也有学者引入计量经济学的方法加以量化考察。如赵红军采用回归模型法，在控制米价、人口等影响因素后，发现温度对社会不稳定的影响会持续 10—50 年，短期温度升高倾向于减少社会不稳定性；张志斌等学者采用小波分析发现，各指标均存在显著的 160 年和 320 年的波动周期，根据交叉相关（Cross-Correlation Functions）检验结果，引发王朝更迭的途径包括直接和间接两种，直接途径是温度降低直接影响外患，间接途径为温度降低通过旱蝗灾害引发农民起义，间接影响

---

① Zhang，P.，Cheng，H.，Edwards，R. L.，Chen，F.，Wang，Y.，Yang，X.，Liu，J.，Tan，M.，Wang，X.，Liu，J.，An，C.，Dai，Z.，Zhou，J.，Zhang，D.，Jia，J.，Jin，L. and Johnson，K. R.，"A Test of Climate，Sun，and Culture Relationships From an 1810–Year Chinese Cave Record"，*Science*，2008，322（5903）.

② Zhang，D. and Lu，L.，"Anti-Correlation of Summer/Winter Monsoons?"，*Nature*，2007，450（7168）：E7–E8；张德二：《唐代季风、夏季雨量等和唐朝衰亡的关系研究》，《中国社会科学文摘》2008 年第 7 期；张德二、李红春、顾德隆、陆龙骅：《从降水的时空特征检证季风与中国朝代更替之关联》，《科学通报》2010 年第 1 期。

王朝更替，造成社会动荡。[①]

关于气候变化对中国古代游牧民族的影响。20 世纪 40 年代，陈寅恪在《唐代政治史述论稿》下篇中就已明确指出，东突厥的灭亡与自然灾害关系密切。近年来，有关气候变化对中国古代游牧民族影响的研究很多，例如，吴文祥等认为 13 世纪蒙古的西征也被认为与蒙古高原气候变暖有关，Zhang 等认为在北方逆沙漠化时期，一定程度上促进了蒙古高原与我国北部王朝建立及其势力向南扩张。[②] 也有学者认为，气候变冷变干使我国农牧资源向南部地区移动，这是北魏迁都洛阳、明初兀良哈三卫南迁、统万城的崩溃等事件发生的重要诱导因素。[③] 此外，在对气候变化对游牧民族影响程度的认识上，方金琪和王会昌等许多学者认为，气候变化对农业和牧业的影响程度存在一定差异，北方游牧民族受自然环境的约束更为严重，因此相比农耕民族，更易受到气候变化的影响。[④] 李军则通过对唐王朝与北部游牧民族关系的考察，认为气候变化不仅直接影响中原王朝和游牧政权，而且发生在各自地域内的气候变化也会间接作用到对方。[⑤]

---

① 赵红军：《气候变化是否影响了我国过去两千年间的农业社会稳定？——一个基于气候变化重建数据及经济发展历史数据的实证研究》，《经济学》（季刊）2012 年第 2 期；Zhang, Z., Tian, H., Cazelles, B., Kausrud, K. L., Bräuning, A., Guo, F. and Stenseth, N. C., "Periodic Climate Cooling Enhanced Natural Disasters and Wars in China During AD 10–1900", *Proceedings of the Royal Society B—Biological Sciences*, 2010, 227 (1701).

② 吴文祥、葛全胜、郑景云、周扬、胡莹：《气候变化因素在蒙古西征中的可能作用研究》，《第四纪研究》2009 年第 4 期；Zhang, D. D., Lee, H. F., Wang, C., Li, B., Zhang, J., Pei, Q. and Chen, J., "Climate Change and Large-Scale Human Population Collapses in the Pre-Industrial Era", *Global Ecology and Biogeography*, 2011, 20 (4): 520–531.

③ Cui, J. and Chang, H., "The Possible Climate Impact On the Collapse of an Ancient Urban City in Mu Us Desert, China", *Regional Environmental Change*, 2013, 13 (2)；Hsu, S., "From Pingcheng to Luoyang-Substantiation of the Climatic Cause for Capital Relocation of the Beiwei Dynasty", *Progress in Natural Science*, 2004 (08)；满志敏、葛全胜、张丕远：《气候变化对历史上农牧过渡带影响的个例研究》，《地理研究》2000 年第 2 期。

④ 方金琪：《气候变化对我国历史时期人口迁移的影响》，《云南地理环境研究》1989 年第 2 期；王会昌：《2000 年来中国北方游牧民族南迁与气候变化》，《地理科学》1996 年第 3 期。

⑤ 李军：《灾害对古代中原王朝与游牧民族关系的影响：以唐代为中心》，《山西大学学报》（哲学社会科学版）2014 年第 4 期。

（二）清代之前及清代粮食价格研究

我国传统社会是一个农业占主导地位的社会，"民以食为天"，温饱问题直接关系朝代的稳定与存亡，与温饱直接相关的粮食价格高低如何、是否稳定是历代政府及社会各阶层都十分关注的内容，历朝政府相关的官方记录及民间记载都直接或间接地记录了相当数量的粮价数据，为开展相关研究提供了基础。但总体看，清代之前的研究虽然已具备一定规模，但由于数据较为零散且不连续的缘故，研究多集中于某个总体变动的时间段。清代，由于现存粮价数据丰富，且可以形成连续的数据，相关研究成果颇丰。

1. 清代之前的粮食价格研究

与物价相关的著作中就包括对清代之前粮食价格的研究。断代史研究中，温乐平在其学位论文《秦汉物价研究》中采用多种商品比价的方式部分介绍了秦汉时期粮食价格；程民生的《宋代物价研究》分别记录了全国及全国各个大的区域某个时间点的粮价情况；李春圆的《元代的物价和财税制度》在研究元代物价变动与社会管理的相关制度时，兼述了粮食价格。① 通史研究中，王仲荦《金泥玉屑丛考》汇集了先秦至宋代有关物价的一些资料，其宋代部分更是编汇了重要的史料；黄冕堂《中国历代物价问题考述》论述了从秦汉到民国八个时期粮食价格在各个时间不同地区的粮价情况；余耀华所著的《中国物价史》研究了一些朝代各个时间段的粮食价格数据，并且也论述了各个时期影响较大的人物关于粮价计算、调整等思想与主张。② 另外，与物价相关的一些著作中也侧面零散地记录了一些粮价数据，如彭信威的《中国货币史》，在论证不同时期的货币购买力时均以粮食价格代表之，这也从侧面反映了不同时期的粮食价格。③

部分论文也专门讨论了粮食价格。黄冕堂的《中国历代粮食价格问题

① 温乐平：《秦汉物价研究》，江西师范大学 2002 年硕士学位论文；程民生：《宋代物价研究》，人民出版社 2008 年版；李春圆：《元代的物价和财税制度》，复旦大学 2014 年博士学位论文。

② 王仲荦：《金泥玉屑丛考》，中华书局 1998 年版；黄冕堂：《中国历代物价问题考述》，齐鲁书社 2008 年版；余耀华：《中国价格史》，经济科学出版社 2013 年版。

③ 彭信威：《中国货币史》，群联出版社 1954 年版。

通考》对历代粮食价格进行了研究，并指出历经两千年粮价变化不大；傅筑夫的《由唐代的物价波动看唐王朝的兴衰》论述了唐代粮价"四涨三落"的整体波动趋势，描述了唐代近三百年的粮价变化；梁仲勋的《唐代物价与物价管理》中论述了唐初至唐末七个阶段唐代粮食价格整体的变动情况；龙登高的《宋代粮价分析》将宋代粮价做了一系统考察，避开了不同时间、不同地区粮价数据的无序使用；曹福铉《宋代米价变动的原因》中分析了两宋米价变动的总趋势，同时也分析了粮价波动的原因。[①] 除以上外，我国经济史研究权威的全汉昇先生，不仅开展相关研究较早，而且涉及时间段也较为全面，相关文献研究中也关注到了粮食价格的波动及其特征，代表性文献主要有《唐代物价的变动》《北宋物价的变动》《南宋初年的物价大变动》《宋明间白银购买力的变动及其原因》及《明代北边米价的变动》等。[②]

清代之前的粮价研究为我们对当前中国经济史的研究积累了丰富的研究基础。但囿于史料的限制，对于粮价数据的研究较为零散，对于相关地区的粮食价格的研究缺乏连续性，不能进行可靠的数理计量分析。相对而言，清代由于建立了比较系统、完善的粮食价格奏报制度，官方存留下了关于各个地区比较完善的连续粮价数据，这使得我们对于清代粮价进行数理计量研究成为可能。

2. 清代粮食价格研究

清代粮食价格研究的学术史可以划分为以下三个阶段：第一阶段，20世纪30年代，汤向龙等一批学者对清代历史档案中道光朝至宣统朝的粮价资料的系统整理，侧重于对已有史料的摘录。第二阶段，20世纪五六十年代之后，中国台湾地区的学者全汉昇、王业键、陈仁义、黄国枢、黄莹珏等，美国学者李明珠（Lillian M.Li）、王国斌（R.Bin Wong）、濮德培（Peter C.Perdue）、薛华（Carol H.Shiue）等，日本学者岸本美绪、安部健夫以及大陆地区的学者吴承明、陈春声、陈支平等应用计量经济学研究方法，如价格

---

① 黄冕堂：《中国历代粮食价格问题通考》，《文史哲》2002年第2期；梁仲勋：《唐代物价与物价管理》，《西北大学学报》（哲学社会科学版）1988年第3期；曹福铉：《宋代米价变动的原因》，《中国社会经济史研究》2008年第3期。

② 全汉昇：《中国经济史研究：全汉昇经济史著作集》（一、二），中华书局2011年版。

相关分析、价格差相关分析、价格方差相关分析以及离散性相关分析对清代粮价进行了研究。第三阶段，2000年以来，随着"清代粮价资料库"的建立，《清代道光至宣统间粮价表》的出版，以及《康熙朝雨雪粮价史料》影印版的问世，国内外开始对清代粮食价格研究予以了特别的关注，一批具有代表性的研究成果相继问世。①

就研究内容而言，目前国内外有关清代粮食价格的研究主要集中于粮价数据整理、粮价奏报制度、粮价数据可靠性、粮价变动情况、粮价变动原因、粮价变动的社会影响，以及利用粮价数据研究市场整合等重要问题。

第一，粮价数据整理。

民国时期的论著主要集中于粮价资料的发现和整理方面，对数据的分析较少。柳诒徵通过官私文书，将江苏地区自东晋至民国时期的米价进行整理，其中包括光绪朝江苏地区各州府县的米价细册资料。② 依据《钦定物料价值》，盛俊整理出乾隆时期江苏地区不同物料以及工食价格。③ 除官方记录外，民间账本也是粮价数据的重要来源，其中以今山东宁津大柳镇的记录最为详细，吴麟以此整理出1834—1835年不同粮食的价格。④ 此外，值得注意的是，自20世纪30年代起，汤象龙带领许多学者对清代档案进行了抄录，主要内容集中于社会经济等方面，其中以粮价资料最为全面。学者们利用先进的统计手段，将道光朝至光绪朝全国2.6万余份粮价单整理成册，这是清代粮价资料整理进程中惠及后世的重大举措。此外，在新中国成立前有关清代粮价研究的著作还有许多，诸如《古今米价史略》《近六十年之中国米价》等，这些著作的诞生标志着清代粮价研究有了一个好的开端。⑤

新中国成立以后，我国学者在粮价整理方面取得了进一步的成绩。彭

① 彭凯翔：《清代以来的粮价：历史学的解释与再解释》，上海人民出版社2006年版；颜色、刘丛：《18世纪中国南北方市场整合程度的比较：利用清代粮价数据的研究》，《经济研究》2011年第12期。

② 柳诒徵：《江苏各地千六百年间之米价》，《史学杂志》1930年第3—4期。

③ 盛俊：《清乾隆期江苏省物价统计》，《学林》1937年第2期。

④ 吴麟：《清代米价》，《中央日报》1948年1月21日。

⑤ 寄萍：《古今米价史略》，《江苏省立第二农业学校月刊》1921年第1期；应奎：《近六十年之中国米价》，《钱业月报》1922年第3期。

信威关于粮价整理的成果为后世学者提供了较好的借鉴，他通过分析《清史稿》《东华录》与《清实录》等资料中的米价记录，整理出清代十年度的粮价数据。[①] 在今山东省宁津县大柳镇有一个统泰升商号，该店的账本记录之详细，为后世研究当地的经济提供最好的素材，严中平根据商号的日常账目，统计出 1800—1850 年当地的银钱比价，并计算了零售物价指数。[②] 通过分析《中国货币史》与《银行周报》中的米价，邹大凡等整理出 1841—1949 年上海中米价格指数，并详细分析了导致米价上涨的因素，主要包括粮食生产、人口增长、市场发展、银钱比较等。[③] 日本学者也有类似的研究，田仲一成通过分析浙江萧山来氏家谱，将 1684—1802 年该地祭田租米价格整理成表，数据质量较高。[④] 王道瑞借助中国第一历史档案馆中的朱批奏折，将全国各地的粮价清单数量进行了统计，并分析了粮价奏报制度。[⑤] 蒋建平利用《朱批谕旨》与《李煦奏折》等相关资料，对江浙一带的米价进行了统计，并分析了康雍年间的粮价变化趋势。[⑥] 李文治收录了各省粮价表，并对粮价清单进行了整理。[⑦] 谭文熙以江南为中心，梳理了顺治初年至清末麦、米谷、豆的粮价情况。[⑧] 一些学者从更为宏观的层面进行了研究，黄冕堂借助二十四史等文献，整理出多地的粮食价格，自汉代至民国时期，时间跨度较大。[⑨] 从 2004 年开始，中国社科院经济所将收藏的粮价表抄录进行系统的整理，于 2009 年出版《清代道光至宣统间粮价表》。

此外，自 20 世纪 50 年代起，我国台湾地区学者在清代粮价研究方面也取得了重要的进展，尤以全汉昇与王业键最为著名。全汉昇依据《雍正朱

① 彭信威：《中国货币史》，群联出版社 1954 年版。

② 严中平：《中国近代经济史统计资料选辑》，科学出版社 1955 年版。

③ 邹大凡、吴智伟、徐雯惠：《近百年来旧中国粮食价格的变动趋势》，《学术月刊》1965 年第 9 期。

④ [日] 田仲一成：《关于清代浙东宗族组织形态中宗祠戏剧的功能》，《东洋史研究》1986 年第 6 期。

⑤ 道瑞：《清代粮价奏报制度的确立及其作用》，《历史档案》1987 年第 4 期。

⑥ 蒋建平：《清代前期米谷贸易研究》，北京大学出版社 1992 年版。

⑦ 李文治：《明清时代封建土地关系的松懈》，中国社会科学出版社 1993 年版。

⑧ 文熙：《中国物价史》，湖北人民出版社 1994 年版。

⑨ 黄冕堂：《中国历代物价问题考述》，齐鲁书社 2008 年版。

批谕旨》《李煦奏折》以及各种故宫档案，整理出大量米价数据，依此进行了较多清代经济社会等方面的分析。王业键自 20 世纪 70 年代起，多次到北京故宫中国第一历史档案馆进行抄档，结合台北故宫博物院内的粮价资料，历史三十余载，于 2008 建成了"清代粮价资料库"，将清代粮价资料全面公布。以此为基础，2000 年前后，陆续撰写出了一系列有关清代粮价的学位论文。[①]

第二，粮价奏报制度。

粮价奏报制度也是学者研究清代粮价时所关注的问题。Wilkinson 最早对清代的粮价奏报制度进行了讨论。[②]Chuan 和 Kraus 在研究清代物价史时对清代粮价奏报制度进行了介绍，并讨论了其可靠性。[③] 陈金陵和王道瑞也对该制度做了较为详细、系统的介绍。[④] 王业键亦对此进行了全面系统的研究，其关注点主要在粮价信息收集以及粮价核查方面。按照王业键的观点，不同地区的粮价来源不同，市场较为发达的地区一般为批发价格，市场较为落后的地区一般为产地价格。[⑤] 穆崟臣在其研究中指出，清代雨雪粮价奏报制度包括粮价奏报、雨雪分寸以及收成奏报，这三者构成了清代较为完善的粮政信息收集制度，对于保证政策制定、维护政府统治作用巨大。[⑥]

---

① 这些学位论文作者培养单位均为中国台湾地区中正大学，分别是曾馨仪：《十八世纪清代粮价之统计分析——长江流域》，2002 年硕士学位论文；胡翠华：《清代粮价之时间序列模型》，1997 年硕士学位论文；周昭宏：《清代粮价资料之相关性分析》，1999 年硕士学位论文；刘俊杰：《清代粮价水平及粮食供需之统计检定》，2001 年硕士学位论文；欧昌豪：《清代粮价资料库之资料探索》，2001 年硕士学位论文；吴盈美：《十八世纪清代粮价之统计分析——长江以南地区》，2002 年硕士学位论文；徐登铉：《清代粮价资料之统计模型比较》，2000 年硕士学位论文；薛汝芳：《十八世纪清代粮价之统计分析——晋皖江浙地区》，2002 年硕士学位论文。

② Wilkinson，E. P.，*Studies is Chinese Price History*，Garland Publication，1980.

③ Chuan，H. and Kraus，R. A.，*Mid-Ch'ing Rice Markets and Trade：An Essay in Price History*，Harvard University Press，1975.

④ 陈金陵：《清朝的粮价奏报与其盛衰》，《中国社会经济史研究》1985 年第 3 期；王道瑞：《清代粮价奏报制度的确立及其作用》，《历史档案》1987 年第 4 期。

⑤ 王业键：《清代的粮价陈报制度》，《故宫季刊》1978 年第 1 期。

⑥ 穆崟臣：《清代雨雪折奏制度考略》，《社会科学战线》2011 年第 11 期。

第三，粮价数据可靠性。

在粮价数据的可靠性方面，最易引起争议的是清代奏报制度下形成的官方粮价数据。Chuan 和 Kraus 率先对官方粮价的可靠性作出正面评价，认为地方官员既可能成为粮食的买入方，也可能成为粮食的卖出方，因此没有倾向性造假动机；而且，清代的粮价奏报制度中，存在着各级官员之间的利益牵制、经常报告与特别报告相互勾稽，因此造假成功的可能性也较小。[①]Marks 通过对 1738—1795 年间广东和广西粮价单相邻月份的米价重复率进行统计检验米价数据的真实性，并得出官方数据与真实数据大体相近的结论。[②]Wang 和陈春声都认为，未设专门机构进行核查检验，是清代粮价奏报制度的一大漏洞，但也认为清代官方粮价资料总体真实、可靠。[③] 王业键发现粮价存在连续数月不变的现象，据此可检验粮价资料的可靠性，通过利用统计方法进行检验，得到了不同地区的粮价可靠性检测表。[④] 彭凯翔认为受当时统计手段和技术的制约，没有人为扭曲的数据也并不一定准确，但总体而言，官方数据还是可靠的。[⑤]

第四，粮价变动情况。

自 20 世纪 50 年代起，一些学者已经从货币的视角研究清代粮价的长期变动趋势。彭信威在《中国货币史》中分析了清代粮价的长期走向，清初时粮价高企，至康熙初年出现缓慢下降趋势，并在之后的五十年间基本保持稳定，至 18 世纪中期，粮价又出现上涨，直到 19 世纪中期，粮价才出现小幅回跌，之后粮价又出现上涨。[⑥] 全汉昇和王业键依据雍正《朱批谕旨》，整

---

① Chuan，H. and Kraus，R. A.，*Mid-Ch'ing Rice Markets and Trade：An Essay in Price History*，Harvard University Press，1975.

② Marks，R. B.，"Food Supply，Market Structure and Rice Price in Eighteenth Century South China：The Qianlong Long Wave"，*Late Imperial China*，1991，12（2）.

③ Wang，Y.，"Secular Trends of Rice Prices in the Yangzi Delta，1638–1935"，*Chinese History in Economic Perspective*，University of California Press，1992；陈春声：《市场机制与社会变迁——18 世纪广东米价分析》，中山大学出版社 1992 年版。

④ 王业键等：《清代粮价资料之可靠性检定》，载《清代经济史论文集》（二），第 289—315 页。

⑤ 彭凯翔：《清代以来的粮价：历史学的解释与再解释》，上海人民出版社 2006 年版。

⑥ 彭信威：《中国货币史》，群联出版社 1954 年版。

理并分析了广东、浙江等中南部十二省的米价指数，发现米价在雍正朝并非是长期增长，此时的社会经济发展较为稳定。[①] 全汉昇还发现，导致乾隆十三年米价高企现象的原因主要是美洲白银流入与人口迅速增长，此时的粮价较雍正朝高出许多，这仅仅是乾隆时期物价高涨的开始。[②] Wang 也单独分析了清代近三百年物价的走向。[③] 岸本美绪是日本学者中研究清代粮价的主要代表者，通过地方志资料以及大量笔记与文集，她对江南地区的粮价进行了较为详细的研究，制作出了江南地区万历至乾隆时期的米价表，通过分析发现江南地区的米价总体上是长期上涨的，具体表现为"渐涨—暴涨—下跌—渐涨—暴涨—渐涨"的趋势，其中存在三个粮价低落时期。[④] 方行通过研究湖南地方志资料，结合相关文集与比较资料，发现自康熙后期，湖南农民粮食收入有所增加，通过与江南地区的米价进行比对，发现两地之间差价逐渐缩小。[⑤] 卢锋和彭凯翔通过构建近四百年以来的我国粮价序列，分析了我国长期米价趋势变化，研究指出，自 19 世纪末开始，我国米价存在一个持续百年的长期上升阶段。[⑥] 继王业键之后，谢美娥通过对方志史料的分析，结合"清代粮价数据库"中台湾米价，对台湾米价进行了时间序列分析，发现中米价格可靠性最高，并从供给、需求等方面分析了米价的影响因素。[⑦]

许多学者通过时间序列方法，对粮价的周期性问题进行了研究。通过直接观察，Wang 发现苏州米价存在四年的短周期，通过近一步研究以及多

① 全汉昇、王业键：《清雍正年间（1723—1735）的米价》，《"中央研究院"历史语言研究所集刊》1959 年第 30 卷。

② 全汉昇：《乾隆十三年的米贵问题》，《庆祝李济先生七十岁论文集》，清华学报社 1965 年版。

③ Wang，Y.，"The Secular Trend of Prices During the Ch'ing Period (1644–1911)"，*Journal of Institute of Chinese Studies*，1972，5 (2)．

④ ［日］岸本美绪：《清代前期江南的米价动向》，《史学杂志》（日本东京大学）1978 年第 9 期；［日］岸本美绪：《清代前期江南的物价动向》，《东洋史研究》1979 年第 4 期。

⑤ 方行：《清代前期湖南农民卖粮所得释例》，《中国经济史研究》1989 年第 4 期。

⑥ 卢锋、彭凯翔：《我国长期米价研究（1644—2000）》，《经济学》（季刊）2005 年第 1 期。

⑦ 谢美娥：《自然灾害、生产收成与清代台湾米价的变动（1738—1850）》，《中国经济史研究》2010 年第 4 期。

组米价趋势图的对比，发现米价可能存在二十年至三十年的长周期。[①] 彭凯翔通过建立 17 世纪以来的苏州米价序列，利用 STM 估计程序，也证实了价存在四年至五年周期和较明显的二十年至三十年周期，通货膨胀影响着粮价波动幅度，相比人口对粮价变化的影响，货币的影响更为巨大，货币因素是 19 世纪以后国内粮价上升的主要原因。[②]

第五，粮价变动的原因。

研究成果表明，在长期粮价变动趋势方面，货币和人口是主要原因。货币方面，彭信威认为，清代银钱购买力呈现持续下降的趋势，清代产银不足，因此大量白银自国外进入我国，导致了乾隆朝物价的持续上涨。[③] 全汉昇也持此观点，他认为乾隆朝物价的持续上升是一场世界范围内的物价革命，美洲白银的流入是主导因素。[④] 陈仁义等认为，大量美洲白银进入我国，导致了乾隆时期苏州米价持续上涨，粮食供给的增长略低于货币供给增长速度和货币流通速度，而人口增长率与粮食供给增长率大体相同。[⑤]

人口方面。蒋建平认为，清代人口增长速度过快是导致清初至乾隆朝粮食价格上涨的主要原因，货币仅仅是加快了这一过程，连同其他因素，均不是主导因素。[⑥] 龚胜生以两湖米价为例，印证了粮价与耕地负荷之间的关系，两者的变化趋势呈现高度的正相关，本质上就是人地关系的变化。[⑦] 林满红通过研究萧山米价发现，乾隆时期的经济发展分为经济萧条期和繁荣期，前期人口增长速度大于货币增长速度，造成粮价上涨超过一般物价，后

---

① Wang, Y., "Food Supply and Grain Prices in the Yangtze Delta in the Eighteenth Century", "The second conference on modern Chinese economic history", *The Institute of Economics*, Academic Sinica, 1989.

② 彭凯翔：《清代以来的粮价：历史学的解释与再解释》，上海人民出版社 2006 年版。

③ 彭信威：《中国货币史》，群联出版社 1954 年版。

④ 全汉昇：《美洲白银与十八世纪中国物价革命的关系》，《"中央研究院"历史语言研究所集刊》，"中央研究院"历史语言研究所，1957 年。

⑤ 陈仁义、王业键、胡翠华：《十八世纪苏州米价的时间数列分析》，《经济论文丛刊》1999 年第 3 期。

⑥ 蒋建平：《清代前期米谷贸易研究》，北京大学出版社 1992 年版。

⑦ 龚胜生：《从米价长期变化看清代两湖农业经济的发展》，《中国经济史研究》1996 年第 2 期。

期则呈现相反的状况。① 全汉昇认为，与康熙、雍正时期相比，乾隆十三年的米价高出很多，人口的急剧增加和白银的大量流入是主要因素。②

　　与长期趋势对应，也有许多学者对清代短期米价波动的原因进行了分析，主要集中于季节、战乱、政策、市场流通及特殊人群等具体因素上。冯汉镛研究了地主阶级这一特殊群体对米价的影响。③ 安部健夫通过大量史料的分析研究，发现清中期的华中与华南等省的粮食贸易较为发达，并绘制了粮食贸易路线图，他指出由于官方收购等原因的影响，粮食输出地的粮食市场易出现价格暴涨。④ Wang 也发现，雍正年间的米价变动存在较为明显的季节性。⑤ 全汉昇分析了以苏州为中心的粮食市场，通过研究粮食在山东、江苏、江西、安徽、湖南等省之间的流通情况，对比了江南地区 18 世纪初和 20 世纪初的米价变动情况，发现该粮食市场流通具备一定的有效性。⑥ 则松彰文以苏州为中心，探讨了米谷流通对米价的影响。⑦ 周省人通过康熙至光绪时期的米价资料，对台湾粮价进行了分析，并探讨了影响粮价的收成、社会治乱与粮食外运等因素。⑧ 王业键和陈春声以福建粮食市场为研究对象，对粮食供需和价格进行了分析，发现季节与灾荒因素导致粮价波动，要想有效平抑粮价，需要保证粮食供应的畅通以及利用常平仓对市场进行干预。⑨ 陈

---

① 林满红：《与岸本教授论清乾隆年间的经济》，《"中央研究院"近代史研究所集刊》1997 年第 28 卷。
② 全汉昇：《美洲白银与十八世纪中国物价革命的关系》，《"中央研究院"历史语言研究所集刊》，"中央研究院"历史语言研究所，1957 年。
③ 冯汉镛：《清代的米价与地主操纵》，《工商导报》（增刊）1951 年。
④ ［日］安部健夫：《粮食供需研究——视为〈雍正史〉的一章》，《东洋史研究》1957 年第 4 期。
⑤ Wang, Y., "The Secular Trend of Prices During the Ch'ing Period (1644–1911)", *Journal of Institute of Chinese Studies*, 1972, 5 (2).
⑥ 全汉昇：《清朝中叶苏州的米粮毛衣》，《"中央研究院"历史语言研究所集刊》1969 年第 39 卷；全汉昇：《清康熙间（1662—1772）江南及附近地区米价》，《香港中文大学中国文化研究所学报》1979 年第 10 期上。
⑦ ［日］则松彰文：《雍正时期的粮食流通与米价变动》，《九州大学东洋史论集》1985 年。
⑧ 周省人：《清代台湾米价志》，《台湾银行季刊》1964 年第 4 期。
⑨ 王业键、陈春声：《十八世纪福建的粮食供需与粮价分析》，《中国社会经济史研究》1987 年第 2 期。

东有研究了康熙年间的粮食价格，发现商人在粮食市场中具有重要作用，在粮食流通中其行为对价格平衡作用巨大。① 重田德发现，由于地主在清初湖南地区的米谷市场中占据支配地位，这使得该地粮价出现较为显著的投机性质。② 常建华和高王凌等学者对乾隆初粮价高涨的因素进行了研究，发现政府行为是主要的人为因素，在当时高额仓储思想的影响下，政府对粮食进行了大规模的采办。③ 龚胜生对 18 世纪两湖米价进行了长期趋势、年际波动、年内变化以及区域差异等时空特征的分析，发现粮食供需关系的空间差异决定了粮价的时空差异。④ 魏建猷通过非官方历史资料的分析，指出明清时期的土地与粮食均有极端价格出现，且二者变动趋势相反，主要是由于社会稳定与动乱时期农业发展差异所致。⑤

此外，岸本美绪和陈支平等学者还对清代前期非正常米价进行了分析。岸本美绪从明清中国市场自身出发，指出康熙前期物价持续走低，经济发展不景气，从而减少了有效需求，进一步使物价降低，这样形成了一个恶性循环，自明后期以来我国依靠大量白银流入建立的经济体制具有一定的脆弱性，康熙年间的萧条正是这种脆弱性的表现。⑥ 陈支平以地方志和笔记为研究资料，通过东南沿海地区的非正常米价研究了当时的市场发展与社会状况，认为当时米价的不规则波动来源于明清社会动乱。康熙初年东南地区虽粮食丰收但价格低贱，主要原因是当时商业不发达，政府实行海禁政策，加之苛捐杂税的影响，导致粮食流通不畅，以福建省为例，粮食供应和粮价波动对自然灾害和播种收获的季节十分敏感，实际上，当时东南地区的商品经济发展十分落后，社会经济处于凋敝状态。⑦

---

① 陈东有：《康熙朝米价中的商人行为》，《中国社会经济史研究》1995 年第 3 期。

② ［日］重田德：《清初湖南米市场考察》，《东洋文化研究所纪要》1956 年第 10 卷。

③ 常建华：《乾隆早期廷议粮价腾贵问题探略》，《南开学报》（哲学社会科学版）1991 年第 6 期；常建华：《乾隆早期廷议粮价腾贵问题探略》，《南开学报》1991 年第 6 期；高王凌：《中国传统经济的发展序列》（续），《史学理论研究》1994 年第 4 期。

④ 龚胜生：《18 世纪两湖粮价时空特征研究》，《中国农史》1995 年第 1 期。

⑤ 魏建猷：《明清两代的田价与米价》，上海书店出版社 2007 年版。

⑥ ［日］岸本美绪：《清代中国的物价与经济波动》，社会科学文献出版社 2010 年版。

⑦ 陈支平：《清代前期福建的非正常米价》，《中国社会经济史研究》1988 年第 3 期；陈支平：《试论康熙初年东南诸省的"熟荒"》，《中国社会经济史研究》1982 年第 2 期。

近年来，从气候变化的角度分析中国粮价变化的研究逐渐增多。例如，葛全胜等认为，在长久的历史时期内，当气候温暖湿润、政治环境较好、耕地面积不断扩展的时期，粮食生产获得大力发展，粮食价格较低；当气候寒冷时，多伴有极端自然灾害，战争发生频率较高，此时粮食生产受到制约，粮食价格高涨。[①] 有些学者将唐朝前期粮价低贱的主要原因归结为暖湿气候。[②] 由于历史数据方面的原因，气候变化影响粮价波动的实证研究主要集中在明清时期。王业键和黄莹珏以清代长三角、华北、华东等三个地区为例，通过对照三地之间的冷暖分期，以及旱涝灾害等级，发现长三角的粮食价格峰值多在冷期发生，此时自然灾害频繁发生。研究还指出，由于水利情况、人口增长速度以及货币流通等多种影响因素，长期来看，粮食价格与气候变迁并不存在较为明显的关系。[③] 李伯重认为，道光朝白银的大量外流，导致了货币价值下降，粮食价格因而异常昂贵，此时全球气候条件不断恶化，也在一定程度上导致了道光萧条的发生。[④] 李军等分析了清代山西粮价与灾害的关系，认为粮价波动是由多种因素共同导致的，其中自然灾害的影响是次要的。[⑤] 谢美娥指出，当气候逐渐变暖时极端灾害很少发生，此时台湾稻米贸易较为繁盛，收成情况会影响粮食价格的变动趋势，但是仅在一定范围内起作用。[⑥] 此外，Zhang 等认为，过去千年粮食价格变动与旱涝变化之间的关系并不是非常明显，粮价变动与温度呈负相关，虽然这种关系也不是非常显著，但依然存在相同的周期性，这在一定程度上证明了气候变迁与

[①] 葛全胜、刘浩龙、郑景云、萧凌波：《中国过去2000年气候变化与社会发展》，《自然杂志》2013 年第 1 期。

[②] 傅筑夫：《由唐代的物价波动看唐王朝的兴衰》，《唐史论丛》1987 年第 2 期。

[③] 王业键、黄莹珏：《清代中国气候变迁、自然灾害与粮价的初步考察》，《中国经济史研究》1999 年第 1 期。

[④] 李伯重：《"道光萧条"与"癸未大水"——经济衰退、气候剧变及 19 世纪的危机在松江》，《社会科学》2007 年第 6 期。

[⑤] 李军、李志芳、石涛：《自然灾害与区域粮食价格——以清代山西为例》，《中国农村观察》2008 年第 2 期。

[⑥] 谢美娥：《自然灾害、生产收成与清代台湾米价的变动（1738—1850）》，《中国经济史研究》2010 年第 4 期。

粮价相关。[1]

第六，粮价变动的社会影响。

粮价上涨和下跌、腾贵或低贱，必然对社会造成一定影响，粮价与民生息息相关，所谓"谷贱伤农，谷贵伤民"，严重时会引发社会骚乱和暴力革命。乾隆初，米价持续上涨，政府不明缘由且地方应对乏力，引发了遏籴、强借、抢粮、抗租和闹赈等社会问题，米贵导致大量难民出现，有些富户甚至活埋抢粮农户。全汉昇和王业键、邓云乡、吴量恺、谢天佑等学者分别从粮价与生活用品、工资等方面的关系探讨了粮价对民生的影响。[2]Lee等在用价格数据分析清朝道义屯人口登记制度后发现，较高的食物价格和杀婴之间有很强的联系。[3] 王业键从物价波动的视角分析了太平天国革命爆发原因，太平天国运动发生在 19 世纪的长江三角洲，绝不仅仅是巧合，受银价上升影响，极大地削弱了农民的购买力，加之此时长江一带的税赋为全国平均水平的一倍，由于市场变化的沉重打击，百姓食不果腹，不满情绪越来越高，进而发生了暴力革命。[4] 岸本美绪指出，粮价低贱也会对农业生产造成沉重打击，严重影响农民生产收入和百姓生活，康熙前期的"熟荒"，使得粮价下跌严重。许多忧国忧民的知识分子进行了一系列的研究讨论，提出

---

[1]　Zhang, Z., Tian, H., Cazelles, B., Kausrud, K. L., Bräuning, A., Guo, F. and Stenseth, N. C., "Periodic Climate Cooling Enhanced Natural Disasters and Wars in China During AD 10–1900", *Proceedings of the Royal Society B—Biological Sciences*, 2010, 227 (1701).

[2]　全汉昇、王业键：《近代四川合江县物价与工资的变动趋势》，《"国立中央研究院"历史语言研究所集刊》（故院长胡迪先生纪念论文集）（上册），1962 年；邓云乡：《清代三百年物价述略》，《复印报刊资料》（经济史）1982 年第 10 期；吴量恺：《清代前期农业经济中的短雇与资本主义萌芽》，《华中师范大学学报》（人文社会科学版）1983 年第 5 期；吴量恺：《清前期农业雇工的工价》，《中国社会经济史研究》1983 年第 2 期；谢天佑：《论中国封建社会大规模农民战争周期性爆发的原因》，《华东师范大学学报》（哲学社会科学版）1983 年第 3 期；谢天佑：《气候·收成·粮价·民情——读〈李煦奏折〉》，《中国社会经济史研究》1984 年第 4 期。

[3]　Lee, J., Campbell, C. and Tan, G., "Infanticide and Family Planning in Late Imperial China: The Price and Population History of Rural Liaoning, 1774–1873", *Chinese History in Economic Perspective*, University of California Press, 1992.

[4]　王业键：《十九世纪前期物价下落与太平天国革命》，第一届中国台湾地区历史学学术讨论会论文，台湾大学历史系，1996 年。

了反储藏论、废银论、银输入论和钞法论等观点。[①] 当然，粮价上涨的影响并不都是负面的，邓永飞认为，尽管粮价上涨使湖南土地开垦过度，经济结构单一化，社会分化加速，但也提高了水稻生产技术，促进了农村、工商业、市镇经济的发展。[②]

在清廷应对粮价问题方面。松田吉郎通过分析 1450—1857 年广州米价趋势，发现清政府的仓政值得肯定，粮价波动时，为保证粮食供应，中央政府、地方士绅和富商均采取了一定的措施，如钱粮减免、常平仓、社仓、义仓等。[③] 常建华发现乾隆时期为控制粮价的不断上涨，政府及时调整了仓储策略，由"广积粮"向"少积粮"转变，通过行政力量干预市场，起到了良好的作用。[④] 唐文基通过研究发现，为平抑民间粮价，政府大力增加粮食供应，通过发展粮食生产与促进粮食流通等措施实现。[⑤] 赵恒捷对清代关于价格的思想进行了梳理，并对清政府平抑粮价的政策进行了总结。[⑥]

第七，市场整合。

20 世纪 50 年代以后，随着计算机的应用与数理统计方法的不断发展，许多学者运用此方法研究清代粮价，此时的定量分析更为广泛。

全汉昇等作为清代粮食市场整合研究的先驱，在传统研究方法的基础上，还利用了当前的量化分析方法，进行粮价季节变动的分析。全汉昇和克劳斯以《李煦奏折》为基础，将 1713—1719 年苏州米价整理成表，并与上海地区 1913—1919 年的比价进行比对，发现两者的季节性波动差异较小，这说明清中期的粮食市场已经较为发达，粮食运销途径也较为通畅。乾隆中

① ［日］岸本美绪：《清代中国的物价与经济波动》，社会科学文献出版社 2010 年版。
② 邓永飞：《米谷贸易、水稻生产与清代湖南社会经济》，《中国社会经济史研究》2006 年第 2 期；邓永飞：《清代中后期湖南的环境恶化与水稻生产》，《中国社会经济史研究》2013 年第 4 期。
③ ［日］松田吉郎：《广东广州府之米价动向与粮食供需调整》，《中国史研究》1984 年第 8 期。
④ 常建华：《乾隆早期廷议粮价腾贵问题探略》，《南开学报》（哲学社会科学版）1991 年第 6 期。
⑤ 唐文基：《乾隆时期的粮食问题及其对策》，《中国社会经济史研究》1994 年第 3 期。
⑥ 赵恒捷：《中国历代价格学说与政策》，中国物价出版社 1999 年版。

期，由于长距离运输过程中存在合理价差，粮食商业活动较为盛行，大量粮食流通顺畅，在长江与东南沿海地区，大范围内的统一市场业已形成。[①] 王国斌和濮德培利用粮价数据，研究了清代湖南地区的粮食市场整合，发现湖南地区整体上粮食市场整合程度较高，尤其是粮食输出府州之间的整合程度。[②] 陈春声通过比较发现，乾隆时期广州粮食贸易较为发达，市场整合水平也较高，不比同时期法国逊色。[③] 马立博针对清代中期两广地区的粮食市场进行分析，发现二十五个府州之间粮价相关性较强，市场整合程度较高，远远高于云贵地区。[④] 李中清认为，西南地区如云贵，受市场发展、气候变化和战争等多因素综合作用，18 世纪多数城市粮食经济一体化程度处于较高水平。[⑤] 王业键和陈仁义等学者对清中期东南沿海四省米价进行了分析，通过考察粮食种植、粮食供需以及人口增长等因素，结果显示，作为当时我国两个最为重要的经济区域，珠三角与长三角地区的经济关联十分薄弱，但粮食富余地区与粮食缺乏地区之间，在地域上存在着明显的分工，在经济上存在紧密的交流，地理与交通距离越短的地区之间，市场整合程度就会越高。[⑥] Perdue 认为，受政府调控的影响，我国西北地区的粮食市场也存在整合，而且自 18 世纪至 19 世纪，市场整合程度不断加强，清政府在西北地区有大量军队屯守开垦，进行农业生产，因此人均粮食储量也是比较可观的，政府仓储、私人粮食以及商业粮食共同保证了清代甘肃、宁夏的粮食市场整

① Chuan, H. and Kraus, R. A., *Mid-Ch'ing Rice Markets and Trade：An Essay in Price History*, Harvard University Press, 1975.

② Wong, R. B. and Perdue, P. C., "Four Grain Markets and Food Supplies in Eighteenth-Century Hunan", *Chinese History in Economic Perspective*, University of California Press, 1992.

③ 陈春声：《清代中叶岭南区域市场的整合：米价动态的数理分析》，《中国经济史研究》1993 年第 2 期。

④ 马立博：《清代前期两广的市场整合》，载叶显恩《清代地区社会经济研究》，中华书局 1992 年版。

⑤ 李中清：《中国西南边境的社会经济：1250—1850》，人民出版社 2012 年版。

⑥ 陈仁义、王业键、周昭宏：《十八世纪东南沿海米价市场的整合性分析》，《经济论文丛刊》2002 年第 2 期；王业键、黄国枢：《十八世纪中国粮食供需的考察》，载《近代中国农村经济史论文集》，稻乡出版社 1989 年版。

合。①Li 通过研究直隶粮价，发现长期经济趋势、季节变化及灾荒歉收等对粮食价格的影响都不大，省内粮食价格变动关联性较高，表明了常平仓作用巨大，当地粮食市场十分发达。② 王业键认为清代南北方粮价存在共时变化，并发现跨区域市场整合现象较为明显，在清中期早已成规模，说明此时我国多地已然具有较高的粮食市场整合度。③ 吴承明通过梳理前人关于粮食市场整合的研究，综合评价了以粮价变动研究市场整合的工作，并提出要将定性分析与量化方法相结合。④ 颜色和刘丛通过分析清代中期我国十五个省份的粮食价格，对比了 18 世纪我国南北两地的粮食市场整合程度，南方明显要高于北方，受自然条件所限，在促进交通条件改善和市场发育方面，北方河流明显劣于南方河流，因此交通条件成为南北方市场整合程度差异的引致因素，尤其是水路交通的差异。⑤

与上述观点相反，一些学者认为清代中国并不存在整合的市场。Wilkinson 在其博士论文中利用 20 世纪最初十年陕西的粮价细册，考察了银钱比价和米、麦、粟、豆的价格变动，发现除西安附近外，陕西省各地的粮食市场几乎没有联系。⑥ 施坚雅也持相同观点，认为清代中国各地各自独立，没有大范围内的市场整合。⑦

通过以上对与本研究相关文献的梳理、介绍，可以看到，目前对于历史时期气候变化及清代粮食价格的相关研究相对丰富，其涉及面亦较为广泛。本研究主要涉及历史时期气候变化和清代粮食价格两大研究主题，所研究内

---

① Perdue，P. C.，"The Qing State and the Gansu Grain Market，1739–1864"，*Chinese History in Economic Perspective*，University of California Press，1992.

② Li，L. M.，"Grain Prices in Zhili Province，1736–1911：A Preliminary Study"，*Chinese History in Economic Perspective*，University of California Press，1992.

③ Wang，Y.，"Secular Trends of Rice Prices in the Yangzi Delta，1638–1935"，*Chinese History in Economic Perspective*，University of California Press，1992；王业键、黄国枢：《十八世纪中国粮食供需的考察》，载《近代中国农村经济史论文集》，（中国台北）稻乡出版社 1989 年版。

④ 吴承明：《利用粮价变动研究清代的市场整合》，《中国经济史研究》1996 年第 2 期。

⑤ 颜色、刘丛：《18 世纪中国南北方市场整合程度的比较：利用清代粮价数据的研究》，《经济研究》2011 年第 12 期。

⑥ Wilkinson，E. P.，*Studies is Chinese Price History*，Garland Publication，1980.

⑦ 施坚雅：《中国农村的市场和社会结构》，中国社会科学出版社 1998 年版。

容涉及经济学、历史学和地理学三门学科，且总体来讲，近年来，这两大研究主题、三门学科有加速融合的趋势。一方面，历史时期气候变化研究自20世纪20年代开始，经过近一个世纪的发展，已取得十分突出的成果，基本建立起了中国近2000年来的年计冷暖（温度）和干湿（降水）变化序列，并于近年来快速与历史学相结合，在中外学界引起了关于气候变化的历史影响的广泛而热烈的讨论，研究热度持续上升；另一方面，清代粮价研究亦通过近一个世纪的发展，取得了巨大的成果，18世纪至1911年的清代粮价变化序列业已完成整理成书出版，对于粮价基本变动情况也进行了较为深入的探讨，计量经济学等新方法也逐渐被引入。但是，整体而言，清代粮价研究，无论是在研究人员和成果数量上，还是影响范围上均不如历史时期气候变化研究。如就影响力和研究内容上讲，与欧美、日本学界粮价问题研究相比存在较大差距，在中国经济史研究领域的地位并不牢固；地域选择上，集中于对东南地区粮食价格的研究，并常以江浙或闽粤一带的粮价概述国内整体粮价，对其他地区的研究较少；粮食作物种类上，多偏重于对米价的研究，较少涉及其他粮食作物的价格，这些都是当前清代粮价研究的突出不足之处。

二、研究对象概述

有两个问题需要特别指出：

一是本研究的区域主要集中于华北地区。之所以选择这一地区，主要原因在于以往的研究更多的关注经济较为发达的江南地区，而华北地区自13世纪以来便逐渐确立了其在中国政治、经济、文化和社会等多方面的核心地位，鉴于以上原因，显然对于华北这一区域的相关研究的缺位有待补充。

二是研究的时间段主要集中于清代。之所以如此的基本原因在于：一是清代正处于缘起于西欧，并逐渐向外围逐步拓展的全球性经济社会变革的现代化（modernization）浪潮之中，是中国传统与现代的交汇时期，由于此"对于当代社会有着直接的影响，我们在当代所面临的许多重大问题，如经济建设、政治改革、文化发展、中外交往、人口、宗教、民族、边疆、生态、城市化、地区发展不均衡等问题，都要追溯到清代才能了解其缘由"①；二是清代粮食价格的相关数据现存较为丰富全面，这对于更深、更广地研究华北地区的粮食价格提供了更具说服力的历史数据，并有助于开展量化研究，丰富古代粮价的研究方法。相对而言，清代之前华北的粮价数据是极不完善的，史书中的记载或是因灾或是因战乱的极高价格，或是丰年熟稔的极低价格，缺乏完整性与代表性，无法运用计量方法进行系统的研究。

（一）"华北"的界定

目前，学术界对"华北"地区的范围尚未形成统一界定。实践中，学者常常根据研究需要分别界定，如在涉及经济地理的相关研究中，孙敬之、李明珠和樊如森等学者分别将"华北"限定为直隶一省，以及直隶、山东、山西与河南和内蒙古两省的部分地区；施坚雅限定的"华北"除了华北平原地区，还包括了山西东部和河南西部。② 此外，根据张利民的研究，晚清民国时期的"华北"甚至包括了上海以北整个我国北方地区。③

考虑到自然地理地貌与气象环境的相似性，本研究将"华北"的地理范围界定为"华北平原"（图1.1）。地理环境方面，该地区位于北纬32—40度、东经114—121度。北抵燕山南麓，南达大别山北侧，西倚太行山—伏牛山，东临渤海和黄海，跨越京、津、冀、鲁、豫、皖、苏7省市，面积约30万平方千米，地貌的主体构成包括黄河冲积扇平原、淮河中下游平原、海河中下游平原和滦河下游冲积扇平原，地势平缓倾，海拔多不及百米。气候特征方面，属于暖温带季风气候，四季变化明显，热量资源较丰，可供多种类型一年两熟种植；降水量而言，雨量不够充沛，但集中于生长旺季，地区、季节、年际间差异大；光照资源方面，光照丰富，增产潜力大；但同时，旱涝灾害频繁，一定程度上限制了资源优势发挥。

① 戴逸：《从大清史角度看待刘铭传保台建台的意义》，《台湾周刊》2006年第17期。
② 孙敬之：《更系统地深入地学习苏联经济地理学的成果》，《地理知识》1957年第1—12期；李明珠：《华北的饥荒》，人民出版社2016年版；樊如森：《中国北方近代经济的市场化与空间差异》，《江西社会科学》2015年第2期；施坚雅：《中国农村的市场和社会结构》，中国社会科学出版社1998年版。
③ 张利民：《论华北区域的空间界定与演变》，《天津社会科学》2006年第5期。

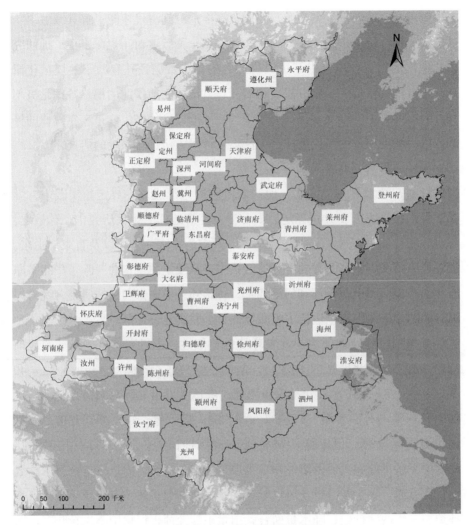

图1.1　清代华北平原与行政区划

注：底图数据引自"中国历史地理信息系统项目"（CHGIS V5）。

（二）清代华北的行政区划

清代全国行政建制经顺治、康熙、雍正和乾隆朝前期的调整后基本确定。根据光绪《钦定大清会典事例》记载，如表1.1所示，清代位于华北平原的府级行政单位共有44个，县级行政单位349个。其中，直隶省，9个府、6个直隶州，111个县、13个散州；山东省，10个府、2个直隶州，96个县、9个散州；河南省，8个府、3个直隶州，83个县、4个散州；江苏省，2个府、

1个直隶州，16个县；安徽省，2个府、1个直隶州，14个县、3个散州。

表 1.1 清代华北 44 府州行政区划

省	府、州	治所	州县数	所属州县
直隶省	顺天府	大兴宛平	24	大兴、宛平、通州、昌平州、涿州、霸州、蓟州、良乡、固安、永清、东安、香河、三河、武清、宝坻、宁河、顺义、密云、怀柔、房山、文安、大城、保定、平谷
	保定府	清苑	16	清苑、祁州、安州、满城、安肃、定兴、新城、唐、博野、望都、容城、完、蠡、雄、束鹿、高阳
	永平府	卢龙	7	卢龙、滦州、迁安、抚宁、昌黎、乐亭、临榆
	河间府	河间	11	河间、景州、献、阜城、肃宁、任丘、交河、宁津、吴桥、故城、东光
	天津府	天津	7	天津、沧州、青、静海、南皮、盐山、庆云
	正定府	正定	14	正定、晋州、获鹿、井陉、阜平、栾城、行唐、灵寿、平山、元氏、赞皇、无极、藁城、新乐
	顺德府	邢台	9	邢台、沙河、南和、平乡、广宗、巨鹿、唐山、内丘、任
	广平府	永年	10	永年、磁州、曲周、肥乡、鸡泽、广平、邯郸、成安、威、清河
	大名府	元城	7	元城、开州、大名、南乐、清丰、东明、长垣
	遵化州	遵化州	2	玉田、丰润
	易州	易州	2	涞水、广昌
	冀州	冀州	5	南宫、新河、枣强、武邑、衡水
	赵州	赵州	5	柏乡、隆平、高邑、临城、宁晋
	深州	深州	3	武强、饶阳、安平
	定州	定州	2	曲阳、深泽
山东省	济南府	历城	16	历城、德州、章丘、邹平、淄川、长山、新城、齐河、齐东、济阳、德平、禹城、临邑、平原、陵、长清
	兖州府	滋阳	10	滋阳、曲阜、宁阳、邹、泗水、滕、峄、阳谷、寿张、汶上
	泰安府	泰安	7	泰安、东平州、东阿、平阴、新泰、莱芜、肥城

续表

省	府、州	治所	州县数	所属州县
山东省	武定府	惠民	10	惠民、滨州、阳信、海丰、乐陵、利津、沾化、蒲台、青城、商河
	沂州府	兰山	7	兰山、莒州、郯城、费、沂水、蒙阴、日照
	曹州府	菏泽	11	菏泽、濮州、曹、范、观城、朝城、郓城、单、成武、定陶、巨野
	东昌府	聊城	10	聊城、高唐州、堂邑、博平、茌平、清平、莘、冠、馆陶、恩
	青州府	益都	11	益都、博山、临淄、博兴、高苑、乐安、寿光、昌乐、临朐、安丘、诸城
	登州府	蓬莱	10	蓬莱、宁海州、黄、福山、栖霞、招远、莱阳、文登、荣成、海阳
	莱州府	掖	7	掖、平度州、胶州、潍、昌邑、高密、即墨
	济宁州	济宁州	3	金乡、嘉祥、鱼台
	临清州	济宁州	3	武城、夏津、邱
河南省	开封府	祥符	16	祥符、郑州、禹州、陈留、杞、通许、尉氏、洧川、鄢陵、中牟、兰仪（兰阳）、荥阳、荥泽、汜水、密、新郑
	陈州府	淮宁	7	淮宁、商水、西华、项城、沈丘、太康、扶沟
	归德府	商丘	8	商丘、睢州、宁陵、鹿邑、夏邑、永城、虞城、柘城
	彰德府	安阳	7	安阳、汤阴、临漳、林、内黄、武安、涉
	卫辉府	汲	10	汲、新乡、获嘉、淇、辉、延津、浚、滑、封丘、考城
	怀庆府	河内	8	河内、济源、原武、修武、武陟、孟、温、阳武
	河南府	洛阳	10	洛阳、偃师、巩、孟津、宜阳、登封、永宁、新安、渑池、嵩
	汝宁府	汝阳	9	汝阳、信阳州、正阳、上蔡、新蔡、西平、遂平、确山、罗山
	许州	许州	4	临颍、襄城、郾城、长葛
	光州	光州	4	光山、固始、息、商城
	汝州	汝州	4	鲁山、郏、宝丰、伊阳

续表

省	府、州	治所	州县数	所属州县
江苏省	淮安府	山阳	6	山阳、阜宁、盐城、清河、安东、桃源
	徐州府	铜山	8	铜山、邳州、萧、砀山、丰、沛、宿迁、睢宁
	海州	海州	2	赣榆、沭阳
安徽省	凤阳府	凤阳	7	凤阳、寿州、宿州、怀远、定远、凤台、灵璧
	颍州府	阜阳	7	阜阳、亳州、颍上、霍邱、涡阳、太和、蒙城
	泗州	泗州	3	盱眙、天长、五河

（三）清代华北的耕地资源与人口分布

有关清代中国耕地资源问题的研究大致经历了两个阶段：第一阶段，20世纪八九十年代，以史念海、章有义、史志宏等老一辈历史学家为代表，侧重于耕地数据的考证；第二阶段，21世纪以来，以葛全胜、何凡能、叶瑜等学者为代表，在考证历史时期土地资源数据的基础上，侧重于耕地资源的空间格局研究。史志宏、章有义和周荣等学者，通过对官修政书和地方志等历史文献资料中有关土地信息记载的整理，分别采用校正系数法和升降百分比法，对耕地数据进行修正，重建了清代的耕地数据序列；Houghton和Hackler引入碳通量的概念，考察了历史时期中国土地资源利用的变化情况；葛全胜等通过对大量历史文献资料的收集和考证，初步建立起了中国过去300年部分地区耕地资源变化情况的省级年度数据序列。[1]值得注意的是，葛全胜、戴君虎和何凡能等的研究成果集前人研究之大成，建立了清代耕地的省级数据序列。[2]

---

[1]　史志宏：《清代前期的耕地面积及粮食产量研究》，《中国经济史研究》1989年第2期；章有义：《近代中国人口和耕地的再估计》，《中国经济史研究》1991年第1期；周荣：《清代前期耕地面积的综合考察和重新估算》，《江汉论坛》2001年第9期；Houghton, R. A. and Hackler J. L., "Sources and Sinks of Carbon from Land-use Change in China", *Global Biogeochemical Cycles*, 2003, 17 (2)；全胜、戴君虎、何凡能、潘嫄、王梦麦：《过去300年中国土地利用、土地覆被变化与碳循环研究》，《中国科学（D辑：地球科学）》2008年第2期。

[2]　葛全胜、戴君虎、何凡能：《过去三百年中国土地利用变化与陆地碳收支》，科学出版社2008年版。

通过对葛全胜、戴君虎、何凡能等的研究成果的整理，可以得到华北地区直隶省、山东省、河南省、江苏省和安徽省等五省耕地面积的基本情况。如表 1.2 所示，从绝对数量上看，河南省耕地面积最大，直隶省和山东省次之，江苏省再次之，安徽省耕地面积最小；从相对数量上，河南省耕地面积占本省土地总面积的比例最高，江苏省和山东省次之，安徽省再次之，直隶省最低。

表 1.2　清代中期华北主要省份耕地面积

		直隶省	山东省	河南省	江苏省	安徽省
乾隆四十九年	面积（平方千米）	68986.2	6964.13	9131.56	5354.10	4618.97
	占比（本省土地总面积）	21.21%	47.14%	57.28%	54.18%	28.46%
嘉庆二十五年	面积（平方千米）	7121.90	6652.99	9714.83	5380.44	4669.21
	占比（本省土地总面积）	21.89%	45.03%	60.94%	54.45%	28.76%

在葛全胜、戴君虎和何凡能等建立的省级耕地面积的基础上，可以根据各府州在本省土地总面积的占比关系估算出各府州耕地面积的大致情况。如表 1.3 所示，清中期华北 44 府州耕地总面积约 21.6 万平方千米，其中，山东省的沂州府、河南省的汝宁府和河南府，江苏省的淮安府等 4 个府的耕地面积最大，都在 1 万平方千米水平上，直隶省的冀州、赵州、深州和定州等 4 个州的耕地面积最小，都不到 1000 平方千米。

表 1.3　清代中期华北 44 府州耕地面积

府州	土地面积（平方千米）	耕地面积（平方千米）	
		乾隆四十九年	嘉庆二十五年
顺天府	26182.30	5552.53	5732.25
保定府	11148.90	2364.37	2440.90
永平府	17757.10	3765.79	3887.67
河间府	10000.10	2120.74	2189.38
天津府	12525.90	2656.39	2742.37
正定府	14154.20	3001.71	3098.86

府州	土地面积（平方千米）	耕地面积（平方千米）	
		乾隆四十九年	嘉庆二十五年
顺德府	6507.83	1380.13	1424.80
广平府	6700.60	1421.01	1467.00
大名府	7772.33	1648.29	1701.64
遵化州	7244.87	1536.43	1586.16
易州	6798.16	1441.70	1488.36
冀州	4507.14	955.84	986.78
赵州	3574.06	757.96	782.49
深州	2778.98	589.34	608.42
定州	2603.63	552.16	570.03
济南府	15052.90	7095.41	6778.40
兖州府	14680.40	6919.82	6610.66
泰安府	10843.80	5111.38	4883.02
武定府	11160.70	5260.76	5025.72
沂州府	24151.70	11384.26	10875.64
曹州府	12161.30	5732.41	5476.30
东昌府	7332.25	3456.16	3301.75
青州府	16780.90	7909.92	7556.53
登州府	18632.40	8782.65	8390.27
莱州府	16017.90	7550.27	7212.94
济宁州	3634.76	1713.30	1636.75
临清州	2326.10	1096.44	1047.46
开封府	14243.60	8159.33	8680.50
陈州府	9366.46	5365.50	5708.22
归德府	12788.00	7325.50	7793.41
彰德府	9662.73	5535.22	5888.77
卫辉府	10497.20	6013.24	6397.33
怀庆府	7266.72	4162.68	4428.57

续表

府州	土地面积 （平方千米）	耕地面积（平方千米）	
		乾隆四十九年	嘉庆二十五年
河南府	16432.20	9413.05	10014.30
汝宁府	18285.60	10474.76	11143.83
许州	4540.81	2601.17	2767.31
光州	14751.80	8450.45	8990.22
汝州	7278.55	4169.46	4435.78
淮安府	19570.80	10603.52	10655.69
徐州府	16567.60	8976.38	9020.54
海州	10267.60	5563.02	5590.39
凤阳府	24212.60	6889.76	6964.69
颖州府	22726.10	6466.77	6537.11
泗州	11509.20	3274.97	3310.59
华北	522998.78	215201.98	217829.80

对于清代人口问题。相关研究以正确认识"人丁"问题为基础。姜涛认为，18 世纪中叶法国耶稣会士钱德明（J. J. Amiot）、19 世纪苏格兰长老会教士罗约翰（J. Ross）和 1899 年英国外交官庄延龄（E. H. Parker）等人最早形成了对清代"人丁"的正确理解，将其解释为"纳税单位"[1]。曹树基则认为作为历史人物的钱德明、罗约翰和庄延龄等人的认识只是当事人对当时制度的理解，不属于科学研究的范畴，何炳棣的研究才奠定了清代中国人口史研究的基础。[2] 从国内学术史的角度看，曹树基的观点比较合理：在 1989 年何炳棣的观点传入国内学界前，清代人口史研究中经常出现由于对"丁"的认识不足而产生的错误，此后则很少有相应错误。因此，可以说，何炳棣的研究是当前清代人口研究的基础，其对"丁"的研究揭示了清代官方"人口"统计数据的实质，纠正了以往研究中将"丁"作为"人口"或将

---

① 姜涛：《中国近代人口史》，浙江人民出版社 1993 年版。

② 曹树基：《清代北方城市人口研究——兼与施坚雅商榷》，《中国人口科学》2001 年第 4 期。

"丁"折算成人口的错误做法，使人们认识到了清代初期"人丁户口"统计与清代中期"民数"统计的区别。

在何炳棣研究的基础上，许多学者在重建清代中国人口序列方面取得了卓著的成果。如全汉昇和王业键认为清代可信的人口数据始于乾隆二十二年，并估算了乾隆二十六年、道光三十年和光绪二十四年清朝本部18省及东北和新疆的分省人口数量；珀金斯通过逐省分析，估算了乾隆十五年、道光三十年、同治十二年、光绪十九年除台湾省外的清代中国人口数量，并比照了对人口影响较大的人口迁徙和战争事件；施坚雅的研究展示了通过县数据研究清代人口的可能性；姜涛以清代户部历年的《汇造各省民数谷数清册》为基础，整理、估算了乾隆十四以后清代分省人口数量；王玉民在分析清代人口变动情况的同时，还使用县级人口数据对太平天国前后的相关地区的官方统计数据进行了矫正；韩光辉首次全面系统地对清代城市人口作了精确的定量研究；李中清和王丰综合前人的研究成果，形成了中国18、19世纪五十年频度的清代中国全国人口数据等。[①] 曹树基集前人成果之大成，通过对大量地方志、时人著述和笔记等各类文献资料的整理，估算出了乾隆四十一年、嘉庆二十五年、咸丰元年、光绪六年和宣统二年四个时间点全国分府人口数量。[②]

曹树基估算的结果是目前清代人口研究中比较全面和精确的一套数据。根据他的研究成果，结合相关土地面积和耕地面积数据，可以得到清代中期华北地区44个府州的人地关系的基本情况。如图1.2和表1.8所示，乾隆四十一年至嘉庆二十五年的45年间，华北44个府州的人地矛盾已有明显的加剧趋势。就华北整体情况而言，45年间人口密度增长约20.1%，从每平方千米149人增长至每平方千米179人；人均耕地面积下降约15.5%，人均

---

① 全汉昇、王业键：《清代的人口变动》，《"中央研究院"历史语言研究所集刊》1961年第32期；[美]珀金斯：《中国农业的发展：1368—1968年》，上海译文出版社1984年版；[美]施坚雅：《中华帝国晚期的城市》，中华书局2000年版；姜涛：《中国近代人口史》，浙江人民出版社1993年版；王玉民：《中国人口史》，江苏人民出版社1995年版；韩光辉：《12至14世纪中国城市的发展》，《中国史研究》1996年第4期；李中清、王丰：《人类的四分之一——马尔萨斯的神话与中国的现实1700—2000》，生活·读书·新知三联书店2000年版。

② 曹树基：《中国人口史》第五卷《清时期》，复旦大学出版社2001年版。

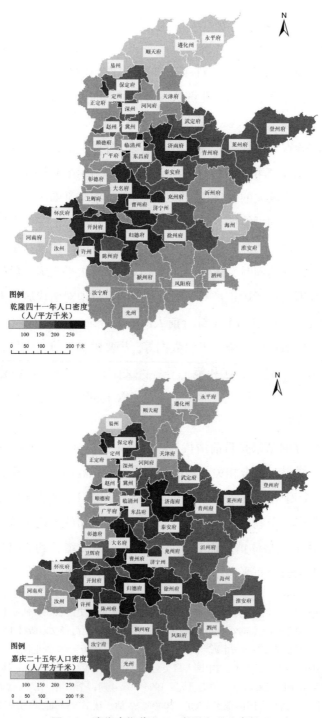

图 1.2　清代中期华北 44 府州人口分布情况

耕地面积从 4.13 亩下降至 3.49 亩。就各府州的情况而言，顺天府的人口密度变化程度最大，约增长了 93.4%，从每平方千米 76 人增长至每平方千米 147 人，其人均耕地占有量的变化幅度亦最显著，约下降了 46.8%，从人均占有 4.19 亩下降至 2.23 亩。其他府州的人口密度和人均耕地占有量的变化幅度基本在 11%—20% 之间。

表 1.4　清代中期华北 44 府州人地关系

	人口（万人）		人口密度（人 / 平方千米）		人均耕地面积（亩 / 人）	
	乾隆四十一年	嘉庆二十五年	乾隆四十一年	嘉庆二十五年	乾隆四十一年	嘉庆二十五年
顺天府	198.7	386.0	76	147	4.19	2.23
保定府	193.2	230.4	173	207	1.84	1.59
永平府	145.0	173.6	82	98	3.90	3.36
河间府	130.3	161.6	130	162	2.44	2.03
天津府	134.3	160.1	107	128	2.97	2.57
正定府	175.2	208.9	124	148	2.57	2.23
顺德府	83.5	95.2	128	146	2.48	2.24
广平府	98.4	122.5	147	183	2.17	1.80
大名府	172.2	196.5	222	253	1.44	1.30
遵化州	54.0	70.2	75	97	4.27	3.39
易州	34.6	41.2	51	61	6.25	5.42
冀州	63.2	75.0	140	166	2.27	1.97
赵州	65.8	76.7	184	215	1.73	1.53
深州	44.7	53.3	161	192	1.98	1.71
定州	53.2	63.4	204	244	1.56	1.35
济南府	351.9	401.5	234	267	3.02	2.53
兖州府	224.5	261.8	153	178	4.62	3.79
泰安府	212.1	247.3	196	228	3.61	2.96
武定府	187.9	219.1	168	196	4.20	3.44
沂州府	349.3	407.4	145	169	4.89	4.00

	人口（万人）		人口密度（人／平方千米）		人均耕地面积（亩／人）	
	乾隆四十一年	嘉庆二十五年	乾隆四十一年	嘉庆二十五年	乾隆四十一年	嘉庆二十五年
曹州府	272.4	317.7	224	261	3.16	2.59
东昌府	141.8	169.7	193	231	3.66	2.92
青州府	297.3	331.9	177	198	3.99	3.42
登州府	289.3	341.5	155	183	4.55	3.69
莱州府	292.8	337.4	183	211	3.87	3.21
济宁州	76.3	88.9	210	245	3.37	2.76
临清州	94.6	108.4	407	466	1.74	1.45
开封府	287.6	342.8	202	241	4.26	3.80
陈州府	185.4	221.0	198	236	4.34	3.87
归德府	275.8	328.8	216	257	3.98	3.56
彰德府	108.6	136.8	112	142	7.65	6.46
卫辉府	148.8	175.0	142	167	6.06	5.48
怀庆府	150.8	180.3	208	248	4.14	3.68
河南府	147.0	171.1	89	104	9.61	8.78
汝宁府	255.5	297.9	140	163	6.15	5.61
许州	108.9	129.9	240	286	3.58	3.20
光州	178.4	208.1	121	141	7.11	6.48
汝州	69.7	83.1	96	114	8.97	8.01
淮安府	263.0	300.0	134	153	6.05	5.33
徐州府	295.4	337.0	178	203	4.56	4.02

三、研究内容与技术路线

本书主要研究华北历史时期气候变化对于粮食生产及粮价波动的影响。研究过程通过对华北地区进行界定，明确研究对象，厘清其各个时期气候变化以及粮食种植变迁相关情况，并着重选择资料、数据相对完整的清代为例，分析气候变化包括气温、降水、灾害对粮食种植的影响及引发的粮价波动问题。在研究过程中，我们收集了大量的原始史料、参考了大量当今学者现有的研究成果、应用相关的统计学及经济学分析方法，得出相关研究结论。并同时考虑到市场整合所带来的商品区域间的流动以及政府在救灾等过程中所起到的积极作用，从市场与政府两方面分析其对于气候变化影响社会的缓冲作用。

具体研究路线图如下：

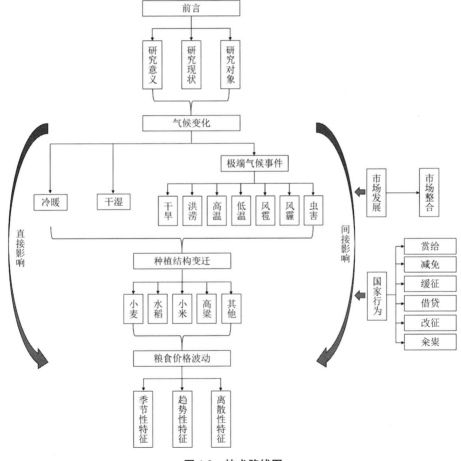

图 1.3 技术路线图

如图 1.3 所示，在研究过程中，将论述当前气候相关的研究成果，同时以气温冷暖、降雨引起的干湿情况以及极端气候（自然灾害）代表气候的变化。毫无疑问，气候变化一定会影响到农业生产，影响到粮食种植结构的变迁；农业生产的变迁又会影响到粮食供给，直接影响到了粮食价格的波动。此外，市场的发育程度可以表示粮食在各个地区之间的流动程度，而资源的流动程度大小也表示市场对于缓冲气候和粮食价格波动的影响能力，故市场整合分析也是本文研究的重要内容之一。另外，中国自古以来就逐渐形成了比较完备的救荒制度，在气候变化发生灾害时，政府的救灾行为也往往可以缓冲气候对于粮价波动的影响，所以可以看到市场的整合程度与政府行为间接的影响到了气候变化对于粮食价格的影响。鉴于粮食种植结构变迁与粮食价格波动是本书分析的重要内容，故本研究将通过数理计量等方法进行详细的分析。

第二章 历史时期华北地区气候变化的基本特征

气温变化是衡量历史时期中国华北气候变迁的重要指标。就长时段分析而言，气温和降水量是分析气候变迁的常用指标，但华北处于东亚季风区，降水量变动往往趋于极端，非旱即涝，且临近地区的降水量可能出现较大差异；与之相反，气温在长时段里的变动比较稳定，易于测量，尤其是冬季温度因受北方西伯利亚高气压控制，使华北全区温度升降相对统一，而且冬春季亦是影响农作物生长的重要季节。[1] 因此，本部分介绍历史时期华北气候变迁情况时，以冬半年气温为指标。

第一节　清代以前华北地区的气候变迁

一、先秦时期中国的气候变迁

由于相关历史文献资料稀少，目前对先秦两千余年的气候特征只有整体性的认知，尚未形成气温变化的联系序列。竺可桢通过对考古发现的研究，认为从仰韶文化到殷墟文化时期（约公元前 3000—公元前 1100 年）是我国的温和气候时代，年均气温比当代高约 2℃，商末周初（约公元前 1100年）出现了一个寒冷期，气温下降约 2—3℃，并持续了余百余年，直至春秋时期（公元前 770—公元前 481 年）再次回暖。[2] 葛全胜认为，夏商周是

---

① 竺可桢：《中国近五千年来气候变迁的初步研究》，《考古学报》1973 年第 2 期。
② 竺可桢：《中国近五千年来气候变迁的初步研究》，《考古学报》1973 年第 2 期。

全新世大暖期后一阶段亚稳定暖湿期及其延续，其气候总体温暖，但逐渐趋冷，且冷暖波动幅度较大。①

夏代初年（约公元前 2070 年），我国发生了一次与全球同步的显著的降温事件。根据历史文献记载，在夏代建立前夕禹伐三苗时，我国的气候异常，发生降温事件，出现了"夏冰"和"五谷变化"等相关记述。例如，《竹书纪年·五帝》记载："三苗将亡，天雨血，夏有冰，地坼及泉，青龙生于庙，日夜出，昼日不出。"《墨子·非攻上》记载："昔者三苗大乱，天命殛之，日妖宵出，雨血三朝，龙生于庙，犬哭于市，夏冰，地坼及泉，五谷变化，民乃大振。"

夏代至商代后期（约公元前 2000—公元前 1100 年），我国气候处于温暖期。根据满志敏对《夏小正》的考证，夏代末期的气候较春秋和当代温暖，春季比当代提前约半个月，自然带比当代北移约 3 个纬度。② 根据竺可桢对历史文献记录和殷墟出土的考古资料的分析，商代处于一个显著的温暖期，殷墟时期的安阳年均温度较当代高约 2℃，1 月温度较当代高约 3—5℃，呈现出亚热带气候环境特征。③ 此外，传统观点将夏代至商代后期整体视作一个温暖期，但根据葛全胜的介绍，最新的冰芯等自然证据表明，商代中期（约公元前 1500—公元前 1300 年），曾出现了一个相对寒冷的时段，持续约 200 年。④

商末周初（约公元前 1100—公元前 1000 年），我国出现了一个百余年的寒冷期。葛全胜认为该时期是我国气候变迁的一个突变点，从此中原地区再未出现亚热带气候环境特征。⑤ 历史文献也对此时的寒冷气候有所记载，如据《金匮》记载："武王伐纣，都洛邑，阴寒雨雪一十余日，深丈余。"（《开元占经》卷 113）根据张德二的研究，历史文献中涉及"雨土""沙霾""土雾"等浮尘天气的记载，往往与冷暖背景密切相关，多集中于温度波动

---

① 葛全胜：《中国历朝气候变化》，科学出版社 2011 年版。

② 满志敏：《中国历史时期气候变化研究》，山东教育出版社 2009 年版。

③ 竺可桢：《中国近五千年来气候变迁的初步研究》，《考古学报》1973 年第 2 期。

④ 葛全胜：《中国历朝气候变化》，科学出版社 2011 年版。

⑤ 葛全胜：《中国历朝气候变化》，科学出版社 2011 年版。

的低谷阶段。①《竹书纪年》和《墨子·非攻下》中均有关于帝辛时期（约公元前 1105—公元前 1045 年）"雨土"的记载，反映了商末周初气温较低的特征。

西周早期至春秋、战国（约公元前 1000—公元前 221 年），气候的总体趋势是降温趋凉，其中又分别出现两次回暖和趋凉过程。第一次回暖过程发生在西周早期（约公元前 1000—公元前 900 年），竺可桢通过对汉字发展及其结构与"竹"的关系，以及对《左传》涉及郯国的物候证据的分析，证明了西周早期气温的回暖。第一次趋凉过程发生在西周中晚期（约公元前 900—公元前 800 年），根据《竹书纪年》记载，西周中期，江汉流域开始出现结冰现象（公元前 907 年、公元前 897 年、公元前 885 年、公元前 879 年），表明了当时气候趋于寒冷的特征。第二次回暖过程发生在春秋时期（公元前 770—公元前 476 年），历史文献记载表明，春秋时期中国气候再次回暖，《礼记·月令》记载："孟夏之月……秋麦至。"即黄河中下游地区的冬小麦在夏历四月便可收获，较当代提前约 10 天。《诗经》中诗文亦显示梅树可生长于当代难以种植的山东菏泽至陕西终南山一线："墓门有梅，有鸮萃止。"（《诗经·陈风·墓门》）"鸤鸠在桑，其子在梅"，（《诗经·曹风·鸤鸠》）"终南何有？有条有梅"。（《诗经·秦风·终南》）第二次趋凉过程发生在战国时期（公元前 475—公元前 221 年），此时中国气温呈逐渐下降趋势，但总体仍较当代温暖。②满志敏的分析显示，战国中期黄河中下游小麦收获期较当代推迟约半个月，当时的气候可能比当代寒冷；陈良佐对《吕氏春秋》记载物候信息的分析显示，战国晚期黄河中下游的气温与当代相当或较当代略暖。③

---

①　张德二：《我国历史时期以来降尘的天气气候学初步分析》，《中国科学（B 辑：化学　生物学　农学　医学　地学）》1984 年第 3 期；张德二：《历史时期"雨土"现象剖析》，《科学通报》1982 年第 5 期。

②　竺可桢：《中国近五千年来气候变迁的初步研究》，《考古学报》1973 年第 2 期。

③　满志敏：《中国历史时期气候变化研究》，山东教育出版社 2009 年版；陈良佐：《从春秋到两汉我国古代的气候变迁：兼论〈管子·轻重〉著作的年代》，《新史学》1991 年第 1 期。

二、秦代至明代中国华北的气候变迁

与先秦不同，目前对秦代至明代气候变迁已有比较深入的研究，并形成了连续的气温变化序列。张丕远和龚高法、张德二、郑斯中、王绍武、王日昇等诸多学者均利用相关历史文献资料，对历史时期气温变化进行了重建。[①] 葛全胜等于2011年出版的《中国历朝气候变化》集前人研究之大成，系统、全面地分析、介绍了历史时期气候变迁情况。

综合现有研究成果，可以梳理出秦代至明代气温变化的基本情况。秦代至清代的气温变化具有两个显著的特征：

特征一，秦代至清代华北的气温，虽有较显著的波动性特征，但总体经历了"降→升→降"的过程：自秦代至南北朝，中国华北气温呈持续下降趋势，从较当代气温高约1℃的水平降至较当代气温低约1℃水平；自隋代至南宋，华北气温呈缓慢上升趋势，到南宋后期达到最高，较当代气温高约0.9℃；自宋元之际，华北的气温再次下降，直至明代末年，气温在绝大多数时间里均低于当代（图2.1）。

特征二，秦代至清代华北的气温变化具有明显的"冷—暖"交替特征。总体言之，可大致分为6个冷、暖交替的阶段，即公元前210—公元180年、公元181—540年、公元541—800年、公元811—930年、公元931—1320年、公元1321—1911年。其中，公元前210—公元180年、公元541—810年、公元931—1320年等3个阶段相对温暖，冬半年平均气温分别较当代高约0.27℃、0.48℃和0.18℃；公元181—540年、公元811—930年、公元1321—1911年等3个相对寒冷，平均气温分别较当代低约0.25℃、0.28℃和0.39℃。

具体言之，秦汉时期（公元前210—公元210年），华北气候相对温暖，

① 张丕远、龚高法：《十六世纪以来中国气候变化的若干特征》，《地理学报》1979年第3期；张德二：《中国南部近500年冬季温度变化的若干特征》，《科学通报》1980年第6期；郑斯中：《1400—1949年广东省的气候振动及其对粮食丰歉的影响》，《地理学报》1983年第1期；王绍武：《公元1380年以来我国华北气温序列的重建》，《中国科学（B辑：化学　生命　科学　地学）》1990年第5期；王日昇、王绍武：《近500年我国东部冬季气温的重建》，《气象学报》1990年第2期。

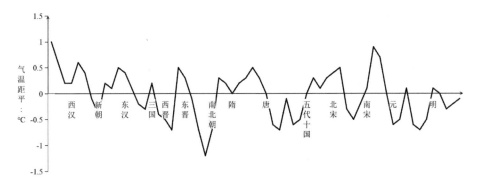

图 2.1　秦代至明代中国华北气温变化示意图

说明：图中气温曲线为中国东中部（包括华北）冬半年气温距平（℃），时间分辨率为
　　　30 年，基期为 1951—1980 年。气温距平数据信息引自葛全胜《中国历朝气候变
　　　化》，科学出版社 2011 年版。

冬半年平均气温较当代高约 0.24℃，经历了"暖→冷→暖→冷"的波动趋凉
过程。其中，秦代至东汉后期（约公元前 221—公元前 30 年），气候温暖，
冬半年平均气温较当代高约 0.5℃，且公元前 221—公元前 180 年的三十年
间气候最为温暖，冬半年年平均气温较当代高约 1℃；两汉之交（约公元前
30—公元 30 年），气候较冷，冬半年平均气温较当代低约 0.3℃；公元元年
至 30 年的三十年间气温最低，较当代低约 0.4℃；东汉年间（约公元 30—
180 年），气温有所回升，虽未达到秦代至西汉初年的水平，但亦相对温暖，
冬半年年均气温较当代高约 0.26℃；东汉末年（约公元 180—220 年），气
温再次下降，冬半年年均气温将当代低约 0.25℃。

　　魏晋南北朝时期（公元 221—580 年），华北气候相对寒冷，冬半年平
均气温较当代地约 0.25℃，经历了"冷→暖→冷→暖"的波动趋冷过程。其
中，三国、西晋至东晋前期（约公元 220—360 年），气候较冷，延续了东
汉末年的降温趋势，三国初年气温虽有短暂回暖，但冬半年年均气温总体
较当代低约 0.35℃；东晋中期至北魏中期（约公元 360—450 年），气候相
对温暖，冬半年年均气温较当代高约 0.23℃；南朝前中期（约公元 450—
540 年），气候显著较当代寒冷，冬半年年均气温较当代低约 0.87℃，公元
481—510 年的三十年间更是较当代低约 1.2℃，且降温速度非常快；南朝末
期（约公元 540—580 年），气候相对温暖，在初期回暖后气温虽有所回凉，

但仍比较温暖，冬半年年均气温较当代高约 0.25℃。

隋唐时期（581—907 年），华北的气候总体比较温暖，经历了"暖→冷"的过程。其中，隋初至唐代中期（约 581—740 年），气候比较温暖，冬半年年均气温较当代高约 0.26℃，隋初的气温并未延续南朝末年的回冷趋势，在降至与当代相当的水平后升温，到公元 690—720 年间达到最高，冬半年年均气温较当代高约 0.5℃，后又逐渐降至与当代相当的水平。唐代后期（约 741—907 年），气候趋于寒冷，气温继续下降，冬半年年均气温整体较当代低约 0.5℃，唐武宗至唐懿宗年间（约 840—870 年）的气温有所回升，但并未扭转气候持续趋冷的趋势，且冬半年年均气温亦较当代低约 0.1℃，公元 870—900 年最低时气温较当代约低 0.6℃。

五代两宋时期（907—1276 年），华北的气候总体仍比较温暖，经历了"暖→冷→暖"的过程。其中，五代至北宋中后期（约 907—1110 年），气候比较温暖，气温增长趋势显著，从五代初期冬半年年均气温与当代相当的水平，逐渐升至 1080—1110 年间较当代高约 0.5℃ 的水平，整体冬半年年均气温 0.27℃；北宋末期至南宋中期（约 1110—1200 年），气候总体变冷，冬半年年均气温较当代低约 0.33℃，1140—1170 年的三十年间气温最低，冬半年年均气温较当代低约 0.5℃；南宋中后期（约 1200—1276 年），气候回暖，是古代最后一个相对温暖的时期，冬半年年均气温较当代高约 0.57℃，1230—1260 年的三十年间气温最高，冬半年年均气温较当代高约 0.9℃。

元明时期（1276—1644 年），华北的气候进入较长的寒冷期。宋末元初（约 1290—1320 年）的三十年间，气候骤冷，冬半年年均气温下降约 0.7℃，达到与当代相当的水平，此后，气温并未出现隋代初年的回暖进程，而是再次经历了一次快速降温的过程，1290—1320 年三十年间下降约 0.6℃。元明两代的三个半世纪中，除 1380—1410 年和 1530—1560 年两个时期与当代相当，以及 1500—1530 年较当代略高（冬半年年均气温约高 0.1℃）外，其他时间均较当代寒冷，冬半年年均气温较当代低约 0.26℃，其中，1410—1470 年前后更经历了近百年的持续寒冷期，冬半年年均气温较当代低约 0.6℃。

第二节　清代华北地区的气候特征

清代的气象资料是中国历史时期中保存最完整和丰富的，所反映的气候特征最为系统，气候变化的证据显著增加，尤其是留下了两套世界上存世最早的、标准统一的系统天气观测资料——《月雪分寸》和《晴雨录》。此外，许多官修地方志中亦有大量涉及气候变化的气象资料，张德二等据此整理出了《中国三千年气象记录总集》，以及中央气象局进一步整理出版的《中国近五百年旱涝图集》，均提供了丰富、可靠的清代气候特征资料。

一、气温与降水变化

清代持续了元明时期的寒冷气候，是中国历史时期最寒冷的王朝，冬半年年均气温较当代低约 0.6℃。就趋势变动情况而言，清代气温总体经历了"冷→暖→冷"的波动过程。其中，清代前期（约 1644—1700 年），经历了半个多世纪的寒冷期，冬半年年均气温较当代低约 0.9℃，最冷时 1650—1660 年的十年间的气温较当代低约 1.3℃；清代中前期（约 1700—1780 年），气候相对温暖，冬半年年均气温甚至较当代高约 0.1℃，除 1720—1730 年和 1750—1760 年外，其他时期或与当代相当（1710—1720 年和 1740—1750 年），或较当代略高（1700—1710 年和 1760—1770 年高约 0.2℃，1730—1740 年和 1770—1780 年高约 0.1℃）；清代末期（约 1780—1911 年），经历了 130 余年的寒冷期，冬半年年均气温较当代低约 0.8℃，1860—1870 年气温虽有较大幅度回升，但冬半年年均气温仍较当代低约 0.1℃。此外，值得注意的是，在 1870—1880 年气温降至低谷后的晚清最后三十年间，虽然仍较当代寒冷，但气温已经出现了明显的回暖趋势（图 2.2）。

清代是中国历史时期中相对湿润的朝代。对于华北地区而言，只有 1685—1695 年、1715—1725 年、1805—1815 年和 1870—1880 年等四个时间段相对偏干，其他时期基本雨泽无缺，尤其是 1735—1770 年、1820—1850 年和 1895—1910 年等三个时间段降水非常充沛。

就华北地区的核心区域北京而言，中央气象局研究所（现为中国气象

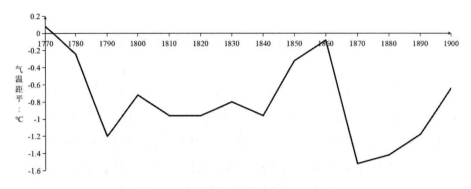

图 2.2　清代中国华北气温变化示意图

说明：图中气温曲线为中国东中部（包括华北）冬半年气温距平（℃），时间分辨率为
　　　10 年，气温距平数据信息引自葛全胜《中国历朝气候变化》，科学出版社 2011
　　　年版。

科学研究所）于 1975 年刊行《北京 250 年降水：1724—1973》一书，利
用《晴雨录》记录重建了 1724 年以来北京地区的降水情况（图 2.3）。其中，
1724—1911 年的降水结果表明：1724—1911 年北京年均降水量约为 601 毫
米；单年降水量最大时 1886 年为 1192.9 毫米，最少时 1745 年为 289.6 毫米；
全年以夏季降水为主，夏季降水约占全年降水量的 75%；夏季平均降水约
450 毫米，最大时 1890 年夏季为 975.8 毫米、最小时 1817 年夏季为 49.4 毫
米，春季、秋季和冬季平均降水量分别约为 55 毫米、85 毫米和 14 毫米。

从年际波动情况看，1724 年以来的清代北京降水变化，可大致分为六
个阶段。第一阶段，1731—1760 年三十年间是清代北京降水最少的时期，
年降水量约 445 毫米；第二阶段，1761—1790 年，北京降水量呈比较明显
的波动性增加趋势，从 18 世纪中期的 400 毫米水平逐渐增长至 700 毫米水
平；第三阶段，1791—1810 年，北京进入降水丰沛的时期，年均降水量约
为 709 毫米；第四阶段，1811—1870 年，北京降水量呈比较明显的波动性
下降趋势，从 19 世纪初的 700 毫米逐渐降至 500 毫米水平，其中，1840—
1855 年前后降水量有所增加，回复至 700 毫米水平；第五阶段，1871—
1895 年前后，是北京在清代降水最多的时期，年均降水量约为 755 毫米；第
六阶段，1896—1911 年，19 世纪末的最后五年北京降水量快速增至 500 毫
米水平，1911 年降水量虽一度激增至 1111.4 毫米，但次年即又回落至 500

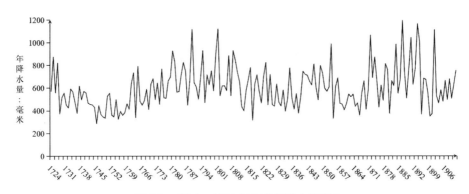

图 2.3　1724—1911 年北京年降水量变化

资料来源：中央气象局研究所：《北京 250 年降水（1724—1973）》，中央气象局研究所 1975 年版。

毫米水平，并持续至清亡。

二、自然灾害

极端气候事件是气候变化的重要内容，在历史研究中往往以自然灾害的形式被纳入灾害史学领域，通过对自然灾害的研究考察极端气候事件。在丰富的历史文献资料的支撑下，学术界很早便对清代自然灾害问题进行了统计和分析，最早可追溯至 20 世纪 30 年代的民国时期，王树林根据方志、会典等史书资料和《清史稿》统计了 1644—1908 年中国省级年度灾荒频次表，以及各省内受灾州县范围；朱涣尧统计制作了清代江苏省县级年度水旱灾害表；陈高傭等编制出版了《中国历代天灾人祸表》，其中部分依据《清史稿》《清史纪事本末》和《清鉴》等文献资料按年统计了自然灾害发生的频次和范围。[1] 新中国成立后，涉及清代自然灾害统计的工作取得了突出成绩。在统计工作所依托的历史文献资料的整理方面，中央气象局研究所根据北京清代"晴雨录"整理出了 1724—1973 年北京地区的降水量；中央气象局气象科学研究院编制绘成了近 500 年中国逐年旱涝变化图；郑景云和张德二分别主持建立起了历史气候变化文献数据库和近 3000 年来中国古代历史文献中

---

[1]　王树林：《清代灾荒：一个统计的研究》，《社会学界》1932 年第 6 期；朱涣尧：《江苏各县清代水旱灾表》，《江苏省立国学图书馆年刊》1934 年第 7 期；陈高傭等：《中国历代天灾人祸表》，上海书店出版社 1986 年版。

有关气候变化的史料；温克刚组织编写了省际中国历史气象灾害史料。[①] 此外，水利水电科学研究院还在 20 世纪 90 年代前后，整理编写了全国各大流域清代洪涝档案史料。[②] 在清代自然灾害具体的统计工作方面，具有代表性的成果有：中央气象局气象科学研究院通过对全国 120 个固定观察点旱涝史料的整理，以图像的方式展示了 1470—1979 年中国年度旱涝灾害情况；李向军以《清实录》为主要依据，编制了清代全国省级年度各类自然灾害发生频次表。[③]

纵观当前对清代自然灾害的统计性研究，有两个显著特点：其一，统计单位样本范围方面，以省级年度为主，同时亦有部分对州县灾害的统计，尚未形成府州级样本的统计；其二，统计数据的频率方面，均为年度数据，尚未形成月度或季度频度数据。当然，当前有关清代自然灾害统计的这两个特点，主要是受历史文献资料的性质所限。一方面，从文献学角度讲，历史文献资料中所记载的往往是当时影响较大的事项，加之历史文献资料在形成之后往往会有部分佚失的客观情况，统计样本通常会存在遗漏的问题，所以在统计时单位样本范围越小则难度越大；另一方面，由于很多历史文献资料的记载均未标明具体的月份或季节，所以重建月度或季度频度序列的准确性会较低。由于涉及清代自然灾害的历史文献资料中有大量以州县为样本单位的记载，所以若是选取合适的统计学技术方法，可以形成府级单位样本的数据。

张德二主持编写的《中国三千年气象记录总集》中的清代部分，为重建清代自然灾害序列提供了详细、丰富的文献资料。该套资料有以下两方面

---

① 中央气象局研究所：《北京 250 年降水（1724—1973）》，中央气象局研究所 1975 年版；中央气象局气象科学研究院：《中国近五百年旱涝分布图集》，地图出版社 1981 年版；温克刚：《中国气象灾害大典》（32 卷），气象出版社 2005—2008 年版。

② 包括 1981 年出版的《清代海河滦河洪涝档案史料》，1988 年出版的《清代珠江韩江洪涝档案史料》和《清代长江流域西南国际河流洪涝档案史料》，1993 年出版的《清代黄河流域洪涝档案史料》，1998 年出版的《清代淮河流域洪涝档案史料》和《清代辽河、松花江、黑龙江流域洪涝档案史料，清代浙闽台地区诸流域洪涝档案史料》等。

③ 中央气象局气象科学研究院：《中国近五百年旱涝分布图集》，地图出版社 1981 年版；李向军：《清代荒政研究》，中国农业出版社 1995 年版。

特征：其一，空间维度方面，以清代府级和县级地方志为主要依托，提供了丰富的县级样本信息，可以建立县级样本序列。就华北而言，样本在地域上覆盖了华北348个县级行政单位中的342个①，约占总范围的98%。其二，时间维度方面，样本缺乏相对精确时间信息，只能建立年度样本序列。以清中期（1776—1840年）为例，在4545条涉及州县各类自然灾害的记载中，有1529条缺少季度或月份信息，即约合33.6%的记载难以确定发生的季节或月份。因此，依据《中国三千年气象记录总集》中辑录的方志文献资料，可以重建清代县级单位的年度自然灾害序列。

（一）清代华北自然灾害的类型

通过对《中国三千年气象记录总集》辑录史料记载的梳理，清代华北地区发生的自然灾害主要有干旱、洪涝、低温、高温、风雹、风霾、虫害和病疫等八类受气候影响、与农业生产紧密相关的自然灾害（表2.1）。②

表 2.1　清代华北自然灾害事件的主要类型

类型	史料主要表述形式
干旱	旱、连月不雨、河（井）涸
洪涝	大雨、淫雨、河决、河溢、水、连阴、霉、风潮
低温	陨霜、霜冻、寒、大雪、井冰、人畜冻死、木冻枯
高温	大热、冬暖、风如火、热风
风雹	大风、雨雹、风雹
风霾	风霾、雾、霾
虫害	蝗、螟、蝥、螣
病疫	瘟、疫、病

---

① 1644—1911年的州县样本观测点总量为350个。其中，所涵盖的342个州县中，大兴县和宛平县、文安县和保定县、大名县和元城县、茌平县和博平县、阳武县和原武县等五组县级单位由于行政区划变迁，在《中国三千年气象记录总集》中被合并记录，较难分离，故分别按1个样本观测点统计；将13个直隶州治所地方分别按1个样本观测点统计。因此，州县样本观测点总量＝342－5＋13＝350。

② 由于史料中对部分灾害类型的描述较为模糊，所以此处的分类方式和灾害名称与气象学和灾害学学科专业的分类有一定差异。

从各州县历年自然灾害的构成看,《中国三千年气象记录总集》中直接涉及清代华北自然灾害的史料共计 13568 条,其中,一条涉及多种灾害的史料 3160 条。具体言之,如图 2.4 所示,在 1644—1911 年的 268 年中,华北地区的自然灾害事件以洪涝和干旱为主,分别发生 7819 县次和 4053 县次,二者共占自然灾害事件总数的 59%;虫害事件次之,发生 2469 县次,约占 12%;风雹事件再次之,发生 2027 县次,约占 10%;低温事件发生 1494 次,约占 7%;风霾事件和病疫事件发生频率相当,均约为 5%;地震等其他事件,发生频率不足百次,约占 0.2%。

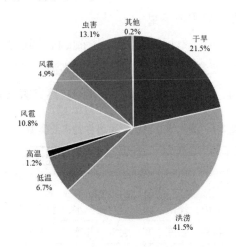

图 2.4 清代华北地区自然灾害的数量构成(1644—1911 年)

(二)清代华北自然灾害的时空分布特征

洪涝事件。如图 2.5 所示,就洪涝事件年发生率而言[1],在 1644—1911 年的 268 年间,华北地区每年都有洪涝事件的记载。在年际尺度上,华北出现极端洪涝、洪涝和偏涝的年份分别有 8 年、26 年和 41 年。[2] 其中,极

---

[1] 洪涝事件年发生率 = 当年发生洪涝州县数 / 华北样本观测点总量 350。以下涉及其他自然灾害事件年发生率的算法相同。

[2] 本书分别以 10%、15% 和 25% 的州县百分率为标准划分正常年、偏灾年、灾年和极端灾年。该标准参考了《中国近五百年旱涝分布图集》(中央气象科学研究所 1981 年版)的划分方法,同时考虑到本书样本观测点密度较高(本文实际观测点为 350 个,而《中国近五百年旱涝分布图集》全国范围观测点共计 68 个,华北地区仅为 17 个),以及相关历史文献资料的特点,相应地调低了划分标准。

端大涝年出现在 1653—1654 年、1668 年、1703 年、1730 年、1739 年和 1822—1823 年。在年代际尺度上，洪涝灾害发生的时段主要集中于 1647—1669 年、1843—1855 年和 1883—1898 年等 3 个时间段，而 1687—1722 年、1763—1817 年和 1890—1910 年洪涝灾害发生率相对较小。

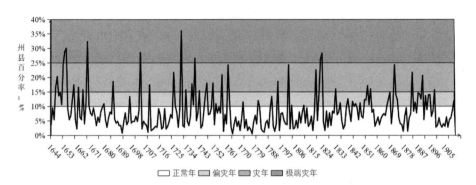

图 2.5　清代华北洪涝事件年发生率时间分布图

从洪涝事件的空间分布上看，如图 2.6 所示，在 1644—1911 年的 268 年间，苏北地区的淮安府、徐州府和泗州等 3 个府州的洪涝事件发生频率最高，府（州）域内各州县平均每 100 年分别有 25 次、20 次和 18 次洪涝事件的记录；河南省的河南府和汝州，以及直隶省的易州等 3 个府州的洪涝事件发生频率最低，府（州）域内各州县平均每 100 年分别有 2 次、3 次和 3 次洪涝事件的记录。

干旱事件。如图 2.7 所示，就干旱事件年发生率而言，在 1644—1911 年的 268 年间，华北地区只有 1749 年、1816 年、1828 年、1882—1883 年等 5 年里没有干旱事件记载。在年际尺度上，华北出现极端干旱、干旱和偏旱的年份分别有 4 年、9 年和 18 年。其中，极端大旱年出现在 1665 年、1785 年和 1876—1877 年。在年代际尺度上，干旱灾害事件的发生时段主要集中于 1665—1679 年、1778—1792 年和 1869—1878 年。另外，与洪涝事件相比，清代华北干旱事件发生频率低很多。

从干旱事件的空间分布上看，如图 2.8 所示，在 1644—1911 年的 268 年间，苏北地区的淮安府和泗州，山东省北部的青州府和济南府，河南省北部的怀庆府，以及直隶省南部的大名府等 6 个府州的干旱事件发生频率最

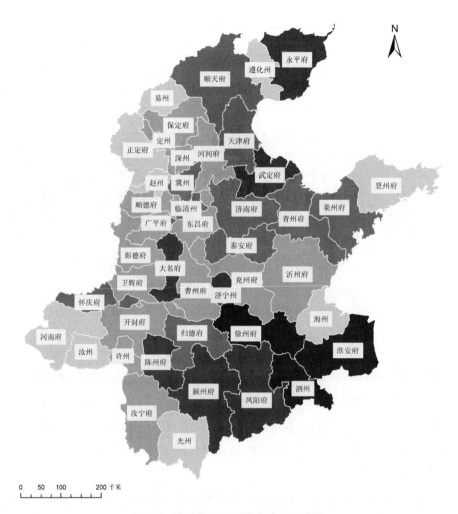

图 2.6 清代华北洪涝事件空间分布图

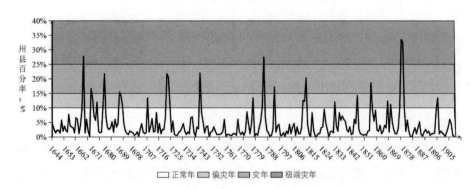

图 2.7 清代华北干旱事件年发生率时间分布图

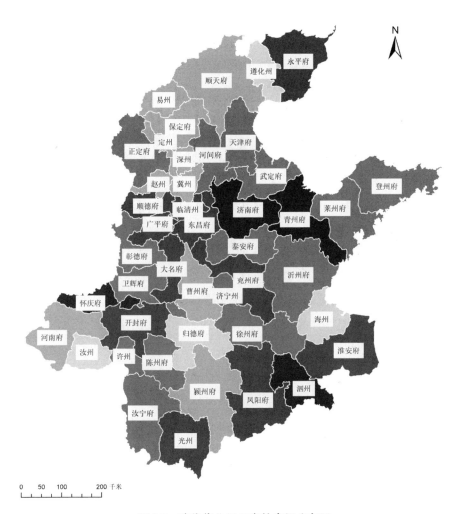

图 2.8　清代华北干旱事件空间分布图

高，府（州）域内各州县平均每100年均有5次以上干旱事件的记录，其中，泗州最高为9次；苏北地区的海州和直隶省的遵化州等2个府州的洪涝事件发生频率最低，府（州）域内各州县平均每100年仅有1次干旱事件的记录。

　　低温事件。如图2.9所示，就低温事件年发生率而言，在1644—1911年的268年间，华北地区有230年、近86%的年份里有低温事件的记载。在年际尺度上，1664年、1670年、1819年、1831年、1865年和1910年均发生了相对显著的、较大范围的低温灾害事件。在年代际尺度上，1680—1780年的百年时间里，华北低温事件的发生频率相对较低。

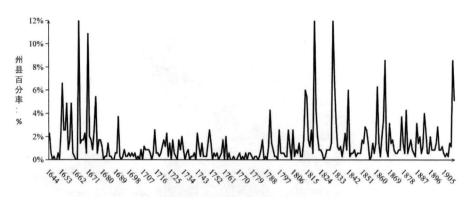

图 2.9　清代华北低温事件年发生率时间分布图

从低温事件的空间分布上看，如图 2.10 所示，在 1644—1911 年的 268 年间，山东省、直隶省南部和河南省北部低温事件记录较多，其中，山东省的青州府和莱州府的低温事件发生频率最高，府（州）域内各州县平均每 100 年均有 4 次低温事件的记录；河南省的彰德府、河南府和汝州，山东省的临清州，皖北地区的光州，以及苏北地区的海州等 6 个府州的低温事件发生频率最低，平均每 200 年有 1 次低温事件的记录。

高温事件。如图 2.11 所示，就高温事件年发生率而言，总体发生频率较低，在 1644—1911 年的 268 年间，华北地区有 80 年、不到 30% 的年份里有高温事件的记载。在年际尺度上，只有 1743 年发生了相对显著的、较大范围的低温灾害事件。在年代际尺度上，1690 年之前和 1850 年后的清代是华北高温事件发生相对集中的时间段，但高温事件的影响范围相对有限。

从高温事件的空间分布上看，如图 2.12 所示，在 1644—1911 年的 268 年间，由于清代气候整体偏冷，直隶省的保定府和永平府的低温事件发生频率虽然较高，但府（州）域内各州县平均每 100 年也仅有 1 次低温事件的记录；河南省的卫辉府、彰德府和汝州，山东省的济宁州，皖北地区的颍州府和光州，以及苏北地区的海州等 7 个府州内则没有高温事件的史料记录。

风雹事件。如图 2.13 所示，就风雹事件年发生率而言，总体发生频率较低，年均发生频率约为 2%，但在 1644—1911 年的 268 年间，华北地区仅有 9 年未有风雹事件的记载。在年际尺度上，1741 年、1846 年、1852 年、1879 年、1875 年和 1895 年的风雹年发生率最高约为 7%。在年代际尺度上，

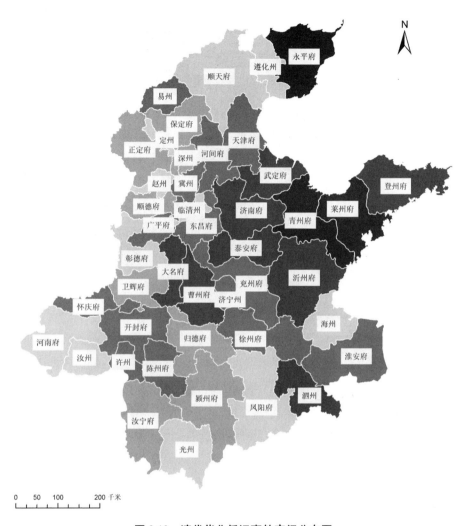

图 2.10　清代华北低温事件空间分布图

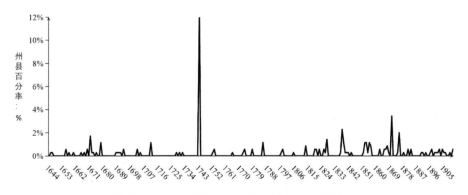

图 2.11　清代华北高温事件年发生率时间分布图

图 2.12　清代华北高温事件空间分布图

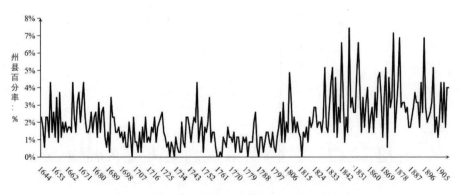

图 2.13　清代华北风雹事件年发生率时间分布图

1830—1911 年的风雹事件年发生频率显著较其他时期高，1725—1735 年和 1760—1800 年是风雹事件年发生频率较低的时段。

从风雹事件的空间分布上看，如图 2.14 所示，在 1644—1911 年的 268 年间，风雹灾害的发生主要集中在东部沿海各地，其中，山东省的青州府、登州府和莱州府的风雹事件发生频率最高，府（州）域内各州县平均每 100 年分别有 5 次、4 次和 4 次风雹事件的记录；皖北地区的光州的风雹事件发生频率最低，域内各州县平均每 200 年有 1 次风雹事件的记录。

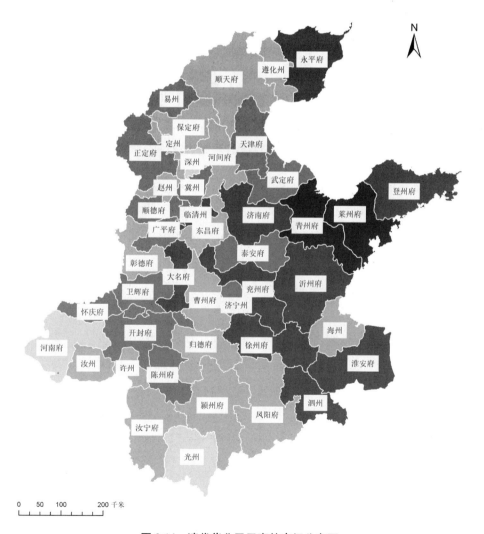

图 2.14　清代华北风雹事件空间分布图

　　风霾事件。如图 2.15 所示，就风霾事件年发生率而言，总体发生频率较低，年均发生频率不到 1%，1644—1911 年的 268 年间，有 183 年、约占 68% 的年份有风霾事件的记载。在年际尺度上，1644 年、1723 年、1826 年、1862 年、1901 年的风霾年发生率最高，在 10% 水平上下。在年代际尺度上，1725—1755 年是清代华北风霾事件年发生频率最低的时间段。

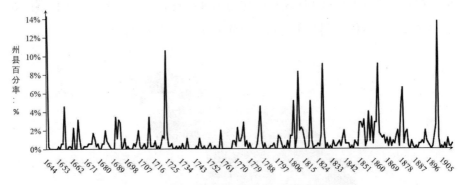

图 2.15　清代华北风霾事件年发生率时间分布图

　　从风霾事件的空间分布上看，如图 2.16 所示，在 1644—1911 年的 268 年间，风霾事件的发生主要集中在中部各地，其中，直隶省的永平府和大名府，山东省的曹州府、青州府和临清州，以及河南省的开封府等 6 个府州的风霾事件发生频率较高，府（州）域内各州县平均每 100 年分别有 2 次或 1 次风霾事件的记录；直隶省的易州域内则没有风霾事件的史料记录。

　　虫害事件。如图 2.17 所示，就虫害事件年发生率而言，总体发生频率相对较低，年均发生频率约为 3%。1644—1911 年的 268 年间，有 241 年、约占 80% 的年份有风霾事件的记载。在年际尺度上，1647 年、1667 年、1672 年、1691 年、1802 年、1825 年、1835—1836 年 和 1856—1858 年 等 11 年虫害事件发生频率最高，均超过 10%，其中，1856—1857 年连续两年超过 30%。在年代际尺度上，1695—1715 年和 1760—1780 年两个时间段的虫害事件年发生率较低。

　　从虫害事件的空间分布上看，如图 2.18 所示，在 1644—1911 年的 268 年间，虫害的发生主要集中在东中部各地，其中，又以山东省最甚，青州府和莱州府的虫害事件发生频率最高，府（州）域内各州县平均每 100 年均有

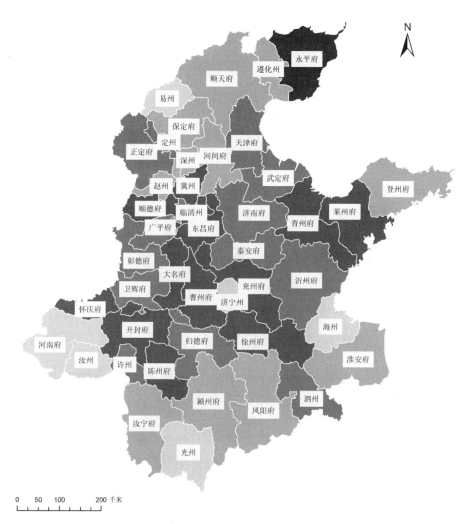

图 2.16　清代华北风霾事件空间分布图

5 次虫害事件的记录；直隶省的深州和易州，河南省的河南府，皖北地区的光州，以及苏北地区的海州等 5 个府州的虫害事件发生频率最低，域内各州县平均每 100 年有 1 次虫害事件的记录。

　　病疫事件。如图 2.19 所示，就病疫事件年发生率而言，总体发生频率相对较低，年均发生频率约为 1%。1644—1911 年的 268 年间，有 154 年、约占 57% 的年份有病疫事件的记载。在年际尺度上，1821 年病疫事件的年发生频率最高达到 42%，1786 年、1862 年和 1902 年病疫事件的年发生

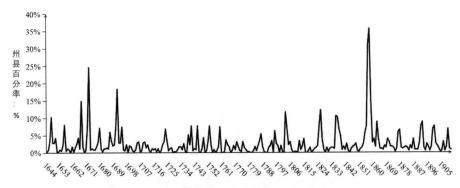

图 2.17　清代华北虫害事件年发生率时间分布图

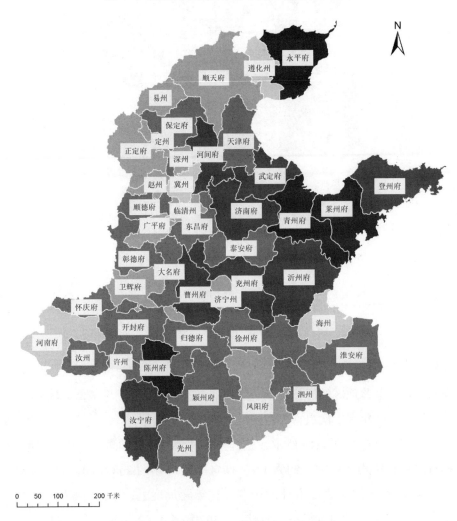

图 2.18　清代华北虫害事件空间分布图

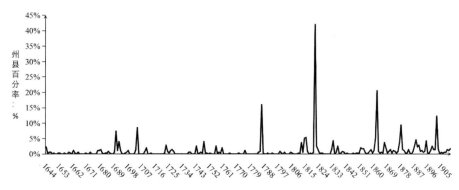

图 2.19 清代华北病疫事件年发生率时间分布图

频率均超过 10%。在年代际尺度上，病疫灾害事件的发生时段主要集中于
1690—1710 年、1740—1760 年、1810—1825 年和 1850—1905 年。

从病疫事件的空间分布上看，如图 2.20 所示，在 1644—1911 年的 268
年间，病疫的发生主要集中在东中部各地，其中，青州府和莱州府的病疫事
件发生频率最高，府（州）域内各州县平均每 100 年均有 3 次病疫事件的记
录；直隶省的深州、赵州、易州和遵化州，河南省的河南府，以及苏北地区
的海州等 6 个府州的病疫事件发生频率最低，域内各州县平均每 300 年有 1
次病疫事件的记录。

此外，值得注意的是，清代的饥荒多发生在干旱事件后，二者具有
较强的相关性。除了以上主要自然灾害事件外，《中国三千年气象记录总
集》中还收录了大量包含清代饥荒事件的史料。由此，可以重建 1644—
1911 年的饥荒事件序列（图 2.21）。在年际尺度上，1703—1704 年、1722
年、1786 年、1813 年、1857 年和 1877 年均出现了显著的饥荒，其中，除
1703—1704 年的饥荒发生在 1703 年的洪涝灾害之后外，其他 5 次均在当年
或前一年发生旱灾之后（1857 年的饥荒也与 1856—1857 年发生的严重虫害
在时间上重合）。

第三节 小 结

关于中国历史气候的研究始于 20 世纪 20 年代，至 20 世纪六七十年代

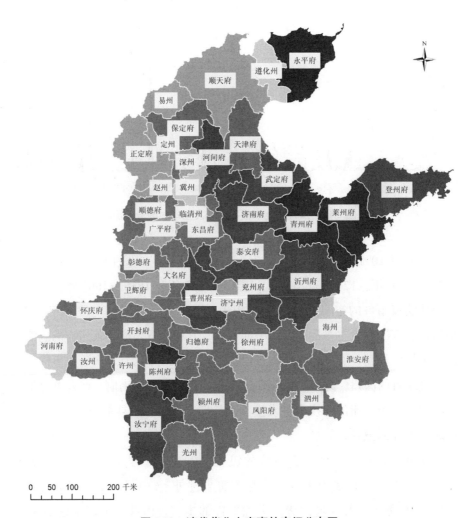

图 2.20 清代华北虫害事件空间分布图

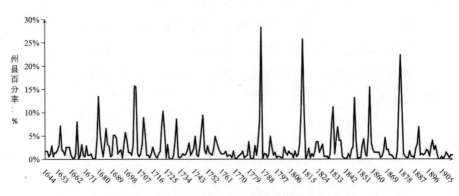

图 2.21 清代华北饥荒事件年发生率时间分布图

以竺可桢为代表相关学者的研究更是中国气候研究的里程碑。近年来，随着技术的进步以及新资料、新史料的发现，中国气候研究的范围得到了进一步拓宽。本研究主要将中国历史气候分成三个大阶段来论述，鉴于历史文献资料数据的丰富性，本研究主要集中在清代，着重分析了清代华北地区的气温降水、灾害类型及时间、空间分布。清代可以说是中国历史时期最寒冷的王朝，但气温上却是相对湿润。极端气候事件是气候变化的重要内容，据现有研究清代华北地区发生的自然灾害主要有干旱、洪涝、低温、高温、风雹、风霾、虫害和病疫等八类气候事件，本章研究中分别以折线图及地图分布的形式对其进行了展示，值得注意的是旱灾、涝灾频发是清代自然灾害的一个重要特征。总体来讲，历史上中国气候的整体变化较明显，商末周初（约公元前 1100 年）出现的寒冷期是先秦时期最明显的一个寒冷期；秦代之后，东汉末、南北朝、五代、北宋末以及元、明、清的大部时间内中国基本上都是处于一个寒冷期。

第三章 历史时期气候变化对华北
地区粮食作物种植的影响

华北地区是中华文明的重要发源地，农耕文明出现得比较早，根据现有相关的考古发现可以判断出，早在新石器时期就有粮食种植。华夏文明早期的相关著作《周礼》《诗经》以及反映上古时期华夏社会的《尚书》等著作中均有关于粮食种植的记录，历朝历代的正史、不同时代的诗歌及其他著作中均有关于不同的地区粮食种植记载的记录。"五谷者，万民之命，国之重宝。""五谷"（稻、粟、黍、麦、菽）在华北地区历史各个时段均有种植，也是百姓主要的粮食来源，除此之外，由于气候变化以及人口增长等因素，明清时期美洲外来粮食作物玉米、番薯等开始在华北地区逐步广泛种植。鉴于明清时期直隶在华北的重要地位，整个华北地区气候、地理、水文条件较为相似，本章中也着重分析了清代直隶地区的粮食种植结构变迁及其变化的影响因素。

第一节 历史时期华北地区粮食种植变迁

根据本研究对于华北的界定，华北包括直隶、山东、河南以及安徽、江苏的一部分，总体来讲，"五谷"（稻、粟、黍、麦、菽）不同时期均在华北平原主要的粮食作物种植中占有重要地位，在不同时期均有一定的种植面积，麦、稻作为主要的两种粮食作物从汉代开始逐步成为人们主要的粮食作物。至唐代，华北平原水稻的种植达到了一个顶峰，后虽多有起伏，但种植面积逐步减少，明清时期仅有较个别的地区种植，而麦作物逐步成为华北平原更主要的粮食作物。此外，明代美洲作物的引进逐步改变了华北平原的粮食种植结构，清代番薯的种植面积较大程度扩大，玉米也在清末开始在华北平原成为一种较普遍的作物。

一、先秦时期华北地区的粮食种植

先秦时期中国气候虽多有波动，但华北平原总体气候比较温暖湿润，这一时期的粮食种植种类较为丰富。从现存的相关文献看，黍、粟、麦、稻、菽等作物均有一定数量的记载。《诗经》描述的西周至春秋中叶这一时间段，从《诗经》中"黍""稷"多次不断连续表述可以看出，黍、粟（稷）是这一时期华北平原主要的粮食作物。《周礼·夏官·司马·职方氏》也对九州物产分布进行了详细的描述，其中正东的青州以小麦为主，河南的豫州、河东的兖州、正北的并州，小麦种植也居于重要地位。[1]

（一）小麦种植

小麦在华北地区种植的时间比较早。商周时期，麦子在黄河下游的山东、河南等地就已出现。当前考古资料和相关文献也大量存在"麦"的记载，甲骨文中记载有许多"告麦""受来""登来"的文辞，同时"麦"还作为地名频频出现，这可能与当地麦作物有较大关系。[2]

河南是我国古代农业文明的核心区域，麦等粮食作物的记载在这一区域出现得比较早。《诗经》曾描述道："送我乎淇水至上……爰采麦矣，沫之北矣。"[3] 沫，即在今河南淇县境，当时即属卫国（殷商故地）。《尚书》中也有关于殷商故地麦作物的记载，"微子将朝周，过殷之故墟，见麦秀之蕲蕲兮"。这说明殷商故地多种麦，且易于种植。[4] 与殷商故地不远的温地（今河南焦作），《左传》也有记载，隐公三年（前720年），郑国和周王室发生

---

① 原文曰："正东曰青州……其谷宜稻麦"；"河南曰豫州……其谷宜五种"；"河东曰兖州……其谷宜四种"；"正北曰并州……其谷宜五种"。郑玄注于"四种"下云："黍稷稻麦"，于"五种"下云："黍稷菽麦稻"。

② 彭邦炯：《甲骨文农业资料考辨与研究》，吉林文史出版社1997年版。

③ （汉）郑玄笺，（唐）孔颖达疏：《毛诗注疏》卷4，《文渊阁四库全书》第69册，台湾商务印书馆1986年版，第233—234页。

④ 《尚书·大传》中《周传七·微子之命》。

矛盾，"四月，郑祭足帅师取温之麦"①。这两则记载说明河南西北部在华夏文明的较早时期已经有麦作物的记载。此外，《周礼》中也曾记载："河南曰豫州……其谷宜五种。"后人郑玄注释道：五种为黍、稷、菽、麦、稻。②说明周代在整个河南境内已经有一定数量的麦作物种植。

麦作物除在河南有一定的种植之外，在山东也有大面积的种植。《诗经·鲁颂·閟宫》记载："是生后稷，降之百福。黍稷重穋，稙稚菽麦。"这则史料反映出春秋时期鲁地（今山东曲阜地区）的农作物种植情况，可以看出鲁西南地区较早就有了麦作物种植。《管子·轻重乙第八十一》记载，齐桓公欲求富国广土之道，管子对曰："乃请以令使九月种麦，日至（夏至）日获，则时雨未下，而利农事矣。"管仲以农事对齐桓公，按时种麦可富国强兵，说明今山东中部也有大面积的麦作物种植。孟子在探讨人生哲理时，也以麦子的生长情况作为比喻："今夫牟麦，播种而耰之，其地同，树之时又同，浡然而生，至于日至之时，皆熟矣。虽有不同，则地有肥瘠，雨露之养、人事之不齐也。"这也说明麦在当时的齐国（今山东中部）是普通的作物，且有着相当规模的种植。

战国时期，东周地区（今河南洛阳一带）缺水，"今其民皆种麦，无他种矣"③。张仪为秦连横说服韩王时亦云："韩地险恶，山居，五谷所生，非麦而豆。"④韩地大致范围基本上也在今天河南西部，这也表明此时中原之地也有较大面积的麦作物种植。

（二）水稻种植

水稻种植出现的时间较早。先秦时期水稻在中原多个地区均有相关种植的记载。《史记》中记录夏代曾"令益予众庶稻，可种卑湿"⑤。《战国策·东周策》记载："东周欲为稻，西周不下水，东周患之。苏子谓东周君

① （晋）杜预注，（唐）孔颖达疏：《春秋左传注疏》卷2，《文渊阁四库全书》第143册，第68页。

② 《周礼》中《夏官·职方》。

③ （汉）刘向：《战国策》卷1《东周欲为稻》，齐鲁书社2005年版，第3页。

④ （汉）刘向：《战国策》卷26《张仪为秦连横说韩王》，齐鲁书社2005年版，第295页。

⑤ （汉）司马迁：《史记》卷2《夏本纪》，中华书局1959年版，第51页。

曰:'臣请使西周下水,可乎?'乃往见西周之君曰:'君之谋过矣,今不下水,所以富东周也。今其民皆种麦,无他种矣。君若欲害之,不若一为下水,以病其所种。下水,东周必复种稻,种稻而复夺之。若是,州东周之民,可令一仰西周,而受命于君矣。'西周君曰:'善!'遂下水。苏子亦得两国之金也。"① 从这一段史料可以看出,战国时期东周之地(今河南西部)除种植小麦之外,亦兼有水稻种植。《汉书·沟洫志》称魏国(今河南中部)引漳灌区"终古舄卤兮生稻粱"②。

(三)其他粮食作物种植

先秦的相关文学著作中,有大量关于中原地区杂粮作物的记载。例如,《诗经·小雅·小宛》云:"中原有菽。"陈奂传疏:"菽,大豆之名。"说明春秋之前河南地区已有大豆的种植。《周礼·夏官·职方》中也曾记载:"河南曰豫州……其谷宜五种。"郑玄注言:五种为"黍、稷、菽、麦、稻"。说明河南地区较早时期已有五谷种植。

《诗经》中的《鲁颂·閟宫》:"是生后稷,降之百福。黍稷重穋,稙稚菽麦。"这反映春秋时期山东地区已经种植黄米、豆类作物。《管子·戒》中也记载:齐桓公五年(前 681 年)"北征山戎,出冬葱与戎菽,布之天下"。从"戎菽"来看,即为狄戎之菽,说明也开始有豆类作物的种植。

至战国时期,《战国策》记载:"韩地险恶,山居,五谷所生,非麦而豆,民之所食,大抵豆饭藿羹;一岁不收,民不厌糟糠。"③ 韩地地处中原,可以看出大豆与小麦同为战国时期中原居民的主食,说明大豆亦为中原主要的粮食作物,有着较大面积的种植。

二、汉晋南北朝时期华北地区的粮食种植

到了西汉初期和中期,我国气候整体上比较温暖湿润,这一时期小麦和水稻种植面积逐步扩大,菽、粟(稷)等粮食作物种植面积开始减小。西汉中期以后,北方气候转为干冷,土壤盐碱化也开始广泛分布,小麦虽抗旱能力强于粟与稻,但耐寒能力强于稻而弱于粟,对于盐碱土壤有一定的适应

① (汉)刘向:《战国策》卷 1《东周欲为稻》,齐鲁书社 2005 年版,第 3 页。

② (汉)班固:《汉书》卷 29《沟洫志》,中华书局 1962 年版,第 1677 页。

③ (汉)刘向:《战国策》卷 26《张仪为秦连横说韩王》,齐鲁书社 2000 年版,第 295 页。

能力，此后中国北方麦作种植大规模地发展起来，麦作物得以继战国时期而复兴。由于菽具有耐盐碱、耐寒、耐旱的特征，西汉晚期以及东汉时小相对寒冷，这一时期菽的种植面积又逐步扩大，《后汉书·光武帝记》所记：天下旱蝗，"野谷旅生，麻菽尤盛"①。

（一）小麦种植

汉晋时期，小麦的种植面积在华北地区整体上逐步扩大。汉献帝兴平二年（195年），"（曹）操于是大收熟麦，复与（吕）布战……兖州（山东西部、河南东部），遂平"②，靠"收麦"获取军粮取得了一场战争的胜利，表明河南、山东地区已有较大面积的麦作物种植。《晋书·五行志》记载："太康二年（282年）二月辛酉，陨霜于济南、琅邪，伤麦。壬申，琅邪雨雹，伤麦。三月甲午，河东陨霜，害桑。五月丙戌，城阳、章武、琅邪伤麦。"③《宋书·五行志》记载：晋太康六年（285年），"戊辰，齐郡临淄，长广不其等四县，乐安、梁邹等八县，琅琊临沂等八县，河间易城等六县，高阳北新城等四县陨霜，伤桑麦"④。雨雹灾害、霜灾致使山东中部、西南、东南、西北等麦作物受灾，基本覆盖今山东全境，且作为"灾异"记录下来，表明这一时期整个山东均有大面积的麦作物种植。南北朝时期，《魏书》记载北魏时期山东省中部的青州、齐州也多有小麦。⑤此外，北魏时期完成的《水经注》记载了泰山郡的莱芜（今山东中部）"土人悉以种麦……此丘不宜殖稷黍而宜麦"⑥。这些记载均表明这一时期气麦作物的种植在华北地区逐步扩大，而此前主要的稷、黍等作物种植开始减少。

（二）水稻种植

水稻是汉代华北平原的主要粮食作物。汉武帝之前，北方气候温暖较为湿润，而水资源又较为充足，例如，《汉书·沟洫志》言："若有渠溉，则

---

①　（南朝宋）范晔：《后汉书》卷1《光武帝纪》，中华书局1965年版，第32页。

②　（南朝宋）范晔：《后汉书》卷70《荀彧传》，中华书局1965年版，第2283页。

③　（唐）房玄龄等：《晋书》卷29《五行志》，中华书局1974年版，第873页。

④　（南朝宋）沈约：《宋书》卷29《五行志》，中华书局1974年版，第874页。

⑤　（北齐）魏收：《魏书》卷112《灵征志上》，中华书局1974年版，第2907页。

⑥　（北魏）郦道元：《水经注》卷24《汶水》，《文渊阁四库全书》第573册，第379页。

盐卤下湿，填淤泥加肥；故种禾麦，秔更为稻，高田五倍，下田十倍。"① 同一块土地，种植水稻的产量要高于其他粮食作物，可以推测这一时期的水稻仍有较大的种植面积。另据《汉书·翟方进传》记载，汉成帝时，汝南（今河南驻马店）水灾频繁，丞相翟方进毁废鸿隙陂，农田水源减少，汝南农民不得不将原来的稻田改种大豆和芋头，证明水稻亦是粮食种植的优先选择。东汉章帝永元二年（90 年），何敞为汝南太守，又修复旧渠，开垦稻田三万余顷。② 水稻在这一地区的种植又开始扩大。安帝时期，今河南焦作地区大力发展水稻生产，"河内好稻……地产不为无珍也"③。顺帝时，汲县（今河南焦作）令崔瑗，"为人开稻田数百顷"④。汉献帝建安初，曹操屯田许下（今河南许昌），引颍水灌溉，邓艾说："陈蔡之间，上下田良，可省许昌左右诸稻田，并水东下。"⑤ 建安年间，夏侯淳在陈留（今河南中部）、济阳（今河南东部）间"率将士劝种稻"。汝南（今河南南部）一带更是"鱼稻之饶，流衍它郡"⑥。

魏晋时期，华北部分地区的水系仍较为发达，一些地区出产了一些质量较好的稻米。例如，洛阳地区的新城县（今伊川西南）盛产的稻米就比较著名。曹丕在《与朝臣书》说："江表唯长沙名有好米，何得比新城秔稻耶！上风炊之，五里闻香。"⑦ 这里用河南所产的稻米与南方相比，并言洛阳所产的稻米"五里闻香"，说明这一时期华北仍有部分地方种植水稻。

（三）其他粮食作物种植

汉、晋南北朝时期华北的粮食作物除小麦与水稻外，菽亦是这一时期主要的粮食作物。汉昭帝时大学者焦延寿在《易林》中云："中原有菽，以待饷食。"说明这一时期大豆也是国家主要的粮食来源。另据《氾胜之书》

---

① （汉）班固：《汉书》卷 29《沟洫志》，中华书局 1962 年版，第 1695 页。
② （南朝宋）范晔：《后汉书》卷 52《何敞传》，中华书局 1965 年版，第 1480 页。
③ （三国魏）卢毓：《冀州论》，载（清）严可均辑《全上古三代秦汉三国六朝文》，中华书局 1958 年版。
④ （南朝宋）范晔：《后汉书》卷 52《崔瑗传》，中华书局 1965 年版，第 1724 页。
⑤ （晋）陈寿：《三国志》卷 28《邓艾传》，中华书局 1982 年版，第 775 页。
⑥ （南朝宋）范晔：《后汉书》卷 15《邓晨传》，中华书局 1965 年版，第 584 页。
⑦ （唐）徐坚等：《初学记》卷 27《五谷第十》，中华书局 1962 年版，第 662 页。

记载，西汉晚期有"谨计家口数，种大豆，率人五亩"，可见大豆种植在当时整个北方还是占有相当的比例。东汉时，大豆在华北的种植依旧较为普遍，张衡《南都赋》记载，南阳原野长"秾麦樱黍"。东汉后期的农书《四民月令》，几乎每个月都有关于"菽"的内容。《后汉书·献帝纪》也记载，兴平元年（194 年）三辅大旱，"谷一斛五十万，豆麦一斛二十万……帝使侍御史侯汉出太仓米豆，为饥人作糜粥"。虽言关中之事，但亦说明大豆是朝廷太仓所储藏的主要粮食之一，在当时仍有相当的种植面积。

魏晋时期，西晋"太康元年（280 年）四月，河南、河内、河东、魏郡、弘农雨雹，伤麦豆"[①]。西晋时期的河南主要指今天的洛阳一带，河内即今天的焦作一带，魏郡包括今天的安阳一带，弘农包括今天的三门峡一带。将"麦豆"共列，计入《晋书·五行志》，可见西晋时期豆类作物在华北平原亦有一定的种植面积。

三、唐宋辽金时期华北粮食种植

隋朝及唐朝中期以前，华北平原地区整体气候暖湿，除麦作物种植外，许多亚热带作物向北扩展，这一时期黄河流域的水稻种植规模曾达到该区域历史顶峰。[②]据华林甫研究，唐代都畿、河南、河北等道都曾种植水稻，伊洛河流域，相、卫、怀和汴、陈、许地区亦是全国的水稻主产区。[③]唐中期以后，气候转冷，华北平原的小麦种植开始扩大。据成书于唐末的《四时纂要》记载，麦作物已成为与稻、粟同等重要的三大主要粮食作物之一。五代之际，豌豆一度也成为政府主要的税收对象。宋金时期，天气又变得湿暖，华北平原的水稻种植主要分布于开封府等江淮地区，此外河北地区也有一定面积的水稻种植。同时，其他种类的粮食作物也有一定的分布。

（一）小麦种植

小麦是唐代华北地区主要的粮食作物。唐初卫州（今河南新乡）诗人王梵志描写当地的农民生活，"贫儿二亩地，干枯十树桑。桑下种粟麦，四

---

① （唐）房玄龄等：《晋书》卷 29《五行志》，中华书局 1974 年版，第 873 页。

② 葛全胜：《中国历朝气候变化》，科学出版社 2011 年版。

③ 华林甫：《唐代水稻生产的地理布局及其变迁初探》，《中国农史》1992 年第 2 期。

时供父娘"①。小麦已成为当时人们的主要食物。刘思立为唐高宗时的侍御史，《旧唐书》记载："属河南、河北旱俭，遣御史中丞崔谧等分道存问赈给，思立上疏谏曰：'今麦序方秋，蚕功未毕……'"② 开元五年（717年）五月诏："河南河北，去年不熟，今春亢旱，全无麦苗。"③ 开元八年（720年），"五月，德州奏：平原县麦一茎两歧分秀。"④ 开元二十四年（736年），"七月辛巳，沂州（今山东临沂地区）庆云见，瑞麦生"⑤。表明唐代山东西北部，南部均有小麦种植，并且是一种十分普遍的粮食作物。韩愈有诗描写郓州（今山东西南部），"暖风抽宿麦，清雨卷归旗"⑥。从诗中可以看出当时郓州麦作物的种植有较大面积。大和三年（829年）"七月，齐、德州奏：百姓自用兵已来，流移十分只有二分，伏乞赐麦种、耕牛等，敕量赐麦三千石，牛五百头"⑦。这表明麦作物是山东中部与西北部百姓的主要粮食作物之一。大中四年（850年），晚唐诗人曹邺受辟为天平节度使（治郓州）判官时，有诗写道："雨雪不顺时，阴阳失明晦。麦根半成土，农夫泣相对。"⑧ 农人因麦作物不能正常生长而"泣相对"，可以看出麦作物是当时农民主要的收入来源，是当地主要的粮食作物，均说明小麦是河南、河北主要的粮食作物。据学者研究，唐代的河南道（主要包括今河南、山东），除山东丘陵地带外，怀、颍、宋、滑、蔡、沂、徐、兖等州境俱是产麦之地，小麦产地几乎连成一片。⑨

　　五代时期，后唐庄宗同光三年（925年）五月，兖州上奏："任城县

① 王重民等：《全唐诗外编》第四编《全唐诗续补遗》卷2，中华书局1982年版，第351页。

② （五代）刘昫：《旧唐书》卷190《刘宪传》，中华书局1975年版，第5016页。

③ （宋）王钦若等：《册府元龟》卷105《帝王部·惠民一》，中华书局1960年版，第1259页。

④ （宋）王钦若等：《册府元龟》卷24《帝王部·符瑞》，中华书局1960年版，第258页。

⑤ （宋）王钦若等：《册府元龟》卷24《帝王部·符瑞》，中华书局1960年版，第261页。

⑥ （唐）韩愈：《奉和兵部张侍郎酬郓州马尚书祗召途中见寄开缄之日马帅已再领郓州之作》，载《全唐诗》卷344，中华书局1960年版，第3863页。

⑦ （宋）王钦若等：《册府元龟》卷106《帝王部·惠民》，中华书局1960年版，第1267页。

⑧ （唐）曹邺：《贺雪寄本府尚书》，载《全唐诗》卷592，中华书局1960年版，第6867页。

⑨ 华林甫：《唐代粟、麦生产的地域布局初探》，《中国农史》1990年第2期。

（今山东济宁）百姓大麦地内，有两歧三穗至四穗者。"① 后唐明宗长兴元年
（930 年）规定："幽、定、镇、沧、晋、隰、慈、密、青、登、淄、莱、邠、
宁、庆、兖十六处节候较晚，大小麦、曲麦、豌豆取六月一日起征，至八月
十五日纳足正税……"② 后汉隐帝乾祐三年（950 年）五月，"曹州（今山东
菏泽）乘氏县民王丰麦一茎三穗。"③ 麦作物作为祥瑞呈报中央，并且作为主
要的实物税，说明麦作物是当地主要作物。以上涉及华北的大部区域说明这
一时期小麦在华北大面积的种植情况。

至宋代，以开封为中心的京畿地区是麦作物的主要种植区，"京东自
去冬无雪，麦不生苗，已及暮春，粟未布种，不惟目下乏食，兼亦向去无
望"④。梅尧臣在开封写的《桑原》曰："原上种良桑，桑下种茂麦。雉雏麦
秀时，蚕眠叶休摘。"⑤ 洛阳南部的汝州，陈渊的《汝州道中呈遵道》有言：
"桑阴盖地牛羊卧，麦秀漫山鸟雀肥。"⑥ 此外，秦观《淮海集》云：蔡州（今
河南南部）"迄今来二麦并已成熟……麦苗有一茎二穗或三穗，其多有至五
穗者甚多"⑦。均说明宋代麦作物在河南的种植状况。同时期，宋太宗端拱元
年（988 年）闰五月，"郓州风雪伤麦"⑧。景德四年（1007 年），"诸路岁稔，
淮、蔡间麦斗十钱，粳米斛二百"⑨。麦作物作为灾害的记录标准，且丰收年
粮食价格降低，说明麦作物种植还是比较普遍。苏轼的《北岳祈雨文》也有
记载："都城以北，燕蓟之南，既徂岁而不登，又历时而未雨，公私并竭，
农末皆伤，麦将槁而禾未生。"⑩ 说明开封以北，今北京、天津以南，包括今

---

① （宋）王钦若等：《册府元龟》卷 24《帝王部·符瑞》，中华书局 1960 年版，第 272 页。
② （宋）王钦若等：《册府元龟》卷 488《邦计部·赋税》，中华书局 1960 年版，第 5539 页。
③ （宋）王钦若等：《册府元龟》卷 24《帝王部·符瑞》，中华书局 1960 年版，第 274 页。
④ （宋）欧阳修：《欧阳修全集·奏议》卷 2《论修河第一状》，中华书局 2001 年版，第
　　1643 页。
⑤ （宋）梅尧臣：《梅尧臣集编年较注·下》，上海古籍出版社 2006 年版，第 918 页。
⑥ 清康熙四十八年《御选宋诗》，《四库全书荟要·集部·总集类》第 97 册，第 2 页。
⑦ （宋）秦观：《淮海集》卷 36《代蔡州进瑞麦图状》，《文渊阁四库全书》第 1115 册，第
　　624 页。
⑧ （元）脱脱等，《宋史》卷 62《五行志一下》，中华书局 1985 年版，第 1341 页。
⑨ （元）脱脱等：《宋史》卷 7《真宗纪二》，中华书局 1985 年版，第 135 页。
⑩ （宋）苏轼：《东坡后集》卷 3《北岳祈雨文》，《文渊阁四库全书》第 1108 册，第 576 页。

华北的大部分地区均有大面积的麦作物种植。直至金代，仍有"河南之田最宜麦"①的说法，此处所提及的河南应指黄河以南，亦包括今天山东，可以看出宋金时期麦作物在华北是主要粮食作物，有很广的种植。

（二）水稻种植

唐代华北水稻的种植主要集中在河南地区。据《资治通鉴》记载，永徽五年（654年），洛阳附近的洛河流域出现农业大丰收，使得当地"粟米斗两钱半，粳米斗十一钱"②。洛阳稻米的丰稔可以影响到市场价格，《全唐诗》中也有诗云"秔稻远弥秀"③，说明洛阳地区确有大面积的稻米种植。此外，河南的其他地区，朝廷也派出官员，开田种稻。唐玄宗开元二十二年（734年）七月，曾"遣中书令张九龄充河南开稻田使"，"又遣张九龄于许、豫、陈、亳等州置水屯"④。开元二十五年（737年），"夏四月庚戌，陈、许、豫、寿四州开稻田"⑤，以上可以看出唐代河南地区的水稻种植状况。

宋金时期，水稻在河南的中部、西部与西北部均有一定规模的种植。北宋中后期在开封京畿一带将"引水不利之地一万二千余顷并置图籍，拘管入稻田务，招人承佃"⑥。河南西北部的怀州（今河南焦作）的水稻种植很兴盛，同时与当时地处河南西部的孟州（今洛阳地区）并有"小江南"之称。⑦《宋史》记载："怀、保二郡傍山，可以植稻。定武、唐河抵瀛、莫间，可兴水田。"⑧至金代河南地区的水稻种植有扩大之势，金宣宗贞祐年间，曾在京东、西、南三路开治水田，"秔稻之利，几如江南"⑨。当时的怀州（今河南焦作）修武县清真观附近"旁近出大泉，溉千亩稻"⑩。时人有诗曰："青

①　（元）脱脱等：《金史》卷107《高汝砺传》，中华书局1975年版，第2355页。

②　（宋）司马光：《资治通鉴》卷199《唐纪》，中华书局1956年版，第6286页。

③　（唐）宋之问：《游陆浑南山自歜马岭到枫香林以诗代书答李舍人适》，载《全唐诗》卷51，中华书局1960年版，第623页。

④　（五代）刘昫：《旧唐书》卷8《玄宗本纪》，中华书局1975年版，第201页。

⑤　（五代）刘昫：《旧唐书》卷9《玄宗本纪》，中华书局1975年版，第208页。

⑥　（清）徐松辑：《宋会要辑稿》《食货七》，上海古籍出版社2014年版，第6134页。

⑦　（宋）周密：《癸辛杂识别集上·汴梁杂事》，中华书局1988年版，第218页。

⑧　（元）脱脱等：《宋史》卷323《郭咨传》，中华书局1975年版，第10531页。

⑨　（明）孙承泽：《天府广记》卷36《水利》，北京古籍出版社1982年版，第540页。

⑩　（金）元好问：《遗山集》卷35《清真观记》，《文渊阁四库全书》第1191册，第412页。

山影里衔青稻，知自济源枋口来。"① 河南北部的卫州（今河南北部）"稻塍莲荡，香气濛濛，连亘数十里"②。除自然之利外，水灾之后，政府推动有条件的地方种植水稻，也扩大了水稻的种植。金宣宗兴定四年（1220 年）河南大水，"逋户太半，田野荒芜，恐赋入少而国用乏，遂命唐、邓、裕、蔡、息（今河南息县）、寿（今安徽凤台）、颍（今阜阳）、亳（今亳县）及归德府（今河南商丘）被水田，已燥者布种，未渗者种稻"③。

（三）其他粮食作物种植

唐宋之际，华北平原地区主要的粮食作物除小麦与水稻外，粟也是另一种重要的粮食作物。粟即谷子，《资治通鉴》记载，唐高宗永徽五年（654 年），"大稔，洛州粟米斗两钱半，秔米斗十一钱"④。洛州即为今天的洛阳地区，本地的粟米丰收导致市场上粟米的价格波动，说明本地的粟米种植具有一定规模。《元和郡县图志》记载，唐玄宗开元年间，"淄、棣二州皆贡粟"⑤。将粟作为上贡的贡品，说明唐代山东中部及北部也已经较大面积的种植粟谷。另，唐玄宗天宝十四年（755 年）胡三省释"海运使"时言，"自帝事边功，运青、莱之粟，浮海以给幽、平之兵"⑥，青州（今山东潍坊）、莱州（今山东烟台）之粟作为平叛的军粮调往他处，也说明唐代山东中部及北部有大面积的粟谷（小米）种植，粟谷（小米）为当地的主要粮食作物。唐文宗开成四年（839 年）四月十八日，日本僧人圆仁在登州牟平县境，闻知"此州但有粟"⑦，说明粟是唐代山东北部的主要粮食作物。

至五代，华北平原地区除麦、稻、粟以外，也开始出现较大面积的豌豆种植，后唐明宗长兴元年（930 年）规定："幽、定、镇、沧、晋、隰、慈、密、青、登、淄、莱、邠、宁、庆、兖十六处节候较晚，大小麦、曲

---

① （金）赵秉文：《滏水集》卷 9《山行四首》，《文渊阁四库全书》第 1190 册，第 174 页。

② （金）蔡松年：《水龙吟词序》，《金文最》卷 37，中华书局 1990 年版，第 539 页。

③ （元）脱脱等：《金史》卷 47《食货志二》，中华书局 1975 年版，第 1055 页。

④ （宋）司马光：《资治通鉴》卷 199《唐纪》，中华书局 1956 年版，第 6286 页。

⑤ （唐）李吉甫：《元和郡县图志》，中华书局 1983 年版，第 309、497 页。

⑥ （宋）司马光：《资治通鉴》卷 217《唐纪》，中华书局 1956 年版，第 6941 页。

⑦ ［日］圆仁：《入唐求法巡礼行记》卷 1，上海古籍出版社 1986 年版，第 46 页。

麦、豌豆取六月一日起征，至八月十五日纳足正税……"① 以上各个地区基本包括华北平原的多个主要地区，此时豌豆已经成为与麦作物同等重要的实物税，大小麦、曲麦、豌豆已经作为当地主要的粮食作物，有着不小的种植面积。

宋代，华北平原的粮食作物的记载就更为多样化，有粟（小米）、菽（大豆）、稌（山药）等。欧阳修向朝廷的奏章有言："京东自去冬无雪，麦不生苗，已及暮春，粟未布种，不惟目下乏食，兼亦向去无望。"② 京东主要包括河南东部，从欧阳修的表述可以看出，"麦不生苗""粟未布种"，老百姓就"乏食"，说明粟谷与麦同样为河南地区百姓的主要食物。王安石的《临川文集》记载，唐州（今河南南阳）"昔之菽粟者多化而为稌"③。稌即山药，南阳地处今天河南的西南部，"昔之菽粟"说明宋代河南西南部有大豆、谷子种植，只是后来改种山药了。在德、博二州一带，人称"地唯沃饶，菽粟易敛"④。德州、博州位于今山东省的西部，这一地区北宋时期土地肥沃，此时豆类作物与粟是当地主要的粮食作物。

四、元明时期华北地区的粮食种植

据《天工开物》记载："四海之内，燕、秦、晋、豫、齐鲁诸道，悉民粒食，小麦居半，而黍、稷、稻、粱仅居半。"⑤ 可以看出明代华北平原的粮食结构小麦占到了一半，而其他各种杂粮共占到了其余的一半，小麦在华北平原的种植占到了绝对的优势地位。水稻这一时期整体上呈衰落之势，仅明中后期有一定的发展。其原因与明代气候变冷，降雨减少有较大关系。明末的徐光启也曾指出，引种"亦有不宜者，则是寒暖相违，天气所绝，无关于地"⑥。

---

① （宋）王钦若：《册府元龟》卷 488《邦计部·赋税》，中华书局 1960 年版，第 5539 页。

② （宋）欧阳修：《欧阳修全集·奏议》卷 2《论修河第一状》，中华书局 2001 年版，第 1643 页。

③ （宋）王安石：《临川文集》卷 38《新田诗·并序》，《文渊阁四库全书》第 1105 册，第 207 页。

④ （宋）范仲淹：《范文正集》卷 13《资政殿大学士礼部尚书赠太子师谥忠庄范公墓志铭》，《文渊阁四库全书》第 1089 册，第 705 页。

⑤ （明）宋应星：《天工开物》，岳麓书社 2002 年版，第 14 页。

⑥ （明）徐光启：《农政全书》卷 1《农本》，岳麓书社 2002 年版，第 29 页。

明后期华北地区有较为充沛的降雨，水稻种植面积增加和美洲作物引进是这一时期粮食种植的重要特征。

（一）小麦种植

元代，华北平原的麦作物种植与前代相比没有明显变化。王桢《农书》记载："夫大、小麦，北方所种极广。"① 表明小麦仍是华北主要的粮食作物，种植面积较广。麦作物种植在河南地区仍占据主要位置，汴梁路的郑州、钧州皆出二麦②，河南府③ 还有汝南地区④ 都是优质小麦的产地。世祖至元十七年（1280年）夏四月保定路大旱，"旱虫食桑桑叶无，谷不出垄麦欲枯"⑤。至元二十八（1291年）年秋九月检视水灾时，王恽看到真定路（今河北石家庄）诸地，"涨痕到处尽翻耕，垄亩纵横宿麦青"⑥。《秋涧集》也记载有广平路邯郸县出瑞麦。⑦ 以上史料均说明元代河北地区有着广泛的麦作物种植。除此以外，《元史·五行志》也记载山东地区的济南路（今山东济南）、般阳路（今山东淄博）和益都路（今山东潍坊）都是麦类的主要产地。⑧《元史》中记载，顺帝至正十五年（1355年），淮南行省（包括皖北、苏北部分地区）左丞相太平"命有司给牛具以种麦，自济宁达于海，民不扰而兵赖以济"⑨，可见小麦也是华北南部地区百姓的主要口粮。

明代，河南粮食种植小麦还是占主要地位。据《明史·五行志》记载，永乐十二年（1415年）四月，河南一州八县雨雹"杀麦"；嘉靖十四年（1535年）四月，开封、彰德雨雹"杀麦"；万历二十八年（1600年）六月，河南冰雹"伤麦"，等等，将灾害"伤麦"记入正史，说明麦作物在明代河南地区有大面积的种植。《徐霞客游记》中记载："余出嵩、少，始见麦

---

① （元）王桢：《农书》，农业出版社1981年版，第84页。

② （明）宋濂：《元史》卷51《五行志》，中华书局1976年版，第1104页。

③ 《秋涧文集》卷23《题万知府瑞麦图》。

④ （明）宋濂：《元史》卷51《五行志》，中华书局1976年版，第1104页。

⑤ 《秋涧集》卷8《悯雨行》。

⑥ 《秋涧集》卷20《农里叹》。

⑦ 《秋涧集》卷18《瑞麦》。

⑧ （明）宋濂：《元史》卷51《五行志》，中华书局1976年版，第1081页。

⑨ （明）宋濂：《元史》卷140《太平传》，中华书局1976年版，第3369页。

畦青。"① 可以看出明代中期河南中部的伊、洛河流域麦作物亦比较普遍。另据《嘉靖·光山县》记载明代豫南也有较大面积的小麦种植，并且是当地主要的税种，光山县自明初开始，夏税即征小麦，例如在洪武二十四年（1391年）夏税征收小麦二百四十一石三斗；弘治十五年（1502年）征二百五十六石五斗七升九合；嘉靖二年（1523年），实征小麦二百四十九石八斗一升有余。② 豫西南南阳种植小麦由于质量好，而成为富庶人家的重要食物。③ 嘉靖年间，同样位于豫西南的邓州，其小麦的种植面积几近耕地面积的一半。④

小麦在明代山东地区的种植也不在少数，并且许多地区小麦的种植有逐步扩大之势。山东东北部濒临渤海，徐光启谓之"百川所趋，潴溢之汙莱之壤"，明代中前期并没有大面积的小麦种植，后徐光启认为"涝必于伏秋间，弗及麦地。涝后能疏水，及秋而涸，则艺秋麦；不能疏水，及冬而涸，则艺春麦。近河近海，可引潮者，即旱后又引秋潮灌之，令沙淤地泽，亦随时艺春秋麦。此法可令十岁九稔"⑤。农民接受徐光启的建议后，麦作区开始扩大，并且沾化县"通县所赖惟小麦、棉花二种"⑥。万历《兖州府志》载，山东西南部的鱼台县麦收之后，贾人"背鬻曲蘖岁以千万"⑦，这说明小麦是当地重要的收入来源，也是当地主要粮食作物。顾炎武的《天下郡国利病书》也记载山东南部兖州府的滕县"濒河之民千亩麦"⑧。此外，《嘉靖·山东通志》记载山东西部东昌府"其谷多黍麦"、山东中部的青州府"其谷多稻麦"⑨。《野史无闻》记载崇祯十四年（1641年），"山东大稔，麦一石价银三钱"⑩。

---

① （明）徐宏祖：《徐霞客游记》卷 1《游太和山日记》，商务印书馆 1933 年版，第 38 页。

② 嘉靖《光山县志》卷 4《贡赋》，嘉靖三十五年刻本。

③ 嘉靖《南阳府志》卷 3《土产》，嘉靖三十三年刻本。

④ 嘉靖《邓州志》卷 10《赋役志》，上海古籍出版社 1963 年重印本。

⑤ （明）徐光启：《农政全书》卷 25《树艺》，岳麓书社 2002 年版，第 390 页。

⑥ 光绪《沾化县志》卷 12《艺文》，光绪十六年刻本。

⑦ 万历《兖州府志》卷 4《风土志》，万历二十四年刻本。

⑧ （明）顾炎武：《天下郡国利病书》第十五册，《山东上·引滕县志》，续修《四库全书》本，第 396 页。

⑨ 嘉靖《山东通志》卷 1《图考》，嘉靖十二年刻本。

⑩ （清）郑达：《野史无文》，中华书局 1960 年版，第 17 页。

（二）水稻种植

元代，水稻在华北地区的种植仍保有相当的面积，种植主要集中于河南地区，并多有官府的推动。据《元史》记载，元朝曾在汴梁路设了稻田提举司，管理该地区的水稻生产事宜，足见其地位之重要①。元世祖至元初，河南官营屯田曾有收获"稻谷又马料粟通计四十余万石"②。此外，河南西南部的南阳地区"邓之属邑，多水田，业户三万家"③。唐州泌阳县（今河南唐河县）百姓开陂种稻谷，"岁获十万钟"④。明代《辉县志》记载："吾邑西南三里，有村曰稻田所相传昔人种稻之处，国朝以前久已有之。"⑤ 说明元代卫河流域亦种植有一定面积的水稻。山东地区的沂州（今山东临沂）东南芙蓉山下有芙蓉湖，上受东泇之水，可溉数千顷稻田，所产香粳，亩收一钟。⑥ 其西的滕州（今山东滕州市）也有种稻之利。⑦ 除此之外，河南、山东的一些沿河地区，"河水走卧不常，今日河槽，明日退滩"，部分蒙古王公通常违背禁令，冒占黄河两岸退滩闲地作为稻田。⑧ 另外，元世祖至元后期，在淮河流域的部分地区募民屯田荒闲之地，"岁可得粟数十万斛"⑨。

由于气候趋于干冷，明代华北平原的水稻种植相较于前代有所减少，且多集中于北直隶地区（今河北），但至明中后期在河南、山东地区又有所发展。嘉靖年以后北直隶的水稻种植开始逐步扩大。万历三十年（1602年），汪应蛟在天津葛沽、白塘一带，"募民垦田五千亩，为水田者十之三四，亩收至四五石，田利大兴"⑩；天启元年（1621年），左光斗、董应举

---

① （明）宋濂：《元史》卷87《百官志》，中华书局1976年版，第2181页。

② 《秋涧集》卷84《论河南行省屯田子粒不实分收与民事状》。

③ （金）元好问：《遗山文集》卷33《创开滹水渠堰记》，《文渊阁四库全书》第1191册，第415页。

④ 《秋涧集》卷52《金故朝请大夫泌阳县令赵公神道铭碑》。

⑤ 道光《辉县志》卷15《艺文》。

⑥ （元）于钦：《齐乘》卷2《益都水》。

⑦ （明）宋濂：《元史》卷64《河渠志》，中华书局1976年版，第1615页。

⑧ 《秋涧集》卷91《定夺黄河退滩地》。

⑨ （明）宋濂：《元史》卷166《罗璧传》，中华书局1976年版，第3894页。

⑩ （清）张廷玉：《明史》卷241《汪应蛟传》，中华书局1974年版，第6267页。

分别在京畿地区及天津至山海关间屯田，也曾种植水稻。[①] 邹逸麟认为，明代后期河间府（今沧州）的水稻种植较为集中，而其他地区只有宛平（今北京丰台）、昌平、雄县、隆平（今隆尧县）有少量水稻种植。[②] 河南地区的水稻种植，据嘉靖年间的《河南通志》记载"粳，稻属，八府皆有之，出郑州者佳"[③]，这说明明代水稻在河南地区的种植范围较为广泛。在政府的推动下一些地区的水利设施开始逐步恢复，水稻种植进一步扩大，如河南北部的卫辉府在大规模修复卫河水利之后，卫河流域几百里之地皆有一定稻田分布。[④] 同时期水稻在山东地区的种植，据嘉靖《山东通志》中记载中部的青州府"其谷多稻麦"[⑤]，说明水稻在明代山东地区亦为主要的粮食作物之一。《青州府志》也记载嘉靖年间高苑县始"兴稻田以致务农"[⑥]。嘉靖《章丘县志》有记载其地"其西多水田，宜稻"[⑦]。万历时，登州府福山县知县宋大奎根据清、洋两河沿岸地势，"开渠筑堰"，新辟水田千余亩。[⑧]

（三）其他粮食作物种植

元代王祯所著的《农书》有言："粟者，五谷之长。中原土地平旷，惟宜种粟。古今谷禄，皆以是为差等，出纳之司，皆以是为准则。"[⑨]"粟"即我们通常所说的小米，从王祯所言可以知道元代河南之地十分适合种植小米，且将之作为缴纳赋税的重要标准，有此可以推断粟在元代河南是主要粮食作物。此外，据《元史》记载河北的真定路、河间路、卫辉路、永平路、彰德路、东平路、曹州、恩州等地均有粟米的种植[⑩]，山东地区的济南路、

① （清）张廷玉：《明史》卷 241《左光斗传》，中华书局 1974 年版，第 6330 页。
② 邹逸麟：《历史时期黄河流域水稻生产的地域分布和环境制约》，《复旦学报》（社会科学版）1985 年第 3 期。
③ 嘉靖《河南通志》卷 11《物产》1555 年刻本。
④ 道光《辉县志》卷 7《渠田》。
⑤ 嘉靖《山东通志》卷 1《图考》嘉靖十二年刻本。
⑥ 嘉靖《青州府志》卷 6《山川》。
⑦ 嘉靖《章丘县志》卷 1《建置论》1527 年刻本。
⑧ 万历《福山县志》卷 1《地理志（水利）》。
⑨ （元）王祯：《王祯农书》，农业出版社 1981 年版，第 79 页。
⑩ （明）宋濂：《元史》卷 50、51《五行志》，中华书局 1974 年版，第 1054、1085、1080 页。

济宁路、益都路也种植有粟米。① 淮河流域在元世祖至元后期政府也开始募民屯田"岁得粟数十万斛"②。

明代气候趋于干冷，同时旱、蝗灾害频发，粮食亩产明显降低。此外，人口速度增长较快，到中后期人地矛盾开始显现，据葛剑雄和曹树基（1995年）估计，万历八年（1580年），全国人口可能已达到 1.78 亿，比明初多出了一个亿。③ 由于人口迅速增长，人地矛盾开始增加，华北部分地区"五谷"的种植面积有所扩大，宁海州（今山东烟台）嘉靖时则"多黍及穄"④，河北《安邱县志》记载万历时："齐民岁所树艺菽粟为主，麦次之。"⑤ 除此以外，美洲的玉米等耐寒、耐旱、高产作物逐步在华北地区开始种植，嘉靖三十年（1551 年），河南《襄城县志》，出现了玉米的记载。大约在嘉靖、万历年间，玉米的种植范围已包括今天的河北、江苏等南北十二个省份。

五、清代华北地区粮食种植

整体而言，清代较长时间处于小冰期气候期（1500—1850 年），天气较为寒冷，同时清代又是一个气候相对湿润的朝代，华北地区仅有个别连续年份相对干旱。这一时期华北平原地区除了较大面积的种植五谷，如嘉庆年曾经"豫行降旨，令奉天、山东、河南三省，采办米、面、高粱三十万石，以备平粜之用"⑥。此外，由于气候相对寒冷、较为湿润，人口增长迅速、人地矛盾突出等原因，美洲作物因其具有耐旱、耐瘠、高产、耐寒的特点，开始在华北地区有了较大面积的种植。⑦

（一）小麦种植

清代，小麦仍为河南地区主要的粮食作物。乾隆帝曾写诗云："麦收三月雨，农谣向所传。中州土脉后，更以麦为天。"⑧ 河南之地老百姓以麦为

---

① （明）宋濂：《元史》卷 50、51《五行志》，中华书局 1974 年版，第 1051、1096 页。

② （明）宋濂：《元史》卷 166《罗璧传》，中华书局 1974 年版，第 3895 页。

③ 葛剑雄、曹树基：《对明代人口总数的新估计》，《中国史研究》1995 年第 1 期。

④ 嘉靖《宁海州志》卷上《物产》，嘉靖二十六年刻本。

⑤ 万历《安邱县志》卷 10《方产考》，民国三年石印本。

⑥ 《清仁宗实录》卷 94，嘉庆七年二月戊辰，中华书局 1985 年版，第 264 页。

⑦ 周宏伟：《长江流域森林变迁的历史考察》，《中国农史》1999 年第 4 期。

⑧ 清高宗《御制诗集》第 4 集卷 43《河南巡抚徐绩奏报得雨》，《文渊阁四库全书》第 1308 册，第 66 页。

天，可见小麦在河南粮食中的主要地位。乾隆二年（1737年）新任河南巡抚尹会一也曾讲"豫省产粮，惟二麦为最广"①。除此之外，乾隆帝亦曾言"豫省麦为秋，麦收天下足。迩闻小丰年，额手慰心曲"②，河南小麦丰收，天下的粮食都富足了，虽然是夸张的说法，但亦可见河南地区小麦种植的地位。正由于小麦种植面积较大，除自给外，河南的小麦也较多地向外供应。雍正十年河南麦收，外地客商云集："四方辐辏，商贩群集，甫得收获之时，即络绎贩运他往……他省客商来豫籴麦者，路则车运，水则船装，往来如织，不绝于道。"③嘉庆十九年（1814年），河南巡抚上奏言："本年入春以来，膏泽频沾，通省州县本月十五日复得雪盈尺，麦苗滋长，东作并兴，人心业已大定。"④同年河南巡抚方受畴接受到上谕："豫省冬春以来，幸得握雪普沾，麦收可望丰稳，此实天心仁。"⑤小麦长得好，使通省百姓人心稳定，也将其作为朝廷的祥瑞，说明小麦在粮食种植中的绝对地位。河南地区的小麦除食用与买卖之外，也有一部分有酿酒之用，说明小麦在河南地区有着较高的产量，有多余的粮食可做酿酒之用，"造酒必需曲蘖，踩曲必用二麦。豫省产粮，惟二麦为最广，而耗费麦粮者，莫如踩曲为最甚。凡直隶、山、陕等省，需用酒曲，类皆取资于豫。故每年二麦登场后，富商巨贾，在于水陆码头，有名镇集，广收麦石，开坊踩曲，耗麦奚啻数千万石"⑥。

至于河南地区各个府州，乾隆二年（1737年）四月，尹会一在由直隶进入河南的赴任途中，看到沿路河南北部的彰德府、卫辉府，以及中部的开封府"各邑地亩种麦十之七八"⑦，说明小麦在这两个地区的粮食结构中占到

---

① （清）尹会一：《尹少宰奏议》卷2《议禁酒曲疏》，清光绪五年刻本。

② 清高宗《御制诗集》第2集卷18《河南收麦志慰》，《文渊阁四库全书》第1303册，第415页。

③ 清世宗《世宗宪皇帝朱批谕旨》卷126，雍正十年五月十八日，《文渊阁四库全书》第421册，第713页。

④ 《河南巡抚方受畴为复奏赈济灾民严禁地窖私渡等事奏折》，中国第一历史档案馆：《嘉庆十八年冀鲁豫三省灾荒史料》，《历史档案》1990年第4期，第46页。

⑤ 《著河南巡抚方受畴严查办赈舞弊官胥并将方受畴交部议处上谕》，中国第一历史档案馆：《嘉庆十八年冀鲁豫三省灾荒史料》，《历史档案》1990年第4期，第48页。

⑥ （清）尹会一：《尹少宰奏议》卷2《河南疏一议禁酒曲疏》，清光绪五年刻本。

⑦ （清）尹会一：《尹少宰奏议》卷2《为遵旨详查议奏事》，清光绪五年刻本。

了绝对的优势。至嘉庆十八年（1813 年），五月立十五日内阁奉上谕："本年直隶省南各府州、豫省河北三府及开封所属各州县，雨泽稀少，麦收歉薄，粮价增昂。"① 因天旱麦收减少，可导致粮价上涨，说明小麦仍是河南北部及中部的主要的粮食作物，占有绝对的优势。对于河南东部，据光绪年《鹿邑县志》记载"最贵者麦，小麦独多"②，"独多"说明小麦在河南东部的粮食结构中亦占有绝对种植优势。

　　清代，麦作物在山东地区同河南一样，种植分布广泛且占有绝对的地位。据乾隆十四年（1749 年）五月初六日，山东巡抚上奏："据布政使卫哲治详据济、东、泰、武、兖、沂、曹、青、莱、登等十府知府刘元锡等报称，境内二麦，均已黄熟，现在次第登场。"③ 可以看出麦作物在山东境内均有分布，并且各个府州的麦作物的长势是官员上报的重要内容，说明其在山东地区粮食种植中的重要地位。

　　另据顺治《招远县志》记载，山东东部地区"小麦……大率于百谷居什之四"，说明小麦种植在所有谷物中的优势地位。④ 从各个时期地方与中央的文书来往，也均可看出麦作种植在山东地区的粮食种植中的重要地位。康熙五十六年（1717 年）四月，山东巡抚李树德奏报东省雨情，"目今麦已成熟，收割将毕，约计六府属，十分收成者居多，间有稍次之州县，亦在八分以上"⑤。乾隆三十八年（1773 年）四月，乾隆帝下谕："山东与河南境壤毗连，气候亦略相仿。今豫省麦收分数，早已奏闻，东省何以尚未奏及？"⑥乾隆四十二年（1777 年）山东巡抚上奏："东省民食，多赖麦田。"⑦ 乾隆年间的山东巡抚方观承也曾描述山东通省田亩种麦"十居六七"⑧。道光七年

---

① 《著拨给直豫东三省漕米十万石赈济灾民上谕》，中国第一历史档案馆：《嘉庆十八年冀鲁豫三省灾荒史料》，《历史档案》1990 年第 4 期，第 40 页。

② 光绪《鹿邑县志》卷 9《物产》，1896 年刻本。

③ 葛全胜：《清代奏折汇编——农业·环境》，商务印书馆 2005 年版，第 109 页。

④ 顺治《招远县志》卷 5《物产》，1660 年刻本。

⑤ 《朱批奏折》康熙五十六年四月二十七日，山东巡抚李树德奏，中国第一历史档案馆藏。

⑥ 《乾隆朝上谕档》第 7 册，档案出版社 1991 年版，第 352 页。

⑦ 中国第一历史档案馆藏《军机处录副奏折》，乾隆四十二年十二月十九日，山东巡抚国泰奏。

⑧ （清）方观承：《赈济》卷 6《借贷麦种谕》，《四库未收书辑刊》第 1 辑，第 25 册，第 114 页。

（1827年）五月山东巡抚上奏："现在二麦渐次登场秋禾长发畅茂，粮价平减，地方民情均极安谧。"① 山东的麦作物种植与河南地区相似，可以看出山东的麦作物种植与种麦大省的河南有着相同的重要地位。

（二）水稻种植

清代，水稻在华北地区的种植较少，且相对于前代处于衰落之势。河南地区，"籼稻，粳稻，俗称籼为早稻，粳为晚稻，汝宁府所种最多，其余府州亦皆有之，出郑州者佳"②。可以看出水稻在河南多个府州均有种植，但其均为零星种植。以彰德府涉县为例，"邑多山坡地，宜麦、黍、稷、高粱，稻惟东乡滨河一带有之，所称水浇地也"③。除气候因素外，水利设施的兴衰也是华北水稻种植变化的重要原因之一。沁河流域的广济渠，其周围的渠堰"渠口淤塞，阳堰颓圮，河渠司寻以群罢，有司不为整治"④。

水稻在山东地区的种植范围较广，但主要是小面积种植。《清实录》记载山东巡阿尔泰上奏："查有珠龙河一道，挑郑潢沟引水，计垦稻田百余顷；引高苑大湖之水，人小清乾河，计垦稻田二顷余。博兴稻田，除引小清河水开垦外，蒲姑城西，筑塍开坝，引祁家漏水，计垦稻田五十余顷。潍县洼地尚多，挑沟建闸，计垦稻田十四顷余。尧丹河人白狼河水口处，添闸开放，足资潍县灌溉，潍县南北台底，引大小于河水，计垦稻田二十八顷。又府属之淄河，为两郡河渠关键，河流湍曲处，开引河以分水势。福民、落乐、五龙、白狼等河，支脉等沟及登州府境内颖门、南架、沁水、沙河，俱挑浅培堤，无处漫滋。"⑤

相比于华北平原的其他地区，淮河流域的水稻种植面积在逐步扩大。据《徐州府志》记载，乾隆七年前后，"稻，旧不种此，近时间有种着，水旱凡二种，惟萧山县白米山泉所灌，稻最佳"⑥，可以看出水稻开始在这一地

---

① 《朱批奏折》道光七年五月初八日，署山东巡抚程含章奏。
② （清）田文镜等修，孙灏等纂：《河南通志》卷29《物产（谷类）》，清乾隆年间《四库全书》本。
③ 《涉县志》卷1《疆域（物产）》，清嘉庆四年刻本。
④ 道光《河内县志》卷23《文词下》。
⑤ 《高宗实录》卷684，乾隆二十八年癸巳，中华书局1986年版，第90页。
⑥ （清）石杰修、王峻纂：《徐州府志》卷5《物产（谷类）》，清乾隆七年刻本。

区种植，并且还有"水、旱"两种。

（三）其他粮食作物种植

清代河南地区杂粮种类较多，有高粱、粟谷、豆类、荞麦等。乾隆三年（1739年），河南巡抚尹会一奏称："豫民食用，以麦为上，高粱、荞麦、菽黍次之。"[①] 在多种杂粮当中，由于高粱耐寒、耐水，易于种植，所有杂粮当中又以其种植面积为最多。例如，康熙时期的开封府、河南府、怀庆府、卫辉府、归德府、汝宁府、南阳府、直隶州等府州都已把高粱作为各府的土产或者物产。[②] 乾隆时，"中州种植高粱为盛。盖因土地平衍，蓄泄无备……惟高粱质粗而秆长，较他谷为耐水"[③]。乾隆年间，高粱种植亦见于彰德府武安县的地方志。[④]

除高粱以外，豆类种植在所有的杂粮当中居第二。乾隆曾言："河南、山东素称产豆之乡。"[⑤]"豫属祥符、中牟、阳物、封邱、汲县、新乡、辉县、获嘉、原武等九县，豆价既平，兼近水次，合计买运价费，到京在一两以内，现分派各该县，令共买豆四万石"[⑥]，可以看出河南中部、北部、南部、东北部均有豆类作物种植，且为朝廷收购豆类的重要产地。例如，河南中部，嘉庆《密县志》记载："凡地二年三收……黄豆有大小二种，五月种麦耩种，七月中旬出荚，八月中旬成熟。"可知河南中部种有一定面积的黄豆。对于河南东部，道光《扶沟县志》载："若好地则割麦种豆，次年种秋，最少二年三收。"可以看出其与河南中部一样，种有一定面积的黄豆。

另外，粟米（谷子），也是河南地区杂粮种植重要的物种之一。据乾隆年间《陈州府志》记载河南陈州，粟谷"种类甚多"[⑦]。光绪《扶沟县志》记载：扶沟县"宜黍稷，宜粟，不忧水旱，庶几称常稔焉"[⑧]。

---

①　《高宗实录》卷81，乾隆三年十一月戊寅，中华书局1986年版，第285页。

②　（明）陈梦雷：《古今图书集成·职方典·物产考》，中华书局1934年影印本。

③　（清）尹会一：《尹少宰奏议》卷2《请禁酒曲疏》，清光绪五年刻本。

④　乾隆《武安县志》，清乾隆四年刻本，卷11，《物产》。

⑤　《高宗实录》卷249，乾隆十年九月乙酉，中华书局1986年版，第204页。

⑥　《高宗实录》卷252，乾隆十年十一月己巳，中华书局1986年版，第252页。

⑦　乾隆《陈州府志》卷11《风俗·物产》，1747年刻本。

⑧　光绪《扶沟县志》卷10《农桑·物产》，1893年刻本。

　　清代山东地区的杂粮作物主要有粟谷、高粱、豆类、番薯等。就粟谷而言，据《临邑县志》记载，临邑县粟谷品种有"齐头白、大白、小白、梁谷、毛谷、龙爪、小猪尾、刀把齐、趴蜡睄、独脚黄、红黍谷、母鸡头、铁鞭头、旱不愁、倒寻根、漫梁窜、女儿笑、拖泥秀、亲不换、瓦屋粒"①。乾隆《济阴县志》所记载的粟谷品种有将近十二个品种："其先种后熟者，俗曰铁板头，曰毛谷，曰馍馍谷、曰金苗谷、曰大细穗。后种先熟者，曰竹叶青，曰大头黄，曰小细穗，曰拔谷，曰乌谷，曰红黍谷，曰龙爪谷，后熟胜先熟，受气足也，而铁板头、大细穗为尤美。"②保定府清苑县也"粟约有数十种，名号不一"③。《济阴县志》将粟谷分为早谷和晚谷。道光元年（1821年）八月二十二日，山东抚琦善奏报的雨情形，各处早谷、高粱已收割登场，晚谷亦在刈获，"秋后即可翻犁种麦地方极为安静"④。从山东巡抚的奏报中可以看出谷、高粱收割之后可以种小麦，加之粟谷又分早谷和晚谷，说明山东地区粟谷的种植面积不在少数。

　　山东地区高粱种植亦有多个品种。据乾隆《济阳县志》记载，高粱品种有"先种后熟曰黄罗伞，曰老瓜座，曰柳木儿；后种先熟曰六叶，曰打锣锤"⑤。同样，高粱与早谷相同，在山东地方官向中央呈报的奏折中多次将早谷与高粱同时提及，道光七年（1827年）八月十三日，山东巡抚布政使贺长龄的奏报中提道，"辰下早谷、高粱，俱已登场，正可耕种二麦"⑥。道光十三年（1833年）四月二十四日，钟祥奏闻，"通省各属普律优沾，于麦秋大有裨益。现在二麦将次刈获，可期稔收。早谷、高粱亦均繁茂，三农称庆闾井安恬"⑦。虽以上奏报均集中于道光年，但也可以说明高粱在清代山东地区有着与粟谷几乎相同的地位。

　　除粟谷与高粱之外，清代山东也有着一定面积的豆类作物种植。《清

---

① 　同治《临邑县志》卷2《地舆志下·物产》，1874年刻本。

② 　乾隆《济阳县志》卷1《物产》，1765年刻本。

③ 　同治《清苑县志》卷6《土产》，1873年刻本。

④ 　《军机处录副奏折》道光元年八月二十二日，山东巡抚琦善奏。

⑤ 　乾隆《济阳县志》卷1《物产》，1756年刻本。

⑥ 　《朱批奏折》道光七年八月十三日，护理山东巡抚布政使贺长龄奏。

⑦ 　《朱批奏折》道光十三年四月二十四日，山东巡抚钟祥奏。

高宗实录》记载，乾隆帝曾言："河南、山东素称产豆之乡。"① 山东地区是朝廷征收黑豆的重要地区。乾隆十六年（1751年），山东巡抚鄂尔泰上奏："豫省每年额征漕粮二十二万石，自雍正十年、乾隆九年，两次改征黑豆九万九千三百余石。"② 山东赋税的征收多次由漕粮改为黑豆，说明黑豆在山东地区也有相当大的种植面积。

此外，清代也开始在山东地区较大规模推广番薯种植。乾隆四十八年（1776年），为推动番薯种植，山东布政使陆耀著《甘薯录》，内云："前任布政使李公渭尝举以山东之民（种之），其性又喜温、沙土高地，于山海之区尤属相宜，今虽间有种者，而遗利尚多。"③ 相对番薯，清代玉米在山东地区的种植比较少，直到清末民初才开始在山东省境内普及起来。顺治十七年（1660年）《招远县志》记载："玉蜀黍，田畔园圃间艺之。"康熙十三年（1674年）《平阴县志》记载："物产，谷之属有黍……玉蜀黍。"道光年间，山东东部荣成"近年渐种玉粟"④，胶州"胶土不甚宜，故种者稀"⑤。咸丰年间，山东中部宁阳县："包谷土名玉秫间有种者。"⑥

第二节 气候变化对粮食种植结构变迁的影响——以清代直隶为中心

清代直隶地区为畿辅重地，具有拱卫京师的作用，是清代华北地区的核心区和政治经济文化的发达区，对于国家稳定及政治安全具有重要的作用，考察气候变化对这一地区粮食种植结构变迁的影响具有典型意义与代表意义。

有清一代，直隶粮食种植结构不断变迁，各粮食作物的种植发生了较

---

① 《清高宗实录》卷249，乾隆十年九月乙酉，中华书局1986年版，第204页。
② 《清高宗实录》卷399，乾隆十六年九月癸巳，中华书局1986年版，第247页。
③ （清）陆耀：《甘薯录》，载《赐砚堂丛书》，乾隆四十一年刻本。
④ 道光二十年《荣成县志》卷36。
⑤ 道光二十五年《胶州志》卷14。
⑥ 咸丰元年《宁阳县志》卷6。

大变化。小麦与粟米依然是直隶主粮，但种植比重有所减小，二者有所不同，小麦种植面积持续增加而粟米种植面积不断下降。高粱与大豆的面积迅速拓展，商品化程度不断增加。水稻呈点块状分布，随水利与政策波动。玉米与甘薯种植得到大力推广，清末的种植规模取得突破性进展。粮食种植结构多元化进一步发展，高产抗灾作物不断增加，在保证区域粮食安全中起到了重要作用。

影响清代直隶粮食种植结构变迁的因素较多，气候是重要的一个方面。气候通过改变作物生长环境，进而影响不同粮食作物产量增减，为了保证区域粮食供给能力，获得最优的产量，同样具有理性思维的政府和个人都会相

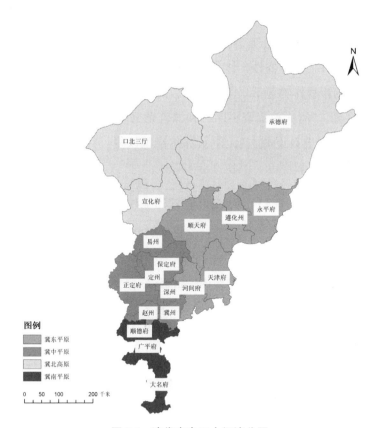

图 3.1　清代直隶四大经济分区

注：底图数据引自"中国历史地理信息系统项目"（CHGIS V6）。

资料来源：李庆泽、杨积余、王锦华：《河北省经济地理》，新华出版社 1988 年版，第229—266 页。

应地对粮食种植结构做出调整。除此之外，人口激增导致粮食需求急剧上升，在耕地无法满足需求的情况下，新的种植结构就会出现。政府在一些情况下也会直接对粮食种植进行劝课或通过税收政策对粮食种植产生间接影响。

一、清代直隶地区的粮食种植结构

直隶位于河北平原东北部，根据地理状况，可分为冀北高原、冀东平原、冀中平原与冀南平原四大经济地理区，其中冀北高原气温较低，种植业不甚发达，粮食作物一年一熟，冀东平原属于过渡地带，粮食作物多为两年三熟，冀中平原与冀南平原光热资源充足，粮食作物一年两熟，是直隶的主要农业区（图 3.1）。

通过查阅直隶各州县方志资料发现，谷类物产的记载顺序，一定程度上反映了各地谷物的重要性，体现在种植面积及产量上。据此可知，清代直隶主要种植的粮食作物包括小麦、粟米、高粱、豆类、水稻以及玉米、番薯等美洲作物等。"清代粮价资料库"和《道光至宣统间粮价表》中的记载印证了这一点。据史料记载："大学士鄂尔泰等议复、兵部侍郎雅尔图奏称，直隶民食，首重高粱粟米，其次则春麦莜麦。"[①]

表 3.1　直隶各府州谷属作物种植情况

府州	谷属作物记载
宣化府	黍、稷、稻、粱、麦、蜀秫、荞麦、莜麦、麻、胡麻、豆类、莎米……
承德府	御稻、稻、粟、稷、黍、蜀秫、麦、荞麦、豆类、薏苡、玉蜀黍……
口北三厅	黍、稷、粱、粟、麦、豆类、荞麦、莜麦、燕麦、胡麻、糜子、东墙……
永平府	麦、黍、稷、粱、稻、粟、高粱、秫、玉蜀秫、荞麦、豆类、稗……
遵化州	稻、粟、黍、糜、麦、豆、蜀秫、荞麦、脂麻、玉蜀秫、甘薯……
顺天府	黍、稷、稻、粱、大麦、小麦、荞麦、豆类、麻、苽、稗……
河间府	麦、粱、麻、秫、黍、穄子……
天津府	黍、稷、稻、粱、蜀秫、麦、玉蜀秫、豆类、脂麻、薏苡、穄、稗……
保定府	粟、黍、秫、稷、蜀秫、玉蜀秫、麦、荞麦、豆类、稻、稗、穄子……

---

① 《高宗实录》卷 214，乾隆九年四月庚申，中华书局 1986 年版，第 750 页。

续表

府州	谷属作物记载
正定府	粟、黍、稷、稻、粱、麦、蜀秫、豆、荞麦、脂麻、稗、穄、薏苡……
定州	黍、稷、粟、稻、粱、穄、麦、荞麦、芝麻、蜀秫、豆类……
赵州	黍、稷、粱、麦、荞麦、秫、菽、芝麻……
深州	粟、高粱、黍、稷、麦、荞麦、芝麻、豆类……
易州	粟、稷、黍、芝麻、麦、豆、秫、麻……
顺德府	稻、麦、黍、稷、粟、荞麦、蜀秫、穄、芝麻、豆类……
广平府	小麦、大麦、荞麦、稻、黍、稷、粟、蜀黍、玉蜀秫、稗、脂麻、菽……
大名府	黍、稷、麦、稻、穄、豆、蜀秫、芝麻、玉蜀秫、白谷、黄谷……

资料来源：乾隆八年（1743）《宣化府志》卷 32《风俗物产》；道光十一年（1831）《承德府志》卷 28《物产》；乾隆二十三年（1758）《口北三厅志》卷 5《风俗物产》；光绪五年（1879）《永平府志》卷 25《物产》；光绪十二年（1886）《遵化通志》卷 15《舆地·物产》；光绪十二年（1886）《顺天府志》卷 50《食货志二·物产》；乾隆二十五年（1760）《河间府新志》卷 4《物产》；光绪二十五年（1899）《重修天津府志》卷 26《物产》；光绪十二年（1875）《保定府志》卷 27《户政略五·物产》；乾隆二十七年（1762）《正定府志》卷 12《物产》；道光二十九年（1849）《直隶定州志》卷 12《政典·物产》；光绪二十三年（1897）《直隶赵州志》卷 2《舆地志·物产》；光绪二十六年（1900）《同治深州风土记》记 21《物产》；乾隆十二年（1747）《直隶易州志》卷 10《土产》；乾隆十五年（1750）《顺德府志》卷 6《物产》；光绪十九年（1893）《广平府志》卷 18《物产》；咸丰三年（1853）《大名府志》卷 5《方物》。

直隶粮食作物种类繁多，各府州粮食种类与种植比重存在一定差别，如表 3.1 所示。例如，宣化府以黍、稷、稻等为主，承德府以稻、粟等为主，口北三厅以黍、粱、粟等为主，永平府则以麦、黍、稷等为主，口北三厅、河间府、保定府、赵州、深州和易州方志中均无水稻记载。但总体来说，小麦、粟米、高粱、豆类、水稻以及玉米、番薯等美洲作物等是清代直隶的主要粮食作物，在社会经济发展及百姓生活中占有十分重要的地位。

"烝民粒食，小麦居半"[①]。小麦是清代直隶最主要的粮食，各州县均有

---

① （明）宋应星：《天工开物》，岳麓书社 2002 年版，第 14 页。

种植。总体来说，清代直隶小麦种植面积约为耕地的3/10。①据方观承估计，乾隆时期，直隶南部大名、广平等府，小麦种植面积约占总耕地面积的一半；中部的正定、保定、河间、天津等府，种植比例达30%左右；北部的永平、宣化、遵化等府种植比例较小，仅为10%—20%。②方志中也多有记载，广平、顺德、大名等府诸多州县"十亩之田，必种小麦五亩"③。

"九谷以粟为主"。作为我国古代传统粮食作物，早在新石器时代，粟米已经成为直隶的主要粮食品种。④清代直隶普遍种植粟米，有"北人日用不可缺者"的说法。⑤据方志资料，清代直隶75个州县有粟的明确种植记载，加之粱、秫、谷子等别称的记载，基本覆盖全省各州县。由于其耐旱耐瘠、适应能力强，成为直隶种植最多的旱地作物之一，但其抗涝能力较差，各府州种植比例有所差别。燕山南麓与太行山东麓等地势较高的山区盛产粟米，如晋州"谷粟为大宗"、磁州"谷，磁之主要农产"、完县"农产物以粟为大宗"、定县"全县产物以谷子为最多"、隆化县"占全境农地十分之五"⑥。

高粱古称蜀黍、芦粟、蜀秫、秫、稷、粱等，由于其极强的环境适应性，入清以来，在直隶表现出了极大的地理分布优势，清代烧锅酿酒的盛行也极大促进了高粱的种植。高粱不断发展成为仅次于麦粟的主要粮食，史料多有记载："至民间种植，粟谷居其二三，高粱米豆居其七八"，"粟谷与高粱，价值相仿，且高粱一项，直省种植较多"⑦。高粱主要集中于直隶中部和

---

① [法]魏丕信：《18世纪中国的官僚制度与荒政》，徐建清译，江苏人民出版社2003年版。

② （清）方承观：《赈纪》卷2《会议办赈十四条》，《四库未收书辑刊》第1辑第25册，北京出版社2000年版，第23页；乾隆二十七年（1762）《正定府志》卷14《惠政下·赈恤》。

③ 光绪十二年《巨鹿县志》卷6《风土》。

④ 李秋芳：《明清时期华北平原粮食种植结构变迁研究》，社会科学文献出版社2016年版。

⑤ 光绪十二年《保定府志》卷27《户政略五·物产》。

⑥ 民国二十四年《晋县志料》卷上《物产志·植物》；民国三十年《磁县县志》第8章《物产》第4节《农产品》；民国二十三年《完县新志》卷7《食货第五·物产》；李景汉：《定县社会概况调查》，中华平民教育促进会，1933年，第610页；民国八年《隆化县志》卷4《地理志·物产》。

⑦ 《高宗实录》卷283，乾隆十二年正月庚申，中华书局1986年版，第12册，第694页；《清高宗实录》卷1213，乾隆四十九年八月壬子，中华书局1986年版，第24册，第273页。

东部的低洼平原，以及北部的近山州县，如宣化府"农田所产，高粱为多"、永平府乐亭县"种者盖十之六七，日用常食不可少缺"、保定府束鹿县"本境五谷以三分分之，粟居其一，高粱居其一"①。

直隶稻作史实际上就是一部畿辅营田水利史，为缓解南粮北运压力，清政府大力推广营田水利以种植水稻，主要集中于水源丰富稳定的燕山与太行山麓一带。如保定府"按郡属新城地连督亢，又安州、雄县等处亦多有种稻者"。承德府"今则热河境内，山田多种之"。永平府"迁安徐流口出，今泠口外温泉左右亦开稻田"。天津府"近来葛沽出香稻，又今屯营稻田，均获丰收"。正定府"今正定、平山、井陉、灵寿、阜平、新乐等县有之"。广平府"稻产于府西南，引滏水灌田，白粲不减江浙"。宣化府"宣化、保安、怀来出"，遵化州"州境惟沙河铺等村有之"②。尽管诸多州县均有种植，但水稻种植面积与产量始终较小，未能跻身直隶主粮行列。19 世纪 40 年代，"畿辅行粮地六十四万余顷，稻田不及百分之二"，即水稻种植面积小于 1.28 万顷。③

豆类是清代直隶种类最多的粮食，其养地特性与直隶麦后种豆的种植形式，促进了其在直隶的种植发展。豆类以大豆为最多，分为黄豆与黑豆，黄豆多种于平原，可榨油、造酱、作腐以供食用；黑豆多种于山地，亦称乌豆，可入药也可赈荒，直隶黑豆主供京师饲马，具有重要的战略意义。大豆是清代税征对象之一，主要为保证军队粮草，亦在荒年作为救灾粮食。清代直隶大豆种植范围较广，产量也较为可观。1910 年，大豆种植面积为3725430 亩，收获量为 1778115 石。④ 各州县有所差别，如平谷县豆类产量

---

① 《高宗实录》卷 263，乾隆十一年闰三月乙丑，中华书局 1986 年版，第 12 册，第 413 页；光绪三年《乐亭县志》卷 13《食货志下·物产·谷属》；光绪三十一年《束鹿县志》卷 12《物产》。

② 光绪十二年《保定府志》卷 27《户政略五·物产》；道光十一年《承德府志》卷 28《物产》；光绪五年《永平府志》卷 25《物产》；光绪二十五年《重修天津府志》卷 26《物产》；乾隆二十七年《正定府志》卷 12《物产》；光绪十九年《广平府志》卷 18《物产》；乾隆八年《宣化府志》卷 32《风俗物产》；光绪十二年《遵化通志》卷 15《舆地·物产》。

③ （清）林则徐：《畿辅水利议》，光绪三年三山林氏刻本，第 8 页。

④ （清）刘锦藻：《清朝续文献通考》卷 382，商务印书馆 1955 年版，第 11293 页。

为 30500 石，占粮食总产量的 19.38%，其中大豆产量 15000 石，占粮食总产量的 9.53%；高邑县豆类产量为 4268082 斤，占粮食总产量的 10.74%，其中大豆共计 2913131 斤，占粮食总产量的 7.33%。

美洲作物在明末传入我国，主要包括玉米、甘薯、马铃薯等。由于较低的环境要求与较高的产量优势，其种植区域不断拓展，清末时已成为直隶地区的主要粮食。乾隆以前，直隶各州县只有零星种植，仅唐山、清苑、香河等县有玉米种植，甘薯也仅处于试种阶段。[①] 乾隆以后，玉米与甘薯的种植区域不断拓展，顺天、天津、大名、正定、保定等州县相继出现种植记载。嘉庆以后，玉米和甘薯逐渐成为一些地区的主粮，玉米如遵化"居然大田之稼矣"、束鹿"本境近来种此者颇多，早晚皆宜"；甘薯如乐亭"今邑中种者颇多"、邢台"红薯家食所需，故比产蓄之，以御冬焉"[②]。

二、清代小冰期时期直隶的气候特征

16—19 世纪，寒冷气候席卷了世界广大地区，各地受到了不同程度的影响，这一时期被人们称为小冰河期。[③]Suess 与 Porter 等学者对这一时期形成的原因做过探讨，发现火山活动或太阳活动是小冰期形成的主要因素。[④]针对小冰期存在与否的问题，曾经出现过分歧与争论，但最终小冰期为多数学者所接受。[⑤] 我国学者利用冰芯、树轮、石笋等自然证据与丰富的历史文

---

① 康熙十二年《唐山县志》卷 1《土产》，康熙十六年《清苑县志》卷 6《食货·土产》，康熙十七年《香河县志》卷 2《物产》。

② 光绪十二年《遵化通志》卷 15《舆地·物产》；光绪三十一年《束鹿乡土志》卷 12《物产》；光绪三年《乐亭县志》卷 13《食货志下·物产》；光绪三十一年《邢台县志》卷 1《舆地·物产》。

③ Lamb，H. H. Climate：Present，*Past and Future Vol.I*，*Fundamentals and Climate Now*. Methuen，London，1972.

④ Suess H E.，"Climatic changes，solar activity，and the cosmic-ray production rate of natural radiocarbon"，*Meteorological Monographs*，1968，8（30）. Porter，Stephen C.，"Pattern and Forcing of Northern Hemisphere Glacier Variations During the Last Millennium"，*Quaternary Research*，1986，26（1）.

⑤ Keigwin L D.，"The Little Ice Age and Medieval Warm Period in the Sargasso Sea"，*Science*，1996，274（5292）. Mann M E，Zhang Z，Rutherford S，et al. "Global signatures and dynamical origins of the Little Ice Age and Medieval Climate Anomaly"，*Science*，2009，326（5957）.

献等代用资料，重建了过去 2000 年的气温变化，通过分析发现，小冰期在我国各地区普遍存在，但不同地区的起止时间与寒冷程度有一定差别。① 本部分在对前一部分对华北气候研究的基础上进一步从气温与降水两方面详细

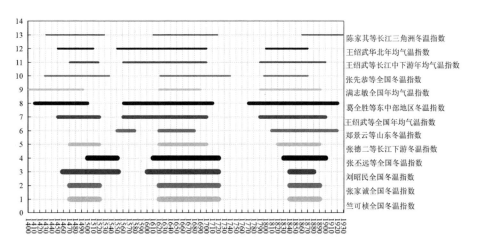

图 3.2　明清小冰期中的冷期起止时间

资料来源：竺可桢：《中国近五千年来气候变迁的初步研究》，《考古学报》1973 年第 2 期；张家诚：《气候变迁及其原因》，科学出版社 1976 年版，第 60—61 页；刘昭民：《中国历史上气候之变迁》，台湾商务印书馆 1982 年版，第 7—9 页；张丕远、龚高法：《十六世纪以来中国气候变化的若干特征》，《地理学报》1979 年第 3 期；张德二、朱淑兰：《近五百年我国南部冬季温度状况的初步分析》，《全国气候变化学术讨论会文集》，科学出版社 1981 年版，第 64—70 页；郑景云、郑斯中：《山东历史时期冷暖旱涝状况分析》，《地理学报》1993 年第 4 期；王绍武、叶瑾琳、龚道溢：《中国小冰期的气候》，《第四纪研究》1998 年第 1 期；葛全胜、郑景云、方修琦等：《过去 2000 年中国东部冬半年温度变》，《第四纪研究》2002 年第 2 期；满志敏：《中国历史时期气候变化研究》，山东教育出版社 2009 年版，第 281—290 页；张先恭、赵溱、徐瑞珍：《祁连山圆柏年轮与我国气候变化趋势》，《全国气候变化学术讨论会文集》，科学出版社 1981 年版，第 25—36 页；王绍武、王日昇：《中国的小冰河期》，《科学通报》1990 年第 10 期；王绍武：《公元 1380 年以来我国华北气温序列的重建》，《中国科学》1990 年第 5 期；陈家其、施雅风：《长江三角洲千年冬温序列与古里雅冰芯比较》，《冰川冻土》2002 年第 1 期。

① Yang B，Bra Uning A，Shi Y. "Late Holocene temperature fluctuations on the Tibetan Plateau"，*Quaternary Science Reviews*，2003，22（21）；王绍武、龚道溢：《全新世几个特征时期的中国气温》，《自然科学进展：国家重点实验室通讯》2000 年第 4 期。

地研究了清代直隶地区小冰期的气候变化特征。

从图 3.2 可以看出，葛全胜等重建的东中部地区冬温指数与王绍武重建的华北年均气温指数，最能代表直隶的气温情况，两者的寒冷期分别为 1411—1500 年、1561—1710 年、1771—1920 年与 1450—1510 年、1550—1700 年、1800—1870 年。若仅考虑清代历史时段，则分别有两个寒冷期，1644—1710 年、1771—1920 年与 1644—1700 年、1800—1870 年，清初与清末各有一个寒冷期，中间相对温暖期持续时间分别为 61 年与 100 年。当前小冰期气候特征的研究成果较为丰富，多数学者的成果显示，东部地区或华北地区的气候特征主要是寒冷（图 3.3）。[①] 我国东部地区具有明显的小冰期特征，从较长的历史时段来说，东部地区的小冰期时间跨度为 600 年，自 14 世纪开始，结束于 19 世纪，共有 4 个寒冷期且持续时间较长。[②]

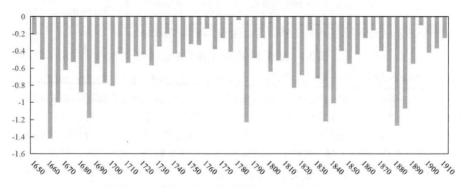

图 3.3　清代华北地区冬半年每 5 年温度距平（℃）

资料来源：闫军辉、葛全胜、郑景云：《清代华北地区冬半年温度变化重建与分析》，《地理科学进展》2012 年第 11 期。

小冰期气候寒冷的证据不胜枚举，与现在相比，各地区寒冷程度不尽相同，东西部地区气候重建的代用资料有所区别，东部地区可用史料较多，而西部地区则多用冰芯、树轮等自然证据。研究发现，17—19 世纪为我国小冰期盛期，气温较现在低 1—2℃。[③] 其间的两个寒冷阶段存在地域差别，

①　郑景云、王绍武：《中国过去 2000 年气候变化的评估》，《地理学报》2005 年第 1 期。

②　王绍武、蔡静宁、朱锦红等：《中国气候变化的研究》，《气候与环境研究》2002 年第 2 期；葛全胜：《中国历朝气候变化》，科学出版社 2011 年版。

③　张振克、吴瑞金：《中国小冰期气候变化及其社会影响》，《大自然探索》1999 年第 1 期。

前一个冷期在中部地区最为明显，后一个冷期则在南部地区较强。[1]竺可桢利用春初花期与运河冰冻判定，17世纪中期的北京地区较现在冷2℃，表明清代直隶地区的冬温较低。[2]而闫军辉等人的研究成果更为精确，他们通过研究异常初终霜记录，发现清代直隶冬温较现代约低0.55℃，1656—1660年的最冷冬温较现代约低1.42℃。[3]

伴随着温度的变化，小冰期的降水变化也非常明显。郑景云等重建了1736—1910年石家庄、沧州站点的逐季降水量，发现直隶地区年均降水量约为580毫米，多雨时段共有11个，其中以1791—1805年、1816—1830年及1886—1895年3个时段最为明显，持续时间较长，少雨时段以1811—1820年、1831—1840年、1875—1882年及1896—1905年最为明显，功率谱分析显示，清代直隶降水存在22—25年、3.9年及2.7年3个显著周期。[4]

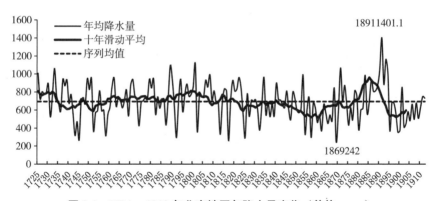

图3.4　1724—1912年北京地区年降水量变化（单位：mm）

资料来源：数据来自中国科学院地理研究所，转引自［美］李明珠《华北的饥荒：国家、市场与环境退化（1690—1949）》，人民出版社2016年版，第49页。

中科院地理所重建的清代北京降水数据显示，1724—1912年北京地区

①　王绍武、叶瑾琳、龚道溢：《中国小冰期的气候》，《第四纪研究》1998年第1期。

②　竺可桢：《中国近五千年来气候变迁的初步研究》，《考古学报》1973年第2期。

③　闫军辉、葛全胜、郑景云：《清代华北地区冬半年温度变化重建与分析》，《地理科学进展》2012年第11期。

④　郑景云、郝志新、葛全胜：《黄河中下游地区过去300年降水变化》，《中国科学》2005年第8期。

的年均降水量为 693.18 毫米，最高为 1891 年的 1401.10 毫米，最低为 1869 年的 242 毫米（图 3.4）。从十年滑动平均值来看，分别存在两个明显的干期与湿期。具体来说，18 世纪中期少雨，1740—1760 年均降水量为 615.69 毫米；18 世纪末至 19 世纪前期多雨，1790—1810 年均降水量为 768.60 毫米；19 世纪中后期又变得相对干旱，1850—1870 年均降水量为 561.14 毫米，19 世纪末又变得湿润，1880—1900 年均降水量为 769.07 毫米。从降水量的年际波动看，1790—1825 年与 1870—1900 年两个时期波动较大，最大值出现在 1818 年，降水量自 1817 年的 258.80 毫米增加到 715 毫米，增加幅度为 176.28%。

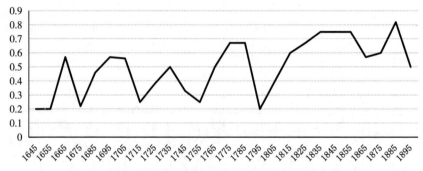

图 3.5　清代我国东部地区降雪异常指数

资料来源：Chu，Guoqiang，et al. "Snow anomaly events from historical documents in eastern China during the past two millennia and implication for low-frequency variability of AO/NAO and PDO."，*Geophysical Research Letters*，2008，35（14）．

Chu Guoqiang 等人根据历史文献中无雪或大雪的记录，重建了 0—2000 年我国东部地区的降雪异常指数，覆盖区域为北纬 25°—46°、东经 100°—130°，包含了清代直隶地区（嘉庆时期，直隶大约介于北纬 35°—45°、东经 112°70′—122°50′之间）。研究发现，在过去两年中，我国东部地区的无雪或大雪事件存在明显的十年际波动特征，降雪异常指数可能是一种类似北极涛动（AO）的大气变化，中世纪暖期的冬季主要以少雪情况为主，而东亚小冰期的冬季主要以强降雪为主（图 3.5）。

通过以上分析可以判定，清代直隶地区气候具有明显的小冰期特征，主要特征是寒冷，冬季出现大量的强降雪，干湿变化特征明显。清代直隶存在两个寒冷期与一个相对温暖期，清前期（1646—1700 年）为第一个寒冷期，约持续 54 年，之后（1701—1780 年）为相对温暖期，约持续 80 年，清中后期（1781—1911 年）为漫长的寒冷期，约持续 130 年。寒冷期持续时间为 184 年，为相对温暖期的 2.3 倍，即直隶在清代有超过 2/3 的时间处于寒冷期。即使在相对温暖期，冬半年温度也较现在低 0.36℃，最暖 5 年（1776—1780 年）平均较现代约低 0.04℃。

三、清代小冰期气候对直隶粮食种植结构的长期影响

影响粮食种植结构的因素有很多，而气候变化无疑是最重要的因素之一，气候为粮食生产提供了最基本的条件，它决定了一个地区的粮食种植结构。作物生长所需的光、温度、水分等气候条件的变化，都会对古代粮食生产有较大影响，粮食种植结构也会因此变化。小冰期气候变化影响粮食种植结构主要通过两条途径：第一，长期来说，气候变冷会缩短作物生长时间、改变作物选择与区域耕作制度，甚至造成农业区域的移动，对区域经济社会发展及粮食安全造成巨大威胁。第二，短期内温度、降水剧变导致极端灾害频发，使粮食产量下降，造成严重歉收，导致饥荒的发生。

从较长的历史时段来说，气候变化与粮食种植结构变迁是一个双向的选择过程，气候变冷会对粮食品种的耐寒抗旱等特性进行长期的自然选择，而粮食作物也在不断适应新的环境，农民会适时地进行作物选择、改变耕作制度，以适应不断变化的气候环境。长期的寒冷气候通过影响粮食种植结构，对农业生产产生了更大的潜在性影响，进而影响到经济发展、社会治乱、百姓生活等方面。

（一）粮食作物选择

太阳辐射总量、气温和雨量是影响粮食生产的主要气候因子，不同粮食作物所需积温各异。通过下表，清代直隶地区的春小麦属于耐寒作物，在积温 1500—1700℃（≥5℃）时最宜生长，冬小麦属低温作物，积温宜在 1900—2100℃（≥5℃），高粱、谷子、玉米、大豆为中温作物，积温范围在 2000—3100℃（≥10℃），水稻属于喜温作物，晚熟春播与晚熟夏播品种积温条件达到 3600—3800℃（≥15℃）（表 3.2）。

表 3.2 河北省各类粮食作物所需积温（℃）

类型	作物种类	所需积温	类型	作物种类	所需积温
耐寒	春小麦	≥5℃ 1500—1700	中温	中熟春播高粱	≥10℃ 2900—3000
耐寒	早熟马铃薯	≥5℃ 1600—1800	中温	晚熟春播高粱	≥10℃ 3000—3100
耐寒	中熟马铃薯	≥5℃ 1800—2200	中温	早熟夏播谷子	≥10℃ 2100
耐寒	晚熟马铃薯	≥5℃ 2200—2400	中温	中熟夏播谷子	≥10℃ 2200
耐寒	莜麦	≥5℃ 1500—1700	中温	早熟春播谷子	≥10℃ 2000—2100
低温	冬小麦	≥5℃ 1900—2100	中温	中熟春播谷子	≥10℃ 2400—2500
中温	早熟夏播玉米	≥10℃ 2000—2300	中温	早熟夏播大豆	≥10℃ 2200
中温	中熟夏播玉米	≥10℃ 2300—2500	中温	中熟夏播大豆	≥10℃ 2600
中温	晚熟夏播玉米	≥10℃ 2500—2700	喜温	早熟春播水稻	≥15℃ 2600—2800
中温	早熟春播玉米	≥10℃ 2000—2300	喜温	中熟春播水稻	≥15℃ 3200—3400
中温	中熟春播玉米	≥10℃ 2300—2800	喜温	晚熟春播水稻	≥15℃ 3600—3800
中温	晚熟春播玉米	≥10℃ >2800	喜温	早熟夏播水稻	≥15℃ 2500—2700
中温	早熟夏播高粱	≥10℃ 2100—2200	喜温	中熟夏播水稻	≥15℃ 3200—3300
中温	中熟夏播高粱	≥10℃ 2400—2600	喜温	晚熟夏播水稻	≥15℃ 3600—3800

资料来源：河北省农业区划办公室：《河北省农业气候及其区划》，气象出版社 1988 年版，第 34 页。

粮食生长关键期的水分供应对产量至关重要，若作物拔节、抽穗、灌浆、成熟等时期水分不足或过量，都会严重影响作物的生长。研究表明，若其他条件不变，降水量增加或减少 100 毫米，我国粮食亩产将增产或减产10%。[①] 一般来说，清代直隶主要粮食需水关键期在 3—8 月，此时的水分条件优劣更加关键，粮食收成对其依赖性更强。水稻需水量最多，两个关键期共消耗约 400—600 毫米水量，小麦、玉米、大豆需水较多，两个关键期共消耗约 300 毫米水量，需水较多且不耐干旱，谷子、甘薯、马铃薯等均为较耐干旱作物，高粱的需水量最少，既耐干旱又耐洪涝（表 3.3）。

---

① 张家诚：《气候变化对中国农业生产的影响初探》，《地理研究》1982 年第 2 期。

表 3.3　河北省主要粮食需水关键期及需水量（mm）

作物种类	第一关键期			第二关键期		
	生育阶段	起止时间	需水量	生育阶段	起止时间	需水量
冬小麦（北部平原）	拔节—抽穗	中 /4—中 /5	150	开花—成熟	中 /5—中 /6	170
冬小麦（中部平原）	拔节—抽穗	初 /4—初 /5	150	开花—成熟	初 /5—上 /6	160
冬小麦（南部平原）	拔节—抽穗	中 /3—下 /4	190	开花—成熟	下 /4—初 /6	140
春小麦（北部）	拔节—抽穗	上 /6—中 /6	105—195	抽穗—灌浆	下 /6—上 /7	70—130
春玉米	拔节—抽穗	初 /6—初 /7	130	灌浆—腊熟	中 /7—中 /8	140
夏玉米	拔节—抽穗	上 /7—下 /7	90	抽穗—灌浆	下 /7—上 /8	110
春谷（北部）	拔节—抽穗	上 /6—下 /6	60	抽穗—开花	下 /6—上 /7	90
春谷（南部）	拔节—抽穗	中 /6—上 /7	90	抽穗—开花	上 /7—中 /7	120
高粱（北部）	拔节	中 /6—中 /7	90	灌浆期	中 /8—下 /8	75
甘薯	攻薯期	初 /7—中 /8	200	薯块膨大期	中 /8—初 /10	90
马铃薯（坝上）	开花期	下 /6—上 /7	120	开花盛期	上 /7—上 /8	105
大豆	开花—结荚	中 /7—下 /8	170	结荚—灌浆	下 /8—中 /9	160
水稻（北部）	拔节—抽穗	上 /7—中 /8	240	乳熟—成熟	上 /9—下 /9	340
水稻（中部）	拔节—抽穗	中 /7—中 /8	180	乳熟—成熟	下 /8—上 /100	240

资料来源：河北省农业区划办公室：《河北省农业气候及其区划》，气象出版社 1988 年版，第 44 页。

　　由于小冰期光、温度、水分等气候条件的综合作用，清代直隶形成了特有的作物组合与种植制度，粮食种植结构不断变迁。首先，直隶不同地区根据地理环境对作物进行选择，形成了不同的粮食种植区域。小麦在直隶的覆盖范围较广，面积由北向南递增，以燕山山脉为界，冀北高原和冀东平原各府州主要以春麦为主，冀中平原和冀南平原普遍种植冬小麦。粟米为耐旱作物，但其抗涝能力较差，因此主要分布于燕山南麓与太行山东麓等地势较高的山区。高粱对生长环境要求较低，主要集中于直隶中部和东部的低洼平原，以及北部的近山州县。水稻需水较多，多植于水源丰富稳定的燕山与太行山麓一带。豆类分布较广，在直隶各州县均有种植。玉米与甘薯，主要集中在燕山及太行山的山地丘陵地带。①

　　（二）耕作制度变迁

　　小冰期气候变化对耕作制度变迁影响较大，对此许多学者做了深入研究。龚高法等发现明清小冰期的粮食生长期较现在明显缩短，作物无法正常成熟而严重减产，对农业生产与粮食种植结构造成较大影响。②张养才指出气候变化对水稻生产无论是稻作区域、熟制和品种搭配等方面有很大的影响，小冰期的寒冷气候引起了双季稻的南退。③沈小英等以明清太湖流域为例，阐述了气候变化与双季稻兴衰的关系，小冰期的寒冷气候致使旱涝灾害频发，太湖流域双季稻面积减少，相应耕作制度改变，粮食种植结构逐渐变化。④严火其等认为明末清初和19世纪稻麦复种存在突出的季节矛盾，而这是小冰期气候变冷的必然结果。⑤

　　清代直隶特有的耕作制度也是应对寒冷气候的重要方式。冀南平原井灌发达，土壤肥沃，拥有得天独厚的小麦种植条件，"直属地亩惟有井为园地，园地土性宜种二麦、棉花"⑥。而冀中和冀东平原的条件稍差，小麦种植

①　李辅斌：《清代河北山西粮食作物的地域分布》，《中国历史地理论丛》1993年第1期。

②　龚高法、陈恩久：《论生长季气候寒暖变化与农业》，《大气科学》1980年第1期。

③　张养才：《历史时期气候变迁与我国稻作区演变关系的研究》，《科学通报》1982年第4期。

④　沈小英、陈家其：《太湖流域的粮食生产与气候变化》，《地理科学》1991年第3期。

⑤　严火其、陈超：《历史时期气候变化对农业生产的影响研究——以稻麦两熟复种为例》，《中国农史》2012年第2期。

⑥　乾隆二十二年（1757）《无极县志》卷末《艺文》。

比例较小，但其洼涝地区普遍的小麦种植，使得直隶的麦作区域得到进一步发展。这得益于"一水一麦"的耕作制度，明末直隶洼涝地区多种蜀秫，徐光启认为"涝必于伏秋间，弗及麦也。涝后能疏水，及秋而涸，则艺秋麦；不能疏水，及冬而涸，则艺春麦。近河近海，可引潮者，即旱后又引秋潮灌之，令沙淤地泽，亦随时艺春秋麦。此法可令十岁九稔"①。加之方观承等人的劝谕推广，此法为农民普遍接受，农民在洼涝地区特别重视种麦，甚至在涝后增加小麦种植面积，把种麦作为救灾的重要手段。在人地矛盾逐渐激化的清代直隶，为提高复种指数，农民多实行轮作，如"小麦 + 大秋作物"种植制度。冬小麦的主要后作包括粟米、高粱、豆类等旱地作物，粟米与高粱均系直隶民间食用之要，在清代直隶百姓饮食生活中的作用不可替代，豆类在生长期间能产生大量根瘤菌，是种地养地的重要作物。清代直隶大秋作物的发展得益于华北两年三熟制的推广，刈麦后连作已经成为直隶最为普遍的种植形式。

　　清代水稻种植规模与耕作制度深受气候条件的影响，稻作最大的影响因素是水源，因此直隶水稻依水源呈点块状分布。康熙帝对推广水稻异常重视，他在丰泽园内培育出御稻米，此稻"色微红而粒长，气香而味腴……一岁两种，亦能成两熟"②，这种早熟品种就是后来的京西稻。康熙时营田成效最显著的是天津总兵官蓝理，自 1705 年至 1707 年共营田 150 顷。③ 雍正朝为畿辅营田的鼎盛时期，在政府的大力支持下，由怡亲王胤祥总理直隶营田水利事务，制定了详细的京畿河道治理规划并下设营田四局。开局当年便成效颇丰，共营治稻田 3287 顷 37 亩，其中京东局 335 顷，京西局 760 顷 72 亩，天津局 623 顷 87 亩，京南局 1567 顷 78 亩，每亩可收谷五六七石不等，民间见水田获利，纷纷效仿自营己田。④ 雍正八年后的营田数量大为减少，许多水田改为旱田，此后中央对营田再无大规模投入，因此雍正时的水田多被

---

① （明）徐光启：《农政全书》卷 25《树艺》，岳麓书社 2002 年版，第 390 页。

② （清）永瑢等：《文渊阁四库全书》第 1299 册，康熙《圣祖仁皇帝御制文集》，第 4 集，卷 31《几暇格物篇·御稻米》，上海古籍出版社 2012 年版，第 600 页。

③ 《清圣祖实录》卷 244，康熙四十九年十月乙酉，中华书局 1986 年版，第 6 册，第 421 页。

④ 《清世宗实录》卷 60，雍正五年八月己酉，中华书局 1986 年版，第 7 册，第 923 页。

废弃。①

(三) 农牧界线南移

以 400 毫米年降水量等值线为界，我国古代北方土地利用方式不同，存在一条东北—西南走向的农牧界线，历史时期的气候变化会导致其南北移动。② 农牧界线移动是一个长期的历史过程，是导致粮食种植区域与结构变化的重要原因，与气温和降水对粮食生产的直接影响不同，气候通过农牧界线间接改变了粮食种植结构。而这主要是通过人类社会系统起作用的，因此游牧文化与农耕文明的碰撞极可能造成社会冲突，当农耕民族与游牧民族在农牧过渡带附近对峙时，气候转冷常成为社会动荡的触发因素，形成大规模人口迁移及社会动乱，严重威胁汉民族国家的经济与社会稳定。③

随着明清小冰期的到来，15 世纪初长城以外卫所统一内迁，18 世纪初气候转暖，农耕区显著向北扩张，形成了归化、承德等中心城镇，20 世纪初小冰期结束，游牧地区又掀起一次农业开发高潮。④ 直隶处于北纬 35°—45°之间，温度和降水变化十分显著，生态基础比较脆弱，对气候变化的反应也特别强烈，一旦气候变冷变干，农业生产所受影响最为显著。⑤ 承德府与口北三厅处于农牧界线上，农牧区域的移动对清代直隶粮食种植结构的影响较大。相应地，粮食种植结构也会不断适应气候，从而影响农牧区域。由于农业技术的改进以及耐寒、耐旱美洲作物的引进与推广，极大地影响了农耕区的分布，19 世纪气候转冷时农业种植北界并未南移，反而向北推移。⑥ 但实际上，寒冷气候确实显著制约了清代东蒙地区农业生产与移民进程，温暖的 18 世纪是清代东蒙农业状况最好的时期，19 世纪粮食丰收和向口内调

---

① 李成燕：《清代雍正时期的京畿水利营田》，中央民族大学出版社 2011 年版。

② 韩茂莉：《中国北方农牧交错带的形成与气候变迁》，《考古》2005 年第 10 期。

③ 满志敏、葛全胜、张丕远：《气候变化对历史上农牧过渡带影响的个例研究》，《地理研究》2000 年第 2 期。

④ 邹逸麟：《明清时期北部农牧过渡带的推移和气候寒暖变化》，《复旦学报》(社会科学版) 1995 年第 1 期。

⑤ 李伯重：《气候变化与中国历史上人口的几次大起大落》，《人口研究》1999 年第 1 期。

⑥ 何凡能、李柯、刘浩龙：《历史时期气候变化对中国古代农业影响研究的若干进展》，《地理研究》2010 年第 12 期。

运余粮的记录锐减,移民聚落北扩势头放缓,并由承德附近向东面水热条件更好的柳条边一线迁移。①

（四）清代小冰期气候对直隶粮食种植结构的短期影响

小冰期的寒冷气候在导致温度与降水剧变,清代直隶出现 10—100 年尺度的干湿跃变,旱涝中心不断变化,造成极端自然灾害频发,短期内直接造成粮食减产或绝收,减少了区域粮食供给。灾害严重时会发生饥荒甚至社会动乱,如"癸未大水"与"丁戊奇荒",灾害发生时常出现粮价腾贵现象,降低百姓的粮食获取能力,使百姓生活异常艰难。② 相关研究吸引了许多学者,郑斯中发现,粮食丰歉是多种气候条件综合影响的结果,饥荒的发生取决于水灾、旱灾与冻害的程度,其中旱灾的影响程度最大,而小冰期的旱涝灾害明显多于暖期。③ 陈家其认为,明末清初（1630—1700 年）为小冰期气盛期,冷害与水旱灾害频发使粮食产量下降明显。④ 马立博通过分析广东1707—1800 年间出现的 13 次严重歉收,发现歉收均由冷害、旱涝、台风等极端灾害引起。⑤ 郝志新等研究表明,气候的冷暖阶段变化与收成的阶段性变化关系密切,大多数严重歉收年均由降水明显偏少而致。⑥ 王铮等研究了我国 18 世纪以后的平均收成变化情况,发现与同期气候转冷对应,18—19世纪收成变化明显,自 80% 减少至 70%。⑦ Yin Jun 等建立了我国过去 2000

---

① 萧凌波、方修琦、叶瑜:《清代东蒙农业开发的消长及其气候变化背景》,《地理研究》2011 年第 10 期。

② 黄玉玺、胡鹏、李军:《清代粮食价格波动与国家行为》,《农业考古》2017 年第 6 期;李军、李志芳、石涛:《自然灾害与区域粮食价格——以清代山西为例》,《中国农村观察》2008 年第 2 期。

③ 郑斯中:《1400—1949 年广东省的气候振动及其对粮食丰歉的影响》,《地理学报》1983年第 1 期。

④ 陈家其:《明清时期气候变化对太湖流域农业经济的影响》,《中国农史》1991 年第 3 期。

⑤ 马立博:《南方"向来无雪":帝制后期中国南方的气候与收成（1650—1850 年）》,载刘翠溶、伊懋可主编《积渐所至:中国环境史论文集》,"中央研究院"经济研究所 2000 年。

⑥ 郝志新、郑景云、葛全胜:《1736 年以来西安气候变化与农业收成的相关分析》,《地理学报》2003 年第 5 期。

⑦ 王铮、黎华群、孔祥德等:《气候变暖对中国农业影响的历史借鉴》,《自然科学进展》2005 年第 6 期。

年丰歉等级序列，发现温度对粮食丰歉影响较大，存在"温暖—丰收、寒冷—歉收"的规律。[①]

　　清代是直隶灾害最多也最为严重的时期，据《中国三千年气象记录总集》记载，1644—1911 年，直隶共发生灾害 7445 县次，年均 27.78 次，按光绪初的 149 州县厅计算，每年约有 18.64% 的地区处于灾害中。为探讨自然灾害与粮食丰歉的关系，笔者计算了 1737—1901 年直隶灾害次数与收成分数（以保定代直隶）的十年滑动平均值。据图 3.6 可知，灾害发生次数与收成分数具有明显的反向关系。19 世纪以前处于相对温暖期，此时灾害次数较少，相应的收成分数也较高，19 世纪以后进入寒冷期，灾害次数明显增加，收成分数也随之下降，这与以上学者的研究一致。

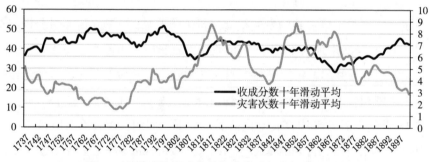

图 3.6　清代直隶灾害次数与收成分数十年滑动平均

资料来源：灾害次数来自张德二《中国三千年气象记录总集》，江苏教育出版社 2013 年版。收成分数来源于中科院地理所，转引自 [美] 李明珠《华北的饥荒：国家、市场与环境退化（1690—1949)》，人民出版社 2016 年版，第 171 页。

1. 低温灾害影响作物生长

　　小冰期气候的主要特征是寒冷，因此低温灾害对直隶粮食种植结构的影响较大。低温灾害抑制作物生长甚至使作物死亡，主要分为延迟型、障碍型与混合型三种。为探究低温灾害的影响程度与范围，我们利用直隶方志中关于低温灾害程度的记载，建立了清代直隶低温灾害指数并进行量化分

――――――――――

①　Yin J，Su Y，Fang X.，"Relationships between temperature change and grain harvest fluctuations in China from 210BC to 1910AD"，*Quaternary International*，2015，355.

析。① 首先在王绍武关于华北寒冷指数定义的基础上，将低温灾害分为五个等级并赋值：1—较轻、2—轻度、3—中度、4—重度、5—极重，参见表3.4，与王绍武的研究不同，本书的低温灾害包含大雪、陨霜、冰冻，而将淫雨列入洪涝灾害分析。②

表 3.4　清代直隶低温灾害等级定义

等级	赋值	春	夏	秋	冬
较轻	1	三月霜、春大雪	夏陨霜	八月霜	冬大雪
轻度	2	三月陨霜杀麦、三月大雪伤麦	七月霜	八月霜杀禾	大雪深数尺、大雪封户、严寒
中度	3	四月陨霜杀麦、春大雪，月余不止、三月大雪深数尺、雨成冰、木冰	七月陨霜伤稼	八月大霜、九月大雪	树草成冰、大雪连旬、井冻、民饥、人有冻死者、严寒、木裂
重度	4	冻死田苗过半、麦半冻死、大冻、大雪，人畜多冻死、大寒、河冰、井冰	大霜、禾稼一空、五月，雨冰、夏雨冰	大冻、严霜、晚稼尽枯、岁饥、大雪，人畜有冻死者	人多冻死、民大饥、奇寒
极重	5	大雪，大饥、大寒，树多冻死	五月大雪、六月飞雪、六月大寒、六月奇寒	大饥、大歉、五谷不登、十室九空	人畜多冻死、冻死者无算、树多冻死、牛羊冻死无算、飞鸟冻死无算

资料来源：据王绍武《根据史料恢复历史温度序列》（《气象》1990年第4期）中的华北寒冷指数定义及张德二《中国三千年气象记录总集》（江苏教育出版社2013年版）中关于直隶低温灾害记载整理所得。

通过分析441条低温灾害史料记载，对灾害等级定义及赋值，计算清代直隶各州县低温灾害得分，为全面描述直隶低温灾害的影响范围，根据古代灾害"记异不记常"的原则，将未记载低温灾害的州县赋值0.5（按直隶州县个数为138计算），两者相加得出低温灾害总分。然后对总分进行指数

① 张家诚、林之光：《中国气候》，上海科学技术出版社1985年版。
② 王绍武：《公元1380年以来我国华北气温序列的重建》，《中国科学（B辑：化学 生命 科学 地学）》1990年第5期。

化处理，处理公式为：$I = S_i / S_{Max} \times 100\%$，其中 S_i 为第 i 年的低温灾害等级得分，S_{Max} 为所有年份中最高得分，经过指数化处理得到图 3.7。

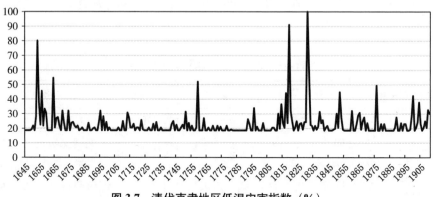

图 3.7　清代直隶地区低温灾害指数（%）

资料来源：张德二：《中国三千年气象记录总集》，江苏教育出版社 2013 年版。

　　本书所计算指数表示低温灾害对粮食生长的破坏程度及地理范围，据笔者计算，48.88% 的年份灾害指数极小，表示低温灾害的影响程度及区域极小，25.75% 的年份灾害指数较小，14.18% 的年份灾害指数为中等水平，7.09% 与 4.10% 的年份灾害指数呈现严重和极重水平。灾害影响程度及区域在中等水平以上者占总年份的 25.37%，具体来说，1644—1700 年，中等以上者占总年数的 33.33%，1701—1800 年，中等以上者占 12%，1801—1911 年，中等以上者占 33.33%。这与小冰期的寒冷气候相对应，清代直隶低温灾害主要集中于 17 世纪中期与 19 世纪前期，19 世纪以后灾害明显增多增强，这两个阶段均为直隶温度最低的时期。

　　2. 旱涝灾害破坏粮食生产

　　小冰期的气候变率增加，导致清代直隶灾害频繁发生，而旱涝灾害对粮食收成的影响最为严重。据《中国三千年气象记录总集》记载，清代直隶共发生灾害 7445 县次，其中旱灾（旱、连月不雨、河涸、井涸等）1424 县次，洪涝（大雨、淫雨、河决、河溢、水、连阴、霉、风潮等）2620 县次，低温（陨霜、霜冻、寒、大雪、井冰、人畜冻死、木冻枯等）441 县次，高温（大热、冬暖、风如火、热风等）105 县次，风雹（大风、雨雹、风雹等）725 县次，风霾（风霾、雾、霾等）316 县次，虫害（蝗、蝻、蝝、螟等）

836 县次，疫病（瘟、疫、病等）323 县次，饥荒（饥、大饥、饿、人相食等）655 县次。清代直隶旱涝灾害最为严重，年均发生 9.78 县次，占灾害总次数的 54.32%，旱涝发生时会伴随其他灾害并发，严重破坏清代直隶的粮食生产。

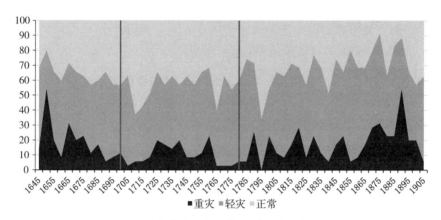

图 3.8　清代直隶 5 年平均旱涝灾害频率（%）

资料来源：中央气象局气象科学研究院：《中国近五百年旱涝分布图集》，地图出版社
　　　　　 1981 年版；王业键、黄莹珏：《清代中国气候变迁、自然灾害与粮价的初步
　　　　　 考察》，《中国经济史研究》1999 年第 1 期。

按照王业键等的方法，根据《中国近五百年旱涝分布图集》中关于清代直隶的 7 个站点（北京、天津、唐山、保定、沧州、石家庄、邯郸）的五个旱涝等级，将旱涝灾害分为重灾、轻灾与正常三个等级，得到 5 年平均旱涝灾害频率序列（图 3.8）。① 总体来说，重灾、轻灾、正常年份频率为 15.63%、48.07% 与 36.30%，1646—1700 年分别为 19.13%、45.92% 与 34.95%，1701—1780 年分别为 10.54%、46.25% 与 43.21%，1781—1911 年分别为 17.25%、50.11% 与 32.64%。得出的结论与王业键的一致，冷期旱涝灾害发生频率较高，正常年份相对较少，暖期灾害发生频率较低，正常年份相对较多。《中国三千年气象记录总集》中的记录也印证了这一结

---

① 王业键、黄莹珏：《清代中国气候变迁、自然灾害与粮价的初步考察》，《中国经济史研究》
　 1999 年第 1 期。

论，1646—1700 年年均次数为 18，旱涝分别为 6.40 次 / 年和 11.60 次 / 年；
1701—1780 年年均次数为 11.475，旱涝分别为 4.125 次 / 年和 7.35 次 / 年；
1781—1911 年年均次数为 16.03，旱涝分别为 5.56 次 / 年和 10.47 次 / 年。

从旱涝灾害的空间分布上分析，主要集中发生在冀东与冀中平原。旱
涝灾害发生频率较高地区分别为顺天府、保定府、天津府、永平府、河间府
与正定府，其中顺天府年均灾害次数为 2.16 次，较第二位的保定府每年多
发生 0.5 次。干旱主要集中于正定府、保定府、广平府、顺天府、河间府，
年均次数为 0.62、0.54、0.54、0.47 和 0.46，洪涝主要集中于顺天府、保定
府、天津府、永平府、河间府，年均次数为 1.69、1.12、1.02、0.97 和 0.81，
参见图 3.9。

自然灾害通过直接降低粮食收成，对粮食种植结构产生影响，为抵御
频繁发生的灾害，农民会做出理性的种植决策，积极调整粮食种植结构，增
加抗灾性强的粮食种植。由于粟米的抗涝性较差，无法抵御清代直隶频发的
洪涝灾害，因此其种植比重逐渐下降，取而代之的是抗涝性强的高粱与美洲
作物。高粱是一种环境适应性极强的作物，对土壤要求较低、耐瘠薄、耐盐
碱，还具有抗旱又耐涝的特性，"北方下湿地，尤宜此"[1]，麦禾无望时常用
作济荒，是清代北方赈灾中使用最多的粮食品种之一。史料可为佐证：乾隆
九年八月，天津、河间二府收成不足，政府拨司库银三万两，于大名府购买
高粱以赈恤百姓。[2] 嘉庆六年八月，直隶灾害严重，为保证粮价稳定，以备
平粜之用，下令从奉天采买高粱四五万石押运到津交收。[3] 玉米和甘薯具有
较强的环境适应性，尤其适宜丘陵及山地种植，嘉庆朝以后的迅速发展扩大
了直隶耕地面积，提高了单位面积产量，为社会提供了更多的商品粮。[4] 增
强了清中后期的粮食供给能力，缓解了因自然灾害造成的饥荒，为清代人口
激增提供了支撑，对清代社会经济发展具有十分重要的作用。[5] 玉米优良的

---

[1]　光绪二十二年《容城县志》卷 4《物产》。

[2]　《清高宗实录》卷 222，乾隆九年八月丙午，中华书局 1986 年版，第 11 册，第 860 页。

[3]　《清仁宗实录》卷 86，嘉庆六年八月庚申，中华书局 1986 年版，第 29 册，第 136 页。

[4]　陈树平：《玉米和番薯在中国传播情况研究》，《中国社会科学》1980 年第 3 期。

[5]　何炳棣：《美洲作物的引进、传播及其对中国粮食生产的影响》（三），《世界农业》1979
年第 6 期。

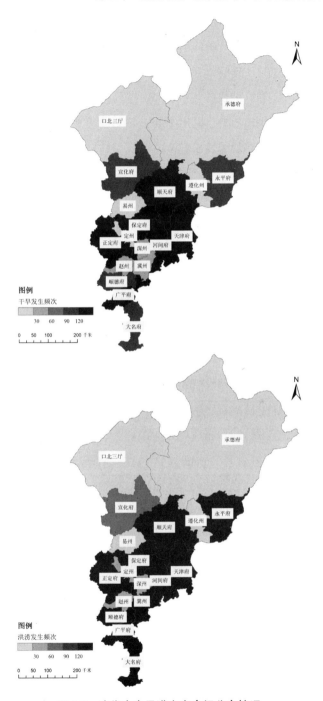

图 3.9 清代直隶旱涝灾害空间分布情况

注：底图数据引自"中国历史地理信息系统项目"（CHGIS V6），由于承德府与口北三
　　厅方志史料缺失，在分析时将剔除两地区。

资料来源：张德二：《中国三千年气象记录总集》，江苏教育出版社 2013 年版。

耐旱涝特性，使其在清末民初种植面积不断扩大。最初推广甘薯的目的主要是为了应对旱涝灾害，政府劝民种植甘薯作为备荒之法，甘薯亩产数十石，在清末的抗灾中发挥了重要作用，是为"救荒第一义"。清代直隶旱涝灾害频发，对粮食作物的抗灾特性提出了要求，影响着粮食作物的地理分布，改变了直隶的粮食种植结构（表3.5）。

清代直隶主要的粮食作物包括小麦、粟米、高粱、豆类、水稻以及美洲作物等，粮食种植结构并非一成不变，而是在自然与社会等多种因素的影响下不断变迁，其中气候变化无疑是最重要的因素之一。清代直隶地区气候具有明显的小冰期特征，主要特征是寒冷，冬季出现大量的强降雪，干湿变化特征明显。小冰期气候对粮食种植结构的影响主要分为长期与短期，长期内气候变冷会缩短作物生长时间、改变作物选择与区域耕作制度，甚至造成农业区域的移动，短期内温度、降水剧变导致极端灾害频发，使粮食产量下降，造成严重歉收。

表 3.5　清代中期与民国粮食种植比重（%）

	小麦	小米	高粱	水稻	豆类	玉米	薯类	其他
清中期	约30	约25	30以上	约2	约10	较少	较少	较少
民国	26.97	19.44	13.97	1.91	11.76	14.24	2.78	8.93

资料来源：乾隆二十七年（1762）《正定府志》卷14《惠政下·赈恤》；《清高宗实录》卷283，乾隆十二年正月庚申；《清高宗实录》卷1213，乾隆四十九年八月壬子；（清）林则徐：《畿辅水利议》，光绪三年（1877）三山林氏刻本；［法］魏丕信：《18世纪中国的官僚制度与荒政》，江苏人民出版社2003年版，第210页；许道夫：《中国近代农业生产及贸易统计资料》，人民出版社1983年版，第15—17页；［日］东亚研究所编：《支那农业基础统计资料》第一卷，东京东亚研究所1940年版，第41—43页。

在小冰期气候的影响下，清代直隶粮食种植结构呈现三个特点：（1）传统旱作粮食地位依然较高。由于两年三熟制的逐渐推广，麦豆种植组合不断加强，小麦与豆类种植面积持续增加。（2）抗灾高产作物获得迅速发展。清代直隶灾害的肆虐与人口的激增，使粟米种植比重逐渐下降，高粱地位不断提升，美洲作物（玉米、甘薯等）得到大力推广。（3）水稻种植面积水利与政策波动。小冰期的寒冷与干旱，以及畿辅营田水利的衰落，使水稻呈现点块状分布，种植地位不断降低。

（五）气候之外：其他因素对清代粮食结构变迁的影响

除气候变化等自然因素之外，社会因素也是影响清代直隶地区粮食种植结构变迁的其他主要因素。总体来讲，大致可以从人口变化与政府行为两方面来讲，清代人口的激增导致可耕地减少，粮食压力增大，由此客观地促进了高产、对自然条件要求低的作物种植的增加。此外，政府通过创造种植条件、劝课指导或税收实物的制定亦会直接或间接地影响种植结构的变化。

1. 人口激增

中国近代史的人口问题主要是人口过剩，即一定生产力水平下的人口土地比例问题。[①] 耕地的增加和人口的增长相辅相成，但耕地增长的速度未及人口增长速度，人均耕地量逐年下降，在粮食亩产变化较小的情况下，清代直隶的人均粮食占有量逐渐降低。[②] 直隶可供耕种的有限土地无法满足持续增加人口的粮食需求，人地矛盾不断加剧。为保证粮食供给、维持社会稳定，政府采取了许多促进农业发展的政策，如通过财政注资以改善农田水利，豁免田赋以减轻百姓压力，告劝精耕细作以提高轮作复种，利用常平仓、社仓以及义仓谷、截留漕粮、捐输捐助等措施以完善救灾制度等。其中，调整粮食种植结构是政府应对人地矛盾的重要策略之一。

清代直隶人口增长较快，许多学者对此进行过统计，依据曹树基的估算，1630 年直隶人口曾达到 1095 万，长期的战乱使得人口急剧下降，清初（1644 年）时直隶人口仅剩 730 万左右。之后清廷通过免除征派、"更名田"等方式刺激人口增长，1712 年，政府对赋役制度进行改革，"滋生人丁，永不加赋"，1723 年，政府实行了"摊丁入亩"政策，取消了丁税，这些政策解除了赋役对人口增长的限制，消除了农民的顾虑，极大地刺激了清代直隶人口的增长。至 1776 年，直隶人口增加到 1779.9 万人，比清初人口增加了近 144%，年均增长率为 6.78‰。1820 年人口增长至 2308.2 万，1851 年为

---

① 周源和：《清代人口研究》，《中国社会科学》1982 年第 2 期。

② 薛刚：《从人口、耕地、粮食生产看清代直隶民生状况——以直隶中部地区为例》，《中国农史》2008 年第 1 期。

2705.5 万，1880 年为 3158.7 万，清末时（1910 年）人口已达到 3732.8 万，其中 1776—1820 年均增长率为 5.93‰，1820—1851 年为 5.14‰，1851—1880 年为 5.36‰，1880—1910 年为 5.58‰（图 3.10）。由此可以看出，清前期的人口增长较快，尤其是康雍时期，年均增长率较高，其后人口增长速度逐渐放缓。[①]

人口的急剧增长给清政府带来了巨大的压力，随之而来的是耕地的加速开垦。1661 年，直隶耕地面积为 4597.73 万亩，1724 年增长到 7017.14 万亩，64 年间耕地面积增长了 34.48%，可见清初直隶耕地面积增长速度之快。此后耕地面积基本稳定在 6500 万—7500 万亩之间，未能有较大突破。直到 1887 年，耕地面积增长为 8665.15 万亩，比 1873 年增长了 18.63%。耕地面积的有限增长，与持续增长的人口产生了矛盾，清代直隶的人地矛盾日益加剧，人均耕地面积呈现不断减小的趋势。1724 年前，人均耕地面积为 5.6 亩左右，此后持续下降，1887 年人均耕地面积仅为 2.64 亩，较 1724 年减少了 112%（图 3.11）。

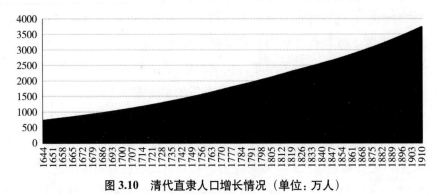

图 3.10　清代直隶人口增长情况（单位：万人）

资料来源：曹树基：《中国人口史》第五卷《清时期》，复旦大学出版社 2001 年版。

人均耕地面积的减少造成人均粮食占有量下降，严重威胁着清代直隶的粮食安全。根据薛刚的研究，乾嘉时期的直隶粮食亩产在 165—207 斤之间，取其均值 93 公斤/亩，可计算清代直隶人均粮食占有量。[②] 按照中国疾

[①]　曹树基：《中国人口史》第五卷《清时期》，复旦大学出版社 2001 年版。

[②]　薛刚：《从人口、耕地、粮食生产看清代直隶民生状况——以直隶中部地区为例》，《中国农史》2008 年第 1 期。

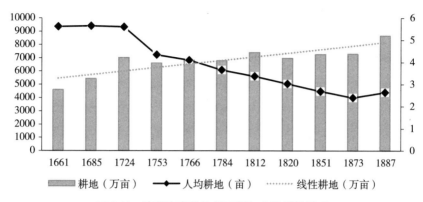

图 3.11　清代直隶耕地总面积与人均耕地情况

资料来源：耕地总面积来自梁方仲《中国历代户口田地田赋统计》，中华书局 2008 年版。
人均耕地面积据耕地总面积及图 3.10 人口数据计算所得。

病预防控制中心营养与食品安全所的转换标准，每 100 克小麦、小米、高
粱和糜米分别含有热量 317、358、351 与 323 大卡，取其均值 337.25 大卡，
以成年男子日均能量摄入量 2000 大卡为准，可计算出人均粮食占有量临界
值 1。[①] 依据 Yin P 等的方法，现代社会的最低生活标准为每年 300 公斤 / 人，
可计算出人均粮食占有量临界值 2。[②]

　　图 3.12 显示，清代直隶人均粮食占有量逐渐下降，由清初（1661 年）
的 522.22 千克下降到清末（1887 年）的 245.37 千克，下降幅度为 113%。
按卡路里折算的标准，清代直隶未低于临界值，但清末与临界值非常接近，
按 Yin P 等的标准，自 1820 年起，人均粮食占有量开始低于临界值。两种
标准都显示出清末直隶地区粮食安全的脆弱性，以上计算的假设是在粮食收
成稳定的年景，一旦出现粮食歉收，直隶粮食安全将无法保证。

　　清代的人口爆炸极大地增加了粮食需求，如何养活百姓成为清政府的
重要任务，在耕地面积无法持续增长与农业技术没有重大进步的困境下，调
整粮食结构成为清政府应对人口压力的一大举措。高粱、大豆、玉米与甘薯
等作物，不仅产量高而且适应性较强，这些作物种植面积不断扩大，增加了

---

① 　杨月欣、王光亚、潘兴昌：《中国食物成分表》，北京医科大学出版社 2002 年版。

② 　Yin P，Fang X，Yun Y. "Regional differences of vulnerability of food security in China"，
Regional differences of vulnerability of food security in China，2009，（5）.

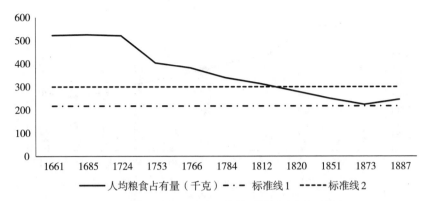

图 3.12　清代直隶人均粮食占有量及粮食安全临界线

资料来源：薛刚：《从人口、耕地、粮食生产看清代直隶民生状况——以直隶中部地区
为例》，《中国农史》2008 年第 1 期；杨月欣、王光亚、潘兴昌：《中国食物
成分表》，北京医科大学出版社 2002 年版，第 24—32 页。Yin P., Fang X.,
"Yun Y. Regional differences of vulnerability of food security in China", *Journal
of Geographical Sciences*, 2009, 19 (5)；梁方仲：《中国历代户口田地田赋统
计》，中华书局 2008 年版。

粮食产量，提高了耕地复种指数，改变了种植制度，为清代直隶粮食供给安
全做出了巨大的贡献。

2. 政府行为

政府行为对粮食种植结构的影响，包括直接影响与间接影响。直接影
响是指政府直接对粮食种植进行调整，如雍正期间的畿辅营田水利、清后期
对于美洲作物的劝种推广等。间接影响是指政府的税收政策对粮食种植的影
响，如政府对黑豆等作物的征收、政府征收税银影响百姓收入进而导致种植
结构的变化等。

清政府对粮食种植结构调整所做的最大努力莫过于直隶水稻种植的推
广，其中尤以康熙雍正两帝最为重视，康熙帝以身示范种植水稻，培育出
"御稻"并试种成功，雍正帝大兴畿辅营田水利，改善了直隶农田水利设施，
促进了直隶水稻的种植。清代南稻北麦的种植格局已成，北方虽植稻历史悠
久，但大面积生产十分困难。对畿辅营田水利进行论证时，许多官员并不赞
成这一举措，认为水稻是南方作物，不适应北方寒冷干旱的环境，赞成的一
派认为水稻产量较高，如果推广成功，就能解决南粮北运问题，实现直隶粮

食自足。尽管整个直隶水稻种植面积较小，仅在局部水利条件较好地区成为主粮，但政府为解决粮食问题做出的努力值得肯定。

政府在直隶地区甘薯的推广种植中起了主导作用，一些官员热衷于劝民种薯。1748年，方观承"雇觅宁、台能种者二十人来直，将番薯分配津属各州县，生活者甚众"①，于是甘薯种植在直隶东部发展起来，他还要求正定和保定地区的官员劝民种薯，将甘薯推广到直隶中部。1750年，无极县令黄可润聘请德州老农教无极县农民种植甘薯，并将薯种窖藏越冬方法传授百姓，获得了巨大成功。乾隆皇帝在甘薯的推广中也有重要贡献，乾隆五十一年，"谕军机大臣等，据张若淳奏请申伐蛟之令以除民患，并请于江浙地方学种甘薯以济民食等语。……至甘薯一项，广为栽种，以济民食，上年已令豫省栽种，颇著成效，此亦备荒之一法。著传谕各该督抚，将张若淳所奏二事酌量办理，于地方兴利除害亦属有益，将此遇便各谕令知之。"②

3. 税收政策对粮食种植的间接影响

清代延续了明朝的税收制度，田赋主要以货币形式缴纳，额外征收少量粮食。据图3.13，清代直隶田赋数额总体呈现上升趋势，1661年，直隶田赋银为1824191两，田赋粮为19591石；至1820年，田赋银为2462866两，田赋粮为23347石，分别增长了35.01%与19.17%；至清末（1903年），

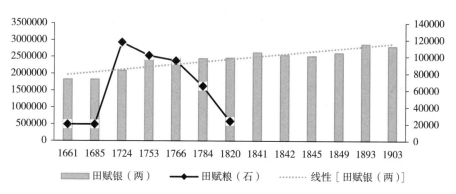

图3.13 清代直隶田赋统计

资料来源：梁方仲：《中国历代户口田地田赋统计》，中华书局2008年版。

---

① （清）黄可润：《畿辅见闻录·种薯》，1754年刻本。
② 《清高宗实录》卷1268，乾隆五十一年十一月癸未。

田赋银为 2806771 两，较 1661 年增长了 53.86%。百姓为缴纳税赋，须将粮食售卖换取白银，很大程度上促进了粮食的商品化。小麦在直隶所有粮食中价格最高，百姓为换取更多白银缴纳税赋，不断提高小麦的种植面积；高粱的商品化程度提升是因为可酿酒，尽管政府多次禁烧锅，百姓对酿酒热情不减，主要是因为收入可观。

政府对特定粮食的征收，要求农民必须种植。如黑豆为清政府军需必备，农民被强制种植黑豆，在一定程度上改变了种植结构。政府的黑豆消费量巨大，除直隶外，山东、河南、奉天等地成为黑豆的主要供应地，京师黑豆价格高昂时，政府常常出外采买以平粜。乾隆八年，京师黑豆价格上涨，政府派人前往奉天采买数万石以接济京师。[①] 乾隆十六年，政府将奉天支剩黑豆运交通仓，并指示奉天黑豆丰收时再行购买。[②] 乾隆二十八年，京师黑豆价值未能平减，命豫东二省每省购买五万石运送至京。[③]

为缴纳高额税赋、提高家庭收入，清代直隶百姓会做出理性的种植决策，调整种植结构，除粮食外，经济作物的种植面积迅速扩大，一定程度上挤压了粮食作物的种植。清代直隶的经济作物主要包括棉花、烟草、花生与芝麻，以棉花与烟草的影响最大。直隶棉花在明朝就有大量种植，随着生产技术的发展与政府的推广，清代直隶棉花种植发展较快，主要集中于中部与南部，正定、保定、冀、赵、深、定等府州种植普遍，大名、广平、顺德次之，河间、天津、顺天、永平、宣化种植较少。由于植棉较种麦收益较高，自乾隆初期，保定以南的农民不断将种麦土地植棉，清后期纺织业的发展，使粮棉争地形势不断加剧。直隶烟草种植始于清初，至乾隆时期已获得较大发展。直隶"种植尤多，陇亩相望"，以冀北、冀东与冀南濒河州县种植最多，烟草的种植导致"谷土日耗，且种烟之地，多系肥饶"[④]。由于其可观的收益，"麦收合秋收计之虽足以相当"[⑤]，许多农民将种麦的肥沃土地用于种

---

① 《清高宗实录》卷 205，乾隆八年十一月庚子。

② 《清高宗实录》卷 397，乾隆十六年八月乙卯。

③ 《清高宗实录》卷 680，乾隆二十八年二月癸未。

④ 《清高宗实录》卷 194，乾隆八年六月癸丑。

⑤ （清）黄可润：《畿辅见闻录·种薯》，1754 年刻本。

植烟草，挤压了粮食作物的种植。总而言之，基于收益考虑，在小麦与经济作物均适宜的情形下，多数农民会选择种植经济作物以改善家庭经济状况，出现经济作物与粮食争地的情况，粮食种植结构也会随之变化。

第三节　小　结

中国的传统社会以农业为主，华北地区更是中国农耕文明的重要发源地之一，先秦时期的相关文献就已有农作物种植结构的记载，加上近来的各种考古发现，关于华北地区农作物种植结构变迁可研究的内容相对较多。历史上华北地区各个时期的粮食种植结构多有变化，但"五谷"（稻、粟、黍、麦、菽）均是华北地区的主要粮食作物。麦、稻作为当前最主要的两种粮食作物，从汉代开始就逐步成为人们主要的粮食作物，华北平原水稻的种植在唐代达到了一个顶峰，之后，麦作物逐步成为华北平原更主要的粮食作物，明代美洲作物的引进逐步改变了华北平原的粮食种植结构。清代华北主要的粮食作物有小麦、粟米、高粱、豆类、水稻、美洲作物（玉米、甘薯等）等。气候变化与粮食种植结构变迁是一个双向的选择过程，气候变冷会对粮食品种的耐寒抗旱等特性进行长期的自然选择，而粮食作物也在不断适应新的环境，农民会适时地进行作物选择、改变耕作制度，以适应不断变化的气候环境。本章以华北核心区直隶为例，在进一步从气温与降水两方面研究清代小冰期气候特征的基础上，分析了直隶气候变化对粮食种植结构的长期影响与短期影响，除气候之外，人口激增以及政府行为也是影响粮食种植结构变迁的重要因素。

第四章 气候变化与清代华北地区
粮食价格的变动

在综合考虑应用"粮价表"和"粮价库"两套清代粮价数据的基础上，我们使用原始农历数据，季度频率数据，应用统计学和计量经济学相关数理分析法探讨清代粮食价格体现的季节性、趋势性、离散性和关联性特征。同时以各类灾害事件年发生率作为自然灾害指标；以每年秋季和冬季、次年春季和夏季等四个季度的粮食价格变异系数作为粮价年度波动指数变量，对之进行分析。由此可知，1776—1911 年华北粮价波动指数和各类自然灾害事件指数相关系数的绝对数值未显示出显著的强相关关系，但就相对数值而言，则基本与相关史料和理论相符。

第一节　数据来源与考辨

清代粮价数据资料是研究清代经济史的重要数据史料，经济学界和历史学界的诸多学者在此基础上展开了详细的研究，并取得了引人注目的成果。对于清代粮价数据的整理工作开始时间较早，历来也有较多的整理成果，目前总体来讲影响较为广泛的有"清代粮价资料库"与《清代道光至宣统间粮价表》。

现存粮价数据主要来源于清代粮价奏报制度下的粮价清单。清代粮价单的整理工作，始于民国年间，20 世纪 30 年代，柳诒徵搜集整理了江苏国学图书馆、档案馆所藏光绪年间江苏各府州县逐月呈报的米价细册，汤象龙等学者从宫中档案中抄录、整理了道光至光绪年间全国 2 万余份粮价单；70

年代以来，彭信威从《清实录》《东华录》和《清史稿》等历史文献资料中辑录出约 900 件米价资料，形成了清代十年平均米价序列；Chuan 和 Kraus 从故宫档案、《李煦奏折》和《雍正朱批谕旨》等历史文献资料中，整理出了清代江南地区的米价数据；王道瑞对中国第一历史档案馆所藏的 3 万余件粮价清单件数据进行了整理和编辑；蒋建平从《李煦奏折》和《朱批谕旨》等历史文献资料中，摘录了康熙至雍正年间苏州和江浙地区的大米价格，并制作成了统计表和趋势图；李明珠从《军机档》《朱批奏折》和《上谕档》等历史档案中整理出了直隶省的粮价数据。[①] 具有里程碑意义的是，2009 年前后，王业键主持整理编制的"清代粮价资料库"（以下简称"粮价库"）与中国社会科学院经济研究所编写的《清代道光至宣统间粮价表》（以下简称"粮价表"）两套清代粮价数据资料的相继问世，成为当前研究清代粮价相关问题的基础。

　　虽然自两套清代粮价数据资料问世以来出现了大批以之为基础的研究，但只有欧昌豪、王砚峰、罗畅等学者对"粮价库"和"粮价表"数据资料本身做出了专项研究。[②] 而且，目前学术界对两套清代粮价数据库的认识和使用方法仍存在一定局限性，未能形成对其综合使用的统一原则与方法。因此，本部分主要从两套粮价数据资料综合使用的方法和原则方面加以论述，至于二者在内容上的区别，罗畅已有比较全面和深入的研究，此处不再赘述。

　　各种证据显示，"粮价表"和"粮价库"具有一致性。"粮价表"数据源于国立故宫博物院和第一历史档案馆发行的馆藏的粮价清单，"粮价库"数据以 20 世纪 30 年代陶孟和、汤显龙等学者抄录的宫中档案为蓝本整理而成，

---

① 柳诒徵：《江苏各地千六百年间之米价》，《史学杂志》1930 年第 3—4 期；彭信威：《中国货币史》，群联出版社 1954 年版；Chuan, H. and Kraus, R. A., *Mid-Ch'ing Rice Markets and Trade: An Essay in Price History*, Harvard University Press, 1975；王道瑞：《清代粮价奏报制度的确立及其作用》，《历史档案》1987 年第 4 期；蒋建平：《清代前期米谷贸易研究》，北京大学出版社 1992 年版；李明珠：《华北的饥荒》，人民出版社 2016 年版。

② 欧昌豪：《清代粮价资料库之资料探索》，台湾地区中正大学 2001 年硕士学位论文；王砚峰：《清代道光至宣统间粮价资料概述——以中国社科院经济所图书馆馆藏为中心》，《中国经济史研究》2007 年第 2 期；罗畅：《两套清代粮价数据资料的比较与使用》，《近代史研究》2012 年第 5 期。

只是抄录整理时间不同。① 王砚峰的研究显示，1930 年到 1937 年间，北平社会调查所组织整理清代档案时抄录了道光至宣统朝军机处各省督抚奏折 10 万余件，其中包含有各省粮价清单 2 万余件，汤象龙等学者据此编制刊印了道光至宣统间粮价统计表，但由于诸多原因相关后续工作未见延续，直到 2004 年国家清史编纂委员会启动《清代道光至宣统间粮价表》项目，中国社科院经济所主持进行了整理、校勘工作，"粮价表"最终于 2009 年出版问世。② 另据"粮价库"介绍显示，该库由中国台湾"中研院"院士王业键于 20 世纪 70 年代开始主持建置，其数据来自藏于中国台北故宫博物院所有的粮价清单，以及第一历史档案馆的《宫中粮价单》327 卷微缩胶片。③ 此外，如表 4.1 所示，从统计学角度看，"粮价表"和"粮价库"中华北 44 个府州的小麦、小米和高粱价格数据的来源也应是一致的，各府州小麦、小米和高粱价格差异幅度均有 97% 以上的数据小于 5%。④

表 4.1　"粮价库"与"粮价表"华北 44 府州粮价数值差异幅度相对频数统计

		道光朝	咸丰朝	同治朝	光绪朝	宣统朝	道光—宣统朝
小麦	1%	84.65%	90.34%	86.81%	78.07%	63.56%	81.88%
	5%	98.75%	99.70%	98.37%	97.31%	94.32%	97.99%
	10%	99.66%	99.87%	99.62%	99.17%	97.78%	99.38%

---

① 罗畅由此判断"粮价库"和"粮价资料"所依据的数据来源不同，将之作为两套粮价数据资料差异的主要方面之一。然而，通过对相关文献的梳理可知，二者数据资料实际均源于清代粮价奏报体系下的粮价清单。

② 王砚峰：《清代道光至宣统间粮价资料概述——以中国社科院经济所图书馆馆藏为中心》，《中国经济史研究》2007 年第 2 期。

③ 网址参见：http://mhdb.mh.sinica.edu.tw/foodprice/about.php。

④ 统计方法上，选取两套粮价数据资料中华北 44 府州小麦、小米和高粱价格在时间跨度重合部分，根据"粮价库"的"使用说明"，将"粮价库"道光至宣统朝的公历价格形式，按照天数加权平均的方法还原为农历形式。然后，在计算"粮价库"数据值相对于"粮价表"的差异幅度的基础上，按照统计学惯例以 1%、5% 和 10% 水平为标准，统计其在各组所占的比重（相对频数），进而判断二者数据值一致性程度（假设"粮价库"和"粮价表"中相应粮种的价格数据值分别为 P_i 和 P_j，则有：数据值差异幅度 $R = |(P_i - P_j) / P_j|$）。

续表

		道光朝	咸丰朝	同治朝	光绪朝	宣统朝	道光—宣统朝
小米	1%	85.54%	92.02%	85.93%	79.28%	67.40%	82.72%
	5%	98.55%	99.34%	97.65%	97.88%	95.36%	98.03%
	10%	99.61%	99.72%	99.72%	99.12%	99.20%	99.43%
高粱	1%	83.86%	88.50%	84.00%	76.82%	61.55%	80.42%
	5%	98.35%	98.83%	97.87%	96.21%	94.36%	97.28%
	10%	99.59%	99.33%	99.35%	98.83%	98.29%	99.14%

　　通过对粮价数据统计分析，"粮价表"和"粮价库"还具有互补性。以两套粮价数据资料所载顺天府粮价数据为例，通过统计样本有效数据频数和相对频数[1]，如表 4.2 所示，我们可以发现，"粮价表"数据的可用数据的数量和连续性整体较优，频数和相对频数数值均优于"粮价库"；而"粮价库"收录了乾隆朝和嘉庆朝的数据，且该两朝可用数据的数量和连续性较好，对于整体相对频数只有 46.27% 而言，乾隆朝和嘉庆朝的 83.96% 和 75.42% 优势明显。

表 4.2　"粮价库"与"粮价表"顺天府粮价数据有效样本频数和相对频数统计

		全时期	乾隆朝	嘉庆朝	道光朝	咸丰朝	同治朝	光绪朝	宣统朝
粮价库	频数	770	246	227	127	13	65	43	17
	相对频数	46.27%	83.96%	75.42%	35.28%	9.85%	41.14%	13.78%	100.00%
粮价表	频数	1065	—	—	360	122	161	392	30
	相对频数	95.17%	—	—	97.04%	89.71%	100.00%	93.33%	96.77%

　　因此，"粮价表"和"粮价库"数据资料的统一性和互补性特征，不但

---

① 与有效数据对应的是缺失数据，二者的频数之和等于样本的时间跨度（公历月或农历月个数）、相对频数之和等于 1。有效数据频数反映了可用数据的数量，有效数据相对频数由于体现了其在整体样本中的单位占比，故亦可解释为其在整体样本中的密度或连续性。

为综合使用二者提供了前提条件——依托数据来源相同、数据值一致性较高，而且对于相关研究具有非常高的现实价值——"粮价库"中质量较优的数据是"粮价表"所没有的、"粮价表"的数据弥补了"粮价库"中质量较差数据的劣势，这就增加了综合使用两套粮价数据资料的现实价值。

在综合使用"粮价表"和"粮价库"数据资料时，有三个问题值得进一步探讨。

第一，数据形式选择。"粮价库"数据是公历形式，"粮价表"数据是农历形式。如前所述，"粮价库"的公历粮价数据是通过农历天数加权平均处理得出。多数学者或直接使用"粮价库"数据，或对搜集到的原始农历数据进行农历天数加权平均处理，普遍认可这种公历化的处理方法。然而，农历天数加权平均的方式会改变原始数据的特征，进而影响相关计量结论，甚至造成非系统性误差。[1] 因此，在使用粮价数据时仍应尽量使用原始的农历。

第二，代表数据选择。实践中的习惯做法是取两套粮价数据资料中最高价和最低价的算术平均数加以使用。但这种处理方式的原因很少有学者提及。根据王业键、余开亮、吕长全和王玉茹等学者的研究，以平均值代表府级单位价格是最佳方式的原因是：其一，府级单元的粮价数据来源于县级粮价数据，其中区间的上限是各县中价格最高者，区间的下限是各县中价格最低者；其二，价格的时间点不明确，有可能是每月下旬或或者下半月的价格。[2]

第三，数据的可靠性。在使用清代粮价数据资料时，数据的可靠性是无法回避的问题。目前，学者对清代粮价数据的可靠性整体评价较高，原因有三：其一，粮价奏报程序简便，易于操作，不会直接加重各级行政官员的工作负担；其二，粮价奏报制度中具有严格的监督纠错机制，府、省、皇帝

---

[1] 胡鹏、李军：《农历抑或公历？数据形式对数理分析结果的影响——以清代中后期直隶小麦市场整合分析为例》，《中国经济史研究》2016 年第 4 期。

[2] 王业键：《清代的粮价陈报制度》，《故宫季刊》1978 年第 1 期；余开亮：《粮价细册制度与清代粮价研究》，《清史研究》2014 年第 4 期；吕长全、王玉茹：《清代粮价奏报流程及其数据性质再探讨》，《近代史研究》2017 年第 1 期。

均会进行相应的核查；其三，粮价奏报制度具有较强的独立性，与地方行政官员没有直接的利益关联。另有学者通过统计粮价数据的连续重复率的方式判断数据的可靠性。① 然而，通过该方法做出的判断值得商榷：首先，粮价单中的府级单元粮价来自县级单位，每月最高价和最低价的样本地点并不固定，所以，最高价格和最低价格不变并不代表该府内各县的粮价没有发生变化，可能的情况是各县价格都发生了变化，或是最高价和最低价在不同县之间发生了转换，只是变化范围仍处于之前的价格区间内；其次，就该方法本身而言，仅衡量单一粮种价格数据的方式值得商榷，一份粮价清单中往往列有多个粮食品种，以其中之一的重复率评价粮价清单全部的可靠性不够严谨；最后，市场交易行为的活跃度亦会影响粮价的重复率，粮价未发生变化可能是由于市场交易活动较少造成。② 然而，尽管粮价数据整体质量较高，但随时间推移，尤其是清代末年中央政府控制力逐渐减弱，地方政府的报告质量确有可能下降。在对待这一问题上，尤其是粮价数据连续重复率可能确是数据质量下降造成的客观事实，实践中常用的处理方式是，将月度数据的频度降为（半）年度数据后使用。③

综合以上对"粮价表"和"粮价库"两套清代粮价数据资料的考察，笔者认为，在使用清代粮价数据时，应综合使用"粮价表"和"粮价库"，并使用原始农历数据，且以季度频率数据为佳。

对于季度频率数据的建立方式，考虑到清代粮价数据的形成特点，我们以立春、立夏、立秋、立冬四个节气所在农历月为基础，取该月与其前后各 1 个月（共计 3 个月）粮价的算术平均值作为代表。这种取值方式有以下三点优势：其一，在降低数据连续重复率的问题的同时，避免了采取（半）

---

① 代表学者有王业键、陈仁义、温丽平、欧昌豪（2003）、李明珠（2016）、王玉茹和罗畅（2013）。

② 此处有关粮价连续重复可能与市场活跃度有关的观点，受到了河南大学彭凯翔教授的提示和启发，谨此致谢。

③ 颜色、刘丛：《18 世纪中国南北方市场整合程度的比较：利用清代粮价数据的研究》，《经济研究》2011 年第 12 期；颜色、徐萌：《晚清铁路建设与市场发展》，《经济学》（季刊）2015 年第 2 期；罗畅、李启航、方意：《清乾隆至宣统年间的经济周期——以开封、太原粮价数据为中心》，《经济学》（季刊）2016 年第 2 期。

年度数据造成的信息量减少过多的问题；其二，避免四立节气对应农历日期为月初或月末等极端情况下造成的数据采样有偏的问题；其三，在保证时序样本时间价格一致的基础上，避免农历月可能造成的计量不变问题。

由此，可以建立华北 44 个府州 1776—1911 年、541 个季度的小麦、小米和高粱价格季度序列。[①] 其中，小麦价格序列的有效样本频数 22083 个、府均有效样本频数 502 个，相对有效样本频数为 92.8%；小米价格序列的有效样本频数 21208 个、府均有效样本频数 493 个，相对有效频数为 91.2%；高粱价格序列有效样本频数 21632 个、府均有效样本频数 503 个，相对有效频数为 93.0%。

由于本章的研究目标是考察清代华北地区粮价变动的整体性特征，所以，还需对华北 44 个府州的价格数据进行整合。本部分采用加权平均的方式整合华北 44 府州的价格数据。对于权数，通过三种方法分别计算：其一，各府权重均等（样本 A）；其二，以各府地理面积配比权重（样本 B）；其三，以各府下辖州县数量配比权重（样本 C）。其中，以各府地理面积配比权重，可将地域面积因素考虑在内；以各府下辖州县数量配比权重，可将地域面积、人口、赋税，甚至地理交通条件等多方面综合因素考虑在内。由此，形成的 1776—1911 年华北粮食价格的统计特征如表 4.3 所示。

表 4.3　1776—1911 年华北粮食价格数据统计特征

		观察值 （个数）	算数均值 （石／两）	中位数值 （石／两）	最大值 （石／两）	最小值 （石／两）	标准差
小麦	样本 A	498	1.96	1.85	4.06	1.25	0.46
	样本 B	498	1.92	1.82	4.17	1.22	0.46
	样本 C	498	2.02	1.91	4.21	1.28	0.50

① 1776 年夏季至 1911 年夏季共计 541 个季度。现存华北 44 个府州的粮价数据不限于小麦、小米和高粱，如直隶省各府州还有糜米、秫秫和黑豆的价格数据，山东省各府州还有稻米、粟谷、黄豆和黑豆的价格数据，河南省各府州还有谷子和黑豆的价格数据，苏北和皖北各府州还有上米、中米、糙米、大麦、黄豆和秫秫的价格数据，此处选择各府州普遍记载的小麦、小米和高粱的价格数据。另外，皖北的泗州没有小米和高粱的价格数据，下文涉及小米和高粱价格数据之处均不包括泗州。

续表

		观察值 （个数）	算数均值 （石／两）	中位数值 （石／两）	最大值 （石／两）	最小值 （石／两）	标准差
小米	样本 A	492	1.96	1.89	3.67	1.32	0.40
	样本 B	492	1.95	1.88	3.78	1.32	0.40
	样本 C	492	2.00	1.89	3.75	1.34	0.43
高粱	样本 A	498	1.26	1.19	2.71	0.81	0.31
	样本 B	498	1.24	1.16	2.83	0.78	0.31
	样本 C	498	1.30	1.22	2.76	0.83	0.32

第二节　粮价变动的基本特征

本部分应用统计学和计量经济学相关数理分析法：比率移动平均法（Ratio-to-Moving-Average Method）、指数长期增长模型（Exponential Long-Run Growth Model）、四分位数统计分析（Quartile Statistics），对清代中后期（1776—1911 年）粮食价格波动进行分析，探讨清代中后期华北地区粮价波动的季节效应、长期趋势、波动程度和异常变动，体现其季节性特征、趋势性特征和离散性特征。

一、分析框架与方法

现有清代粮价波动研究在内容上往往有所偏倚，以趋势性、季节性和周期性特征的分析为主，很少关注粮价变动的波动性特征、不同粮食品种价格关系和实际粮价变动情况。这些分析内容方面的不足主要是受到了所用方法的影响——考虑到清代粮价数据特点和相关数理分析模型的约束性条件，仅以某一特定方法难以实现对粮价波动特征的各个方面进行有效而全面的分析。故而，本部分在分析方法的选用上，以研究内容为核心，结合统计学和计量经济学相关数理分析法，分别选取对其最有效的方式予以考察，不建立统一的数理模型。

分析内容和方法上，如图 4.1 所示，我们从季节性特征、趋势性特征、离散性特征和关联性特征等四个方面展开，分别运用比率移动平均法（Ratio-to-Moving-Average Method)、指数长期增长模型（Exponential Long-Run Growth Model）、四分位数统计分析（Quartile Statistics），探讨清代中后期华北地区粮价波动的季节效应、长期趋势、波动程度和异常变动。

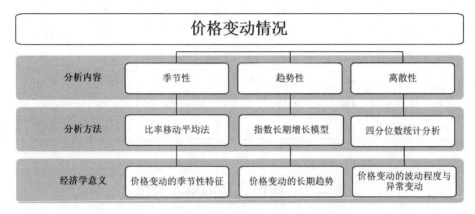

图 4.1　清代北京地区粮价波动分析方法与框架

（一）季节性特征

我们运用比率移动平均法考察清代华北粮价变动的季节性特征。比率移动平均法消除了原始数据中的趋势成分、循环成分和不规则成分，其结果被称为季节因子（指数）。季节因子可通过以下五个步骤确定：

第一步，对时间序列进行中心化移动平均，公式为：

$$TC_t = \frac{1}{4} \times \left(\frac{1}{2} \times P_{t+2} + P_{t+1} + P_t + P_{t-1} + \frac{1}{2} \times P_{t-2} \right) \quad (4.1 式)$$

式中，TC_t 为中心化移动平均值，P_t 为原时间序列。

第二步，计算具体季节指数（Specific Seasonal Index），公式为：

$$SI_t = \frac{P_t}{TC_t} \quad (4.2 式)$$

第三步，分别计算具体季节指数 SI 序列第 j 个季度（$j=1$，2，3，4）的季度均值 s_j。

第四步，由于平均数设定为 1.0000，所以理论上 4 个季度的均值之和应为 4，但由于记数的四舍五入问题，该和不一定恰好为 4。因此需要对均值应用修正因子，以使其和等于 4.0000。修正因子的计算公式为：

$$m = \frac{4}{\sum s_i} \qquad (4.3\ 式)$$

式中，m 为调整季节均值的修正因子。

第五步，计算季节调整的最终结果，即季节因子，公式为：

$$S_i = m \times s_i \qquad (4.4\ 式)$$

式中，S_i 为原时间序列季节因子。

（二）趋势性特征

我们运用指数长期增长模型考察清代华北粮价变动的趋势性特征。指数长期增长模型实际上是在指数增长率（Exponential Growth Rate）的基础上，运用最小二乘法（Least Squares）估算时间序列增长率的模型。指数增长率的公式为：

$$r = \frac{\ln(P_t/P_0)}{t} \times 100 \qquad (4.5\ 式)$$

若记 $y = ln\ (P_t)$，$a = ln\ (P_0)$，则式 4.5 可转写为：

$$y = a + rt \qquad (4.6\ 式)$$

由此，可建立一元线性回归模型：

$$P_t = c + \rho T + \varepsilon_t \qquad (4.7\ 式)$$

式中，P_t 为对数形式时间序列数据，c 为常数项，T 为时间趋势序列，ε_t 为随机误差项，ρ 为回归系数，即通过最小二乘法估算的增长率。

（三）离散性特征

我们从离散程度和异常值两个层面考察清代华北粮价变动的离散性特征。对于离散程度，分别通过变异系数（Coefficient of Variation，CV）和离中趋势指数（Index of Dispersion，ID）两个指标进行分析；对于异常值，通过计算轻度异常值（Mild Outlier）进行统计分析。[1]

---

① 对于评估经济变量相对波动程度，变异系数（Coefficient of Variation，CV）和离中趋势

变异系数的计算公式为：

$$CV = \sqrt{\frac{\sum(P_i - \bar{P})}{n-1}} \Big/ \bar{P} \qquad\qquad (4.8\ \text{式})$$

离中趋势指数的计算公式为：

$$ID = \frac{Q_3 - Q_1}{Q_2} \times 100 \qquad\qquad (4.9\ \text{式})$$

式中，ID 为离中趋势指数，Q_1、Q_2、Q_3 分别为第一个、第二个和第三个四分位数，其中，Q_2 即中位数（Median），Q_3—Q_1 即 IQR 为四分位极差（Interquartile Range，IQR）。

轻度异常值则是满足式 4.8 的观测值（P_i）：

$$P_i < Q_1 - (1.5 \times IQR) \ \text{或} \ P_i > Q_3 + (1.5 \times IQR) \qquad\qquad (4.10\ \text{式})$$

对于四分位数的计算，可通过三个步骤加以确定：

第一步，对时间序列按照数值大小进行排序。

第二步，确定四分位数的秩，其计算公式为：

$$R_{Qi} = \frac{i \times (n+1)}{4} \qquad\qquad (4.11\ \text{式})$$

式中，R_{Qi} 为四分位数秩，i 为四分位的位次，n 为观测值。

第三步，计算四分位数的值。四分位的秩 Rq_i 均可按照小数点分为 IR 和 FR 两个部分。其中，IR 是小数点左边的整数部分，FR 是位于小数点右边的小数部分。由此可计算四分位数的值：

$$Q_i = Y_{IR} + [FR \times (Y_{IR+1} - Y_{IR})] \qquad\qquad (4.12\ \text{式})$$

式中，Q_i 为四分位数的值，i 为四分位的位次，Y 为已排序的数据序列。

指数是两个较好的指标，但考虑到所用数据在分布上具有不对称性，我们选取后者；对于异常值的统计，通常分为轻度异常值和极端异常值（Extreme Outlier），考虑到粮价数据的特点，我们选取前者——在使用极端异常值时，其下侧异常指标较低，甚至出现负值，筛选异常值的效果较低。

二、清代华北粮价变动的基本特征

本部分以 1776—1911 清代粮食价格为基础，通过一定的数据处理，运用比率移动平均法考察了清代华北粮价变动的季节性特征、运用指数长期增长模型分析了清代华北粮价变动的趋势性特征、从离散程度和异常值两个层面说明了清代华北粮价变动的离散性特征。

（一）清代华北粮价变动的季节性特征

粮价数据处理上，我们以连续 20 个季度（5 年）以上没有缺失数据为基础，按年代将 1776—1911 年分为 11 个时间段：18 世纪 80 年代（1776 年夏—1782 年冬）、19 世纪初（1808 年秋—1814 年冬）、19 世纪 20 年代、19 世纪 30 年代、19 世纪 40 年代、19 世纪 50 年代（1850 年春—1859 年夏）、19 世纪 60 年代、19 世纪 70 年代、19 世纪 80 年代、19 世纪 90 年代和 20 世纪初期（1902 年春—1911 年夏）。

通过对季节因子计算结果的统计分析可知，对于粮食价格最低的季节，如表 4.4 所示，总体而言，1776—1911 年，华北小麦的年最低价格出现在秋季，小米和高粱的年最低价格出现在冬季或春季。具体言之，以 10 年尺度观察，在 1776—1911 年的 136 年间，小麦的年最低价格并未发生变化，均在秋季；小米的年最低价格以冬季为主，在 19 世纪初、50 年代和 80 年代出现了三次显著变化，最低价格出现的季节从冬季延迟到春季；与小米相似，高粱的年最低价格亦冬季为主，在 19 世纪初出现了 1 次显著变化，最低价格出现的季节从冬季延迟到次年春季。

表 4.4　1776—1911 年华北粮价最低价所在季度

	小麦			小米			高粱		
	样本 A	样本 B	样本 C	样本 A	样本 B	样本 C	样本 A	样本 B	样本 C
1780s	秋	秋	秋	春	冬	冬	冬	冬	冬
1800s	秋	秋	秋	春	春	春	春	春	春
1820s	秋	秋	秋	冬	冬	冬	冬	冬	冬
1830s	秋	秋	秋	冬	冬	冬	冬	冬	冬
1840s	秋	秋	秋	冬	冬	冬	冬	春	冬

续表

	小麦			小米			高粱		
	样本 A	样本 B	样本 C	样本 A	样本 B	样本 C	样本 A	样本 B	样本 C
1850s	秋	秋	秋	春	夏	春	冬	冬	冬
1860s	秋	秋	秋	冬	冬	冬	冬	冬	冬
1870s	秋	秋	秋	冬	冬	冬	冬	冬	冬
1880s	秋	秋	秋	春	春	春	冬	冬	冬
1890s	秋	秋	秋	冬	冬	冬	冬	冬	冬
1900s	秋	秋	秋	冬	冬	冬	冬	冬	冬

对于粮食价格最高的季节，如表 4.5 所示，总体而言，1776—1911 年，华北小麦的年最高价格出现在夏季，小米和高粱的年最高价格出现在夏季或秋季。具体言之，以 10 年尺度观察，在 1776—1911 年的 136 年间，小麦的年最高价格未发生变化，均在夏季；小米和高粱的年最高价格均呈现出显著的阶段性特征，18 世纪 80 年代的年最高价格出现在夏季，19 世纪初至 19 世纪 60 年代的年最高价格从夏季延迟至秋季，19 世纪 70 年代开始至清亡，年最高价格的时间又恢复至夏季。

表 4.5　1776—1911 年华北粮价最低价所在季度

	小麦			小米			高粱		
	样本 A	样本 B	样本 C	样本 A	样本 B	样本 C	样本 A	样本 B	样本 C
1780s	夏	夏	夏	秋	夏	夏	夏	夏	夏
1800s	夏	夏	夏	秋	秋	秋	秋	秋	秋
1820s	夏	夏	夏	秋	秋	秋	秋	夏	夏
1830s	夏	夏	夏	秋	秋	秋	秋	秋	秋
1840s	夏	夏	夏	秋	秋	秋	秋	秋	秋
1850s	夏	夏	夏	秋	秋	秋	秋	秋	秋
1860s	夏	夏	夏	秋	秋	秋	秋	秋	秋
1870s	夏	夏	夏	夏	夏	夏	夏	夏	夏

续表

	小麦			小米			高粱		
	样本 A	样本 B	样本 C	样本 A	样本 B	样本 C	样本 A	样本 B	样本 C
1880s	夏	夏	夏	夏	夏	夏	夏	夏	夏
1890s	夏	夏	夏	夏	夏	夏	夏	夏	夏
1900s	夏	夏	夏	夏	秋	夏	夏	夏	夏

对于粮食价格的季节性差异，我们在季节因子的基础上，进一步通过变异系数考察 1776—1911 年华北粮食季度价格的离散程度。如表 4.6 所示，总体而言，华北粮食价格的季节性差异较小，变异系数基本在 1%—3% 的水平。具体言之，以 10 年尺度观察，在 1776—1911 年的 136 年间，小麦价格的季节性差异经历了三个阶段：第一阶段，18 世纪 80 年代，季节性差异程度相对较大，变异系数达到 2.5% 的水平；第二阶段，19 世纪初，季节性差异程度出现下降，变异系数降至 1.0% 的水平，并持续至 60 年代；第三阶段，19 世纪 70 年代后，季节性差异程度增大，变异系数增至 2.0% 以上，并持续至清亡，其中 90 年代的变异系数最大，达到 2.5% 的水平。小米和高粱价格的季节性差异变化相似：18 世纪 80 年代开始至 19 世纪 50 年代，季节性差异程度逐渐减小，变异系数分别从 1.5% 和 2.0% 的水平降至 0.5% 和 0.9% 的水平；19 世纪 60 年代至清末，分别出现两次先升后降的过程，其中，变异系数经过 19 世纪 60 年代到 19 世纪 70 年代分别升至 2.5% 和 3.0% 的水平，19 世纪 80 年代分别降至 1.1% 和 1.8% 的水平，19 世纪 90 年代再分别升至 2.0% 和 3.0% 的水平，20 世纪初虽又出现下降，但也分别保持在 1.9% 和 2.5% 的水平。

表 4.6　1776—1911 年华北粮价季节因子变异系数

	小麦			小米			高粱		
	样本 A	样本 B	样本 C	样本 A	样本 B	样本 C	样本 A	样本 B	样本 C
1780s	2.52%	2.38%	2.56%	1.58%	1.36%	1.60%	2.14%	1.98%	2.12%
1800s	0.84%	0.98%	0.79%	1.13%	1.02%	1.19%	1.65%	1.41%	1.49%

	小麦			小米			高粱		
	样本 A	样本 B	样本 C	样本 A	样本 B	样本 C	样本 A	样本 B	样本 C
1820s	1.69%	1.69%	1.66%	1.11%	1.04%	1.25%	1.85%	1.78%	1.97%
1830s	1.10%	1.16%	1.05%	1.06%	1.02%	1.13%	1.59%	1.56%	1.65%
1840s	1.09%	1.19%	1.10%	0.82%	0.48%	0.89%	1.30%	0.96%	1.38%
1850s	0.71%	0.70%	0.68%	0.48%	0.36%	0.59%	0.88%	0.80%	0.98%
1860s	1.28%	1.38%	1.44%	1.10%	0.93%	1.12%	1.61%	1.54%	1.62%
1870s	2.14%	2.08%	2.09%	2.50%	2.34%	2.53%	3.21%	3.03%	3.21%
1880s	2.17%	2.20%	2.13%	1.12%	1.12%	1.14%	1.81%	1.88%	1.99%
1890s	2.46%	2.59%	2.60%	2.14%	1.95%	2.08%	3.07%	3.06%	3.08%
1900s	2.01%	2.17%	1.95%	1.88%	1.90%	2.01%	2.56%	2.50%	2.54%

（二）清代华北粮价变动的趋势性特征

粮价数据处理上，本部分所用小麦、小米和高粱价格为季节调整后的序列。季节因子的确定方法为：以连续 20 个季度以上没有趋势数据的为基础，计算各时段的季节因子，将之作为基数，并以相应时段所跨月度数量的比例作为权数，得到 1791—1911 年粮价的全时期季节因子。经过季节调整后的粮价序列的统计特征如表 4.7 所示。

表 4.7　1776—1911 年华北粮食价格数据（季节调整后）统计特征

		观察值个数	算数均值（石 / 两）	中位数值（石 / 两）	最大值（石 / 两）	最小值（石 / 两）	标准差
小麦	样本 A	498	1.96	1.87	4.14	1.23	0.46
	样本 B	498	1.92	1.83	4.25	1.20	0.47
	样本 C	498	2.02	1.91	4.30	1.26	0.50
小米	样本 A	492	1.97	1.89	3.71	1.31	0.41
	样本 B	492	1.95	1.89	3.82	1.31	0.40
	样本 C	492	2.00	1.90	3.79	1.33	0.43
高粱	样本 A	498	1.26	1.19	2.76	0.79	0.31
	样本 B	498	1.24	1.16	2.89	0.77	0.31
	样本 C	498	1.30	1.22	2.81	0.81	0.33

　　清代华北的粮食价格变动具有比较显著的阶段性特征。如图 4.2 所示，1776—1911 年华北的小麦、小米和高粱价格的变动趋势基本一致，大致经历了五个阶段：第一阶段，1776—1799 年，粮价呈水平波动趋势；第二阶段，1800—1815 年，粮价呈上涨趋势；第三阶段，1816—1855 年，粮价呈持续下降趋势；第四阶段，1856—1905 年，粮价呈阶梯型上涨趋势；第五阶段，1906—1911 年，粮价呈上涨趋势。

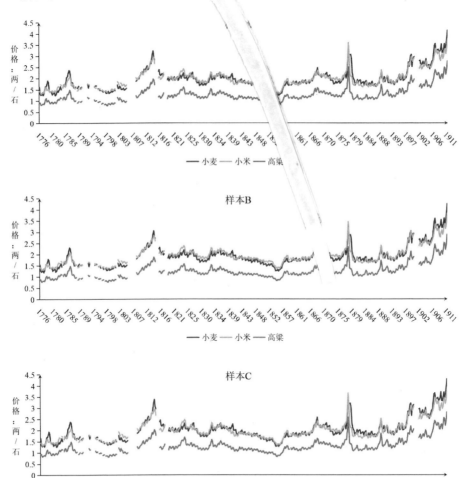

图 4.2　1792—1911 年华北粮食价格变动情况

　　第一阶段，1776—1799 年，水平波动期。如图 4.3 所示，小麦和小米的价格基本保持在 1.5 两 / 石的水平，高粱的价格基本保持在 1.0 两 / 石的水平。具体言之，如表 4.8 所示，又可以 1786 年为界，分为先升后降两个阶段，其中，1776—1785 年的 10 年间，华北粮价整体呈缓慢增长趋势，小麦和小米价格的季度增长率在 0.7% 的水平上下，高粱价格的季度增长率稍高，在 0.8% 上下；1786—1899 年的 14 年间，华北粮价整体呈下降趋势，小麦和高粱价格的季度增长率在 −0.5% 的水平上下，小米价格的季度增长

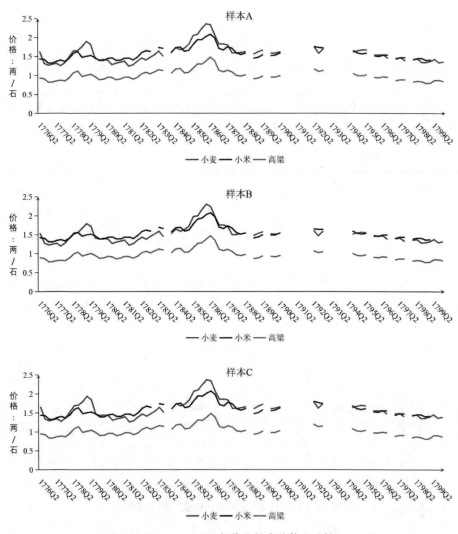

图 4.3　1776—1799 年华北粮食价格变动情况

率在 -0.45% 的水平上下。

表 4.8　1776—1799 年华北粮价变动趋势

		1776—1785 年		1786—1799 年	
		趋势项	R^2	趋势项	R^2
小麦	样本 A	0.0071	0.28	-0.0055	0.60
	样本 B	0.0074	0.33	-0.0055	0.58
	样本 C	0.0066	0.25	-0.0056	0.63
小米	样本 A	0.0072	0.65	-0.0037	0.43
	样本 B	0.0072	0.68	-0.0041	0.47
	样本 C	0.0072	0.66	-0.0038	0.46
高粱	样本 A	0.0082	0.60	-0.0058	0.53
	样本 B	0.0080	0.67	-0.0060	0.55
	样本 C	0.0081	0.61	-0.0056	0.54

第二阶段，1800—1814 年，快速上涨趋势期。如图 4.4 所示和表 4.9 所示，1800—1814 年的 15 年间，华北粮食价格的呈现出显著的上涨趋势，小麦、小米和高粱的价格翻了约 1 倍。具体言之，小麦价格从 1800 年的 1.4 两 / 石的水平上涨至 1814 年的 2.9 两 / 石的水平，季度增长率高达 1.3% 的水平；小米价格从 1.5 两 / 石的水平上涨至 2.8 两 / 石的水平，季度增长率达到 1.1% 的水平；高粱价格从 0.9 两 / 石的水平上涨至 1.8 两 / 石的水平，季度增长率达到 1.2% 的水平。

表 4.9　1800—1814 年华北粮价变动趋势

	样本 A		样本 B		样本 C	
	趋势项	R^2	趋势项	R^2	趋势项	R^2
小麦	0.0128	0.93	0.0127	0.94	0.0131	0.91
小米	0.0105	0.93	0.0108	0.94	0.0106	0.92
高粱	0.0122	0.89	0.0124	0.91	0.0124	0.89

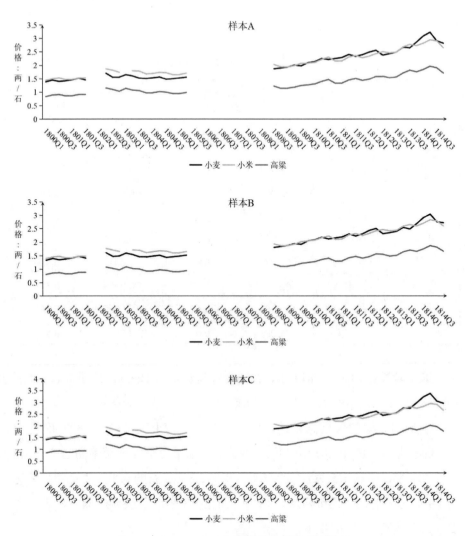

图 4.4　1800—1814 年华北粮食价格变动情况

第三阶段，1816—1855 年，持续下降期。总体而言，如图 4.5 所示，1816—1855 年的 40 年间，华北粮食价格经历了一个长期持续而缓慢下降的过程，小麦、小米和高粱的价格下降了约 1/3，其中，小麦价格从 1816 年的 2.2 两/石的水平降至 1855 年的 1.3 两/石的水平，季度增长率在 −0.5% 的水平上；小米价格从 2.0 两/石的水平降至 1.4 两/石的水平，季度增长率在 −0.55% 的水平上；高粱价格从 1.2 两/石的水平降至 0.8 两/石的水平季度增长率在 −0.45% 的水平上。具体而言，如表 4.10 所示，又可以 1833 年为界，分为两个阶段，其中，1816—1832 年的 17 年间，华北粮食价格整体呈缓慢下降趋势，但波动较大，小麦价格的季度增长率在－0.3% 上下，小米价格的季度增长率在－0.1% 上下，高粱价格的季度增长率不十分显著；1833—1855 年的 13 年间，华北粮食价格的下降趋势非常显著，其中，小麦和小米价格的季度增长率在－0.5% 的水平上下，高粱的季度增长率稍低，约在－0.44% 的水平上下。

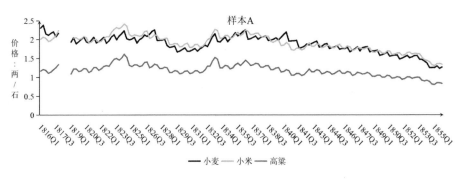

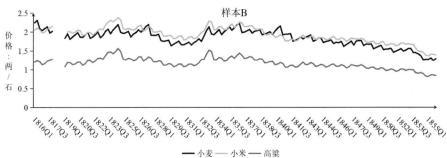

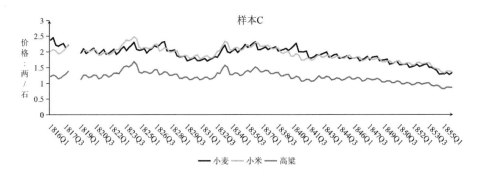

图 4.5　1816—1855 年华北粮食价格变动情况

表 4.10　1816—1855 年华北粮价变动趋势

		1816—1832 年		1833—1855 年		1816—1855 年	
		趋势项	R^2	趋势项	R^2	趋势项	R^2
小麦	样本 A	−0.0029	0.44	−0.0051	0.85	−0.0022	0.54
	样本 B	−0.0026	0.39	−0.0050	0.87	−0.0020	0.50
	样本 C	−0.0030	0.45	−0.0051	0.85	−0.0022	0.54
小米	样本 A	−0.0015	0.17	−0.0045	0.86	−0.0021	0.60
	样本 B	−0.0014	0.18	−0.0041	0.85	−0.0019	0.57
	样本 C	−0.0015	0.14	−0.0046	0.87	−0.0021	0.56
高粱	样本 A	−0.0004	0.01	−0.0048	0.85	−0.0020	0.47
	样本 B	−0.0007	0.03	−0.0047	0.86	−0.0019	0.47
	样本 C	−0.0007	0.02	−0.0050	0.84	−0.0021	0.48

　　第四阶段，1856—1905 年，阶梯型上涨期。总体而言，如图 4.6 所示，1856—1911 年的 56 年间，华北粮价先后经历了五次阶梯型周期变动过程，每个阶梯型周期又可分为"突升—回落"和"缓变"两个小阶段，其中，"突升—回落"阶段会通常会出现两次快速升降过程，持续约 12 个季度（3 年）；"缓变"阶段往往呈现出缓慢上涨或下降趋势，持续约 28 个季度（7 年）。具体言之，如表 4.11 所示，第一个阶梯型周期出现在 1856—1865年，1856—1858 年的 3 年间，华北的粮价出现大幅增长，小麦、小米和高粱价格的季度增长率分别达到 2.7%、3.2% 和 3.2% 的水平，其后，1859—1865 年的 7 年间，华北粮价经历了缓慢增长的过程，小麦、小米和高粱价格的季度增长率均未超过 0.3%，分别在 0.2%、0.2% 和 0.1% 的水平上下。第二个阶梯型周期出现在 1866—1875 年，1866—1868 年的 3 年间，华北的粮价出现大幅增长，小麦、小米和高粱价格的季度增长率分别达到 1.9%、1.9% 和 2.0% 的水平，其后，1869—1875 年的 7 年间，华北粮价经历了缓慢下降的过程，小麦、小米和高粱价格的季度增长率分别在 −0.8%、−0.4%和 −0.7% 的水平上下。第三个阶梯型周期出现在 1876—1886 年，1876—1878 年的 3 年间，华北的粮价出现急剧增长，小麦、小米和高粱价格的季度增长率分别达到 5.0%、3.8% 和 4.2% 的水平上下，其后，1879—1886 年

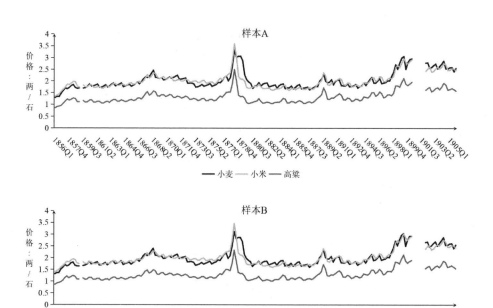

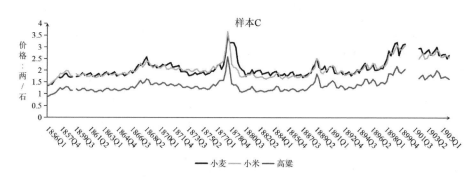

图 4.6　1856—1905 年华北粮食价格变动情况

的 8 年间，华北粮价经历了长期的回落过程，小麦、小米和高粱价格的季度增长率分别在 −0.9%、−0.4% 和 −0.2% 的水平。第四个阶梯型周期出现在 1887—1891 年，由于"突升—回落"过程中的两次升降过程间隔较长，该周期内的"突升—回落"为 1887—1891 年，持续了 5 年时间，粮价的整体增幅亦相应降低，小麦、小米和高粱价格的季度增长率分在 0.7%、1.0% 和 1.1% 的水平上下，其后，1892—1877 年的 6 年间，华北粮价经历了缓慢上涨的过程，小麦、小米和高粱价格的季度增长率分别在 0.7%、0.8% 和

0.9% 的水平上下。第五个阶梯型周期出现在 1898—1905 年，由于 1900 年秋季至 1901 年冬季粮食价格数据的缺失，难以确定"突升—回落"和"缓变"两个小阶段的实际分界点，以 1900 年夏季为界，1898—1900 年的 3 年间，华北的粮价出现较大幅增长，小麦、小米和高粱价格的季度增长率分别在 1.6%、2.1% 和 1.7% 的水平上下，其后，1902—1905 年的 4 年间，华北粮价经历了时间相对较短的下降过程，小麦、小米和高粱价格的季度增长率分别在 −0.6%、−0.3% 和 −0.3% 的水平上下。

表 4.11   1856—1905 年华北粮价变动趋势

			样本 A		样本 B		样本 C	
			趋势项	R^2	趋势项	R^2	趋势项	R^2
周期 1	1856—1858 年	小麦	0.0303	0.77	0.0256	0.72	0.0257	0.76
		小米	0.0339	0.83	0.0287	0.82	0.0324	0.84
		高粱	0.0338	0.76	0.0292	0.71	0.0319	0.77
	1859—1865 年	小麦	0.0020	0.23	0.0017	0.17	0.0015	0.13
		小米	0.0028	0.40	0.0019	0.27	0.0021	0.26
		高粱	0.0021	0.18	0.0015	0.11	0.0008	0.03
周期 2	1866—1868 年	小麦	0.0184	0.63	0.0170	0.60	0.0223	0.66
		小米	0.0184	0.76	0.0177	0.79	0.0208	0.78
		高粱	0.0201	0.60	0.0168	0.52	0.0228	0.66
	1869—1875 年	小麦	−0.0083	0.69	−0.0074	0.66	−0.0087	0.69
		小米	−0.0041	0.69	−0.0036	0.69	−0.0041	0.69
		高粱	−0.0069	0.78	−0.0065	0.77	−0.0068	0.77
周期 3	1876—1878 年	小麦	0.0509	0.80	0.0449	0.79	0.0538	0.81
		小米	0.0381	0.52	0.0360	0.55	0.0389	0.54
		高粱	0.0427	0.52	0.0394	0.53	0.0435	0.52
	1879—1886 年	小麦	−0.0093	0.40	−0.0076	0.33	−0.0089	0.39
		小米	−0.0040	0.33	−0.0041	0.32	−0.0035	0.25
		高粱	−0.0021	0.08	−0.0012	0.02	−0.0013	0.03

续表

			样本 A		样本 B		样本 C	
			趋势项	R^2	趋势项	R^2	趋势项	R^2
周期 4	1887—1891 年	小麦	0.0074	0.24	0.0077	0.22	0.0073	0.19
		小米	0.0105	0.37	0.0095	0.31	0.0106	0.33
		高粱	0.0118	0.30	0.0109	0.27	0.0112	0.26
	1892—1897 年	小麦	0.0069	0.52	0.0078	0.57	0.0071	0.51
		小米	0.0080	0.62	0.0086	0.71	0.0086	0.63
		高粱	0.0090	0.52	0.0097	0.60	0.0087	0.46
周期 5	1898—1900 年	小麦	0.0166	0.35	0.0147	0.31	0.0181	0.40
		小米	0.0213	0.61	0.0188	0.54	0.0224	0.64
		高粱	0.0186	0.38	0.0134	0.23	0.0200	0.43
	1902—1905 年	小麦	−0.0061	0.46	−0.0041	0.22	−0.0072	0.56
		小米	−0.0027	0.09	−0.0020	0.05	−0.0029	0.10
		高粱	−0.0034	0.09	−0.0017	0.02	−0.0038	0.11

第五阶段，1906—1911 年，快速上涨趋期。如图 4.7 所示和表 4.12 所示，1906—1911 年的 5 年间，华北粮食价格的呈现出显著的上涨趋势，小麦、小米和高粱的价格上涨幅度均超过 1/3。具体言之，小麦价格从 1906 年的 2.9 两 / 石的水平上涨至 1814 年的 4.0 两 / 石的水平，季度增长率高达 1.1% 的水平；小米价格从 2.7 两 / 石的水平上涨至 3.5 两 / 石的水平，季度增长率达到 0.9% 的水平；高粱价格从 1.8 两 / 石的水平上涨至 2.6 两 / 石的水平，季度增长率亦达到 1.2% 的水平。

表 4.12 1856—1905 年华北粮价变动趋势

	样本 A		样本 B		样本 C	
	趋势项	R^2	趋势项	R^2	趋势项	R^2
小麦	0.0108	0.50	0.0122	0.54	0.0107	0.52
小米	0.0083	0.38	0.0095	0.40	0.0079	0.36
高粱	0.0118	0.44	0.0136	0.45	0.0111	0.43

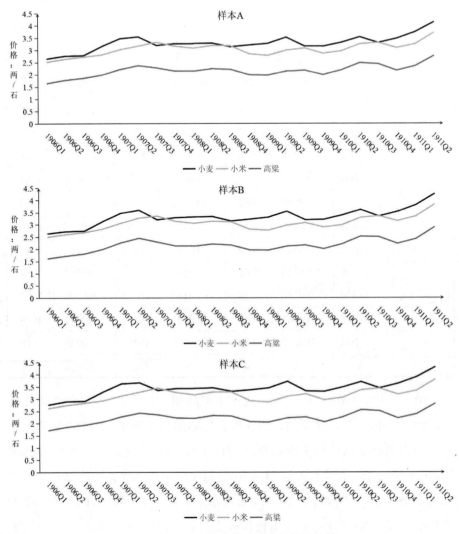

图 4.7 1856—1905 年华北粮食价格变动情况

（三）清代华北粮价变动的离散性特征

数据处理上，我们使用经过季节效应调整的粮食价格数据，并按照前文趋势性特征分析所采用的分期方式按分阶段考察。①

对于 1776—1911 年华北粮价的波动程度，如表 4.13 所示，变异系数和离中趋势指数的统计结果基本一致，1800—1815 年 16 年间的波动幅度最

————————————

① 考虑到清代华北粮价变动具有明显的阶段性特点，不对全时期的离散性特征进行分析。

大，小麦和高粱价格的变异系数达到 15% 上下、离中趋势指数则高达 45%
上下，小米的变异系数为 21%、离中趋势指数约为 34%。其他时段小麦、
小米和高粱价格的变异系数和离中趋势指数在 10%—20% 的水平之间，其
中，1776—1799 年和 1861—1855 年两个时间段的小麦、小米和高粱价格
的波动幅度居中，小麦和高粱价格的变异系数在 13%—15% 的水平上下，
高小米价格的变异系数在 11% 的水平上下；1856—1905 年的小麦、小米和
高粱价格的波动幅度较高，小麦价格的变异系数和离中趋势指数均在 19%
的水平上下，小米价格的变异系数和离中趋势指数分别在 17% 和 19% 的水
平上下，高粱价格的变异系数和离中趋势指数分别在 19% 和 23% 的水平上
下；1906—1911 年的小麦、小米和高粱价格的波动幅度相对最低，三者的
变异系数和离中趋势指数均在 10% 的水平上下。

表 4.13　1776—1911 年各时段华北粮食价格离散性情况

		1776—1799 年		1800—1815 年		1816—1855 年		1856—1905 年		1906—1911 年	
		CV	ID	CV	ID	CV	ID	CV	ID	CV	ID
小麦	样本 A	15%	18%	26%	45%	13%	17%	18%	19%	10%	10%
	样本 B	15%	16%	25%	45%	12%	16%	18%	19%	11%	10%
	样本 C	15%	18%	27%	48%	13%	17%	19%	20%	10%	9%
小米	样本 A	11%	14%	21%	34%	12%	16%	17%	19%	9%	12%
	样本 B	11%	14%	21%	37%	11%	14%	17%	19%	10%	15%
	样本 C	11%	15%	21%	35%	12%	16%	18%	20%	8%	12%
高粱	样本 A	14%	19%	25%	44%	13%	17%	23%	19%	11%	14%
	样本 B	14%	18%	25%	46%	12%	16%	19%	23%	13%	15%
	样本 C	13%	19%	25%	46%	14%	17%	19%	23%	11%	14%

说明：CV 为变异系数，ID 为离中趋势指数。

对于清代中后期北京地区粮价的异常波动，其轻度异常值的临界值如
表 4.14 所示。根据该临界值可以将 1776—1911 年华北小麦、小米和高粱的
异常值梳理如表 4.15 所示。具体言之，1776—1911 年的 541 个季度中，小

麦、小米和高粱分别约有 24、15 和 13 个季度的价格属于异常值，且异常值绝大多数为异常高值。从时间上看，价格异常值主要集中在 1785—1786 年，1855 年，1878—1879 年，1898—1900 年和 1904 年（小麦价格从 1902 年开始）。另外，小麦价格还在 1806 年和 1911 年、小米价格在 1855 年、高粱价格在 1824 年出现异常值。

表 4.14　1776—1911 年各时段华北粮食价格异常值临界值

单位：两/石

		1776—1799年		1800—1815年		1816—1855年		1856—1905年		1906—1911年	
		下限	上限	下限	上限	下限	上限	下限	上限	下限	上限
小麦	样本 A	0.99	2.09	0.21	3.73	1.25	2.53	1.24	2.70	2.67	3.99
	样本 B	1.01	1.93	0.22	3.58	1.24	2.45	1.22	2.62	2.66	4.05
	样本 C	0.98	2.14	0.14	3.85	1.26	2.60	1.25	2.82	2.82	4.13
小米	样本 A	1.13	1.98	0.69	3.40	1.30	2.55	1.20	2.71	2.30	3.75
	样本 B	1.09	1.95	0.59	3.41	1.40	2.47	1.23	2.66	2.14	3.95
	样本 C	1.11	2.03	0.62	3.51	1.33	2.54	1.19	2.81	2.38	3.86
高粱	样本 A	0.62	1.37	0.20	2.30	0.80	1.59	0.72	1.85	1.52	2.77
	样本 B	0.62	1.30	0.15	2.27	0.80	1.54	0.71	1.83	1.49	2.82
	样本 C	0.64	1.41	0.14	2.43	0.81	1.61	0.74	1.93	1.60	2.82

第三节　气候变化与清代粮价的关系

如前所述，受历史文献资料记载影响，自然灾害数据可重建县级年度数据，而粮价数据以重建季度府级数据为佳。因此，为便于数理分析，对于自然灾害数据，以各类灾害事件年发生率作为自然灾害指标；对于粮价数据，以季度粮价数据为基础，并考虑到实际农业生产周期，计算每年秋季和冬季、次年春季和夏季等四个季度的变异系数，将之作为粮价年度波动指数变量。其中，自然灾害指标，前文已有论述；粮价年度变动指数指标，年度重建序列情况如图 4.8 所示，其统计特征如表 4.15 所示。

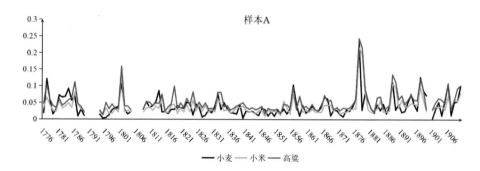

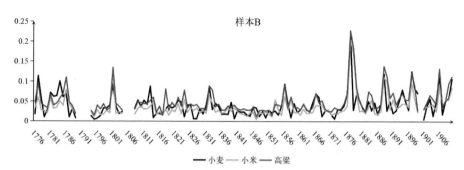

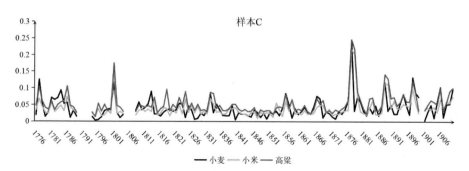

图 4.8 1776—1910 年华北粮价变动指数

表 4.15 1776—1911 年华北各粮种价格轻度异常值统计

		时间
小麦	样本 A	1785 年冬—1786 年夏, 1855 年秋, 1878 年夏—1879 年夏, 1898 年夏, 1898 年冬—1899 年夏, 1899 年冬—1900 年夏, 1902 年春—夏, 1903 年夏, 1904 年春—夏, 1906 年春, 1911 年夏
	样本 B	1785 年春—1786 年秋, 1878 年夏—1879 年夏, 1898 年夏, 1898 年冬—1899 年夏, 1899 年冬—1900 年夏, 1902 年春—夏, 1903 年夏, 1903 年冬—夏, 1906 年春, 1911 年夏

		时间
	样本 C	1785 年春，1786 年春—夏，1878 年夏—1879 年夏，1898 年夏，1898 年冬—1899 年夏，1899 年冬—1900 年夏，1902 年春—夏，1903 年夏，1904 年春—夏，1906 年春，1911 年夏
小米	样本 A	1786 年春—秋，1878 年春—秋，1899 年春—1900 年夏，1904 年夏—秋
	样本 B	1786 年春—秋，1854 年冬—1855 年春，1855 年冬，1878 年春—秋，1898 年秋，1899 年春—1900 年夏，1904 年夏—秋，
	样本 C	1786 年夏，1855 年春，1878 年春—秋，1899 年春—1900 年夏，1904 年夏—秋
高粱	样本 A	1786 年春—秋，1878 年春—秋，1899 年春—秋，1900 年春—夏，1904 年夏—秋
	样本 B	1786 年春—秋，1824 年夏，1878 年夏—秋，1898 年夏，1899 年春—秋，1900 年春—夏，1904 年夏，1911 年夏
	样本 C	1786 年夏，1824 年夏，1878 年春—秋，1899 年春—秋，1900 年春—夏，1904 年夏

表 4.16　1776—1910 年华北粮价变动指数统计特征

		观察值个数	算数均值	中位数值	最大值	最小值	标准差
小麦	样本 A	128	0.04	0.03	0.23	0.00	0.03
	样本 B	128	0.04	0.03	0.21	0.00	0.03
	样本 C	128	0.04	0.03	0.24	0.00	0.03
小米	样本 A	128	0.04	0.03	0.22	0.01	0.03
	样本 B	128	0.04	0.03	0.21	0.00	0.03
	样本 C	128	0.04	0.03	0.22	0.01	0.03
高粱	样本 A	128	0.05	0.04	0.24	0.01	0.03
	样本 B	128	0.05	0.04	0.23	0.01	0.03
	样本 C	128	0.05	0.04	0.25	0.01	0.03

通过对粮价波动指数和自然灾害事件指数的相关性分析可知，虽然1776—1911 年华北粮价波动指数和各类自然灾害事件指数相关系数的绝对数值未显示出显著的强相关关系，但就相对数值而言，则基本与相关史料和

理论相符如表4.16所示。在各类灾害事件中，由于干旱事件对粮食正常生产的影响最大，是造成粮食歉收的主要原因之一，其与粮价变动间的正相关关系亦最为显著；小米和高粱的分析结果显示，其价格变动程度与高温事件发生频率呈反向关系，这主要由于1776—1911年的华北仍处于小冰期，气温水平的回升对农业生产可能产生一定的积极影响。此外，值得注意的是，粮价波动与自然灾害事件未呈现出强相关关系，可能是市场发展水平和相关国家行为的影响造成，因此，需要对清代华北的粮食市场状况及其影响因素进行一个深入分析，如表4.17所示。

表4.17　1776—1910年华北粮价变动指数与自然灾害事件指数相关系数

	小麦			小米			高粱		
	样本 A	样本 B	样本 C	样本 A	样本 B	样本 C	样本 A	样本 B	样本 C
干旱	0.5	0.5	0.5	0.3	0.3	0.3	0.3	0.3	0.3
洪涝	0.0	0.0	0.0	0.0	0.0	0.0	0.0	0.0	0.1
低温	0.1	0.1	0.1	0.0	0.0	0.0	0.0	0.0	0.0
高温	0.0	0.0	0.0	−0.1	0.0	−0.1	−0.1	−0.1	−0.1
风雹	0.0	0.1	0.05	0.1	0.1	0.1	0.1	0.1	0.1
风霾	0.0	0.0	0.0	0.2	0.2	0.2	0.2	0.1	0.1
虫害	0.1	0.1	0.1	0.1	0.1	0.0	0.0	0.1	0.1
病疫	0.0	0.1	0.1	0.1	0.1	0.1	0.1	0.1	0.1
饥荒	0.4	0.4	0.4	0.4	0.4	0.4	0.4	0.4	0.4

第四节　小　结

"粮价表"和"粮价库"是研究清代粮价变动的两套重要数据库，二者具有较高的统一性和互补性特征，这为二者的综合使用提供了前提条件。"粮价库"中质量较优的数据是"粮价表"所没有的，"粮价表"的数据弥补了"粮价库"中质量较差数据的劣势，综合考虑应用两套清代粮价数据是避免其二者短处较为有效的方法。在合理应用两套清代粮价数据的基础上，使用原始农历数据与季度频率数据，本部分应用统计学和计量经济学相关数理分析法：比率移动平均法（Ratio-to-Moving-Average Method）、指数长期增长模型（Exponential Long-Run Growth Model）、四分位数统计分析（Quartile Statistics），对清代中后期（1776—1911 年）粮食价格波动进行分析，探讨清代中后期华北地区粮价波动的季节效应、长期趋势、波动程度和异常变动，体现其季节性特征、趋势性特征和离散性特征。同时以各类灾害事件年发生率作为自然灾害指标，以每年秋季和冬季、次年春季和夏季等四个季度的粮食价格变异系数作为粮价年度波动指数变量，分析后可知 1776—1911 年华北粮价波动指数和各类自然灾害事件指数相关系数的绝对数值未显示出显著的强相关关系，但就相对数值而言，则基本与相关史料和理论相符。在各类灾害事件中，干旱事件与粮价变动间的正相关关系最为显著；对小米和高粱的分析结果显示，其价格变动程度与高温事件发生频率呈反向关系。再者，粮价波动与自然灾害事件未呈现出强相关关系，可能是市场发展水平和相关国家行为的影响造成，因此，有必要对以上市场状况及政府行为进行一个深入分析。

第五章 市场整合对气候变化影响的缓冲

一般认为，市场整合是粮价变动研究的核心问题之一，也是影响粮价市场波动的重要因素。前文的分析可见以自然灾害为代表的气候变化对清代华北粮食市场的价格影响不是很显著，可以思考较为整合的市场会在粮食的流动方面起到积极的作用，于气候对粮价产生的作用起到缓冲的作用，那么这一时期华北是否存在整合的市场呢？本章以1840年鸦片战争前的华北粮食市场这一经济社会环境相对稳定的时期为例，通过市场整合分析考察粮价变动的另一层面。

第一节 套利空间

贸易成本是长途贸易活动的重要影响因素，不但决定了相关市场间进行商品贸易的可能性，而且影响了商人进行商贸活动的决策。当某一商品在不同区域间的价格差难以弥补贸易成本时，相关区域间的商贸活动会受到阻碍；反之，则相关区域间的商贸活动会受到激励。本部分以鸦片战争前的华北小麦市场为例，从量化的层面分析清代华北长途贸易运输方式。

一、贸易成本的构成

根据相关史料记载，清代粮食贸易成本主要包括装卸费用、运输费用和关税等。

第一，装卸费用。同治《钦定户部则例》中的《京通各仓脚费》和《直省各仓脚费》两节内容记载了官方采买粮食的交易成本，主要包括装卸费用和交通运输费用两个部分。装卸费用方面，表5.1列出了京通仓卸粮入仓费用各项细则。其中，卸粮费用约为 0.4 分 / 石。若按粮食装、卸费用一致估算，则每批次粮食的装卸费用最高不超过 0.8 分 / 石。

表 5.1 京通仓卸粮入仓费用情况

款项	费用（分 / 石）	款项	费用（分 / 石）
抗米打廒扫廒银	0.40	屌欤银	0.05
打卷搭廒银	0.10	袋车银	0.08
回空系袋银	0.12	堆袋房银	0.02
抱筹抬斛铺廒银	0.07	翻跳银	0.05
拌米银	0.25	抖袋银	0.05
写送循环簿银	0.08	总计	1.27

资料来源：同治《钦定户部则例》卷 16，《京通各仓脚费》。

第二，运输费用。华北各省官营粮仓采买费用如表 5.2 所示，陆运粮食采买的运输费用普遍较高。其中，陆运每里运费为 0.10 分 / 石至 0.16 分 / 石不等，水运每里运费为 0.01 分 / 石至 0.02 分 / 石不等；江苏和安徽二省的水运费用较低，约为陆运费用的 1/16；直隶和山东二省的陆运费用较低，水陆运费价差相对较小，但也有 5 倍以上。[①] 此外，还有州县本境内采买粮食不给脚价的规定，但对本文估算府州间运输费结果没有显著影响。

表 5.2 华北各省官营粮仓小麦标准运输费用

	陆运（分 / 石·里）	水运（分 / 石·里）
直隶	0.10	0.015
山东	0.10	0.02
河南	0.14	0.01
江苏	0.15	0.009

---

① 李明珠的相关研究得出了相似的结论：18 世纪中国内水运成本在每百里约为 1.5 分 / 石；18 世纪中期由于水利设施的兴建，天津和保定间的水运成本降至每百里约为 0.6 分 / 石；19 世纪初期中国内地陆运成本每百里约为 10 分 / 石。参见李明珠《华北的饥荒：国家、市场与环境退化》，人民出版社 2016 年版。

续表

	陆运（分/石·里）	水运（分/石·里）
安徽	0.16	0.01

说明：①江苏省水运，走官塘大河及河宽敞处每石每里给脚费 0.008 分，走小港浅窄处
　　　为 0.01 分，表中为算术平均值。②安徽省水运，凤阳府的寿州、凤阳、怀远、凤
　　　台、颍上，颍州府的太和，泗州本州及其下属盱眙、五河等州县，米谷走滨江大
　　　河按站给予，每石每站 0.65 分，走内河小港每石每里为 0.01 分；凤阳府的宿州、
　　　定远、灵璧，颍州府的亳州、阜阳、霍邱、蒙城，泗州的天长等州县每石每里为
　　　0.01 分。③河南省米麦豆类和谷稻黍稷高粱类标准运费不同，表中所列为前一类。
资料来源：同治《钦定户部则例》卷 16。

　　第三，贸易关税。对粮商而言，除了装卸费用和运输费用外，关税亦
是其考虑的重要因素之一。清代在建国之初便在全国范围内设置了税关，
"凡天下水路衢会，舟车之所辐辏，商旅之所聚集，设关置尹，掌其治禁，
以安行旅，以通货贿"[1]。华北地区的税关主要有京师的崇文门、左翼和右
翼，顺天府的坐粮厅，天津府的天津关，临清州的临清关，徐州府的宿迁
关，淮安府的淮安关，凤阳府的凤阳关等税关。邓亦兵和廖声丰的研究显
示，清代中期全国关税基本没有变化。[2] 笔者也发现，临清关小麦关税自雍
正六年从 1.1 分/石改为 2.2 分/石后，直到光绪朝仍保持未变。[3] 据同治
《钦定户部则例·关税》记载，除左翼和右翼两关主要征收牲畜税和八旗官
兵人等买卖房产契税外，其他各关税则均有粮食税的相关规定。如表 5.3 所
示，影响清代华北地区内部粮食贸易的关税从 0.12 分/石至 8 分/石不等。
其中，临清关和淮安关对小麦一项有专门规定，崇文门、坐粮厅和淮安关对
干面、白面和挂面等小麦加工品有所规定。凤阳关粮食关税的征收规则较其
他详细，关税分为大宗和散货两类：其一，大宗贸易。按船征收，船梁头够
8.5 尺（计 300 石）起征，累计至 18 尺（计 300 石）为满科，每船根据梁头

---

[1]　有关清代的贸易关税制度的具体情况可参考廖声丰（2010）的研究。

[2]　参见邓亦兵《清代前期商品流通研究》，天津古籍出版社 2009 年版；廖声丰《清代常关与
　　区域经济研究》，人民出版社 2010 年版。

[3]　光绪《钦定大清会典事例》卷 234《关税》。

征收从 1.11 两递增至 9.39 两；过满科者，以 50 石计 1 仓，每仓加税 2 两；糙米和新小麦按以上标准 9 折征税，米、秫秫和大麦按以上标准 7 折征税，荞麦、稻谷和谷子按以上标准 6 折征收。其二，散货贩运。船梁头不足 8.5 尺或 300 石以下属于散货贩运，和其他税关一样按石征收，为 3 分 / 石。而且，各税关在征税时，以起运或落地所在税关征收为主，途中经过税关减征或不征。[①]

表 5.3　清代华北地区主要税关粮食税则情况

税关	粮食品种	税则（分 / 石）
崇文门	洋米、沙米、梁谷米、籼米	0.288
	干面	0.12
	江米	1.2
坐粮厅	糯米	1.4
	白面、豆粉	0.8（落地） 0.3（起京）
天津关	江米、薏仁米	4
临清关	米、麦	2.2
淮安关	粟米	8
	黏米	4（落地） 5（过境）
	饭米	2（落地） 5（过境）
	小麦	3（落地） 5（过境）
	荞麦、豆类	5
淮安关	大麦、秫秫	3（落地） 4（过境）
	玉秫米	4
	芒稻、黍子、糁谷	0.2

---

① 同治十三年《钦定户部则例》卷 43、49、50、51、52《税则一·崇文门税则》《税则七·坐粮厅税则》《税则八·天津关税则》《税则九·临清关税则》《税则十·淮安关税则》。

续表

税关	粮食品种	税则（分/石）
宿迁关	挂面	8
	干面	5
	占米、蚕豆	2
	大米	1
	豌豆	0.6
	杂色豆、杂色粮	0.4

数据来源：同治《钦定户部则例·税则》卷43、49、50、51、52。

通过以上分析可知，影响清代华北地区府州间粮食贸易交易成本的主要因素有粮食装卸费用、运输费用和关税。其中，装卸费用和关税的成本受贸易的规模影响，通过贸易量的合理配置即可降低二者的成本；运输费用受运输里程影响，距离越远运输成本越高。因此，运输成本对清代中期华北各府州间小麦贸易的正常运行具有决定性作用，下文的进一步探讨亦将围绕运输费用展开。

二、陆路运输的可行性探讨

为实现对全国的有效统治，便于人员和公文往来，在继承前代的基础上，清代国家在全国范围内建立起了以驿站和铺站为枢纽的铺道—驿道交通网络。其中，驿道主要用于府州间的人员和公文往来，特别是京师与各府州治所在地间的信息交通；铺道主要用于州县间及其内部人员和公文的往来，特别是各府州治所所在地与下辖各州县治所所在地间的信息交通。

根据对光绪《钦定大清会典事例》中相关内容整理，如表5.4所示和图5.1所示，清代华北共设有驿站414个、铺站3035个。其中，驿站覆盖了华北地区外除泗州的其他所有43个府级行政单位，以及348个县级行政单位中的330个①，铺站则覆盖了全部府级和县级行政单位。

---

① 顺天府的宁河县，永平府的滦州、昌黎县和乐亭县，正定府的行唐县、灵寿县和平山县，冀州的枣强县，淮安府的阜宁县、盐城县和安东县，徐州府的萧县、砀山县、丰县和睢宁县，凤阳府的怀远县，颍州府的涡阳县和太和县等18个县未设驿站。大兴和宛平二京县共设皇华驿。

表 5.4 华北 44 府州设铺情况与铺道里程

省份	府州	驿站数量（个）	铺站数量（个）	铺道里程（里）
直隶省	顺天府	27	162	2785.5
	保定府	15	90	1718
	永平府	6	60	728
	河间府	11	74	1109
	天津府	7	43	682.5
	正定府	12	62	1116.5
	顺德府	9	41	492
	广平府	10	48	808.5
	大名府	7	46	980.5
	遵化州	4	35	519.5
	易州	5	28	603
	冀州	5	30	808
	赵州	6	21	395
	深州	4	24	562.5
	定州	3	26	421
山东省	济南府	22	134	2413.5
	兖州府	17	96	1330.5
	泰安府	11	82	1346
	武定府	10	71	1086
	沂州府	11	101	2043.5
	曹州府	11	78	1272.5
	东昌府	12	69	1046.5
	青州府	13	108	1520.5
	登州府	11	151	1986
	莱州府	8	90	1532
	济宁州	6	30	386.5
	临清州	7	14	215

续表

省份	府州	驿站数量（个）	铺站数量（个）	铺道里程（里）
河南省	开封府	18	124	1697.5
	陈州府	7	49	1147
	归德府	11	68	1109
	彰德府	7	49	629
	卫辉府	10	52	982.5
	怀庆府	9	59	692
	河南府	11	97	1177
	汝宁府	10	129	2279
	许州	5	40	553.5
	光州	6	61	1024
	汝州	5	36	665.5
江苏省	淮安府	4	60	1469
	徐州府	10	83	1314
	海州	0	8	497.5
安徽省	凤阳府	17	147	2017.5
	颍州府	9	100	1620.5
	泗州	5	59	1255
总计		414	3035	50037.5

数据来源：光绪《钦定大清会典事例》卷 655、660—668。

就清代华北地区的驿道而言，如表 5.5 所示，光绪《钦定大清会典事例》中记载了自顺天府皇华驿至保定府等 28 个府州治所所在地驿站的经陆路驿道里程。其中，最近为至易州清苑驿 230 里，最远为至凤阳府红心驿 2024 里。[①] 由于其政治、经济地位的重要性，京师通往各地的驿道多是最便捷的陆路路线，对于商贸往来亦是成本较低的路线，以之为基础估算的小麦运输成本在很大程度上可以反映粮商贩粮的实际情况。

---

① 清制 1 里约 576 米，本书均按此比例换算。有关清代长度单位的情况，参见杨生民《中国里的长度演变考》，《中国经济史研究》2005 年第 1 期。

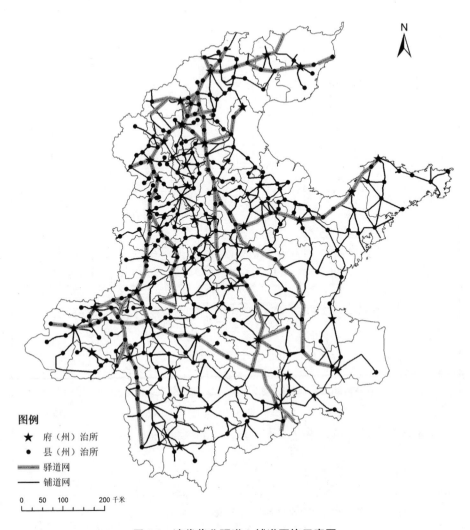

图 5.1 清代华北驿道—铺道网络示意图

说明：①加粗线段为驿道；②驿道与铺道存在部分重合。

数据来源：光绪《钦定大清会典事例》卷 688、659—668；"中国历史地理信息系统"（CHGIS，V5）。

表 5.5 顺天府皇华驿经陆路至华北部分府州治所在地驿站的里程

目的府州	目的驿站	里程（里）				
		直隶、山东界内	河南界内	江苏界内	安徽界内	总计
保定府	金台驿	330	0	0	0	330
永平府	滦河驿	500	0	0	0	500

续表

目的府州	目的驿站	里程（里）				
		直隶、山东界内	河南界内	江苏界内	安徽界内	总计
河间府	瀛海驿	420	0	0	0	420
正定府	恒山驿	620	0	0	0	620
顺德府	龙冈驿	900	0	0	0	900
广平府	临洺驿	970	0	0	0	970
大名府	大名县驿	1090	0	0	0	1090
遵化州	遵化州驿	300	0	0	0	300
易州	清苑驿	230	0	0	0	230
赵州	鄗城驿	720	0	0	0	720
定州	永定驿	480	0	0	0	480
济南府	谭城驿	930	0	0	0	930
兖州府	昌平驿	1210	0	0	0	1210
泰安府	泰安县驿	1057	0	0	0	1057
沂州府	兰山县驿	1467	0	0	0	1467
青州府	清社驿	1260	0	0	0	1260
登州府	掖县驿	1610	0	0	0	1610
莱州府	蓬莱县驿	1850	0	0	0	1850
开封府	大梁驿	1120	375	0	0	1495
归德府	商丘驿	1120	655	0	0	1775
彰德府	邺城驿	1120	35	0	0	1155
卫辉府	卫源驿	1120	215	0	0	1335
怀庆府	覃怀驿	1120	505	0	0	1625
河南府	周南驿	1120	685	0	0	1805
许州	许州驿	1120	620	0	0	1740
淮安府	淮阴驿	1652	0	330	0	1982
徐州	钟吾驿	1652	0	90	0	1742
凤阳府	红心驿	1449	0	185	390	2024

说明：跨省驿道里程取最近两处驿站算数平均数计入各省。

数据来源：光绪《钦定大清会典事例》卷688。

在表 5.5 信息的基础上，根据表 5.6 所列直隶、山东、河南、江苏和安徽四省小麦标准运输费用，对顺天府至保定府等 28 府州的小麦运输费用进行估算，同时取 1776—1840 年顺天府与保定府等 28 府州月度价格差的算数平均值，我们可以得到表 5.6。

表 5.6　顺天府与华北部分府州间小麦陆路运输成本与平均价格差

府州	运输成本（两 / 石·里）	平均价格差（两）	利润（两 / 石·里）
保定府	0.33	0.22	−0.11
永平府	0.50	0.35	−0.15
河间府	0.42	0.23	−0.19
正定府	0.62	0.06	−0.56
顺德府	0.90	0.12	−0.78
广平府	0.97	0.29	−0.68
大名府	1.09	0.27	−0.82
遵化州	0.30	0.20	−0.10
易州	0.23	0.04	−0.19
赵州	0.72	0.08	−0.64
定州	0.48	0.15	−0.33
济南府	0.93	0.00	−0.93
兖州府	1.21	0.37	−0.84
泰安府	1.06	0.37	−0.68
沂州府	1.47	0.82	−0.64
青州府	1.26	0.27	−0.99
登州府	1.61	0.55	−1.06
莱州府	1.85	0.59	−1.26
开封府	1.65	1.07	−0.58
归德府	2.04	1.05	−0.99
彰德府	1.17	0.88	−0.28
卫辉府	1.42	0.94	−0.48
怀庆府	1.83	0.96	−0.87

续表

府州	运输成本（两/石·里）	平均价格差（两）	利润（两/石·里）
河南府	2.08	1.17	−0.91
许州	1.99	1.28	−0.71
淮安府	2.15	0.27	−1.87
徐州	1.79	0.30	−1.49
凤阳府	2.35	0.74	−1.61

　　由表 5.6 可知，乾隆四十一年至道光二十年的 65 年间，在通常情况下，凭借陆运方式在顺天府与保定府等 28 府州进行小麦贸易不具有可行性。仅计算其交易成本中的运输费用一项，其利润即均为负值，每里每石平均亏损 0.74 两，最多与淮安府亏损 1.87 两、最少遵化州亏损亦有 0.10 两。这也旁证了笔者在整理这一时期《清实录》时，鲜有粮商通过陆路从事府州间粮食贸易记载的情况。

　　至于华北地区全部 44 个府州间的商贸往来的路线里程数据，由于史料庞杂，我们难以一一确定，这里只能做一大致估计。根据"中国历史地理信息系统"数据资料，通过 ArcGis 软件，可测量出以上 28 个府州间的地理直线距离，将其与史料记载的实际距离对比，我们可以估算出清代华北地区地理直线距离与实际距离之间的关系。考虑到华北 44 个府州所处的华北平原在地形地貌上具有相似性，所以这种估算虽然与实际情况可能有一定差异，但在理论上具有可行性。

　　如图 5.2 所示，由于地理原因，顺天府与青州府、登州府和莱州府三个府的距离比值较大，属于统计学意义上的异常值，我们以顺天府与其他 27 个府州的情况为依据，取距离比值的算数平均值 1.45，估算乾隆四十一年至道光二十年 65 年间华北 44 府州间实现正常小麦贸易所需的最低运输成本限制。

　　如图 5.3 所示，在经济效益上，乾隆四十一年至道光二十年的 65 年间，华北 44 个府州间通过陆路贩运粮食在绝大多数情况下均不具有可行性。按照华北地区平均陆运运费每里 0.13 分/石计算，在两府州结合的 946 条路线

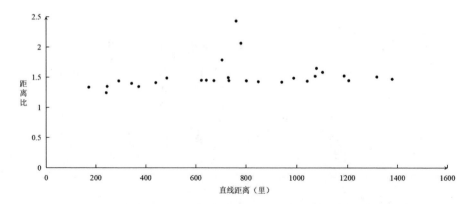

图 5.2　顺天府与华北部分府州间地理直线距离与实际距离关系

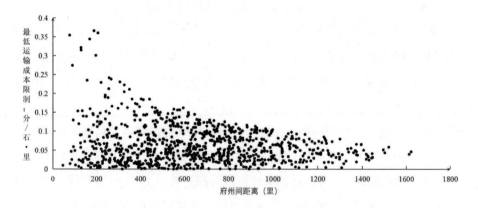

图 5.3　华北各府州间距离与小麦陆运最低运输成本限制

中，约 92% 的路线单就运输费用一项即无法实现正常贸易，且随距离增加其可行性程度越低，只有个别距离较近的接壤府州间在理论上存在通过陆路贩运小麦的可能性，如彰德府与邻近的大名府、顺德府和广平府可能存在陆运小麦贸易。

因此，整体而言，乾隆四十一年至道光二十年的 65 年间的华北地区，通过陆路进行小麦贸易在经济效益上不具有可行性。保守估计，超过九成的府州间的小麦贸易无法获利，只有极少数个别邻近府州间在理论上存在贸易利润空间。

三、水路运输的可行性探讨

根据光绪《钦定大清会典事例》和《清实录》等史料记载，清代官运粮食多由水路运输，称作漕粮，对国家治理意义重大，朝臣上下均持有"国家之大事在漕"的观念，而运载漕粮通往京师的河道更是"关系漕运民生，最为紧要"①。通过对相关史料的梳理，我们可以确定，清代中期华北有三条核心粮食水运路线，即顺天府至直隶省西南部府州的漳河航道、顺天府至河南省北部府州的卫河航道，以及顺天府至淮河流域各府州的大运河—淮河航道（图5.4）。②

这里需要特别说明的是，除漳河航道、卫河航道、大运河—淮河航道外，乾隆四十一年至道光二十年的华北地区还存在其他的水运路线。如"兖属邹、滕、峄三县一水可通"，漕粮可由济宁州"转拨至曹郡各属"，济宁州与曹州府间粮食运输亦有水路。再如"盛京与天津、武定，海道相通，商贾往来甚易"，"东省登州、青州、武定等府属地方，滨海环山，产粮不敷食用，又艰于陆运，全赖奉天粮石海运接济"，即环渤海沿岸府州间的粮食往来亦常通过海运得以实现。③但由于无法确定水路所经具体河流以及海运的运费标准，难以进行有效的量化估算，此处不予纳入。

顺天府至直隶省西南部府州的漳河航道的粮食水运路线是：由顺天府经大运河至天津府，然后再经漳河至顺德府和广平府。由京师启程中经通州沿大运河可抵天津府天津县，这一段是大运河的传统水运路线。对于天津府沿漳河至顺德府和广平府的水运路线，史料中有所记载。如乾隆五十七年，为赈恤储备，乾隆帝下旨在天津府截留部分漕米运往直隶西南地方，且在谕旨中明示："应运顺、广两府者，由漳河至广平府境。"④

顺天府至河南省北部府州的卫河航道的粮食水运路线是：由顺天府沿大运河至临清州，沿卫河南下，经直隶省大名府后，由楚旺镇进入河南省境，再沿卫河、洹河和沁水等河运抵彰德府、卫辉府、怀庆府和开封府等河南省

---

① 《清高宗实录》卷395，乾隆十六年七月癸未。

② 文章研究对象是府州级行政单位，文中言及各府州间相关情况时，如未特别说明，均以府州治所所在之州县代之。如大运河虽经济南府德州界内，但因其未抵府治所在地历城县周边，则视作济南府未通大运河。

③ 《清高宗实录》卷1176，乾隆四十八年三月辛丑；卷1253，乾隆五十一年四月壬辰；卷1453，乾隆五十九年五月丙午。《清宣宗实录》卷32，道光二年闰三月辛巳。

④ 《清高宗实录》卷1400，乾隆五十七年四月丁未。

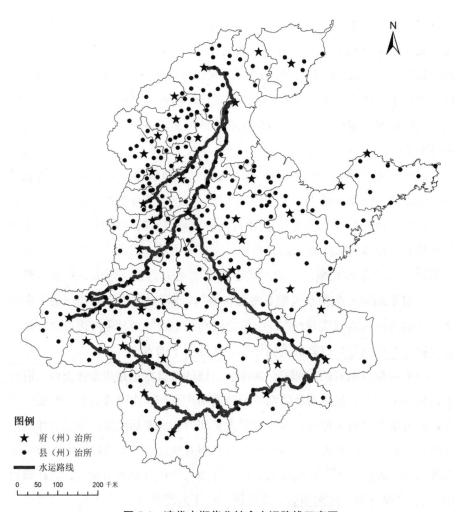

图 5.4　清代中期华北粮食水运路线示意图

数据来源：光绪《钦定大清会典事例》卷 688；"中国历史地理信息系统"（CHGIS，V5）。

北部府州。顺天府经天津府、河间府等地方至临清州的水运路线明确，同样亦是大运河的传统水运路线。对于从临清州进入河南省的水运路线，虽然未有非常明确的说明，但通过史料仍旧可以梳理出其基本轮廓。

　　首先，河南省与直隶省之间的粮食运输有水路可走，相关的史料记载也非常多。如乾隆四十七年，乾隆帝传谕时任河南巡抚李世杰采买黑豆"由水路运京"；嘉庆六年在河南省采买 5 万石小米运京时，也有明谕："由水路运至直省"；乾隆五十七年从陕西省采买小麦时，甚至也是"由河南水程转运京城"①。

其次，对于从顺天府到河南省的路线，乾隆五十七年，乾隆帝截留天津府部分漕米时明谕："应运直隶大名者，由临清河至卫河直抵府城……应运豫省者，由临清至卫河，抵楚旺水次交兑。"② 这一记载说明，从山东省临清州沿卫河，中经直隶大名府可达河南省。

再次，对于河南省内粮食水运路线，《清实录》中相关史料记载较为模糊，只是有证据显示彰德府、卫辉府、怀庆府、开封府均有水路相连。如乾隆四十三年，从河南省向山东省调运粮食时，时任河南巡抚郑大进在奏报调运方法时提及"彰德、卫辉二府与东省舟楫可通"，即彰德府和卫辉府均有水路粮食运道，且综合其他史料，该二府与山东省的联系应以临清州为中介。乾隆四十八年，时任河南巡抚李世杰在奏报从河南省调运黑豆至京师事宜时提及，开封府、彰德府、怀庆府和卫辉府等四府"运脚较省于他处"，由此可知、开封府和怀庆府粮食运输也有水路可通。③ 具体的水运路线方面，结合"中国历史地理信息系统"数据资料，卫河从楚旺镇进入河南省内后，继续南下，可抵达卫辉府，其间有洹河通往彰德府，亦有沁水通往怀庆府，在行至黄河后东下可抵达开封府。

最后，对于河南省河南府，其与河南北部府州应有适合粮食运输的水运河道，但未有直接史料记载，反而有"河南府水路不畅"的记载："是月，河南巡抚李世杰奏，豫省本年豆价河南、南阳二府属中有贱至五六钱者，价虽减于河北，然不近水次运费颇多，惟开封、及彰、怀、卫三府豆价八九钱及一两不等，而运脚较省于他处。现于四府各属县中，择价值较平附近水次者，行令公平采买三万石。"④ 从地理环境上看，河南府与开封府同样位于黄

---

① 《清高宗实录》卷1055，乾隆四十三年四月丁未；卷1168，乾隆四十七年十一月乙未。《清仁宗实录》卷85，嘉庆六年七月辛丑。

② 《清高宗实录》卷1400，乾隆五十七年四月丁未。

③ 《清高宗实录》卷1060，乾隆四十三年闰六月辛未；卷1169，乾隆四十七年十一月壬戌；卷1226，乾隆五十年三月壬戌。

④ 《清高宗实录》卷1169，乾隆四十七年十一月壬戌。

河南岸，北运粮食均须横渡黄河，而且河南府府治所在地洛阳有洛河经过，其水运条件并没有显著劣势。而且，亦有史料记载乾隆四十三年曾有陕西小麦"由渭入河运往河南"，并"由河南水程转运京城"①。此处应是沿渭河在三河口进黄河后经黄河运往河南省各府，及卫河航道运往京师，而河南府正处于这一路线的中转地。所以，结合该则史料整体文意，其中所谓"水路不畅"应是针对南阳府及其与之接壤的河南府南部由于"不近水次运费颇多"而言，而非河南府府治所在地洛阳县及其周边地区。

顺天府至淮河流域各府州的大运河—淮河航道的粮食水运路线是：由顺天府沿大运河，中经天津府、临清州、东昌府和济宁州等府州，至淮安府转入淮河，顺淮河而上，通过颍河、汝河、潢河等各支流抵汝州、许州、汝宁府、光州、颍州府、凤阳府等皖北、豫南各府州。对于这一水运路线，许多学者已有深入研究，此处不再赘述。② 此处有一点需要说明的是：徐州府可经黄河进大运河，与大运河—淮河沿线府州通过水路实现粮食贸易。如嘉庆二年，嘉庆帝在谕旨徐州府漕粮北运事宜时提及，"铜山、睢宁二县应运漕粮，向由黄河运至水次，兑交北上"③。结合相关地理信息可知，徐州府粮食水路运粮可在顺黄河而下，在宿迁县境内进入大运河。

综上所述，顺天府至直隶省西南部府州、顺天府至河南省北部府州，以及顺天府至淮河流域各府州的三条核心水运路线，将华北地区的顺天府、天津府、顺德府、广平府、大名府、兖州府、东昌府、济宁州、临清州、开封府、彰德府、卫辉府、怀庆府、河南府、汝宁府、许州、光州、汝州、淮安府、徐州府、凤阳府和颍州府等22个府州直接联系。由此，我们可以估算乾隆四十一年至道光二十年该22个府州间的剔除运输成本后的利润空间。另外，结合实际自然地理条件，从理论上讲，在顺德府和广平府与天津府以南两大区域各府州之间的商人，会选择其他较为便捷的水运路线，不会选择

---

① 《清高宗实录》卷1054，乾隆四十三年四月甲午；卷1055，乾隆四十三年四月丁未。

② 有关清代大运河—淮河水运贸易的研究，可参见刘秀生《清代内河商业交通考略》，《清史研究》1992年第4期；邹逸麟《黄淮海平原历史地理》，安徽教育出版社1993年版；邓亦兵《清代前期商品流通研究》，天津古籍出版社2009年版。

③ 《清仁宗实录》卷13，嘉庆二年正月乙巳。

卫河航道和大运河—淮河航道贩运粮食。根据史料记载，道光十三年因直隶地区粮价昂贵，曾从河南彰德府、卫辉府、怀庆府、开封府、河南府和许州六个府州属粮仓调粮，提到该批粮食"于该省楚旺水次设厂候兑"，也就是说许州有水路通往楚旺镇，即卫河航道和大运河—淮河航道之间，虽无法确定具体路线，但在河南省内有水路相连。所以，我们在进行估算时未纳入这两种情形的配组府州（图5.4）。

与陆运情况相反，乾隆四十一年至道光二十年的65年间，华北44个府州间通过水路贩运粮食在绝大多数情况下均存在利润空间。如图5.5所示，在组对府州结合的163条路线中，145条、约合89.0%的路线在经济效益上具有可行性，平均利润空间约为0.47两/石，最大为1.12两/石，最小为−0.20两/石，主要分布在0.14两/石至0.77两/石之间。

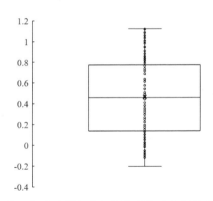

图5.5　华北部分府州间水运粮食利润空间数值分布情况

乾隆四十一年至道光二十年，华北小麦水运利润空间与府州间价格差和水运里程呈现出正相关的关系，而且，相比府州间的距离，利润空间与府州间价格差的相关性更为显著。如图5.6所示和图5.7所示，就水运利润空间和府州间价格差的相关关系而言，府州间价格差每增加1%，其利润空间相应提高约0.88%。若就价格差而言，府州间小麦价格差至少达到0.076两/石，通过水路进行小麦贸易在经济上才具有可行性。

因此，整体而言，在1776—1840年的华北地区，通过陆运方式进行小麦贸易不具有经济可行性，而水运方式则相反，存在较大的利润空间，这为市场中的商贸活动提供了前提与基础。

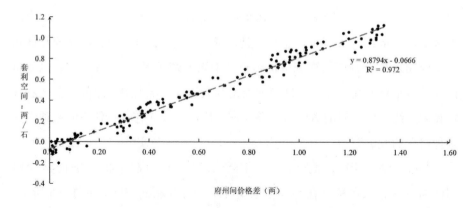

图 5.6 华北部分府州间小麦价格差与水路利润空间关系图

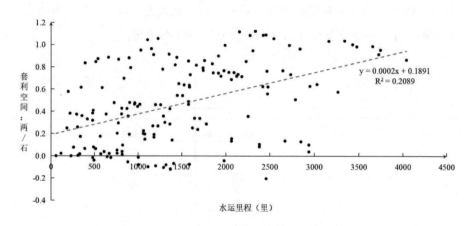

图 5.7 华北部分府州间小麦水路里程与利润空间关系图

第二节 市场整合分析

目前，研究市场整合所使用的方法较多，具体到对中国历史时期市场整合的研究，较为常用的方法有相关分析法和协整分析法。鉴于1840年鸦片战争前华北经济社会相对稳定，综合考量之后，本部分采用Johansen协整检验法，通过对小麦价格的分析，以检验乾隆四十一年至道光二十年华北44个府州间是否存在整合的市场，分析考察粮价变动的另一层面。

一、实证分析方法

目前，通过价格评价市场整合程度是实证分析市场整合问题的通行做法。所以，计量统计方法在历史时期市场整合研究中占有举足轻重的地位。古诺最早从价格的角度定义了"市场整合"——市场"是一整个疆域，其中的各个部分，因商业关系不受限制而联合在一起，市场内的价格能方便而迅速地调节为同样的水平"①。相关的论述亦构成了通过价格实证分析市场整合的基础。

国内许多学者对市场整合方法做了总结和介绍，为市场整合问题研究做出了巨大贡献。如吴承明在总结市场整合研究方法时，介绍了相关分析法；韩胜飞在分析市场整合研究方法时，涉及了协整分析法和状态转换模型；朱琳在总结清代粮价研究数理统计方法时，介绍了相关分析法、回归分析法和协整分析法。② 但是由于关注点不同以及相关文献的可获得性等因素影响，相关评述亦存在不全面、遗漏等问题。如周章跃和万广华、武拉平、杨海滨等学者认为 Lele 关于印度高粱的研究是最早测定市场整合的文献，而实际上 Mahendru 早在 1937 年之前就已经用相关分析法通过小麦价格考察了印度旁遮普邦的市场整合情况，几乎与 Lele 同时，Cummings 也用相关分析法对印度小麦市场整合情况进行了考察。③

目前，在中国历史时期市场整合研究中，较为常用的方法是相关分析法（Correlation Analysis）和协整分析法（Cointegration Analysis）。早期的研

---

① ［法］奥古斯丹·古诺著：《财富理论的数学原理的研究》，陈尚霖译，商务印书馆 1994 年版，第 56 页。

② 吴承明：《利用粮价变动研究清代的市场整合》，《中国经济史研究》1996 年第 2 期；韩胜飞：《市场整合研究方法与传达的信息》，《经济学》（季刊）2007 年第 4 期；朱琳：《数理统计方法在清代粮价研究中的应用与发展》，《中国经济史研究》2015 年第 1 期。

③ 周章跃、万广华：《论市场整合研究方法——兼评喻闻、黄季焜〈从大米市场整合程度看我国粮食市场改革〉一文》，《经济研究》1999 年第 3 期；武拉平：《农产品市场一体化研究》，中国农业出版社 2000 年版；杨海滨：《明清中国的商人组织与市场整合研究》，经济科学出版社 2014 年版；Lele, U. J., "Market Integration: A Study of Sorghum Prices in Western India", *Journal of Farm Economics*, 1967, 49 (1), 147–159; Cummings, R. W., "Effectiveness of Pricing in an Indian Wheat Market: A Case Study of Khanna, Punjab", *American Journal of Agricultural Economics*, 1968, 50 (3), 687–701.

究中，学者一般认为在整合较好的市场中，区域市场间的价格变动应当具有同步性。相关分析法就是主要用于考察各区域市场价格变动的同步性的方法。目前，相关分析法是历史时期粮食市场整合研究中使用最多的方法。其基本原理是：如果价格变动的同步性越高，则说明市场间的整合度越高。相关分析法的结果表现为相关系数 r，r 是一个绝对值在 0—1 之间的系数，其值越接近 1，则相关性越高，市场整合度也越高；反之，其值越接近 0，则相关度越低，市场整合度也越低。实践中，根据对数据的不同处理方式，又可分为价格相关分析、价格差相关分析、价格方差相关分析和离散性相关分析。协整分析法，国内学界又将之称为共聚合法，是近年来研究历史时期粮食市场整合中采用的主要方法。其基本原理是：如果两个或多个同阶的时间序列向量，通过某种线性组合后，可以得到一个平稳的误差序列，则表明这些同阶时间序列向量之间存在长期均衡关系，或称这些序列具有协整关系。协整检验的方法主要有 Engle-Granger 检验法和 Johansen 检验法。实践中，在协整检验的基础上，往往还会建立误差修正模型（Error Correction Model，ECM）或脉冲响应模型（Impulse Response Analysis）考察整合市场的短期关系。

如前述古诺关于市场整合的定义，"市场整合"实际包含了两层含义：其一，长期层面，市场价格间存在均衡关系；其二，短期层面，市场价格会偏离长期均衡水平，但能够及时而迅速调整恢复。只要市场间价格满足该两个层面的约束性条件，即可判断相应市场存在整合关系。

在通过价格判断是否存在市场整合方面，Johansen 协整分析法具有较大优势。该方法不但可以判断变量间是否存在长期协整关系，还能有效地反映变量间的短期调整情况。Persson 最早将该方法运用于历史时期市场整合研究，此后，在国外历史时期市场整合研究中得到广泛推广。[①] 遗憾的是，在清代市场整合研究中笔者尚未见到有该方法的运用。

鉴于以上分析，我们采用 Johansen 协整检验法，通过对小麦价格的分

①　Persson, K. G., *Grain Markets in Europe*, *1500–1900*：*Integration and Deregulation*, New York：Cambridge University Press, 1999.

析，检验乾隆四十一年至道光二十年华北 44 个府州间是否存在整合的市场。如果检验结果显示相应的府州间小麦价格具有协整关系，则可以判断该府州间的小麦市场是整合的。具体方法如下：

协整检验要求变量为同阶单整序列，所以在进行协整分析前先要对序列进行平稳性检验。单位根检验法是确定序列平稳性阶数的典型方法。本书采用 ADF 检验法（Augment Dickey-Fuller）确定待分析序列的平稳性，判断小麦价格时间序列 P 是否为 I（1）序列。为此，需要通过式 5.1a、式 5.1b 和式 5.1c 三个方程进行估算、检验。

$$\Delta P_t = \delta P_{t-1} + \sum_{i=1}^{m} \Delta \beta_i P_{t-i} + \varepsilon_t \qquad (5.1a \text{ 式})$$

$$\Delta P_t = \alpha + \delta P_{t-1} + \sum_{i=1}^{m} \Delta \beta_i P_{t-i} + \varepsilon_t \qquad (5.1b \text{ 式})$$

$$\Delta P_t = \alpha + \beta t + \delta P_{t-1} + \sum_{i=1}^{m} \Delta \beta_i P_{t-i} + \varepsilon_t \qquad (5.1c \text{ 式})$$

式中，α 是常数，βt 是线性趋势函数，ε 是随机扰动项。

检验对象为：

$$\begin{cases} H_0 : \delta = 0 \\ H_1 : \delta < 0 \end{cases} \qquad (5.1d \text{ 式})$$

其检验原假设为：序列存在一个单位根；备选假设为：不存在单位根。

在进行 ADF 检验时，分别将各府州粮价时间序列带入式 5.1a、式 5.1b 和式 5.1c 进行估算，若其中任一检验结果为不存在单位根，则认为该序列为平稳序列。[1]

对于具有 I（1）序列的粮价时间序列，可以进一步展开协整检验。

首先，假设价格序列 P 的数据生成过程（DGP）是一个 m 阶 VAR 模型，即：

---

[1]　在确定滞后期时采用 AIC 准则（Akaike Information Criterion）进行确定，检验结果根据 MacKinnon 提供的单尾统计量临界值进行判断。

$$P_t = A_1 P_{t-1} + \cdots + A_m P_{t-m} + B x_t + \varepsilon_t \tag{5.2 式}$$

式中，P_t 为价格的（2×1）向量，所含 2 个价格变量为 $I(1)$ 序列，x_t 为 P_t 生成过程中包含的确定性成分，ε_t 是随机扰动项。

其次，将式 5.2 改写为：

$$\Delta P_t = C z_t + \alpha \beta' P_{t-1} + \sum_{n=1}^{m-1} \Gamma_n \Delta P_{t-n} + \varepsilon_t \tag{5.3 式}$$

式中，$\Pi = \alpha \beta'$，$\Pi = -(I - \sum_{n=1}^{m} A_n)$，$\Gamma_n = -\sum_{r=n+1}^{m} A_r$，$z_t$ 是价格序列 P_t 和协整方程中的确定性成分。[①]

最后，通过最大似然估计法（MLE），根据特征根最大值统计量 λ_{max}（$-T \ln(1-\lambda)$）迹统计量 λ_{trace}（$\lambda_{max} = -T \ln(1-\lambda)$，$\lambda_{trace} = -T \sum \ln(1-\lambda)$，$T$ 为样本数，为 λ 特征根），以 Osterwald-Lesnum 给出的临界值为标准，确定 Π 的秩。当 $rank(\Pi) = 1$ 时，则表明粮价时间序列间存在协整关系。[②]

二、实证分析结果

根据 ADF 检验结果显示，对于水平序列，永平府、陈州府和海州在5%显著水平下为平稳序列，定州和开封府在 10% 显著水平下为平稳序列；对于一阶序列，除许州外，其他府州均在 1% 显著水平下为平稳序列（检验结果见附表二和附表三）。

为最大限度地降低因序列平稳性造成"伪回归"的可能性，保证后续分析的可靠性，我们认为永平府、陈州府、海州、定州、开封府和许州 6 个府州的小麦价格序列均不满足 I（1）序列的条件。在后续的计量分析中对该 6 个府州的小麦价格序列不予纳入。

---

① 对于协整方程的形式，选取"无确定性趋势，并且协整方程带截距项"的模型；对于滞后期的确定，考虑到是季度数据，并借鉴卢峰和彭凯翔处理月度数据的方法，选取 4 阶滞后项估计 VAR 模型。参见卢峰、彭凯翔《中国粮价与通货膨胀关系（1987—1999）》，《经济学》（季刊）2002 年第 4 期。

② 对于结论的判断，当出现 λ_{max} 和 λ_{trace} 结果不一致时，根据恩德斯的意见，选择二者结果共同支持的结论。参见沃尔特·恩德斯著《应用计量经济学：时间序列分析》，杜江、袁景安译，机械工业出版社 2012 年版，第 302 页。

　　由此，可以对华北 44 个府州中的 38 个府州、703 组序列进行双变量协整检验。检验结果显示：在 10% 显著水平下，有 152 组、约合 22% 的序列配组具有协整关系；在 5% 显著水平下，有 124 组、约合 18% 的序列配组具有协整关系；在 1% 显著水平下，有 84 组、约合 12% 的序列配组具有协整关系（检验结果见附表四）。

　　从地域分布情况上看，如图 5.8 所示，10%、5% 和 1% 显著水平下的协整关系显示：华北地区各府州均与其他府州的小麦价格序列存在协整关系，大部分府州存在 4 组左右的协整关系，其中，又以直隶省的顺天府和冀州以及河南省除河南府外的其他府州具有协整关系的数量较多，且尤以河南省彰德府存在协整关系的数量最多，在 10%、5% 和 1% 显著水平下分别为 32 组、31 组和 25 组。就协整府州的范围看，华北 38 个府州分别在不同程度上与其他府州的小麦市场价格存在协整关系。

　　如前文所述，协整分析法以"一价定律"的理论假说为基础，由价格差和交易成本决定的套利空间更是市场贸易和整合的前提。结合前文估算的

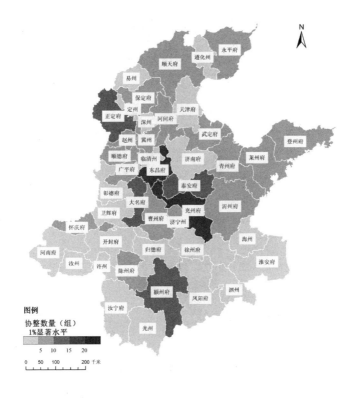

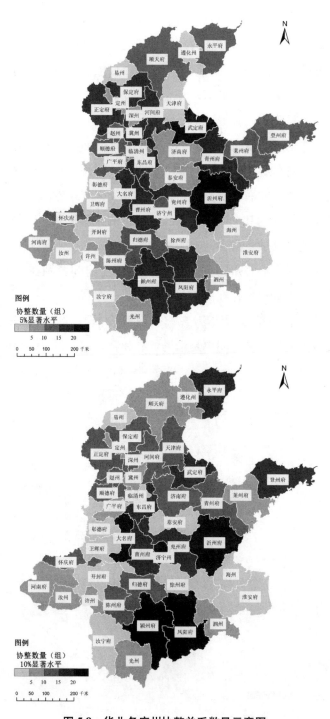

图 5.8 华北各府州协整关系数量示意图

华北水运小麦贸易经济可行的 0.076 两 / 石的最低价格差水平，可以计算出通过协整检验的府州间水运小麦贸易的套利空间。如表 5.7 所示，只有一组配组序列在理论上不具有可行性，其他府州的小麦市场间均存在套利空间。此外，还可以发现，随着统计条件限制的提高，存在协整关系的府州间的套利空间亦有相应增加。

表 5.7　存在协整关系府州间的小麦水运贸易套利空间

统计显著水平	协整组数	算数均值（两 / 石）	中位数值（两 / 石）	最大值（两 / 石）	最小值（两 / 石）	负值数量
10%	152	0.67	0.69	1.46	− 0.03	1
5%	124	0.70	0.75	1.46	− 0.03	1
1%	84	0.73	0.78	1.46	− 0.03	1

第三节　小　结

前述研究分析以自然灾害为代表的气候变化对清代华北粮食市场的价格影响不是很显著，鉴于市场整合是影响粮食价格波动的重要因素之一，其二者的相关关系不显著，可能是由于市场问题造成的，就此本部分进一步探讨这一时期华北的市场整合问题。由于地区利差或曰套利空间是形成市场联动的首要条件，其中贸易成本（包括装卸费用、运输费用和关税等）又是最主要的因素，经量化分析后发现 1776—1840 年华北地区的小麦市场，通过陆运方式进行小麦贸易不具有经济可行性，保守估计，超过九成的府州间的小麦贸易无法获利，只有极少数个别邻近府州间在理论上存在贸易利润空间。而水运方式则相反，华北小麦水运利润空间与府州间价格差和水运里程呈现出正相关的关系，其中利润空间与府州间价格差的相关性又更为显著，水运存在较大的利润空间，这为市场中的商贸活动提供了前提与基础。对于具体的市场整合分析，鉴于 1840 年鸦片战争前华北经济社会相对稳定，综合考量之后，采用了 Johansen 协整检验法，对乾隆四十一年至道光二十年华北 44 个府州间小麦价格进行分析，结果发现除一组配组序列在理论上不具有可行性外，其他府州的小麦市场间均存在套利空间，并且随着统计条件限制的提高，存在协整关系的府州间的套利空间亦有相应增加。故可以判断清代华北地区存在市场整合，其意义在于促进粮食的区域间流动，这在一定程度上减少了气候波动对于粮食价格的影响。

第六章 国家行为对气候变化影响的补偿

粮食价格的变化除了受气候外部冲击之外，政府对市场的干预亦会引起粮价的变化。对于粮食市场中的国家行为清代政府并未持有"重农抑商"态度，甚至在某些情况"袒护"粮商的利益。根据行为的性质，清代国家行为可分为灾伤赈济和价格调控两大类，其具体的实施主要依托蠲恤、田赋、关税、漕运和仓储等制度，并且在清代中后期，漕运制度和仓储制度在保障华北地区国家行为实施方面发挥了巨大的作用。清代在全国范围内也建立起了系统、完善的灾害收成奏报制度和灾伤奏报制度，以及监控市场粮食价格的粮价奏报制度，为国家行为的实施提供了可靠市场信息，保证了国家行为介入的及时性。

第一节 国家行为的制度构成

古代中国并未形成独立的国家干预市场制度。在诸种制度中，蠲恤制度中的各项安排与现代国家干预市场行为最为接近，并涉及田赋、关税、漕运和仓储等重要制度。

一、国家行为的思想渊源与基本理念

清代国家行为的思想渊源可追溯至上古时期的"保息"和"荒政"。先秦儒家经典《周礼》中提出的"以保息养万民"和"以荒政聚万民"是实现"安抚邦国"的必要方式，主张平时实施优抚民众的"保息"措施，凶年实施赈济民众的"荒政"措施。具体言之，保息养民之政有六项，即慈幼、养老、振穷、恤贫、宽疾、安富；荒政聚民之策有十二项，即散利、薄征、缓

刑、弛力、舍禁、去几、眚礼、杀哀、蕃乐、多昏、索鬼神。① 这些保息养民之政和荒政聚民之策构成了清代国家行为的思想渊源。

时至清代，"保息"和"荒政"思想在蠲恤制度中得以继承和发展。乾隆《钦定大清会典》在《蠲恤》一节开篇便言："古者以保息养万民，岁有不登则聚之以荒政。"径直溯源上古之"保民"和"荒政"思想。而后，又将之进一步解释为"国家频赐天下租税、鳏寡孤独者有养其保息，斯民者至矣；一方告饥，百出其道以拯救之，荒政于是乎详焉，所以有备无患而民不失其所也"。具体制度安排方面，清代的蠲恤制度包含"保息"之政十，即赐复、免科、除役、恤孤贫、养幼孤、收羁穷、安节孝、恤薄宦、矜罪囚、抚难夷；"荒政"之方十二，救灾、赈饥、平粜、贷粟、蠲赋、缓征、贩运、劝输、兴土工、抚流亡、奏报之限、灾伤之等。② 清代国家行为即是以此保息之政和荒政之方为依托开展实施的。

至于清代国家行为的基本理念，虽然中国传统政治文化中存在重农抑商的倾向，然而，通过对《清实录》中涉及粮食市场的史料的梳理发现，清代统治者的重农思想固然浓厚，但却没有明显的抑商倾向，反而是对粮商的贩运行为有所鼓励和支持，在实施相关国家行为时，国家亦非常注重对市场和市场重要主体商人的影响。如乾隆帝在回复苏州织造海保请免江南耗羡、以关税盈余补作各官养廉的奏折时，表示"商贾亦吾民"，地方官"当以清弊恤商为本"，拒绝了"以商恤农"的提议。③ 再如表 6.1 所示，乾隆四十一年至道光二十年的 65 年中，历朝皇帝均对商人贩运的行为有所鼓励。此外，

---

① 据郑玄注解，慈幼指爱护儿童，养老指以公养老，振穷指接济矜寡孤独，恤贫指给无财业者借贷，宽疾指宽待重病患者，安富指平均徭役；散利指出借籽种、口粮，薄征指减轻租税，弛力指停止徭役，舍禁指公无禁例，去几指取消市场关税，眚礼指凶荒杀礼，杀哀指停办凶礼，蕃乐指停止作乐，多昏指简办婚礼，索鬼神指修葺寺庙。参见（汉）郑玄注，（唐）贾公彦疏《周礼注疏》卷 10。

② 蠲恤制度包含的具体措施的名称在清代历朝有所不同，如光绪《钦定大清会典事例》中的"恤孤贫""赈饥""贩运""抚流亡"和"奏报之期"在乾隆《钦定大清会典事例》分别称为"振茕独""拯饥""通商""反流亡"和"奏报之限"，但二者内容一致。本书统一采用光绪《钦定大清会典事例》中的名称。

③ 《清高宗实录》卷 9，雍正十三年十二月乙未。

为鼓励商人贩粮，道光帝还先后十余次谕旨："准大通桥车户承买黑豆二万石，津贴车价。"①

表 6.1　《清实录》涉及清代中期倡商、便商贩粮记载摘录

时间	事项	资料来源
乾隆四十三年	如果有奸商囤积居奇，自当从重惩治，如系随时粜售，正当听其源接济，以利市廛	《清高宗实录》卷1058，乾隆四十三年六月辛丑
乾隆四十五年	（京师）各铺户前往通仓领买，自需脚费，应照现在市价酌为平减，以免赔累	《清高宗实录》卷1112，乾隆四十五年八月壬子
乾隆四十九年	如遇有商民前往豫省贩买麦石，务须公平粜卖，不可抬价遏籴……并咨会所过关津，此次如有豫省麦船前赴直隶贩售者，将应征税课，量为轻减，迅速放行	《清高宗实录》卷1005，乾隆四十九年三月壬辰
乾隆四十九年	如果有奸商在彼囤积即行查拏治罪，仍出示晓谕安分商民，俾粮石源源运往售卖，以资民食而平市价，方为妥善	《清高宗实录》卷1217，乾隆四十九年十月己酉
乾隆五十七年	商贩往来，务须听其自行流通，以有余补不足，断不可禁遏运粜……亦不必官为经理，或有扰累，转致裹足不前，祇须听商民自便	《清高宗实录》卷1401，乾隆五十七年四月戊辰
乾隆五十九年	如遇有商民前往豫省贩买麦石，务须公平粜卖，不可抬价遏籴……并咨会所过关津，此次如有豫省麦船前赴直隶贩售者，将应征税课，量为轻减，迅速放行	《清高宗实录》卷1451，乾隆五十九年四月乙酉
嘉庆七年	奉天、豫、东商运杂粮在京外各处售卖例不征税，本年该三省麦收丰稔，水陆运载自必源源而来，所有近京一带经过关津隘口，毋许留难需索，该管官尤当随时查察，务令商运流通	《清仁宗实录》卷99，嘉庆七年六月甲辰

① 《清宣宗实录》卷79，道光五年二月癸亥；卷96，道光六年三月壬午；卷156，道光九年三月辛丑；卷167，道光十年四月庚申；卷207，道光十二年三月乙丑；卷232，道光十三年二月戊辰；卷263，道光十五年二月丙辰；卷295，道光十七年三月己丑；卷308，道光十八年四月壬寅；卷320，道光十九年三月壬戌；卷332，道光二十年三月癸丑。

续表

时间	事项	资料来源
嘉庆九年	减各关盈余额税，定浙海关四万四千两、扬州关七万一千两、凤阳关一万七千两、西新关三万三千两、九江关三十六万七千两、浒墅关二十五万两、淮安关十二万一千两	《清仁宗实录》卷132，嘉庆九年六月戊辰
道光三年	以直隶连年灾歉暂免海运奉天米税	《清宣宗实录》卷63，道光三年十二月癸丑
道光四年	福建巡抚孙尔准奏，遵旨招募商人贩米赴天津籴济民食。得旨，办理甚好	《清宣宗实录》卷69，道光四年六月庚戌
道光四年	在台湾招募商民运米十四万石陆续抵津……此次运米原船带回货物，官给印照，所过关津加恩一律免其纳税	《清宣宗实录》卷72，道光四年八月甲子
道光六年	暂免（山东省武定府）利津、海丰二县海口商贩粮税	《清宣宗实录》卷98，道光六年五月己亥
道光十二年	以直隶被旱。命免奉天河南山东商船米税	《清宣宗实录》卷215，道光十二年丁未
道光十五年	以山东济南、东昌、武定等府歉收，粮价增昂，免奉天商贩进口粮税	《清宣宗实录》卷264，道光十五年三月辛酉
道光十九年	以直隶粮价渐昂，免奉天、河南、山东商贩米税	《清宣宗实录》卷322，道光十九年五月丁酉
道光二十年	以江苏歉收免各关商贩米税	《清宣宗实录》卷336，道光二十年七月辛卯

在商人贩粮与漕粮起拨在船只和水道使用上发生冲突时，统治者往往更倾向于支持粮商。乾隆五十二年，山东省和河南省粮商运20万石小麦至京师地区贩卖，时值京师粮价高昂、官方漕粮急于起拨，时任工部尚书金简奏请雇用当地商船运输漕粮，乾隆帝认为"将商民船只一并封雇，于民食大有关系"，予以否决，调天津官船赴山东省和河南省运输漕粮，使"商贩更无阻碍"①。乾隆五十七年，为便于南粮北运，时任山东巡抚吉庆奏请"于三进尾帮过济后，将天井、在城二闸严行封闭，以遏南泻之水。及帮船转运分

---

① 《清高宗实录》卷1279，乾隆五十二年四月己未。

水口后，即将寺前通济二闸严板贴席，使汶河蜀山湖之水全行北注"，但乾隆帝考虑到"运河原以济送漕船，但商贩船只亦资利济。若将南流之水阻遏，于漕船北上固属有益，而民间商贾必致阻滞"，于是传谕吉庆"将闸河相机启闭，酌筹尽善。固不可贻误漕运，亦不可令商贩稍有阻遏"①。除了对商人正常贩粮不加阻碍外，国家有时甚至会协助粮商。如乾隆五十四年，时任山东巡抚长麟在处理境内商人贩粮事宜时，"严饬委员，不许封雇往来商船，所有东省受兑装运米石不敷船只，即将空闲拨船通融载用"，后因此得到乾隆帝的赞赏——"深得大臣之体，实属可嘉。着赏给大荷包一对、小荷包二对，以示优奖"，并"将此传谕知之"②。

在处理农户和商人之间的矛盾时，统治者也不会偏袒农户、打压商人，而是以居中持正的态度加以调解。如乾隆五十一年，山西省"豪强富户"趁河南省受灾贫民青黄不接之时，"越境放债""贱买贵卖"农户田地，乾隆帝在处理此事时，认为"此等贱买贵卖之田，核其原价，勒限听原主收赎"，土地孳息"仍令原主收回刈割，除原价归还外，酌量给予一二分利息"，无力赎回农户"先令退还一半，余俟陆续赎回"，同时顾及了双方的利益，未有意打压任何一方。而且，乾隆帝更多考虑的是防止胥吏从中作梗获利，"至地方官查办地亩，倘有不肖书役、吏胥从中藉端勒索，滋扰闾阎，以致富户、贫民两受其累，则是该抚等办理不善，一经发觉，除将本人严行惩治外，必将该抚藩等一并治罪"③。

甚至在处理商人遇市价高昂、囤积粮食时，国家对商人的态度亦比较"温和"。如乾隆四十三年，时任直隶总督周元理奏请查处通州粮商"囤积"的 20 万石小麦时，乾隆帝的反应不是直接予以没收，而是先派官员实地查看，并指出如果确是"囤积图利、观望居奇"，"自应查明入官，以示惩儆"，但如果不是则允许其"凑集在通售卖，并非囤积居奇，止须谕令平价速粜"。嘉庆二十三年，在查明东安县铺户"囤积粮食，数至六七万石之多"的实情后，只是"除各铺所囤粮食准其每种酌留一百六十石外，余俱押令流通

---

① 《清高宗实录》卷 1403，乾隆五十七年闰四月丙申。
② 《清高宗实录》卷 1339，乾隆五十四年九月丁未。
③ 《清高宗实录》卷 1255，乾隆五十一年五月辛未。

粜卖"，即使官仓采买，也要"照该铺原买价值，公平发价采买，不得抑勒克扣"①。

二、国家行为的分类

根据乾隆《钦定大清会典》、同治《钦定户部则例》、光绪《钦定大清会典事例》和光绪《钦定大清会典》等政书的记述，以行为性质为标准，清代国家行为可分为灾伤赈济和价格调控两大类。

所谓灾伤赈济，是指国家在发生自然灾害或市场正常运行受阻后，对受影响地方及当地贫困民众进行相应的救济，具体包括赏给、缓征、减免、借贷和改征等五小类行为。其中，赏给，是指国家无偿给予民众口粮的行为；减免，是指部分或全部免除民众应缴的地丁税赋；缓征，是指对民众应缴、应还的钱粮租赋予以暂缓征收的行为；借贷，是指国家借给民众口粮和农资的行为；改征，是指国家将额定应征的粮食品种改为其他品种的粮食。由此可知，虽然国家的灾伤赈济行为未直接针对粮食市场实施，但受古代中国的农本社会性质影响，国家的灾伤赈济行为的各类具体举措均会不同程度地与粮食市场发生关联，从供给和需求两个层面同时对粮食市场的运行产生作用。

所谓价格调控，是指在粮食市场出现异常变动，可能对普通社会民众正常生活产生负面影响时，国家采取的粮食籴粜行为，即在粮食市场价格较低时根据市价进行的国家粮食买入，在粮食市场价格较高时国家在市价的基础上进行的粮食减价卖出。

这里还有一点需要特别说明：国家施行的截留和调运也会对粮食市场的价格产生影响，但通常情况下，所截留和调运的粮食或是源于各地常平仓所存粮食，或是源于他地采买。也就是说，截留和调运粮食在本质上或为延时籴粜，或为即时籴粜，就其最终仍根植于国家的籴粜行为，故无须再单独列出。

清代的这些国家行为均在清政府建国之初便已设立，后不断调整、完

---

① 《清高宗实录》卷1058，乾隆四十三年六月戊戌；《清仁宗实录》卷352，嘉庆二十三年十二月己卯。

善，到乾隆朝中期形成定制。它们在实施过程中，主要依托于蠲恤、田赋、关税、漕运和仓储等制度中的相关具体规则。

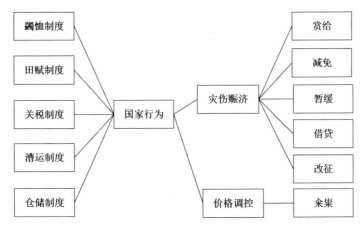

图 6.1　清代国家干预粮食市场行为与相关制度关系示意图

如图 6.1 所示，灾伤赈济和价格调控两大类，赏给、减免、缓征、借贷、籴粜和改征等六小类国家行为，与蠲恤制度、田赋制度、关税制度、漕运制度和仓储制度的关系有以下特征：粮食市场中的国家行为并未有专门的制度依托，而是建立在蠲恤制度、田赋制度、关税制度、漕运制度和仓储制度等制度的基础之上，国家行为在实施时需要遵循这些制度中相关的细则。而且，在通常情况下，某一具体的国家行为实施往往涉及多个制度细则：如田赋制度为赏给、缓征和减免等行为提供了具体措施的实施规则。

三、漕运、仓储制度与国家行为的物质保障

清代在前朝的基础上，建立起了系统、完善的漕运制度和仓储制度，为国家治理的诸多行为提供了坚实的物质保障。虽然乾隆朝中期以后，漕运制度和仓储制度由于政治腐败、官吏贪污等原因逐渐衰落。但根据《清实录》中相关史料记载，至少在乾隆四十一年至道光二十年的 65 年间，漕运制度和仓储制度在保障华北地区国家行为实施方面发挥了巨大的作用。如乾隆四十七年，山东省兖州府和曹州府等府州属遭遇水灾，于江西帮船内截留米 30 万石，以资接济；乾隆五十年，河南省卫辉府一带遭遇旱灾，先后截留河南省和山东省粮谷 30 万石，调解运库银 100 万两，以资赈恤之用；乾隆五十九年，河南省卫辉府、怀庆府和彰德府三府所属遭受水灾，截留漕

运米豆近 5.9 万石用以赈济；嘉庆五年，为赈恤江苏省徐州府萧县、砀山县
和徐州卫三地被水灾民、军丁，拨解淮安关、扬州关、凤阳关等江南地区
各税关官银 36 万两，徐州府砀山、铜、丰、沛、宿等州县常平仓调运麦豆
1.7 万石展赈，并于十月截留徐州府属各州县本年漕粮 4 万余石备赈；嘉庆
十一年，拨给江苏省淮安府清河、盐城、海、安东等四州县仓谷 10 万石备
赈；嘉庆十六年，拨长芦运库银 50 万两，分解河南省和安徽备赈；嘉庆十八
年，拨奉天官仓粟米 20 万石，并截留湖广漕船稜米 5 万石备赈直隶省顺德
府、广平府和大名府三府被旱灾民；嘉庆二十四年十二月，截留山东泰安等
38 个州县漕米麦豆 10.4 万石万留于本省备赈；道光四年，因江苏省淮安府
山阳县和清河县二县突遭水患，截留本府属各州县 1.5 万石漕粮备赈；道光
十二年，拨户部库银 100 万两运赴直隶省，并碾常平仓谷 20 万石、截留江
西新漕 30 万石存储天津北仓备赈；道光十三年，直隶地区因灾粮价有激增
的趋势，从奉天、河南和山东三省调拨粮食 40 万石备用。① 诸多事例在很
大程度上可以说明，无论是调运钱粮的数量规模，还是调运钱粮所涉及的区
域范围，至少至道光朝，清代国家调运钱粮所依托的漕运制度和仓储制度的
运行仍旧比较顺畅。②

　　清代沿前代旧制，每年从山东、河南、江苏、浙江、安徽、江西、湖
北和湖南等 8 个省份征收漕粮和白粮，运至京通仓用以国家支度和储备。根
据光绪《大清会典事例》记载，清代漕运粮食分为正兑漕粮、改兑漕粮、白
粮、小麦、黑豆、折粮等类目。其中，折粮标准为 0.5—0.7 两 / 石不等，因

---

① 《清高宗实录》卷 1163，乾隆四十七年八月壬午；卷 1226，乾隆五十年三月辛酉、壬戌；
　　卷 1230，乾隆五十年五月己未。《仁宗实录》卷 69，嘉庆五年六月丙辰；卷 75，嘉庆五
　　年十月甲戌；卷 166，嘉庆十一年九月丁卯。卷 247，嘉庆十六年八月乙未；卷 270，嘉庆
　　十八年六月癸丑；卷 365，嘉庆二十四年十二月壬子。《宣宗实录》卷 76，道光四年十二
　　月辛酉；卷 215，道光十二年七月壬子；卷 236，道光十三年四月辛酉；卷 238，道光十三
　　年六月庚子。
② 相关研究参见 Will, P., Wong, R., B., and Lee, J., *Nourish the People：the State Civilian
　　Granary System in China*, 1650–1850, Michigan：University of Michigan, 1991；魏丕信
　　《十八世纪中国的官僚制度与荒政》，人民出版社 2006 年版；江太新、李治亭《清代漕
　　运》，社会科学文献出版社 2008 年版；李明珠《华北的饥荒：国家、市场与环境退化》，
　　人民出版社 2016 年版。

是折银而非纳食，我们不予考虑。如表 6.2 所示，清代每年额定漕粮规模约为 428.32 万石，由京通二仓分贮。其中，正兑漕粮 330 万石、小麦 3.46 万石、黑豆 15 万石，运贮京仓；改兑漕粮 70 万石，运贮通州仓；白粮 9.9 万石，由京通二仓分贮。此外，所征白粮分别征自江苏省的苏州府、松江府、常州府、太仓州，浙江省嘉兴府和湖州府等六府州。

表 6.2　清代漕粮额定数量情况

	正兑（石）	改兑（石）	白粮（石）	小麦（石）	黑豆（石）	小计
山东	280000	95600		9914	82114	467630
河南	270000	110000		24653	67934	472587
江苏	1113000	93550	69025			1275575
安徽	387000	200450				587450
江西	400000	170000				570000
浙江	600000	30000	29975			659975
湖北	122942	0				122942
湖南	127057	0				127057
小计	3300000	699600	99000	34569	150049	4283217

数据来源：光绪《钦定大清会典事例》卷 194，《户部四三·漕运·额征漕粮》。
注：①小麦和黑豆为正兑额度；②表中数额均不包括加耗和折粮。

仓储制度为古代中国历代统治者所重视，即使在当今社会，粮食储备仍具有极其重要的地位。习近平总书记曾经指出："设立常平仓是我国的传统，在稳市、备荒、恤农方面具有重要作用。我国地域广阔，国家粮食储备适当多储一点、多花一点钱，安全系数高一点是必要的，但也要讲性价比、讲效率效益。政府也不能完全包揽，要调动市场主体收储粮食的积极性，有效利用社会仓储设施进行储粮。"经过不断的完善和发展，清代建立起了主要由京通仓、常平仓、预备仓、盐义仓、旗仓、社仓和义仓为主体的粮食仓储体系。其中，除社仓和义仓由民间社会筹办，具有民间互助性质外，其他粮仓由国家官方经营，是国家干预粮食市场的物质基础。

顺治朝初年，国家在京城设禄米仓、南新仓、旧太仓、海运仓、北新仓、富新仓、兴平仓和太平仓等 8 仓，在通州设西仓、中仓和南仓等 3 仓，粮仓共计 478 廒。后经各朝增设、拆并、裁减，至清代中期京师有禄米仓、南新仓、旧太仓、富新仓、兴平仓、海运仓、北新仓、太平仓、本裕仓、万安仓、储济仓、裕丰仓和丰益仓等 13 仓，通州有西仓和中仓等 2 仓，粮仓共计 1206 廒。

自汉代以来，常平仓制度在历朝历代价格调控中发挥着重要的作用，发展到清代，受到认为"积贮乃天下之大命"的康熙帝的重视，从康熙朝便开始大力建设，一直持续到乾隆朝后期，最终形成了覆盖全国县级行政单位的庞大粮食仓储网。康熙三十年，国家对直隶常平仓粮食储存量做出统一规定：大县 5000 石、中县 4000 石、小县 3000 石。此后，经过康熙四十三年、雍正十三年、乾隆九年、乾隆十三年、乾隆十五年、乾隆四十七年、乾隆四十九年、乾隆五十二年和乾隆五十四年等多次修订，最终确定了全国各州县常平仓的粮储定额，直至清末。① 乾隆五十四年后，华北 44 府州共设有常平仓 368 个。其中，在 349 个县级行政区中，除颍州府涡阳县外，均设有常平仓；遵化州、易州、冀州、赵州、深州、定州、济宁州、临清州、许州、光州、汝州、海州和泗州等 13 个直隶州本州，均各设常平仓；在天津府的盐法道和沧州分司、济南府的德州卫、泰安府的东平所、东昌府的东昌卫和临清卫等 7 处亦各设有常平仓。

清代的预备仓继承自明代，主要设于河南省和安徽省。盐义仓属于专门粮仓，设于两淮、江西、浙江等盐场，用于当地盐场灶户事务。旗仓设于关外的盛京和吉林，用于八旗事务，华北地区没有。

此外，还需说明的是，清代常平仓储粮量以"谷"计量，其他各种粮食均以一定比率折算载册。其中，山东省豆、菽、杂粮 1 石，麦 6 斗，折谷 1 石；河南省黑豆、高粱 1 石，麦 7 斗，折 1 石；江苏省大麦 1 石，米、黄豆、小麦 5 斗，折谷 1 石；安徽省大麦、粟谷、秫 1 石，粟米、黄豆、小麦 5 斗，折谷 1 石。②

---

① 光绪《钦定大清会典事例》卷 190《积储·常平谷数》。
② 同治十三年《钦定户部则例》卷 17《仓庾三·田赋三·常平仓储章程》。

《清实录》中每年岁末均有"会计天下谷数"一项，记录当年全国各省存仓米谷数量。如图 6.2 所示，乾隆朝中后期全国存仓米谷在 4.1 亿石水平上下，在嘉庆朝前期急速降至 3 亿石水平，后到嘉庆朝末年逐渐恢复至 3.7 亿石水平，道光朝则基本保持在 3.2 亿石水平。由此可见，清代中期全国粮仓存储粮确有大幅下降，但就其整体规模而言，仍有较大体量。

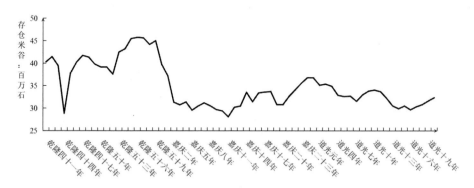

图 6.2　清代中期全国直隶各省存仓米谷年度变动情况

注：嘉庆元年湖南省、湖北省和福建省福州府，嘉庆八年湖北省、陕西省和福建省，道光三年直隶省武清县等 31 州县、江苏省、福建省台湾府，道光四年江苏省和福建省，道光十二年福建省，道光十六年福建省和湖南省，道光十九年湖南省、福建省和台湾府，当年册报未到，据笔者估计应按上年数额计算。

就华北官营粮仓储存量而言，李文治和江太新整理出了京通二仓顺治十年至光绪二十四年的历年结存量。[①] 目前，笔者未找到常平仓、预备仓和盐义仓历年的储粮数据，但在同治《钦定户部则例》中找到了三者在全国各州县的分布和额定储量。结合光绪《钦定大清会典事例》中《仓庾》和《积储》部分的记述，常平仓等官营粮仓到乾隆朝后期已基本形成定例，其后之同治朝并未出现重大变化。因此，同治《钦定户部则例》中《直省常平仓额储表》《河南安徽二省预备仓粮额储表》和《盐义仓额储表》可以反映乾隆四十一年至道光二十年期间华北常平仓、预备仓和盐义仓等粮仓的粮食额储粮。如表 6.3 所示，清代中期华北 44 府州官营粮仓共有 429 个，储粮量约

---

① 李文治和江太新整理的数据中有部分年份缺失。参见李文治、江太新《清代漕运》，中华书局 1995 年版，第 54—58 页。

为 1382 万石，占全国总储粮的四成以上。

表 6.3　清代中期华北 44 府州官营粮仓储粮情况

所在府州	类别	粮仓数量（廒）	额定储量（石）
顺天府	京通仓	15	5306879
	常平仓	24	336918
保定府	常平仓	13	253000
永平府	常平仓	7	94000
河间府	常平仓	11	168000
天津府	常平仓	9	84389
正定府	常平仓	14	200036
顺德府	常平仓	9	122000
广平府	常平仓	10	155000
大名府	常平仓	7	124000
遵化州	常平仓	3	48000
易州	常平仓	3	53822
冀州	常平仓	6	98000
赵州	常平仓	6	80000
深州	常平仓	4	52000
定州	常平仓	3	42000
济南府	常平仓	17	471000
兖州府	常平仓	11	183000
泰安府	常平仓	8	115000
武定府	常平仓	10	170000
沂州府	常平仓	7	131000
曹州府	常平仓	11	253000
东昌府	常平仓	12	227000
青州府	常平仓	11	306000
登州府	常平仓	10	376300
莱州府	常平仓	7	317000
济宁州	常平仓	4	204000

所在府州	类别	粮仓数量（廒）	额定储量（石）
临清州	常平仓	4	195000
开封府	常平仓	16	441000
	预备仓	12	126000
陈州府	常平仓	7	193000
归德府	常平仓	8	222000
彰德府	常平仓	7	173000
	预备仓	6	60000
卫辉府	常平仓	10	250000
	预备仓	10	100000
怀庆府	常平仓	8	207000
	预备仓	6	60000
河南府	常平仓	10	251000
汝宁府	常平仓	9	236433
许州	常平仓	5	125000
光州	常平仓	5	125000
汝州	常平仓	5	105000
淮安府	常平仓	6	120000
	盐义仓	2	67000
徐州府	常平仓	8	180000
海州	常平仓	3	76000
	盐义仓	2	34200
凤阳府	常平仓	7	132000
	预备仓	3	100000
颍州府	常平仓	6	92000
	预备仓	6	100000
泗州	常平仓	4	80000

注：顺天府京通仓额定储量一项为乾隆四十年至道光二十年年均结存量。

乾隆四十一年至道光二十年的 65 年间，虽然由于各种原因，漕粮和华北各地粮仓储粮的实际数量在一些年份均不能达到额定指标，但由于皇帝重视，在出现仓储缺额后，会及时补缺。如嘉庆十九年，时任御史孙汶根据山东省泰安府、兖州府和曹州府等地方在嘉庆十八年连遭灾伤歉收后，"未闻以开仓平粜赈贷为请者"，由此判断"可见仓廒并无实贮"，并以奏明。嘉庆帝得知后立即谕旨各省清查仓储，及时采买补仓。此后至次年，各省督抚均将本省仓储情况清查、买补。①而且，由于其整体体量的巨大，仍旧为国家干预粮食市场提供了坚实的物质基础。

四、奏报制度与国家行为的信息支持

为及时、准确掌握粮食供给和需求情况，清代在全国范围内建立起了系统、完善的应对自然灾害的收成奏报制度和灾伤奏报制度，以及监控市场粮食价格的粮价奏报制度，为国家行为的实施提供了可靠市场信息，保证了国家行为介入的及时性。

收成奏报方面，清代的规定，各省督抚需奏报年岁收成分数，除随时具折奏报外，需将通省夏收、秋收分数据实、按时奏报。清代华北地区收成奏报的时限在乾隆元年和乾隆八年被确定。其中，乾隆元年谕旨规定，山东省每年七月题报麦收分数、九月和十一月题报秋收分数，安徽省每年六月题报夏收分数、十月题报秋收分数，直隶省每年六月题报夏收分数、十一月题报秋收分数；乾隆八年谕旨规定，江苏省每年七月题报夏收分数、十一月题报秋收分数。嘉庆二年，还对题报收成分数的形式做出具体规定："嗣后各省督抚，每年按例题报收成分数各本，惟就本年情形，简明叙列，以便一目了然，毋得牵叙例案，至滋繁冗。"②此外，各省督抚还需题报约收分数，即根据气候和种植情况，在题报实收分数前1—2个月预估当地收成分数加以上报。若在题报约收分数后，再发生旱涝虫伤，则"该督抚即当据实续行入告，断不可因奏报约收在先，稍存讳饰"③。由于对约收分数的掌握有益于对

---

① 参见《清仁宗实录》卷 296，嘉庆十九年九月辛丑；卷 297，嘉庆十九年九月甲辰；卷 299，嘉庆十九年十一月壬子；卷 312，嘉庆二十年十一月庚戌。

② 同治十三年《钦定户部则例》卷 9《田赋三·题奏收成》；光绪《钦定大清会典事例》卷 177《户部二十六·田赋·奏报秋成》。

③ 《清仁宗实录》卷 71，嘉庆五年七月甲午。

粮食市场的预期、减少市场不确定性，有助于国家行为的有效实施，清代统治者十分重视，对约收分数奏报不实的官员非常严厉。如嘉庆十九年，嘉庆帝在了解畿辅一带天气情况后，认为时任总督那彦成所报约收分数有误，大发雷霆，传谕内阁称那彦成所奏"一派虚词，全不足据"，并传旨各省督抚加以申饬，"若再有虚饰，经朕查出，必将该督严惩不贷"①。

　　灾伤奏报方面，清代在国家建立之初便对灾伤奏报事项进行了规定。顺治六年，规定若有灾害发生，各省总督、巡抚、按察使等省级官员，须即行上奏受灾情形和田亩面积。顺治十七年，规定各省奏报灾情，夏灾限于六月底前、秋灾限于七月底前奏报。雍正六年，规定受灾后，需在 45 日内上报灾情。乾隆十二年，对连续多次受灾的上报期限进行了进一步细化规定，若新灾距原报情形之日未过 15 日，奏报期限不变，即仍为 45 日；若新灾距原报情形之日大于 15 日，上报期限可增加 20 日，即可增至 65 日；如果新灾发生于原灾 45 日期限以外者，重计奏报期限。②

　　粮价奏报方面，清代粮价奏报始于康熙朝中期，至乾隆朝初期形成定制。康熙三十二年，康熙帝在收到苏州织造李煦呈报的包含苏州米价内容的密折时批复："秋收之后，还写帖奏来。"此后，可直接向皇帝呈递奏折的官员均开始奏报治下地方粮价。乾隆元年五月，乾隆帝颁发谕旨："各省巡抚具折奏事时，可将该省米粮时价开单，就便奏闻。"在全国范围内推行粮价奏报制度。乾隆三年二月，乾隆帝以湖广总督德沛奏报的"湖北、湖南（乾隆二年）十二月米麦时价清单"为蓝本，统一了粮价奏报单的格式，并一直沿用至清代结束。如图 6.3 所示，清代粮价的奏报程序是：首先，县级行政官员搜集本县粮价信息，以月报和旬报的形式上呈；其次，府级行政官员查核粮价信息，并在各州县中取最高和最低价形成本府粮价信息，以月报的形势上呈；再次，省级行政官员（布政使）核查并综合各府州粮价月报信息，分府开列粮价信息单上呈；最后，由各省总督（巡抚）查核后将本省各府月

---

① 《清仁宗实录》卷 290，嘉庆十九年五月己亥。
② 同治十三年《钦定户部则例》卷 84《蠲恤二·查勘灾赈事例》；光绪《钦定大清会典事例》卷 288《户部一三七·蠲恤·奏报之限》。

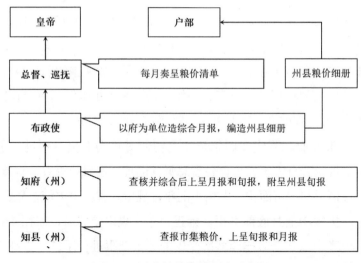

图 6.3　清代粮价奏报程序示意图

注：此图根据王业键的研究整理而得，参见王业键《清代的粮价陈报制度》，《故宫季刊》
　　1978 年第 1 期。

度粮价单上呈皇帝审阅。[1]

第二节　国家行为的规则

　　古代中国自然灾害频仍，尤其是清代，灾害次数和频率更是超过以往
历代。[2] 自然灾害引起的灾伤歉收往往是赏给、减免、缓征、借贷和籴粜等
国家行为实施的主要原因和前提条件。清代各朝政书所记载的有关这些国家
行为的实施规则也多是基于灾伤歉收的情形而定。国家在实施赏给、减免、
缓征、借贷和籴粜等具体行为时，往往会结合实施。其中，赏给行为最为及
时，遇有灾害便快速实施；减免和缓征行为虽然在时间上有所滞后，但力度
最大；借贷、籴粜和改征行为则主要作为一种辅助性措施实施，对受灾轻微
但影响收成地方的农业生产十分有益。

---

[1]　王业键：《清代的粮价陈报制度》，《故宫季刊》1978 年第 1 期；王砚峰：《清代道光至
　　宣统间粮价资料概述——以中国社科院经济所图书馆馆藏为中心》，《中国经济史研究》
　　2007 年第 2 期；余开亮：《粮价细册制度与清代粮价研究》，《清史研究》2014 年第 4 期。

[2]　葛全胜：《中国历朝气候变化》，科学出版社 2011 年版。

一、赏给行为

清代国家赏给行为的对象以遭受自然灾害的灾民为主，赏给物品为口粮和银钱，其基本规则在乾隆朝前期已成定制。在遭遇灾伤时，各地督抚在奏报同时，首先均给受灾饥民 1 个月口粮，然后再根据灾伤分数和受灾者贫富程度续给抚恤。被灾 10 分极贫灾民再给 4 个月口粮、次贫灾民再给 3 个月口粮，被灾 9 分极贫灾民再给 3 个月口粮、次贫灾民再给 2 个月口粮，被灾 7 分和 8 分极贫灾民再给 2 个月口粮、次贫灾民再给 1 个月口粮。如需特别赏给口粮，督抚可"临时题请"。每户计口日给米 5 合，儿童减半。[①]

通常情况下，国家的赏给行为以粮食为主，"如仓谷不敷，再行动拨银两，本折兼放"，所给银两数目"则依时价以银代给"[②]。对于赏给口粮和银钱比例，也有特别规定，应根据发赈时间设定粮钱比例，如乾隆帝曾于乾隆五十二年在晓谕时任山东巡抚明兴时指出，初赈时，"民间甫经秋收，尚有粮食，可以籴买，自可放给折色"；至二赈三赈时因"为时较久，民间米价缺短"，应当"银米兼放"，如此行事"方足以资接济"[③]。此外，京师和各地省会每年均会设厂煮赈，赏给口粮。京师五城每年农历十月初一日至次年三月二十日开厂煮赈，每城每日给米 10 石、柴薪银 1 两。各地省会照京师五城之例，于十一月（农历）煮赈一月。[④]

除了赈恤灾伤歉收外，给予八旗兵丁钱粮也是清代国家赏给行为的重要组成部分。乾隆四十五年谕旨："此后著将直督解到银两，足敷普行赏给八旗兵丁一月钱粮时，普赏一次。"[⑤] 由此成为定例，只要每年直隶解银充足，则于十一月或十二月普赏八旗兵丁 1 个月钱粮。而且，由于"念该兵丁等寒冬岁暮，生计维艰"，自乾隆五十三年起，"直隶解京银两充足"不再成为限制。如乾隆五十五年、乾隆五十六年、乾隆五十九年、乾隆六十年和嘉

---

① 乾隆《钦定大清会典》卷 19《蠲恤》；同治十三年《钦定户部则例》卷 84《蠲恤二·查勘灾赈事例》。

② 《清宣宗实录》卷 222，道光十二年闰九月癸巳；同治十三年《钦定户部则例》卷 84《蠲恤二·查勘灾赈事例》。

③ 《清高宗实录》卷 1293，乾隆五十二年十一月丙戌。

④ 同治十三年《钦定户部则例》卷 84《蠲恤二·查勘灾赈事例》。

⑤ 《清高宗实录》卷 1118，乾隆四十五年十一月壬午。

庆二十五年等年份，"直隶解到租银虽不足敷赏赉之用"，但在"节年租存项下拨补足数"后，正常发放，"俟直隶旗租解到再行归款"①。

二、减免行为

清代国家规定，如遇灾伤歉收，应缴地丁正赋根据被灾轻重做相应减免，如表6.4所示，减免力度逐渐自顺治朝期逐渐加大。到清代中期减免税收的定制为：受灾分数和正赋减免均以10分计算。其中，被灾10分者，减免正赋7分；被灾9分者，减免正赋6分；被灾8分者，减免正赋4分；被灾7分者，减免正赋2分；被灾6分和5分者，减免正赋1分。②而且，国家还会不定时地对因灾常年积欠的款项给予相应的减免，如乾隆五十年，免除了顺天府、保定府、河间府、天津府、广平府、大名府、遵化州和赵州等8个府州所属的49个州县，乾隆四十一年至四十九年农户因灾借贷的13.68万石谷米豆麦积欠。③

表6.4 清代减免赋税的规定情况

时间	规定
顺治十年	被灾八九十分者，免十分之三；被灾五六七者，免十分之二；被灾四分者，免十分之一
康熙十七年	歉收地方，除五分以下不成灾外，六分者免十分之一，七八分者免十分之二，九十分者免十分之三
雍正六年	被灾十分者免七分，九分者免六分，八分者免四分，七分者免二分，六分者免一分
乾隆元年	加被灾五分者免十分之一

资料来源：光绪《钦定大清会典事例》卷288《户部一三七·蠲恤·灾伤之等》。

此外，除了灾伤歉收外，皇帝寿诞和新帝登基、谒陵祭祖、木兰围猎、

---

① 《清高宗实录》卷1369，乾隆五十五十二月甲子；卷1392，乾隆五十六十二月癸丑；卷1466，乾隆五十九年十二月庚申；卷1492，乾隆六十年十二月辛卯。《清宣宗实录》卷9，嘉庆二十五年十一月乙亥。

② 同治十三年《钦定户部则例》卷84《蠲恤二·恩蠲灾蠲事例》；光绪《钦定大清会典事例》卷288《户部一三七·蠲恤·灾伤之等》。

③ 《清高宗实录》卷1227，乾隆五十年三月乙亥。

巡幸游历和兵丁贼匪滋扰等情况下，国家也会实施相应的减免行为。皇帝寿诞和新帝登基方面，在乾隆四十一年至道光二十年的 65 年间里，乾隆四十二年因孝圣宪皇后九旬大寿，乾隆四十五年因乾隆帝七旬大寿，乾隆五十五年因乾隆帝八旬大寿，乾隆五十九年天象上元月食修德，乾隆六十年因嘉庆帝次年登基，嘉庆四年因乾隆帝驾崩，嘉庆二十三年因嘉庆帝六旬大寿等年份先后 7 次下旨普免天下钱粮、积欠。①

　　谒陵祭祖方面，在清代政治文化中"孝道"占据重要地位，皇帝几乎每年都要恭谒先祖帝陵。根据《清实录记载》，在乾隆四十一年至道光二十年的 65 年间里，皇帝恭谒的先祖帝陵，包括位于东北奉天府的盛京祖陵，恭谒 4 次；位于直隶省遵化州的东陵，恭谒 35 次；位于直隶省易州的西陵，恭谒 36 次。通常而言，会减免所有沿途经过地方当年地丁钱粮十分之三，个别年份也有加恩多免的情形，如嘉庆十四年、嘉庆二十三年恭谒东陵，乾隆四十二年、乾隆五十一年、嘉庆五年、嘉庆七年、嘉庆八年、嘉庆十五年、道光七年、道光十五年和道光二十年恭谒西陵，乾隆四十八年、嘉庆十年、嘉庆十四年和道光九年恭谒盛京祖陵，均加恩减免十分之五②；嘉庆二十三年恭谒盛京祖陵、东陵和西陵，加恩减免十分之七③；嘉庆五年恭谒东陵和嘉庆十六年恭谒西陵时更是分别减免了所经地方当年的全部额赋和新

---

① 乾隆四十二年，孝圣宪皇后未至九旬大寿之日便已仙驭升遐。乾隆四十五年普免天下的谕旨在乾隆四十三年十月便已拟定。参见《清高宗实录》卷 1025，乾隆四十二年正月庚寅、乙未；卷 1068，乾隆四十三年十月己未；卷 1346，乾隆五十五年正月己丑；卷 1349，乾隆五十五年二月戊寅；卷 1458，乾隆五十九年八月己巳；卷 1488，乾隆六十年十二月乙酉。《清仁宗实录》卷 55，嘉庆四年十一月癸酉；卷 352，嘉庆二十三年十二月辛巳。

② 乾隆四十二年，恭谒东陵时，减免了易州当年地丁钱粮的十分之七，其他沿途经过地方减免十分之五。嘉庆十四年恭谒两陵时，均于先减免十分之三，后又加免十分之二。参见《清高宗实录》卷 1030，乾隆四十二年四月己酉；卷 1187，乾隆四十八年八月乙亥；卷 1249，乾隆五十一年二月丁酉。《清仁宗实录》卷 61，嘉庆五年三月戊辰；卷 95，嘉庆七年三月戊寅；卷 117，嘉庆八年十月戊寅；卷 147，嘉庆十年七月甲戌；卷 207，嘉庆十四年二月丁未、辛亥；卷 208，嘉庆十四年三月丁卯。《清宣宗实录》卷 126，道光七年九月庚申；卷 159，道光九年八月丙戌；卷 270，道光十五年八月甲申；卷 341，道光二十年十一月庚寅。

③ 均先加恩减免十分之五，后又再免十分之二。参见《清仁宗实录》卷 244，嘉庆二十三年七月甲子；卷 248，嘉庆二十三年十月辛未。

旧积欠①；此外，嘉庆七年恭谒两陵时还分别加赏了所经地方贫民棉衣 2 万件和 1 万件。②

木兰围猎方面，清代统治者原为满族游牧民族，在入关定居建国后仍保持着秋狝木兰的传统。根据《清实录》相关记载，正常情况下，皇帝每年五月（嘉庆七年后每年七月）前后启銮至避暑山庄，在八月前后回銮时实行木兰围猎，而对沿途所经地方会减免当年额赋的十分之三，个别年份亦会加恩多免，如乾隆五十九年和嘉庆三年减免十分之四，乾隆五十七年、嘉庆十一年、嘉庆十五年和嘉庆二十四年等减免十分之五，嘉庆七年减免十分之七，嘉庆四年全行豁免。③值得注意的是，道光帝登基后夏季不再启銮避暑山庄，秋狝木兰的地点改为京郊南苑，施恩对象亦改为南苑苑户。

巡幸游历方面，根据《清实录》相关记载，在乾隆四十一年至道光二十年的 65 年间里，皇帝巡幸的地点主要有江南、山东、天津、五台山、盘山和丫髻山等地。其中，乾隆四十五年和乾隆四十四年两次巡幸江南及周边地区，乾隆四十一年和乾隆五十五年等年份 2 次巡幸山东，乾隆五十三年、乾隆五十九年和嘉庆十三年等年份 3 次巡幸天津，乾隆四十六年、乾隆五十一年、乾隆五十七年和嘉庆十六年等年份 4 次巡幸五台山，乾隆四十七年、乾隆五十年、乾隆五十二年、乾隆五十四年、乾隆五十八年和嘉庆二年等年份 6 次巡幸盘山，道光十七年巡幸丫髻山。另外，还有诸多巡幸京畿其他地方的记载。通常而言，每次巡幸均会减免所经地方当年额赋十分之三，有时亦会对积年旧欠予以减免，如乾隆四十一年和乾隆四十五年两次巡幸山东，乾隆四十九年巡幸江南，乾隆五十三年、乾隆五十九年和嘉庆十三年三

---

①　嘉庆五年在累计上年 1 次、当年 2 次后，实际为全行蠲免。参见《清仁宗实录》卷 74，嘉庆五年九月壬午；光绪《钦定大清会典事例》卷 267《蠲恤·赐复三》；《清仁宗实录》卷 240，嘉庆十六年三月壬申。

②　《清仁宗实录》卷 74，嘉庆五年九月壬午、癸未。

③　嘉庆七年七月先见面十分之五，后又再免十分之二。参见《清高宗实录》卷 1404，乾隆十七年五月丁未；卷 1453，乾隆五十九年五月辛亥；卷 1498，嘉庆三年五月甲戌。《清仁宗实录》卷 39，嘉庆四年二月甲辰；卷 101，嘉庆七年七月己丑；卷 103，嘉庆七年九月戊子；卷 164，嘉庆十一年七月丁卯；卷 199，嘉庆十五年七月庚辰；卷 360，嘉庆二十四年七月庚辰。

次巡幸天津时，都对部分经过地方积年旧欠"概予豁免"①。

兵丁贼匪滋扰方面，从乾隆朝中后期开始，中国社会"由盛而衰"，嘉庆朝甚至出现了多次区域性叛乱。为保障各地民众正常生产、生活，清政府对受到影响的地区也实施了相应的减免额赋的行为。如乾隆四十一年，对上年调派八旗劲旅和索伦等精锐进剿金川所经直隶省地方的部分往年积欠，"普行蠲免"。嘉庆四年，减免"调派盛京吉林黑龙江兵丁经过沿途州县本年额赋，直隶自山海关至磁州十分之三，河南至湖北十分之五"②。

三、缓征行为

根据同治《钦定户部则例》和光绪《情定大清会典事例》记述，灾后缓征的国家行为至嘉庆朝形成定制。其基本原则是根据被灾分数暂缓租赋：被灾 8—10 分者，分作 3 年带征；被灾 5—7 分者，分作 2 年带征；被灾 5 分以下不成灾者，由皇帝直接下旨或督抚题明，缓至次年夏收后征收，次年夏收钱粮递展至秋成征收。此外，水旱之年，至深冬才有雨雪或积水方退，缓征事项需另行题明，可将已经缓至夏收征收的钱粮，缓至秋成以后再征。③ 同时，与减免相同，国家还会不定时地对因灾常年积欠的款项给予相应的缓征，如乾隆五十年，将江苏省淮安府、徐州府和海州等 3 个府州，历年积欠新旧钱粮，"缓至本年秋成后征收"④。

缓征行为虽主要用于对灾伤歉收地方的抚恤，但有时亦会在巡幸或地

---

① 嘉庆十三年巡幸天津时，同时减免了直隶省全省嘉庆十一年以前积欠额赋的十分之二。参见《清高宗实录》卷 1003，乾隆四十一年二月庚午；卷 1004，乾隆四十一年三月壬午、戊寅、壬午；卷 1099，乾隆四十五年正月己亥；卷 1199，乾隆四十九年二月壬申；卷 1299，乾隆五十三年二月辛酉；卷 1448，乾隆五十九年三月戊戌；《清仁宗实录》卷 193，嘉庆十三年三月壬子。

② 《清高宗实录》卷 1003，乾隆四十一年二月己巳；《清仁宗实录》卷 50，嘉庆四年八月甲午。

③ 就华北地区而言，正常情况下，直隶、山东、河南、安徽四省的征收期限是 2 月开征、5 月底完半、8 月接征、12 月底征完，江苏是 2 月开征、7 月底完半、8 月接征、12 月底征完。参见同治十三年《钦定户部则例》卷 9《田赋三·钱粮事例》；卷 84《恩蠲灾蠲事例》；光绪《钦定大清会典事例》卷 288《户部一三七·蠲恤·灾伤之等》。由此可知，清代每年赋税的实际征收数额 = 当年应征数额－当年缓征数额＋带征上年数额。

④ 《清高宗实录》卷 1228，乾隆五十年四月庚辰。

方受贼匪滋扰时加以施行，如乾隆四十一年，乾隆帝在巡幸山东召见时任江苏巡抚萨载时，加恩缓征了江苏省上年受灾地方的漕粮额赋。嘉庆二年、嘉庆十八年和嘉庆十九年等年份分别缓征了河南省和山东省"前被贼扰"地方的新旧额赋。①

四、借贷行为

清代国家借贷行为主要在两种情况下实施："被灾五分不成灾"未达到赏给口粮要求者，以及被夏灾但可望秋成者。借贷以籽种、银两、口粮和牛具为主，不计利息。乾隆初年，借贷对象除水旱灾外，还进一步拓展至风、雹、蝗等影响粮食收成的灾害。②正常年份，禁止官方借贷行为。如嘉庆六年，嘉庆帝曾谕旨"其无灾年份，概不准出借"③。借贷籽种、银两通常以亩计算，每亩所给籽种银通常不超过 0.06 两。除了有"被灾五分不成灾"的限制外，有时亦会对农户耕地规模有所限制。如乾隆五十年，在给山东省济南府、东昌府、泰安府、兖州府、曹州府、济宁州和临清州等地受灾州县提供借贷籽种银时规定，只有"查明地在二十亩以下者"，才可有资格"每亩借给籽种银五分以资耕作"④。

此外，对于各省督抚借贷口粮的提请，皇帝有时亦会升格为赏给。如乾隆五十四年，时任山东巡抚长麟奏请给山东省沂州府受灾地方借贷口粮后，乾隆帝回复"该抚所请再酌借一月口粮之处，竟当赏给"；乾隆五十七年正月，直隶、山东、河南、江苏和安徽督抚均题请"酌借口粮"，乾隆帝再次加恩，"俱着加恩竟行赏给"⑤。

五、籴粜行为

在"谷贱伤农"和"谷贵伤民"的治理思想下，清政府十分重视对粮

---

① 《清高宗实录》卷 1004，乾隆四十一年三月辛巳。《清仁宗实录》卷 17，嘉庆二年五月甲寅；卷 277，嘉庆十八年十月丙辰；卷 281，嘉庆十八年十二月戊午；卷 282，嘉庆十九年正月庚午；卷 287，嘉庆十九年三月己未；卷 297，嘉庆十九年九月丙辰。

② 同治十三年《钦定户部则例》卷 84《蠲恤二·查勘灾赈事例》；光绪《钦定大清会典事例》卷 288《户部一三七·蠲恤·灾伤之等》。

③ 光绪《钦定大清会典事例》卷 276《蠲恤·贷粜》。

④ 《清高宗实录》卷 1226，乾隆五十年三月壬戌。

⑤ 《清高宗实录》卷 1333，乾隆五十四年六月癸未；卷 1394，乾隆五十七年壬申。

食市场价格的调控，主要方式即位籴粜——减价出粜和采买入籴。与减免、缓征和借贷行为不同，国家籴粜行为不只在灾伤歉收之年实施，正常年份亦会实施，"每年平粜不得屯粮"。京师地区粮食籴粜主要依托于京通粮仓，其他各地粮食籴粜主要依托于常平仓。

至于清代国家籴粜行为的性质定位，由于其目的主要是灾后赈恤和平抑市场粮价，它的社会福利属性重于市场盈利属性。如道光六年，时任直隶总督那彦成先于五月戊申日请在大名府"煮赈散放，以免毙混"，后因灾情缓和，于六月庚辰"请酌撤各州县粥厂，办理平粜"①。再如，乾隆四十五年，时任直隶总督袁守侗在核查直隶省常平仓仓储情况时，提到"向来直属平粜仓粮秋后买补，有较原价节省者，亦有仍照原价买补者"②，即常平仓在采买时，不会以出粜价格作为依据，追求利润。当然，由于农产品季节属性引起的价格差异，国家的籴粜行为在很多时候可以盈利，如乾隆四十五年五月，山东省常平仓盈余银 4.48 万两，存谷超出额定存量 9.38 万石。③

根据同治《钦定户部则例》记载，京通仓平粜，由户部奏拨，各仓米麦按市价酌减定价，出粜以每人每日 2 斗为率。常平仓平粜，由各州县官员具体实施，并上报府州行政单位核准出粜数量、粮食种类、出粜价格等事项。定例为：常年平粜，华北除泗州、凤阳府的寿州和凤台县、颍州府的亳州和蒙城县等地实施存五粜五，其他地方均以存七粜三为率；如遇岁歉价昂或岁稔价平，存粜则无比例限制。但粜数五分以内，各省督抚官员需上报户部查核；超过五分则需上奏皇帝。至于出粜平减价格，有额度限制，丰年照市价减 0.05 两/石、歉岁减 0.10 两/石；岁歉粮价过高，需加大力度者，不得超过 0.30 两/石，并同时上奏皇帝。④

平粜地点的选择上，以县城为主，如有距县城距离较远、村镇民众买粮不便者，择道路始终之地分厂运粜，出粜价格不变，相关运输费用由地方财政支出，江苏省和安徽省丰年除外。平粜结束后，出粜所得银两上缴司

---

① 《清宣宗实录》卷 98，道光六年五月戊申；卷 99，道光六年六月庚辰。
② 《清高宗实录》卷 1105，乾隆四十五年四月辛未。
③ 《清高宗实录》卷 1106，乾隆四十五年五月己丑。
④ 同治十三年《钦定户部则例》卷 18《仓庾二·京通各仓平粜》《仓庾二·直省各仓平粜》。

库，秋禾登场后再将上缴银两原额领会，补足粮仓原额。市场籴粜，尤其是平粜，虽有定例，但各地官员仍会根据实际情况制定细则。如表6.5所示，《清实录》中所载华北出粜平减额度从0.05—1.0两/石等，多数情况下遵守了0.30两/石的最高限额，但亦有经皇帝批准超过这一限额的情形。

表6.5 《清实录》涉及清代中期华北地区粮食出粜平减价格记载摘录

时间	地域	粮食品种	市价（两/石）	平减（两/石）	资料来源
乾隆四十三年	山东省	谷	<1	0.05	《高宗实录》卷1073，乾隆四十三年十二月乙丑
			1.1	0.1	
			1.1—1.2	0.2	
			>1.3	1.1*	
乾隆四十四年	安徽省	米	1.4—1.6	0.1	《高宗实录》卷1077，乾隆四十四年二月甲申
			1.7—1.9	0.15	
			>2	0.2	
		麦、豆	—	0.1	
		杂粮	—	0.5	
乾隆四十四年	博兴县	麦	—	0.42	《高宗实录》卷1087，乾隆四十四年七月戊申
乾隆四十七年	山东省	谷	0.9—1.0	0.05	《高宗实录》卷1174，乾隆四十七年十一月壬戌
			1.0—1.1	0.1	
			1.1—1.2	0.15	
			1.2—1.3	0.2	
			1.3—1.4	0.25	
乾隆四十八年	江苏省	米	1.7	0.1	《高宗实录》卷1175，乾隆四十七年十一月丁丑
			1.8—2.0	0.2	
			>2.0	0.3	
		麦	1.4—1.5	0.1	
			>1.6	0.2	
		豆	1.2—1.3	0.1	
			>1.4	0.2	

续表

时间	地域	粮食品种	市价（两／石）	平减（两／石）	资料来源
乾隆四十九年	山东	粮	—	0.05—0.25	《高宗实录》卷1200，乾隆四十九年三月甲午
乾隆五十年	山东省	谷	<0.9	—	《高宗实录》卷1223，乾隆五十年正月庚辰
			0.9—1.0	0.05	
			1.1—1.2	0.15	
			1.2—1.3	0.2	
			1.3—1.4	0.25	
乾隆五十年	大名府广平府顺德府	粟米	<1.8	0.1	《高宗实录》卷1226，乾隆五十年三月乙卯
			1.8—2.1	0.2	
			>2.1	0.3	
乾隆五十年	安徽省	米	1.4—1.6	0.1	《高宗实录》卷1227，乾隆五十年五月三月丁丑
			1.7—1.8	0.15	
			>2	0.2	
		麦豆	—	0.1	
		杂粮	—	0.05	
		米（成熟州县）	<1.5	—	
			>1.5	0.05	
乾隆五十年	安徽省	米	2.5—3.0	0.3	《高宗实录》卷1243，乾隆五十年十一月庚午
			3.1—3.2	0.4	
			>3.3	0.5	
乾隆五十一年	安徽省	麦、豆	—	0.2—0.3	《高宗实录》卷2525，乾隆五十一年四月己卯
乾隆五十四年	永平府	仓粮	1.6—1.8	0.15	《高宗实录》卷1324，乾隆五十四年三月戊辰
			1.8—1.9	0.2	
			≥2.0	0.3	
乾隆五十七年	彰德府卫辉府怀庆府	谷	—	0.1	《高宗实录》卷1401，乾隆五十七年四月甲子

续表

时间	地域	粮食品种	市价（两/石）	平减（两/石）	资料来源
道光三年	京师	粳米	2.3	0.5	《宣宗实录》卷55，道光三年七月丙戌
		稜米	1.8	0.6	
道光四年	京师	粳米	2.7	0.8	《宣宗实录》卷65，道光四年二月戊戌
		稜米	2.5	1.0	
道光四年	直隶	稜米粟米	≤1.6	—	《宣宗实录》卷65，道光四年二月乙卯
			1.7—1.8	1.5*	
			1.8—2.1	0.3	
			2.1—2.4	0.4	
			>2.5	2.0*	

注：* 指平减后的价格。

为防止地方胥吏从平减出粜中造假牟利，清代还规定在平粜发放粮食时需要对平粜事例具体造册，并题奏表明。如乾隆五十一年，时任安徽巡抚书麟题奏当年安徽省的平粜事例时言："臣于查赈时，先令各州县豫备米票，即于散赈之日按户分给，并刊刻初一至三十日木戳，于开粜时令各户持票赴厂，验明粜给，盖用本日木戳，仍将原票给还，每户每日以二三升为率，如老弱不能日事奔驰者并买三五日，亦于票内连用戳记。其被灾稍轻例不给赈及勘不成灾之区无赈册可稽者，亦令各持门牌赴厂给票，一体按日加戳给买。"①

对于粮食的采买入粜，为防止采买引起当地市场粮价过度波动，清代国家规定各地粮仓按照市价采买，严禁动用行政力量强行抑价采买或加价采买。如乾隆四十三年，由于河南和山东二省歉收，"恐北来贩运不能源源接济，将来京师麦价未免渐昂"，乾隆帝在谕旨从奉天调粮运京时特别强调，即使市价较高也"不必用官价抑买"。而后，在京师粮食供应形势有所平缓，并了解到盛京"种麦者较少于各种米粮"的情况后，"恐一时采买过多，麦

---

① 《清高宗实录》卷1253，乾隆五十一年四月庚子。

价或渐至腾贵"，乾隆帝将原来"酌量情形采买二三十万石"的谕旨，改为
"如采买不甚费力，价值不致骤昂，即购办一二万石运京。若办理稍觉竭蹶，
止将现在采买之七千余石，即派员由海船运送"①。再如，乾隆五十年，在从
奉天采买黑豆时，"恐致彼处豆价昂贵"，乾隆帝谕旨将采买量从原来的 3 万
石减为 2 万石。②

对于严禁加价采买，除了考虑到会太抬高市价外，亦是为防止加价有
可能引起的腐败行为，导致寻租行为的出现。如乾隆五十八年，乾隆帝指
示河南省当年采买事宜时明言："采买一事最易滋弊，若不严行督察，实
力妥办，或不肖州县及胥役等，有藉词勒买，短发价值等事，是非所以恤
农，而适足以病民，转为地方之害。"乾隆六十年，时任御史寇赉言奏请照
定例加一成采买时，乾隆帝认为加价采买"则市侩居奇，必致闻风增长价
值，是欲利民转以病民"，而且"不肖官吏，又何难于开报时虚抬价值，仍
私行抑价采买，两占牟利之弊"，并斥责寇赉所言"竟系意存沽名，满纸
空谈，全不谙晓政"。嘉庆二年，嘉庆帝发现有地方官员在行事籴粜时擅
权谋私时，甚至在谕旨中说道"向来平粜之弊，非藉此弥补亏缺谷石，即
于买补时减价勒买归仓，是以利民之事转致病民，平粜一事，不宜轻议
办理"③。

在进行官方采买时，国家在进行籴粜行为时还十分注意自己的行为对
其他市场主体影响。如乾隆五十二年，在河南省采买小麦以运京师时，"但
恐商民闻知京城麦价昂贵，在豫采买不无居奇牟利，或致京城市价，未能得
减而河南本省麦价转致加增，亦不可不虑"④。

此外，八旗余米亦是涉及清代国家籴粜行为的重要事项。但由于"在
旗丁等既所乐从，而地方粮石益充，于市价民食，均为有益"，从乾隆朝中
期开始，八旗兵丁在"兑足正供之外"的余米可在通州粜卖的规定已基本形

---

① 《清高宗实录》卷 1054，乾隆四十三年四月癸巳；卷 1055，乾隆四十三年四月壬子。
② 《清高宗实录》卷 1227，乾隆五十年三月乙丑。
③ 《清高宗实录》卷 1437，乾隆五十八年九月甲寅；卷 1487，乾隆六十年九月乙亥。《清仁
宗实录》卷 16，嘉庆二年四月丁酉；卷 17，嘉庆二年五月甲辰。
④ 《清高宗实录》卷 1287，乾隆五十二年四月庚子。

成定制。① 而且，从相关记载可知，旗丁余米最初可在市场私售，但不可卖给漕粮船帮，嘉庆朝则只允许"官为收买"②。同时，除了对粮食价格，国家亦会通过籴粜行为对铜钱的市场价格加以调控，如嘉庆六年六月，"搭放兵饷制钱六成，以平市价"③。由于本书所论粮价，均以银两计价，故不对铜钱价格等相关问题展开分析。④

六、改征行为

乾隆《钦定大清会典》、同治《钦定户部则例》和光绪《钦定大清会典事例》等清代政书中没有关于国家改征的专门规定。但根据《清实录》中相关记载，当地方某一应征粮食品种减产、歉收时，经地方督抚题奏，经皇帝批准后可改征本地或其他未受灾地方的其他品种的粮食。改征主要用于有灾情发生，但"勘未成灾"地方的灾后赈济。但是，由于当地方发生灾伤歉收时，只要成灾分数达到 5 分即有赏给、缓征行为或减免行为实施，如果成灾未达到 5 分"勘未成灾"则还有借贷或出粜行为作为补充。所以，改征行为在清代中期实施次数十分有限，在乾隆四十一年至道光二十年的 65 年间，只在乾隆四十三年、乾隆四十九年、乾隆五十四年、乾隆五十七年、乾隆五十九年、嘉庆八年、道光六年、道光七年、道光十一年、道光十五年、道

① 乾隆帝曾于乾隆四十一年至六十年 10 余次专门下旨予以认可，此后嘉庆帝和道光帝虽未有明确的谕旨记载，但从《清仁宗实录》和《清宣宗实录》相关记载可看出嘉庆朝和道光朝亦遵守此为定例。有关乾隆帝的谕旨参见《清高宗实录》卷 1009，乾隆四十一年六月乙未；卷 1032，乾隆四十二年五月乙亥；卷 1055，乾隆四十三年四月丙午；卷 1106，乾隆四十五年五月乙酉；卷 1179，乾隆四十八年四月戊子；卷 1282，乾隆五十二年六月丁未；卷 1328，乾隆五十四年五月庚午；卷 1424，乾隆五十八年三月辛酉；卷 1451，乾隆五十九年四月丁丑；卷 1476，乾隆六十年四月辛卯。

② 嘉庆九年在处理台州后帮私自采买旗丁余米之事时，提及"向来旗丁交剩余米原准售卖，但不得卖与别帮挂欠之丁……现行新例，俱系官为收买"。参见《清仁宗实录》卷 133，嘉庆九年八月壬戌。

③ 《清仁宗实录》卷 84，嘉庆六年六月己巳。

④ 有关清代铜钱问题可参见彭信威《中国货币史》，群联出版社 1954 年版；郑友揆《十九世纪后期银价、钱价的变动与我国物价及对外贸易的关系》，《中国经济史研究》1986 年第 2 期；陈昭南《雍正乾隆年间的银钱比价变动》，台北学术著作奖助委员会，1966 年；罗玉东《中国厘金史》，文海出版社 1970 年版；王宏斌《清代价值尺度：货币比价研究》，生活·读书·新知三联书店 2015 年版。

光十七年和道光十九年等年份实施了 15 次，实施地区为山东省和河南省两个主产小麦的省份，且由于实施目的在于赋税对受灾地区小麦正常生产所需籽种的影响，实施形式多为小麦改征小米。①

第三节　国家行为实施情况统计分析

《清实录》中保留了清代国家行为基本事实情况，为进行相关的统计分析提供了丰富、可靠的史料依托。从统计学角度讲，《清实录》中有关国家行为的样本具有两个特点：其一，样本在时序频度上为日度（逐日）样本；其二，样本在单位范围上有州县级、府州级和省级等三种。也就是说，根据《清实录》在最大程度上可以有效地建立起县级日度国家行为序列。但考虑到建立县级日度的高频国家行为序列对本文的分析目标和内容助益不大，所以，此处我们仅根据《清实录》所载信息建立府级季度国家行为序列。统计时分为两个步骤进行：第一步，建立县级样本单位的月度数据，若一州县当月有国家行为实施，则记作"1"，反之则记作"0"；第二步，以县级月度国家行为统计为基础，建立府级样本单位季度数据，若一府州下属州县中在某季度有国家行为实施，则记作"1"，反之则记作"0"②。

在《清实录》中乾隆四十一年至道光二十年 65 年间的记载中，直接涉及赏给、减免、缓征、借贷、改征和籴粜等国家行为的记载共有 1458 条，

---

① 《清高宗实录》卷 1067，乾隆四十三年九月戊申；卷 1213，乾隆四十九年八月戊午；卷 1290，乾隆五十二年十月丙午；卷 1340，乾隆五十四年十月乙卯；卷 1413，乾隆五十七年九月乙丑；卷 1461，乾隆五十九年九月庚子。《清仁宗实录》卷 120，嘉庆八年九月丁未。《清宣宗实录》卷 105，道光六年九月乙酉；卷 122，道光七年七月辛酉；卷 188，道光十一年五月癸丑；卷 244，道光十三年十月庚戌；卷 270，道光十五年八月癸未；卷 301，道光十七年九月甲辰；卷 325，道光十九年八月丙子。

② 对于季度的划分，立春、立夏、立秋和立冬等"四立"日所在月份为四个季度的起始月份。对于统计样本的选择，地域上，仅对华北 44 府州所属 349 州县基本县级行政区进行统计，不包括卫、所、厂、灶等特殊地区；人群上，仅对普通民众群体进行统计，不包括王公贵族、八旗、官员、兵丁、河工、灶户、苑户、花户等特殊群体；土地类别上，不包括旗地、官地和学田的等特殊土地类别。另外，由于京师地区比较特殊，相关统计中亦未包括专涉京师的国家行为。

其中，涉及赏给行为的条目有 487 条，涉及减免行为的条目有 331 条，涉及缓征行为的条目有 679 条，涉及改征行为的条目 15 条，涉及借贷行为的条目有 198 条，涉及籴粜行为的条目有 111 条，另有 318 条记载同时涉及 2 类及以上国家行为。[①]

从国家行为的数量构成上看，乾隆四十一年至道光二十年 65 年间的 259 个季度中，各类国家行为累计实施了 5403 府次。[②] 如图 6.4 所示，赏给行为实施了 1008 府次，约占总数的 18.7%；减免行为实施了 823 府次，约占总数的 15.2%；缓征行为实施了 2355 府次，约占总数的 43.6%；改征行为实施了 68 府次，约占总数的 1.3%；借贷行为实施了 595 府次，约占总数的 11.0%；籴粜行为实施了 554 次，约占总数的 10.3%。

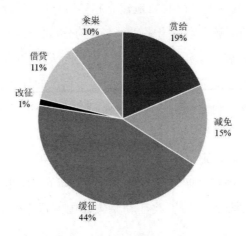

图 6.4　清代中期华北 44 府州国家行为季度累计数量构成

从国家行为的整体实施频次上看，如图 6.5 所示，在乾隆四十一年至道光二十年 65 年间的 259 个季度中，不分种类，国家行为共实施 3916 府次，季均约 15.1 府次。其中，乾隆朝 1234 府次，季均约 15.4 府次；嘉庆朝 1337 府次，季均约 13.5 府次；道光朝 1345 府次，季均约 16.8 府次。

---

① 从《清高宗实录》《清仁宗实录》和《清宣宗实录》中摘录的涉及国家行为的内容共计约 220 余万字，经过整理，并将内容实质相同的条目排除后，得到 1458 条史料。
② 乾隆四十一年的春季的立春节气在乾隆四十年十二月，故乾隆四十一年至道光二十年的 65 年间的季度数为 259 个，而非 260 个。

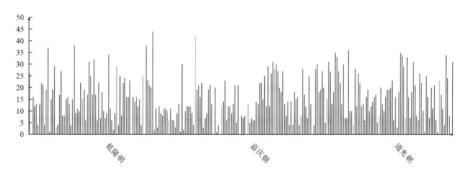

图 6.5　清代中期华北 44 府州国家行为数量季度变动情况

此外，为了说明国家行为的实施是否具有季节性特征，我们分别估算了乾隆四十一年至道光二十年华北 44 个府州国家行为与四季的相关性。如表 6.6 所示，就华北 44 各府州的整体情况而言，在乾隆四十一年至道光二十年，国家行为并未呈现出显著的季节性特征。这在一定程度上反映了清代国家行为的持续性特征，即在特定事件发生后，国家行为的实施往往并非一次性的，而是随着时间的推移，根据实际情况采取一系列的举措。

表 6.6　清代中期华北 44 府州国家行为的季节相关性统计

	最大值	最小值	算数平均值	标准差
春季	0.280	0.004	0.103	0.065
夏季	0.345	0.005	0.111	0.087
秋季	0.189	0.001	0.066	0.053
冬季	0.403	0.003	0.091	0.094

从赏给行为的实施频次上看，如图 6.6 所示，在乾隆四十一年至道光二十年 65 年间的 259 个季度中，赏给行为共实施 1008 府次，季均约 3.9 府次。其中，乾隆朝 394 府次，季均约 4.9 府次；嘉庆朝 394 府次，季均约 4.0 府次；道光朝 220 府次，季均约 2.8 府次。

从减免行为的实施频次上看，如图 6.7 所示，在乾隆四十一年至道光二十年 65 年间的 259 个季度中，减免行为共实施 823 府次，季均约 3.2 府次。其中，乾隆朝 455 府次，季均约 5.6 府次；嘉庆朝 255 府次，季均约 2.6 府次；道光朝 123 府次，季均约 1.5 府次。

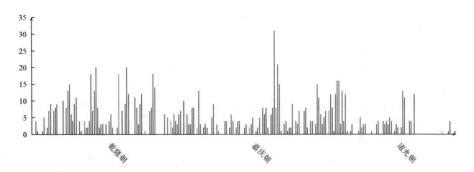

图 6.6　清代中期华北 44 府州赏给行为数量季度变动情况

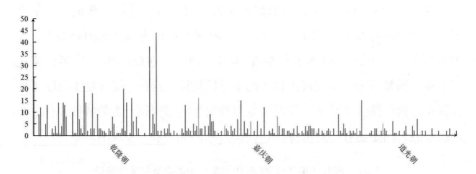

图 6.7　清代中期华北 44 府州减免行为数量季度变动情况

从缓征行为的实施频次上看，如图 6.8 所示，在乾隆四十一年至道光二十年 65 年间的 259 个季度中，缓征行为共实施 2355 府次，季均约 9.1 府次。其中，乾隆朝 485 府次，季均约 6.1 府次；嘉庆朝 819 府次，季均约 8.3 府次；道光朝 1051 府次，季均约 13.1 府次。

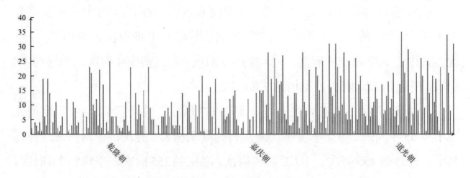

图 6.8　清代中期华北 44 府州缓征行为数量季度变动情况

从改征行为的实施频次上看，如图 6.9 所示，在乾隆四十一年至道光二十年 65 年间的 259 个季度中，改征行为共实施 68 府次，季均约 0.3 府次。其中，乾隆朝 7 府次，季均约 0.1 府次；嘉庆朝 12 府次，季均约 0.1 府次；道光朝 49 府次，季均约 0.6 府次。

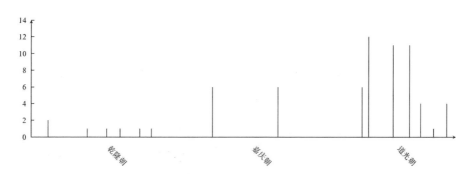

图 6.9　清代中期华北 44 府州改征行为数量季度变动情况

从借贷行为的实施频次上看，如图 6.10 所示，在乾隆四十一年至道光二十年 65 年间的 259 个季度中，借贷行为共实施 595 府次，季均约 2.3 府次。其中，乾隆朝 284 府次，季均约 3.6 府次；嘉庆朝 203 府次，季均约 2.1 府次；道光朝 108 府次，季均约 1.4 府次。

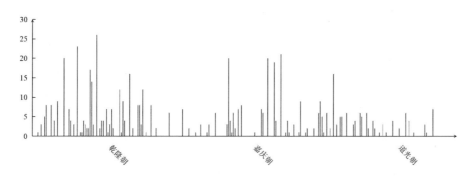

图 6.10　清代中期华北 44 府州借贷行为数量季度变动情况

从籴粜行为的实施频次上看，如图 6.11 所示，在乾隆四十一年至道光二十年 65 年间的 259 个季度中，籴粜行为共实施 554 府次，季均约 2.1 府次。其中，乾隆朝 290 府次，季均约 3.6 府次；嘉庆朝 134 府次，季均约 1.4 府次；

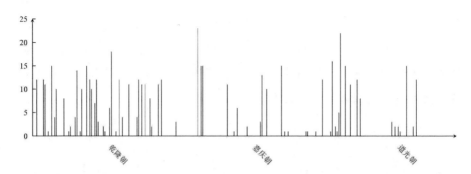

图 6.11　清代中期华北 44 府州季度籴粜行为数量季度变动情况

道光朝 130 府次，季均约 1.6 府次。

　　此外，如表 6.7 所示，在乾隆四十一年至道光二十年 65 年间的 259 个季度中，乾隆朝、嘉庆朝和道光朝各类国家行为的相对频次——具体国家行为的选择上，有一定变化。其中，缓征行为实施的相对频次变化最为显著，乾隆朝，缓征行为与赏给和减免行为共同构成了国家行为的核心主体；嘉庆朝，减免行为实施的相对频次下降，赏给和缓征行为的实施相对频次均有所上升，且缓征行为实施的相对频次增加明显，提高了近 1.8 倍；道光朝，赏给行为实施频次下降，缓征行为的实施频次则进一步增加，俨然成为粮食市场中国家行为的主导措施。

表 6.7　清代中期各时段各类国家行为数量结构情况

	赏给	减免	缓征	改征	借贷
乾隆朝	20.7%	23.4%	25.5%	0.4%	14.9%
嘉庆朝	21.7%	14.0%	45.1%	0.7%	11.2%
道光朝	13.1%	7.3%	62.5%	2.9%	6.4%

第四节　国家行为与自然灾害的关系

　　在中国传统社会中，政府行为在一定程度上可以说是源于自然灾害的应对。古代中国灾害频仍，"从公元前十八世纪，直到公元二十世纪的今日，将近四千年间，几于无年无灾，也几乎无年不荒"，灾史之长、灾域之广、灾种之多、灾情之重皆为世所罕见。[①] 面对恶劣的自然环境，中国很早便形成了以"荒政"和"保息"为核心的政治文化，这一独特的政治文化正是清代各类政府行为的思想基础和逻辑前提。从数量构成方面看，《清实录》中记载的 1776—1840 年华北地区的 5403 次各类政府行为，有 5005 次涉及自然灾害及其相关事宜，即在各类政府行为中有占 92.6% 的行为与自然灾害存在直接或间接关系。

为进一步揭示政府行为和自然灾害的内在关系，及其影响经济社会发展的内在机制，我们以 1776—1840 年的华北小麦市场为例采用综合中介效应检验程序，对政府救灾行为的中介效应进行实证分析。

政府救灾行为通过调节市场供求关系促进了市场整合。虽然难以严格地将清代政府救灾行为的宗旨界定为"调节市场供需关系"——尚未有证据显示当时的统治者有类似的"现代"市场理念，但从客观效果上看，达到了调节市场供需关系的目标。当发生自然灾害时，市场中的粮食供给量减少，造成供给量小于需求量。此时，不同类型的政府行为会根据相应的制度安排介入，在增加市场相对供给量的同时降低市场相对需求量：一方面，通过赏给、借贷或出粜等行为将粮食投入市场，增加市场的供给量；另一方面，通过减免或缓征等行为，减少对粮食的征收，降低市场的需求量。当政府行为在市场间同时施行时，相关市场的供需关系将共同受到调节，造成价格的同步变动，进而表现为对市场整合的积极作用。

清代政府的各类救灾行为虽然主要是短期行为，但如前所述，到清代中期时已成定制，成为影响市场发展的正式制度，通过调节自然灾害时期粮食市场供需关系，对市场整合产生了长期的影响。

一、实证研究设计

为实证考察政府救灾行为在自然灾害影响粮食市场的传导机制，我们设定了以下两个实证模型：其一，为考察自然灾害频率是否以及如何对市场整合施加影响，在控制反映交易成本因素的府（州）间地理距离变量和航道连通虚拟变量的基础上，检验自然灾害与市场整合之间的关系，如式6.1所示。

---

① 邓云特：《中国救荒史》，生活·读书·新知三联书店 1958 年版。

$$PC_{ij} = \beta_0 + \beta_1 Nat_{ij} + \beta_2 Dis_{ij} + \beta_3 Riv_{ij} + \beta_4 Nat_{ij} Dis_{ij} + \beta_5 Nat_{ij} Riv_{ij} + \mu$$

（6.1 式）

　　其二，为进一步研究自然灾害是否通过中央政府灾害应对行为对市场整合施加作用，本书采用中介效应检验方法进行考察。Mickinnon 等的研究表明，现有各种中介效应检验方法在统计检验错误和检验功效各有优劣，单一方法的适用性较低。[①] 温忠麟等在现有各种方法的基础上，构建了一个检验效果较高的综合中介效应检验程序。本书采用该检验程序进行中介效应检验。[②] 具体言之，回归方程如式 6.2 所示，检验程序如图 6.12 所示。

$$PC_{ij} = C + \alpha Nat_{ij} + \beta_1 Dis_{ij} + \beta_2 Riv_{ij} + \beta_3 Nat_{ij} Dis_{ij} + \beta_4 Nat_{ij} Riv_{ij} + \mu_1$$

（6.2.1 式）

$$Rel_{ij} = C + \gamma Nat_{ij} + \mu_2$$

（6.2.2 式）

$$PC_{ij} = C + \alpha{'} Nat_{ij} + \delta Rel_{ij} + \beta_1 Dis_{ij} + \beta_2 Riv_{ij} + \beta_3 Nat_{ij} Dis_{ij} +$$
$$\beta_4 Nat_{ij} Riv_{ij} + \mu_3$$

（6.2.3 式）

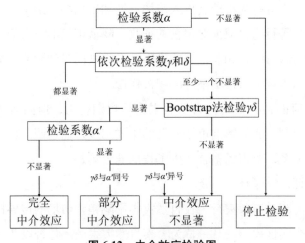

图 6.12　中介效应检验图

---

① D. P. Mackinnon，et al.，"Comparison of Methods to Test Mediation and other Intervening Variable Effects"，*Pyschological Methods*，2002，7（1）.

② 温忠麟等：《中介效应检验程序及其应用》，《心理学报》2004 年第 5 期；温忠麟、叶宝娟：《中介效应分析：方法和模型发展》，《心理科学进展》2014 年第 5 期。

在方程 6.1 和 6.2 中，*PC* 为市场整合程度变量，*Nat* 为自然灾害变量，*Rel* 为政府救灾行为变量，*Dis* 为地理距离变量，*Riv* 为水道连通的虚拟变量；角标 *i* 和 *j* 分别表示配组的华北 44 个府（州）。

市场整合变量。本部分采用相关系数法，其基本原理是：如果价格变动的同步性越高，则说明市场间的整合度越高。相关系数法的结果表现为一个绝对值在 0—1 之间的系数，其值越接近 1，则相关性越高，表明市场整合程度越高；反之，其值越接近 0，则相关度越低，市场整合程度越低。实践中，根据对数据的不同处理方式，相关系数法又分为价格相关分析、价格差相关分析、价格方差相关分析河离散性相关分析。由于价格差相关分析相对更加合理、可以排除长期趋势的影响①，所以本书将两府（州）间的价格差相关系数作为市场整合测度变量。

自然灾害变量和政府救灾行为变量。在重建年度府级自然灾害序列和季度府级政府行为序列的基础上②，分别计算各类自然灾害和各类政府救灾行为的发生或实施频率之和，代表自然灾害变量和政府救灾行为变量。

地理距离变量和航道连通虚拟变量。运输成本是影响市场整合程度重要因素，在回归分析中需给予控制。运输成本的高低主要由地理距离和运输方式决定——运输方式相同时，地理距离越远，单位商品的运输费用越高；

---

① 参见朱琳《数理统计方法在清代粮价研究中的应用与发展》，《中国经济史研究》2015 年 1 期，第 50—59 页。

② 参照清代粮价数据特点和粮价奏报程序，通过以下两个步骤建立年度府级自然灾害序列和季度府级政府行为：第一步，分别建立县级样本单位的自然灾害年度数据和季度政府救灾行为季度数据，若该县当年（或当季）有自然灾害（或政府救灾行为），则记作"1"，反之则记作"0"；第二步，分别以县级年度自然灾害数据和县级府级政府救灾行为数据为基础，建立府级样本单位自然灾害年度数据和政府救灾行为季度数据，若府（州）下属县（州）中有自然灾害（或政府救灾行为），则记作"1"，反之则记作"0"。有关清代粮价数据特点和粮价奏报程序参见王业键《清代的粮价陈报制度及其评价》，载氏著《清代经济史论文集》（二），稻乡出版社 2003 年版，第 1—36 页；王砚峰《清代道光至宣统间粮价资料概述——以中国社科院经济所图书馆馆藏为中心》，《中国经济史研究》2007 年第 2 期，第 102—108 页；罗畅《两套清代粮价数据资料的比较与使用》，《近代史研究》2012 年第 5 期，第 142—156 页；余开亮《粮价细册制度与清代粮价研究》，《清史研究》2014 年第 4 期，第 1—12 页。

地理距离相同时，水运成本低于陆运成本。①

此外，考虑到自然灾害与运输成本可能存在一定的相关性——如旱涝灾害会影响商路运输的效率，模型中还加入了自然灾害与反映运输成本因素的地理距离变量和航道连通虚拟变量的交互项。

表 6.8 和表 6.9 给出了主要变量的描述性统计特征。数据显示：其一，从主要变量的统计描述看，本书考察的 1776—1840 年期间，市场整合、自然灾害、政府救灾、地理距离和航道连通等变量均显示出较大的变化，这为考察自然灾害的传导机制和政府救灾行为的作用提供了可能。其二，从主要变量的 Pearson 相关系数矩阵看，自然灾害和政府救灾变量均在 1% 显著水平上与市场整合变量正相关，这些结果初步表明自然灾害和政府救灾对市场整合产生了影响；地理距离和航道连通与市场整合显著正相关，表明在探究自然灾害传到机制时需要控制相关变量；自然灾害与地理距离显著负相关，说明在模型中加入自然灾害与反映运输成本因素变量交互项是合理的。

表 6.8 主要变量统计描述

变量名称	单位	均值	最小值	最大值	标准差
市场整合	—	0.301	0.001	0.871	0.169
自然灾害	%	0.219	0.000	1.015	0.170
政府救灾	%	0.127	0.004	0.734	0.099
地理距离	1000 千米	0.371	0.028	0.931	0.182
		计数 =0		计数 =1	
航道连通	（是 =1）	818		128	

表 6.9 主要变量 Pearson 相关系数矩阵

	市场整合	自然灾害	地理距离	航道连通
自然灾害	0.207*** (0.000)			

① 根据同治十三年《钦定户部则例》卷 16《仓庾二·直省各仓脚费》记载，华北地区的小麦的单位距离的水运运输成本约为陆运的 1/10—2/10。

续表

	市场整合	自然灾害	地理距离	航道连通
地理距离	-0.588^{***} (0.000)	-0.274^{***} (0.000)		
航道连通	0.229^{***} (0.000)	0.042 (0.196)	-0.165^{***} (0.000)	
政府救灾行为	0.519^{***} (0.000)	0.475^{***} (0.000)	-0.558^{***} (0.000)	0.434^{***} (0.000)

注：括号内为 P 值；*、**、*** 分别表示在 10%、5% 和 1% 的水平上显著。

二、实证检验结果与分析

实证检验顺序是：首先，在控制贸易成本因素的基础上考察自然灾害对 1776—1840 年小麦市场整合的影响；其次，利用综合中介效应检验方法，检验自然灾害是否通过影响政府救灾行为作用于市场整合；最后，通过改变样本分期标准的方式进行稳健性检验。

表 6.10 给出了自然灾害对市场整合的影响的回归结果。第 1 列的回归结果显示，自然灾害频率和小麦价格差相关系数在 1% 显著水平上显著正相关；第 2、3、4 列的结果显示，在控制了反映运输成本因素的地理距离变量和航道连通虚拟变量后，自然灾害变量的系数仍然显著，自然灾害频率每上升 1 个基点，价格差相关系数上升约 0.28 个基点。这些结果表明自然灾害对市场整合存在显著影响。

表 6.10　自然灾害对市场整合的影响

	R^1	R^2	R^3	R^4
自然灾害	0.205^{***} (0.032)	0.049^{*} (0.027)	0.050^{*} (0.027)	0.282^{***} (0.058)
地理距离		-0.532^{***} (0.025)	-0.511^{***} (0.025)	-0.382^{***} (0.038)
航道连通（是 =1）			0.067^{***} (0.013)	0.096^{***} (0.024)

续表

	R^1	R^2	R^3	R^4
自然灾害×地理距离				-0.656^{***} (0.146)
自然灾害×航道连通				-0.112 (0.086)
常数项	0.256^{***} (0.009)	0.488^{***} (0.013)	0.471^{***} (0.013)	0.419^{***} (0.018)
观察值	946	946	946	946
Adjusted-R^2	0.04	0.35	0.36	0.38

注：括号内为标准误差；*、**、*** 分别表示在 10%、5% 和 1% 的水平上显著。

同时，回归结果揭示出运输成本也对市场整合有显著的影响。地理距离与价格差相关系数在 1% 水平上显著负相关，是否有河道连接与价格差相关系数在 1% 显著水平上显著正相关，表明在运输成本的制约下，地理距离对市场整合有抑制作用，而水运条件对市场整合有促进作用。自然灾害和地理距离的交互项与价格差相关系数在 1% 水平上显著负相关，表明自然灾害对市场整合的影响随着地理距离的增加而减小；自然灾害和地理距离的交互项与价格差相关系数呈现不显著负相关性，表明水运条件可能会降低自然灾害对市场整合的影响，但作用并不显著。这些结果与当前多数学者的研究结论一致。[1]

为了考察自然灾害是否通过政府救灾举措对市场整合施加作用，我

---

[1] Shiue, C. H., "Transport Costs And The Geography Of Arbitrage In Eighteenth-Century China", *The American Economic Review*, 2002, 92 (5)；Keller, W., and Shiue, C. H., "Market Integration And Economic Development：A Long-Run Comparison", *Review of Development Economics*, 2007, 11 (1)；Yu, L., "Two Essays On Price Movement across China's Regions", Hong Kong：The University of Hong Kong, Ph.D. thesis, 2010；陈仁义、王业键、胡翠华：《十八世纪苏州米价的时间数列分析》，《经济论文》1999 年第 3 期；颜色、刘丛：《18 世纪中国南北方市场整合程度的比较：利用清代粮价数据的研究》，《经济研究》2011 年第 12 期；阮建青、李垚：《自然灾害与市场演进——基于 18 世纪清代粮食市场的研究》，《浙江大学学报》（人文社会科学版）2018 年第 1 期。

们进一步选取政府救灾行为频率作为中介变量进行中介效应检验，结果如表 6.11 所示。

表 6.11 的回归结果显示，在自然灾害在影响价格差相关系数的过程中，自然灾害变量和政府行为变量均呈现显著的相关性，而且均为正相关，因而存在以政府救灾行为为中介变量的中介效应，该中介效应在总效应中所占的比例为 48%。

该结果表明，在自然灾害对市场整合施加影响的过程中，政府救灾行为发挥了重要作用。具体言之，当自然灾害发生时，政府即会实施相应的救灾举措，失衡的市场供需关系被修正，因而市场整合的水平也会随着政府救灾行为的增加而上升。

表 6.11　自然灾害通过政府救灾影响市场整合的中介效应

被解释变量	R^1	R^2	R^3
	价格差相关系数	政府救灾行为	价格差相关系数
自然灾害	0.282*** (0.058)	0.275*** (0.016)	0.144** (0.059)
政府救灾			0.491*** (0.062)
运输成本因素控制	是	否	是
常数项	0.419*** (0.018)	0.066*** (0.005)	0.348*** (0.019)
观察值	946	946	946
Adjusted-R^2	0.38	0.22	0.41
中介效应检验	系数符号相同，部分中介效应显著		
中介效应	中介效应 =0.1352		
	中介效应 / 总效应 =47.95%		

注：括号内为标准误差；*、**、*** 分别表示在 10%、5% 和 1% 的水平上显著。

为保证回归结果会受到制度和经济社会变迁等因素的影响，我们借鉴阮建青和李垚的方法，将 1776—1840 年以 13 年为一期平均分为 5 个时期进行稳健性检验。① 在对每一期变量进行重建的基础上，将 5 个时期的样本放在一期回归，并加入时期虚拟变量进行控制。回归结果如表 6.12 所示和表 6.13 所示，无论是自然灾害对市场整合的影响，还是自然灾害通过政府救灾影响市场整合的中介效应，回归结果与前文一致，表明我们的实证结果具有一定的稳健性。

表 6.12　自然灾害对市场整合影响的稳健性检验

	R^1	R^2	R^3	R^4
自然灾害	0.123*** (0.015)	0.054*** (0.014)	0.054*** (0.014)	0.150*** (0.031)
地理距离		−0.411*** (0.018)	−0.410*** (0.018)	−0.357*** (0.023)
航道连通（是 =1）			0.005 (0.009)	0.021 (0.014)
自然灾害×地理距离				−0.270*** (0.079)
自然灾害×航道连通				−0.062 (0.042)
时期控制	是	是	是	是
常数项	0.430** (0.009)	0.604*** (0.011)	0.603*** (0.011)	0.582*** (0.013)
观察值	4730	4730	4730	4730
Adjusted-R^2	0.24	0.32	0.32	0.32

注：括号内为标准误差；*、**、*** 分别表示在 10%、5% 和 1% 的水平上显著。

表 6.13　政府救灾行为中介效应的稳健性检验

被解释变量	R^1	R^2	R^3
	价格差相关系数	政府救灾行为	价格差相关系数
自然灾害	0.150*** (0.031)	0.207*** (0.007)	0.108*** (0.031)

① 阮建青、李垚：《自然灾害与市场演进——基于 18 世纪清代粮食市场的研究》，《浙江大学学报》(人文社会科学版) 2018 年第 1 期。

续表

被解释变量	R^1	R^2	R^3
	价格差相关系数	政府救灾行为	价格差相关系数
政府救灾行为			0.201***
			(0.034)
贸易成本因素控制	是	否	是
时期控制	是	是	是
常数项	0.582***	0.075***	0.549***
	(0.013)	(0.004)	(0.014)
观察值	4730	4730	4730
Adjusted-R^2	0.32	0.18	0.33
中介效应检验	系数符号相同，部分中介效应显著		
中介效应	中介效应 =0.0417		
	中介效应 / 总效应 =27.71%		

注：括号内为标准误差；*、**、*** 分别表示在 10%、5% 和 1% 的水平上显著。

第五节 小 结

清代继承了上古时期"保息"和"荒政"的儒家思想，其国家行为的基本理念重农思想依然浓厚，但抑商思想却不明显，相反对粮商的贩运行为有所鼓励和支持，在实施相关国家行为时，国家亦非常注重对市场和市场重要主体商人的影响。清代灾害频发，以国家行为性质划分清代国家行为可分为灾伤赈济和价格调控两大类，对于具体的灾害制度及条件建设，清代在前朝的基础上，建立起了系统、完善的漕运制度和仓储制度；在全国范围内建立起了系统、完善的应对自然灾害的收成奏报制度和灾伤奏报制度；以及监控市场粮食价格的粮价奏报制度，以为国家行为的实施提供了可靠市场信息，保证了国家行为介入的及时性。在实施赏给、减免、缓征、借贷、籴粜、改征六类国家救灾行为时，往往根据各自救灾行为的特点视不同的伤歉情况而定。在对清代一段时间内国家行为实施情况统计分析后，我们发现国家行为并未呈现出显著的季节性特征，缓征行为实施的相对频次变化在其中最为显著，其次是赏给行为，最少的是改正行为。此外，为了进一步揭示政府行为和自然灾害的内在关系，及其影响经济社会发展的内在机制，本部分采用综合中介效应检验程序实证分析了 1776—1840 年的华北小麦市场中政府救灾行为的中介效应，结果表明，在自然灾害对市场整合施加影响的过程中，政府救灾行为发挥了重要作用，缓冲了气候变化对于农业的影响。

结　　论

粮食安全是一个国家的重中之重，气候更是影响农业生产的重要因素。本研究正是以气候变化为切入点，探讨气候变化对于粮食种植及市场粮价波动的影响，同时引入市场整合及政府行为两个对气候变化起缓冲作用的外部因素对气候变化的农业影响进行了合理全面的分析。

对于粮食生产，中国自古以来就是一个农业大国，华夏文明史从某种程度上可以说是一部农业史。其中粮食生产以及粮食生产等相关因素折射出的粮价的波动等问题关乎农民的收益、社会的福利、关系着国家的安全。在粮食种植引起国际普遍关注的今天，探究历史时期粮食种植结构变迁，以及其中折射出的制度、技术及自然因素，对于当前我们应对全球气候变化、各种国际风险、提高国内生活水平仍然具有较强的理论与现实意义。

对于粮价波动，粮食价格问题是中国经济史研究的主要问题之一。在经济社会近代化研究中，市场化是其核心内容之一，而价格——尤其是粮食价格则是衡量历史时期中国市场化程度的重要尺度。在影响粮价的诸多因素中，气候变化是其中最重要的因素之一。从历史数据上看，中国是一个自然灾害频繁的国度。价格的形成及其长期趋势和短期波动均受供给、需求和市场规则等三个方面的影响，而气候变化包括气温、降水及自然灾害对这三方面均有明显的影响。

本研究主要目的在于说明传统社会下气候变化对于社会经济的影响，以及市场和政府调控对经济的作用。研究中鉴于中国是农本社会，农业地位突出，对于其分析也就集中在农业，即以粮食种植结构以及粮价作为社会经济的主要指标。具体研究中以中国华北为研究对象，厘清了其各个时期气候变化以及粮食种植变迁相关情况，并着重以清代为研究对象分析了其气候变化包括气温、降水、灾害对粮食种植的影响及引发的粮价波动问题。在此过程中，收集了大量的原始史料、参考了大量当今学者现有的研究成果、应用相关的统计学及经济学分析方法，得出了相关研究结论。同时考虑到市场整合所带来的商品区域间的流动以及政府在救灾等过程中所起到的积极作用，故又从市场与政府两方面分析了其对于气候变化影响社会的缓冲作用。

经过研究分析，气候变化方面，秦代至清代的气温变化具有两个显著的特征：其一，总体经历了"降→升→降"的过程；其二，具有明显的"冷—暖"交替特征。但就清代而言，气温方面，华北地区持续了元明时期的寒冷气候，经历了"冷→暖→冷"的波动过程；干湿方面，清代相对湿润，华北地区只有少数时间段相对偏干，其他时期基本雨泽无缺；极端气候事件方面，清代华北地区发生的自然灾害主要有干旱、洪涝、低温、高温、风雹、风霾、虫害和病疫等八类，而且，以洪涝和干旱为主、虫害和风雹事件次之。

气候对于粮食生产的影响方面：其表现为两个层面。其一，华北地区的气温与降水的变化影响了粮食单产与农业收成，在长期的历史过程中，对粮食作物进行了自然选择，导致粮食种植结构与地理分布变迁，进而形成新的种植结构。其二，自然灾害通过短期内对粮食作物生长破坏，降低粮食产量，清代华北旱涝事件的频发对粮食作物的抗灾特性提出了要求，影响着粮食作物的地理分布，改变了直隶的粮食种植结构。或者说其影响可以分为长期和短期，长期影响从粮食作物选择、耕作制度变迁、农牧边界方面进行了分析；短期影响从低温、旱涝等灾害方面进行了分析。气候变化与粮食种植结构变迁也是一个双向的选择过程，气候变冷会对粮食品种的耐寒抗旱等特性进行长期的自然选择，而粮食作物也在不断适应新的环境，农民会适时地进行作物选择、改变耕作制度，以适应不断变化的气候环境。需要注意的是除气候外，人口激增以及政府行为也是影响粮食种植结构变迁的重要因素。

气候对于粮食价格波动的影响方面：在分析清代中后期华北地区粮价的季节性特征、趋势性特征和离散性特征的基础上，研究发现粮价波动与气候变化重要体现的自然灾害事件未呈现出强相关关系。鉴于市场整合是调配区域间资源的重要手段，政府在救灾过程中也通过各种政府行为减少了灾害对于地区的影响，进一步的分析可知，市场发展水平和国家行为（尤其是政府救灾行为）在减少粮价波动方面确有重要的影响。一方面，鸦片战争前的中国华北已经初步形成了统一的整合市场，虽与当代中国市场发展水平相比，当时的市场整合程度还处于较低的水平，但在工业革命前的传统社会中确属"杰出"。另一方面，政府救灾行为在自然灾害影响经济社会发展的机制中占有重要作用，就市场整合而言，自然灾害的影响有 48% 的效应是通过政府救灾行为产生的。在气候变化（自然灾害）对市场整合施加影响的过程中，政府救灾行为发挥了重要作用，缓冲了气候变化对于农业的影响。

总体来讲，本研究历述了各个历史时期华北地区气候变化与粮食种植结构的变迁，并选取了粮食价格数据最为齐全的清代，通过粮食价格这一独特的视角，以灾害量化气候变化的手段探究了气候变化对粮食生产及粮价波动的影响，同时也将市场及政府行为列为气候变化对经济社会的缓冲与补偿因素进行了考量，得出气候变化对粮食种植结构变迁有着长期与短期的双重影响，对粮食价格由于市场与政府行为的双重缓冲而未表现出较强的相关关系。全研究"有主有次，主次分明"，较为全面地分析了气候变化对于被称之为"华夏文明的摇篮"的华北地区粮食种植及粮食市场的影响。

附　　录

附表一：1644—1911 年华北自然灾害
事件府级年度序列统计表

1. 顺天府、保定府、永平府、河间府、天津府、正定府、顺德府、广平府、大名府、遵化州和易州等 11 州县自然灾害事件。

年份	顺天府	保定府	永平府	河间府	天津府	正定府	顺德府	广平府	大名府	遵化州	易州
1644	荒/旱/风/霾	涝/霾/疫	霾	霾/疫	疫	旱/霾	旱/涝/风/霾	旱/霾	涝/虫		疫
1645	荒/涝	涝				涝	涝/风	旱/涝	旱/涝		
1646	荒/风/虫	虫			旱	虫		涝/虫			
1647		荒/虫/疫		虫	涝/虫	虫	风/虫				虫
1648	涝/虫	荒/涝/虫		涝	涝	涝/虫	涝/风	涝/风	涝/风		虫
1649	涝	涝/风/虫		涝	涝	虫		旱/虫			荒/虫
1650	荒/寒/虫	虫	涝	旱/涝/风/虫	旱/涝	荒/虫	涝		旱/涝/虫		
1651	涝	旱		涝	荒						
1652	荒/涝/寒	涝	寒		涝/风/霾		涝	涝	涝	荒/涝	涝/寒
1653	荒/涝/寒/虫	荒/旱/涝/寒	荒/旱/涝/寒	旱/涝	涝	涝	涝	涝/虫	涝	荒/涝/寒	涝/寒/疫

续表

年份	顺天府	保定府	永平府	河间府	天津府	正定府	顺德府	广平府	大名府	遵化州	易州
1654	荒/涝	荒/涝	荒/旱/涝	涝/寒	涝	荒/旱/涝	涝	荒/涝/风/虫	荒/涝/震	荒/涝	风
1655	荒/涝/寒	荒/涝	荒/旱/涝	涝	涝	荒/涝/风	涝	旱/霾/虫	旱	涝	
1656	荒/涝/寒/风/寒/虫	寒/虫	旱/涝/寒/虫	寒	虫	旱/涝/风	涝/风/霾/虫	涝/风/霾	旱/风	寒/虫	
1657	涝/虫	涝	荒/涝	涝	旱	旱			风	荒	
1658			荒/风/寒	旱/涝	涝	荒	旱/涝/虫	荒	荒/旱	寒	寒
1659		风/寒		荒/虫	涝/寒		寒		旱	虫	寒
1660	荒/涝/旱	旱/涝	荒/旱/涝	旱/涝/疫			涝		旱	荒	
1661		旱					风				
1662	涝/风	涝/风	旱/霾	风	涝		涝	涝	涝	霾	
1663	涝	涝/风	涝	虫	涝		涝	涝			
1664	涝/寒/虫	寒	旱/涝	旱/涝/寒	旱/寒/虫	寒	旱	旱/涝/寒			荒/寒
1665	荒/涝	旱/涝	涝/霾	荒/旱/涝/虫	旱/涝	荒/旱/风	旱/涝/虫	荒/旱/涝/风	旱/霾		
1666	风	涝/寒/风/霾	涝/寒/霾	涝					涝		
1667	涝	涝/虫	涝/寒/虫	荒/涝	涝	旱/虫	虫	荒/虫	旱/寒/虫		涝
1668	涝/震	荒/旱/涝/风	涝/风	荒/涝	荒/旱/涝	荒/涝	涝/虫	荒/涝/寒/虫	旱	涝	
1669	涝	涝/风		涝		荒/旱/风		涝			
1670	旱/涝	旱/风	涝	旱/涝	旱/涝	旱	·旱/寒	旱/涝/寒	旱/涝	寒	
1671	旱/涝	旱/风/热	涝/寒/热		寒	旱	旱/热	旱/涝/风/热/虫	旱/虫		荒/旱/涝/寒

续表

年份	顺天府	保定府	永平府	河间府	天津府	正定府	顺德府	广平府	大名府	遵化州	易州
1672	旱/涝/虫	旱/涝/风/虫	旱/霾	旱/涝/虫	旱/涝/虫	涝/虫	涝/虫	涝/风/虫	旱/涝/虫	荒/风	
1673	旱/涝	旱	旱/涝/风/霾/虫	旱	旱/风	风			涝	风	
1674	旱	旱		旱	旱/风	旱/涝	旱/涝		旱/寒		
1675	霾	涝/风/霾		荒/涝	涝	旱/涝	旱/涝	涝		霾	
1676		风	霾	旱/虫	旱/虫			旱/霾	涝		
1677	虫	涝/寒	旱/虫	旱/涝/风/虫	虫		旱/涝/虫	涝	旱/涝		
1678	旱/热	旱	旱/风/虫	旱/虫	旱/涝/虫		涝/寒	旱/涝			旱/风
1679	旱	荒/旱/涝	旱/虫/疫	荒/旱/涝/虫	旱/风/虫	荒/旱/寒	荒/旱/涝	涝	涝	荒	
1680	旱/疫	荒/旱	旱	荒/旱	荒/旱	荒/旱	荒/旱/风		虫	荒	旱
1681	涝	旱				荒/旱	旱				旱
1682		风		旱/涝		风		涝			
1683	涝/风						荒		风		
1684	虫		涝	荒		旱/涝/风	旱/涝	荒/旱/涝/风/虫	荒		风
1685	涝/霾	旱/涝	涝	涝		涝/风	涝	涝			
1686	荒/涝				涝/疫	荒/旱/虫震	虫	虫	荒		
1687	旱	虫				旱/风/虫					
1688						荒					
1689	荒/旱	旱	旱	荒/旱/虫	荒/旱	旱	荒/旱/疫	荒/旱			旱

续表

年份	顺天府	保定府	永平府	河间府	天津府	正定府	顺德府	广平府	大名府	遵化州	易州
1690	旱/涝/虫	旱			旱/涝	荒/旱/涝/	霾	风	荒/虫	风	风
1691	旱/虫	荒/涝	虫	旱/风	旱	荒/旱/风/霾/虫	旱	旱/虫/疫		荒/旱/虫	
1692		涝		旱			涝/霾/疫		涝/霾		
1693	涝			旱/涝	涝	涝/霾		涝	虫	涝	
1694	荒/涝/虫	荒				虫	涝/虫	荒/旱	涝/虫	虫	
1695	荒/涝		涝	涝	涝	风				涝	
1696	荒/涝	涝	涝	荒/涝	荒/涝	荒/涝/风	涝		涝		
1697	荒/旱/涝/虫	荒/涝	涝			荒/风/虫				虫	荒
1698	涝	涝				涝/霾		荒			
1699	涝/虫	涝	虫			涝/虫		荒/涝	风	涝/虫	旱
1700	涝	荒/旱/涝/虫	虫				荒	荒			
1701		旱	虫			荒/涝/风/寒/虫	风	荒/涝			
1702				荒/涝	荒				涝/风		
1703	涝	虫	涝	荒/涝	涝	旱	涝	荒/涝	荒/涝		
1704	涝/疫	旱		荒/疫	荒/涝/疫	虫	旱/涝	旱/疫	疫		
1705	风/虫	旱/虫	虫			涝	旱/虫	旱	荒/旱	风	虫
1706			涝	虫	涝			涝	涝		旱
1707	涝				涝			虫	风		
1708	旱			荒/旱/虫			荒/旱/涝/虫	荒/旱	荒/旱		

续表

年份	顺天府	保定府	永平府	河间府	天津府	正定府	顺德府	广平府	大名府	遵化州	易州
1709	虫	涝	涝/虫				荒/旱/虫	荒/风	涝	虫	
1710		旱	旱/寒	虫	涝/虫	虫	旱				
1711	旱	旱/风/热	热			旱	旱	涝	旱		旱
1712	虫				荒/旱	霾					
1713	涝/风	霾		旱	涝		寒/风	荒	风		
1714	旱/风			旱/涝/寒	旱	荒/旱/霾			旱/虫		
1715	涝/寒/风	荒/涝	荒/虫	涝	涝	旱/涝	荒/风		涝	涝	
1716	荒/旱	旱	荒	涝	涝	涝/风	涝/寒	涝	风	荒	旱
1717	风				寒		风	涝			
1718					霾						虫
1719	涝/风		涝		涝/风			涝	风		
1720				旱	旱		霾	旱/风/寒	旱		
1721	荒/旱/霾	涝		荒/旱	旱/热	旱	荒	荒/旱/风	旱/涝		
1722	荒/涝	荒/旱		旱/虫	风	荒/旱/霾	荒/旱/霾	荒/旱/寒/风	荒/旱/涝/寒		
1723	虫	涝	涝	霾	霾	旱/风/霾/疫	涝/风/霾/疫	荒/旱/霾	旱/涝		旱
1724	涝/风				涝/霾	霾	虫	涝			
1725	荒/旱/涝	荒/涝	涝	旱/涝/风	旱/涝	荒/涝/风	旱/涝/疫		涝	荒/涝	
1726	疫	涝		涝/疫		疫	虫		涝		风
1727	涝	涝		涝	涝			涝		涝	
1728		疫	旱								
1729	涝	旱				旱/涝		涝			
1730	涝			旱/涝/风		涝	涝	荒/涝	涝/寒	热	

续表

年份	顺天府	保定府	永平府	河间府	天津府	正定府	顺德府	广平府	大名府	遵化州	易州
1731	涝	荒		涝	涝	旱	旱		荒/旱		
1732				寒		旱	涝/虫		荒/寒		
1733	涝	涝	涝	涝	涝		涝	涝			
1734	涝	霾		涝	涝	旱/涝	涝/虫			风	
1735				虫		涝/寒/虫	虫	虫	涝		
1736											
1737	旱/涝	旱/涝	涝	旱/涝	旱/涝	旱/涝	旱/涝/风/虫	涝/风	涝	旱	旱/涝
1738	涝	荒/旱/涝/虫		涝	涝	荒/涝	涝				
1739	涝			旱/涝		风	旱/涝/虫	涝/虫	涝		
1740	涝/虫				涝	虫		涝	虫		
1741	风		风	虫		涝			风	风	
1742	风	旱/风		荒/旱/虫				旱/涝/寒			
1743	旱/热	旱/风/热	热	旱/寒/热	旱/寒/热	旱/风/热	旱/热/虫	荒/旱/热		风/热	
1744	旱	旱/虫	旱/涝	虫	旱				虫		涝
1745	旱/风			旱	旱	荒/旱/风	旱				风
1746	涝			涝/风		旱			涝		
1747	涝			涝					涝		
1748			涝	涝				风	涝/寒		
1749		涝				风	涝		涝		
1750	涝/寒	涝		旱/涝	寒	涝			旱/风		
1751	荒/涝	涝/虫	涝	虫	荒	旱/涝	涝/寒/霾		涝	涝	
1752	虫	旱/风/霾/虫				涝/风/霾/虫	涝/虫	虫	涝/风/热/虫	涝	

续表

年份	顺天府	保定府	永平府	河间府	天津府	正定府	顺德府	广平府	大名府	遵化州	易州
1753	旱/涝	旱/涝/风	荒/虫	涝		旱/涝	旱/寒	旱/涝	风/寒	风/虫	
1754	涝		涝			涝/风			涝		
1755	涝								荒		寒
1756	旱			旱	涝			涝	荒		
1757	旱/涝/虫		涝	涝	涝	风		涝	涝		
1758			风	涝	荒		涝				旱/寒
1759	荒/寒/霾/虫	旱/涝/虫	旱/寒/霾/虫	涝/霾/虫	涝	旱/涝/虫	旱/涝	荒/旱/涝	涝		旱
1760	荒			涝/疫	荒/涝/疫	旱/疫	荒/疫				
1761	涝	涝	涝	涝	涝	旱/涝	荒/涝	涝	涝		涝
1762	旱/涝	荒/涝	涝		荒/涝	涝	涝	涝	涝		
1763	荒/虫	荒/涝/虫	荒/虫		虫	旱/虫	寒				
1764		虫		荒/旱	荒	涝/风/虫					
1765	荒/旱/涝										
1766											
1767			涝	虫				风/霾			
1768	涝	涝			旱/涝/虫	涝/风	旱/涝		旱/涝		
1769		旱	涝			虫			旱/寒/风		
1770	涝/虫	涝/虫	涝		涝				涝/霾		
1771	涝	涝/虫	涝/疫	涝/霾	涝/风/霾				涝		
1772				荒	涝/风	涝					
1773	旱/涝/风	热	涝/风	旱	旱/涝/霾				旱		

年份	顺天府	保定府	永平府	河间府	天津府	正定府	顺德府	广平府	大名府	遵化州	易州
1774	旱	旱/涝/风		荒/旱	荒/旱/寒				旱		
1775	涝	涝		旱	疫		涝	荒/旱	涝		
1776					风/虫	旱/涝		荒/旱			
1777		涝			虫			旱	旱		
1778		旱/寒				旱		旱/涝	荒/旱/涝/霾/热		
1779		涝			涝			涝	涝		
1780	涝	涝			涝	旱	涝				
1781	涝		涝		涝	寒/虫					
1782	荒		荒		风				涝		
1783		涝			虫				旱/涝		
1784			荒/风	虫		涝		霾	荒/旱/霾		
1785					旱	涝	旱	旱	旱/霾		
1786				虫/疫	涝				荒/旱/疫		
1787			涝		旱/涝				虫		
1788			荒/涝	霾							
1789	涝	涝	涝		涝	涝		荒/旱	涝		
1790	涝		涝	涝/疫	涝/风	涝	旱/涝			涝	
1791			涝	旱/风/虫	涝/风		荒/旱				
1792	旱	旱/虫	荒/旱/涝	荒/旱	荒/旱/寒	旱	荒/旱/寒/霾/虫	荒/旱	旱	旱/涝/虫	
1793		荒/虫	涝	旱/虫	荒/旱	风	荒/旱/涝/寒/虫	涝			
1794	涝	涝	涝	涝	涝	涝	涝/霾	旱/涝	涝		涝

年份	顺天府	保定府	永平府	河间府	天津府	正定府	顺德府	广平府	大名府	遵化州	易州
1795			风	旱/虫	荒/旱/虫						
1796	寒/风		寒				风				
1797	涝/霾	涝	霾	虫	荒/涝/热/虫		涝	涝			
1798	旱/霾	寒	霾		寒/热/疫			涝			
1799		荒/涝/虫		虫	虫						
1800	旱/涝		旱/风	虫	涝		风	旱			
1801	荒/涝	荒/涝	荒/涝	涝	涝	涝	荒/涝	涝	荒/涝	涝	涝
1802	荒/旱/虫	荒/寒/虫	荒/涝/虫		虫		涝/虫	旱/风/虫	旱		
1803	涝/虫	荒/风	涝/虫	涝	虫	风/虫	风/虫	风	涝/风		
1804		风	旱		虫	旱	荒/旱	荒/旱	荒/涝		
1805	涝		风/虫	疫	风	旱	旱				
1806	涝		涝/风		虫		荒	荒/旱/涝			
1807	荒/风/霾	旱/涝	旱/寒		风	霾					
1808	涝	涝	荒/旱/涝		涝	风	涝/风	寒/风			涝
1809	涝/风	涝/寒	荒/涝		涝		旱				
1810	涝			荒/旱/涝/风/寒	风/霾	旱			霾/疫		
1811	荒/旱/涝		荒/旱/涝		霾			旱/虫	旱		
1812	涝		荒/寒		风/虫/疫	荒/旱	荒/旱/霾	荒/旱/风	旱		
1813	涝/寒	旱/风/热	旱/涝	旱	荒/涝/寒	荒/旱/涝/虫	荒/旱	荒/旱/涝	荒/旱/涝		

续表

年份	顺天府	保定府	永平府	河间府	天津府	正定府	顺德府	广平府	大名府	遵化州	易州
1814	旱/风	寒		寒	寒	荒/旱	疫	荒/旱/虫/疫	荒/虫/疫		
1815	涝		旱	寒		寒		疫	涝		
1816		涝		荒		寒/风	疫		涝		
1817	旱/寒	荒/旱/寒	旱	旱	寒	荒/旱/虫	旱/寒	旱/风	旱		
1818	涝/霾	旱/霾	涝/风/霾	涝	涝	荒/旱/寒/风/霾/虫		寒	涝	旱/涝	
1819	涝/寒/霾	寒/风	涝	寒	涝/寒/风	涝/寒	涝/寒	寒	涝/寒		
1820		旱/寒	寒/风	涝/寒	涝	寒	寒	涝/寒			
1821	疫	疫	荒/涝/疫	涝/疫	涝/虫/疫	涝/寒/疫	疫	疫	涝/疫		疫
1822	涝	荒/涝/疫	荒/虫/疫	涝/霾	涝	旱/涝	涝/风	涝/热	涝/疫		
1823	荒/旱/涝/风	荒/涝/疫	荒/涝/虫/疫	涝	旱/涝/风	荒/涝/风/虫/疫	涝	涝/寒/风	涝	涝	涝
1824	荒/旱/涝/虫/疫	旱/涝/虫	旱/涝/寒/虫	荒/虫	涝/风	虫	虫	风	旱	荒	
1825	虫	虫	荒/旱/热/虫	虫	荒	旱/虫	虫	旱/风/虫	荒/旱/风/虫	虫	
1826	涝		涝/虫	旱/风/虫	寒	旱/霾/虫	荒/旱/涝	旱/涝/风/霾/虫	荒/旱/霾/虫		涝
1827	热	旱/风/热	旱/涝/寒/热/热			风/虫	旱/寒	寒/霾			
1828	涝		涝/风/寒			涝/风			涝		

续表

年份	顺天府	保定府	永平府	河间府	天津府	正定府	顺德府	广平府	大名府	遵化州	易州
1829	虫	旱/涝	寒/风/寒/霾		旱/涝	风					
1830	涝	涝	风			涝/风/寒	旱/涝/风	涝	涝/风		
1831	涝/寒	涝/寒	涝/寒/虫	旱	涝	寒	寒/虫	旱/寒	旱/涝/寒/虫		涝
1832	荒/旱/涝	荒/旱/寒	荒/旱/寒/虫/疫	旱/涝/寒	荒/旱/涝	荒/旱	旱/寒	涝/寒/风/寒/风	涝/寒	旱/涝	荒/旱
1833	荒/旱/涝/疫	荒/旱	荒/涝/风/疫	荒/涝/风	荒/旱/涝/风	涝/寒/风/寒/虫		霾	涝	荒/虫	
1834	涝	涝	涝/风	涝/寒		涝/风	涝	涝			风
1835	涝	旱/涝/风/虫	风/霾	涝/虫	涝	旱/风/虫	涝	荒/旱/涝	涝/虫		
1836		旱/涝/虫	荒/旱/涝/寒/风/霾	涝	涝/风	旱/虫	虫	旱	虫		
1837	风/热	旱/涝/风/热	寒/霾	旱	涝	旱/风/虫	旱/风	荒/旱			热
1838	风		寒/风	荒/旱/霾/虫	旱/涝/寒/风/热	荒/旱		荒/旱	虫		
1839	涝	旱/涝/热	旱/涝/寒	寒	旱/涝	旱/涝/风/寒/霾		旱/涝/寒/虫/疫	涝	涝	
1840	旱/涝/热	旱/涝	荒/涝/风/寒/霾	涝/风	涝	疫	涝	旱/涝/风		涝	
1841	涝/风		涝/寒	涝	涝/风	风	旱	旱/寒	虫		
1842		风	涝		涝/风/虫		旱	旱	旱/虫		风

续表

年份	顺天府	保定府	永平府	河间府	天津府	正定府	顺德府	广平府	大名府	遵化州	易州
1843	涝		涝/霾	涝	涝/风		热	旱/涝/霾	涝		
1844	涝		涝		涝		风	旱/涝/风	风		
1845	旱/涝	旱/涝	荒/旱/涝		涝		旱	荒/旱/霾	旱	荒	
1846	风		荒/涝/虫	涝/风	涝/风			旱/涝/风/虫	旱/涝/风		
1847	涝/霾		风/霾	风	旱	荒/旱/虫	荒/旱	荒/旱/涝	荒/旱/虫		
1848	旱/涝	风	涝/风/虫	涝	荒/涝/虫	旱/涝/寒	荒/旱	荒/旱/虫	涝		
1849		风	涝/寒/风	涝	涝/风		旱	旱	涝		风
1850	涝/寒	涝	寒/风	涝/霾	风	霾	霾				风
1851	风	涝/风	霾/疫			风		风/霾	风/寒		
1852	涝/寒	涝/风	风/疫	涝/风	涝/寒/风	荒/虫	涝	霾			
1853	涝/寒/热	荒/涝/风/虫	荒/涝/风/寒	旱/涝/寒	涝/风	涝/风/疫	涝	涝/霾			
1854	旱/涝/虫	涝/虫	涝/霾/虫/疫	涝/风	涝	寒/虫	虫				
1855	涝/风/虫	涝/风/虫		涝	旱/虫	虫	涝	风	涝/霾	虫	风
1856	旱/涝/虫	涝/热/虫	涝/霾/虫	荒/旱/霾/虫	旱/涝/风/虫	荒/旱/虫	旱/虫	虫	旱/涝/虫	虫	
1857	旱/涝/虫	旱/涝/虫	旱/涝/霾/虫/疫	荒/旱/虫	旱/涝/虫	荒/旱/虫	荒/旱/虫	荒/旱/虫	涝/虫	风/虫	旱/虫
1858	荒/旱/涝/虫/疫	虫	旱/霾/虫	风/霾/虫	旱/风/虫	荒/旱/虫	旱/霾/虫		涝/虫	风	虫

年份	顺天府	保定府	永平府	河间府	天津府	正定府	顺德府	广平府	大名府	遵化州	易州
1859	涝		旱/涝/风/疫		涝	荒/旱/虫	旱	荒/旱/虫	涝		
1860	霾	寒/霾/疫	旱/涝/寒/风/霾	旱/涝/寒	旱	荒/旱/寒/霾/虫		寒/风/寒	涝	疫	
1861	旱/涝/疫		涝	疫	旱/涝/霾/虫/疫	疫		风	涝		
1862	霾/疫	霾/疫	霾/疫	涝/疫	旱/霾/疫	霾/虫/疫	旱/霾/疫	旱/涝/虫/疫	涝/虫/震	霾/疫	疫
1863		风	旱/风	旱/风	涝/风	风	虫		旱/涝/寒/虫		
1864	旱/涝/风	旱/风	旱/涝/风/霾	旱/涝/疫	涝	风/寒		寒	涝/寒/霾		
1865			旱/涝/霾/虫/疫	涝/寒	旱	涝/风/寒		荒/旱/寒/虫	涝/寒		风
1866	旱/涝		旱/风		旱	风			涝/风/寒/虫		
1867	荒/旱/涝/风/虫/疫	荒/旱	荒/旱/涝/风	旱/风	旱/涝	旱	旱	旱/寒	涝/风/虫/疫	旱/涝/疫	
1868	荒/旱/涝/疫	荒/旱/涝/寒		涝	涝	涝/寒/霾	旱/涝/虫	旱/涝	涝	荒/旱	寒
1869	旱/涝	荒/涝/风	风		旱/涝	荒/旱/风	旱	荒/旱/虫	旱/涝/虫		
1870	旱/涝	涝/热/虫	旱/风	涝/风/热/虫	涝/虫	旱/风/热	旱/寒/风/虫	旱/风/寒	旱/涝/霾		
1871	荒/涝	旱/涝	荒/涝/风	涝	荒/旱/涝	旱/涝	涝	涝	涝	涝	旱/涝
1872	涝/风/虫	荒/涝	涝/风/霾	风	涝/虫	涝/风/虫	风		旱/涝	涝	涝

年份	顺天府	保定府	永平府	河间府	天津府	正定府	顺德府	广平府	大名府	遵化州	易州
1873	涝	涝/虫	涝/风	旱/涝/疫	涝	涝/风/疫			涝/风	涝	
1874	涝		涝			风	霾	风	旱/涝/风		
1875	涝/虫	旱/涝/热	旱	旱/风	旱/热		风		涝/霾		
1876	旱/寒/虫	旱/涝/疫	荒/旱/寒	旱/寒/虫	荒/旱	荒/旱	旱/涝/寒/霾	旱/涝	旱/涝	旱	
1877	旱/涝/虫	荒/旱	荒/旱/风/虫/疫	旱/疫	荒/旱/虫	荒/旱	荒/旱	荒/旱	荒/旱/涝/寒/霾	荒/旱	
1878	涝/虫/疫	荒/旱/疫	荒	荒/涝/霾/疫	荒/旱/霾/热/疫	荒/旱/疫	荒/旱/风/霾/虫/疫	荒/旱/霾/疫	荒/旱/涝/风/霾/疫		
1879	涝/风/疫		涝/寒						涝/寒	涝	旱
1880	风/虫	疫		旱	旱/风		荒/旱	风	霾		
1881	旱/虫	风			旱/涝/寒/霾/热	霾	虫		震	风/虫	
1882	涝/风/虫	涝	荒/涝		涝/虫	风/虫		涝		虫	
1883	荒/涝/疫	涝/疫	涝	涝	荒/涝	涝/风	涝/风	涝	涝	涝/虫	涝
1884	风	虫	风	虫	涝/风	虫	涝			涝	
1885	涝	虫	旱/涝/虫		旱/涝		涝/霾	涝	涝		
1886	涝/风	涝	涝		涝/虫	风					旱
1887	涝	荒/涝/疫	旱/涝	旱/涝	涝/风	涝/霾		涝	荒/涝/风		
1888	涝/疫	涝	涝/风		涝/虫	风			荒/旱/寒		

年份	顺天府	保定府	永平府	河间府	天津府	正定府	顺德府	广平府	大名府	遵化州	易州
1889	涝/风	涝	涝/风/疫		涝/风/霾			涝/寒/风			
1890	荒/涝	荒/涝/疫	涝	涝/风/虫	涝/风/霾/虫	涝/风/虫	涝		涝/震		涝
1891	涝/虫	涝/风/虫/疫	风	涝/虫	涝/风	虫	旱	虫	霾/虫		
1892	涝	荒/涝/风/疫	涝		涝/疫	涝	涝	涝/霾/虫	涝/寒/风		旱/涝/疫
1893	涝	涝	荒/风	涝	涝	涝	风	涝/风	风		
1894	荒/涝	荒/涝	荒/涝	涝/风	旱/涝/寒		涝	涝	涝/疫		
1895	涝/虫/疫	荒/涝/风/疫	荒/风	涝/疫	涝/风/疫	涝	荒/涝		涝/寒/风/霾/虫		
1896	涝/虫		涝	涝	涝			风	风/虫		
1897	涝	风/疫	涝	涝	旱		涝	涝			
1898	涝	涝	涝	旱/虫	旱			涝	涝/寒		
1899				旱/寒/风/寒/虫	旱	旱			旱/寒/风/虫		
1900	旱/霾/虫	风/霾		旱/风	旱/寒/虫	旱/寒	荒/旱/寒	荒/旱/疫	荒/旱/寒/风		
1901	涝/霾	涝/疫			涝/疫	风	荒/霾/疫	疫	涝/霾/虫		
1902	旱/涝/寒/热/热/疫	旱/涝/热/疫		虫/疫	疫	热/疫	风/疫	涝/虫	风/霾		
1903	旱/涝/寒/虫/疫	涝	涝	寒/风	旱/涝/风				风		
1904	涝	风			涝/寒		涝		虫		
1905		风			涝/寒/热	涝/寒		涝	风		

续表

年份	顺天府	保定府	永平府	河间府	天津府	正定府	顺德府	广平府	大名府	遵化州	易州
1906	旱/风/虫	霾			旱	涝			风		
1907	涝/寒				风				旱		
1908	涝/虫		涝/风/疫	旱	荒/旱/涝/寒/风		霾		寒		
1909	涝/虫		涝/疫		涝			涝	寒/虫		
1910	涝/虫	风/虫	寒	寒/疫	寒/疫			涝	寒		
1911	涝/寒	寒		荒/涝/寒	涝/寒/风	风	涝/风		涝/寒/风		

2. 冀州、赵州、深州、定州、济南府、兖州府、泰安府、武定府、沂州府、曹州府和东昌府等11州县自然灾害事件

年份	冀州	赵州	深州	定州	济南府	兖州府	泰安府	武定府	沂州府	曹州府	东昌府
1644	霾	霾	霾	霾	涝/风/霾/疫		霾	涝/寒/霾		涝	旱
1645	荒/涝	涝	涝/热	涝	风	涝	霾/虫			涝	荒/旱/虫
1646	涝	荒		虫	旱/涝	涝		旱	涝/疫		虫
1647	虫	虫	虫		涝/风	涝	旱/涝	涝/风	旱/涝/疫	寒	荒/涝/风
1648	涝/虫	涝	涝		荒/旱/涝	涝		荒/涝	涝	涝	荒/涝/风
1649					涝/疫	荒/涝	涝	涝	涝	涝	涝
1650	风/虫		涝		涝	旱/涝	旱/涝/风/虫	涝/风	涝	涝	旱/涝
1651					涝	涝	涝	涝/风	涝	涝	涝
1652	涝				涝/寒/风	涝/寒/风	涝	涝/风	荒/涝/虫	涝	涝/风
1653	涝			涝	涝/寒	涝	涝	涝		涝	涝/寒
1654	涝			荒/涝	荒/涝	涝		旱/涝	涝	涝/风	涝/虫

续表

年份	冀州	赵州	深州	定州	济南府	兖州府	泰安府	武定府	沂州府	曹州府	东昌府
1655	旱/寒/虫		虫	涝/虫	旱/虫	涝	涝	旱/涝/寒		涝	旱/寒
1656	涝/霾		荒/涝/虫	涝	荒/霾/虫	涝/风	涝				风/霾/虫
1657		风	涝			涝	涝		涝	涝	寒
1658	虫	涝								涝/寒	寒
1659	风				涝/寒	荒/涝	虫	寒	涝	涝	
1660	风			涝		寒				涝	
1661	风		涝			风	荒/旱				
1662	涝				霾					涝/霾	
1663	涝		涝			旱				旱	
1664	涝	荒/风			荒/寒	旱/虫	寒	荒/旱/寒	旱/风	旱	旱/寒
1665	旱/涝	旱/涝	涝		荒/旱/霾	荒/旱/涝/风	荒/旱/寒/风/虫/震	荒/旱/寒/风/霾	荒/旱/涝/虫	荒/旱/霾/虫	荒/旱/风/热
1666	寒		涝		风	旱/风/虫					
1667		虫	旱/涝		旱/热/虫	旱/虫	风	旱/涝/虫			旱/虫
1668	荒/涝	涝/风	涝	涝	涝/寒			旱/涝/风	风		
1669	涝/风				风	风		霾			风/热
1670	风	旱	旱	寒	荒/旱/风/虫	旱/寒/风/寒	寒	旱/风/虫	旱/寒	旱/涝/寒	旱/寒
1671		旱/风	旱	热	荒/旱/虫	风	虫	荒/旱/风	旱/寒	荒/旱/涝/虫	旱/风/虫
1672	涝/虫			涝	旱/涝/虫	虫	寒/风/霾/虫	旱/寒/虫	风/虫	风/虫	荒/风/虫
1673				风	寒/疫		涝	旱/涝		寒/疫	
1674	旱		旱	涝	旱		旱	荒/旱	旱	寒/虫	旱

续表

年份	冀州	赵州	深州	定州	济南府	兖州府	泰安府	武定府	沂州府	曹州府	东昌府
1675	霾		风	霾	风		寒	寒	寒		寒/风/霾/虫
1676	旱		寒					虫			
1677		风							涝		
1678	旱/涝		风			旱	旱	旱	虫	荒/涝	
1679	荒/虫		旱/虫/疫	荒/旱	荒/旱/虫		荒/旱/涝/风	荒/旱/风/虫	荒	涝	
1680	荒				荒/旱	涝/风	风	旱/风	涝		
1681					旱/虫	风		涝/霾			
1682				风	旱/涝	风		旱/虫	虫	涝	
1683	荒/旱	寒	旱		涝/虫	荒/旱/涝	涝		荒/涝	荒	
1684	荒/旱		荒		旱/涝	荒		涝	荒	荒/涝	荒/旱/涝/风
1685	霾	涝	涝	旱/涝	风/虫	荒/涝		荒	涝	荒/涝/寒	
1686		旱/虫	旱/虫		旱/涝/虫	风/虫		涝/风		荒	旱
1687					涝						
1688	旱				涝	涝/寒/风		风/虫			
1689	旱		旱	旱	旱		虫				旱/风
1690					荒/旱/风	旱/虫	虫	荒/涝			旱/虫
1691	旱		旱	荒	旱/虫	霾/虫		旱/虫			风
1692	涝				涝	风		涝/疫	虫		涝/风
1693	涝/虫	风	涝	涝	涝/虫/疫	霾	涝/寒				涝/虫
1694	虫		涝		风/虫	风/虫		涝			
1695			风			风/虫				霾	
1696			涝	涝	涝	霾		涝			霾

续表

年份	冀州	赵州	深州	定州	济南府	兖州府	泰安府	武定府	沂州府	曹州府	东昌府
1697	虫			涝		旱/涝/寒	荒/涝	荒/旱/风/虫	寒/虫		荒/涝
1698					荒/旱	荒/涝/风/疫	疫		荒/涝	涝	涝
1699			旱					涝/风	荒		涝
1700						涝	涝		涝/虫		旱/涝
1701						涝					旱
1702					荒/涝/热	荒/涝/风	荒/涝	荒/涝	荒/涝/风	涝	涝/风
1703	荒/涝				荒/涝/疫	涝/疫	荒/涝/风	荒/涝	荒/涝	荒/涝/疫	荒/涝/霾
1704	荒/疫				荒/霾/疫	荒/疫	荒/旱	荒/旱/涝/虫	荒/旱/霾/虫	疫	荒/疫
1705		涝		虫	旱/虫	风		旱/风/霾/虫			涝/风/霾
1706								旱/风			
1707					旱/涝		寒/风		荒		涝
1708	旱			旱	荒/旱/虫	风	旱	旱/寒/虫		旱/寒/虫	旱/虫
1709					风	涝	涝	涝/寒/虫	荒/涝	涝/寒	旱/涝/霾
1710	旱/涝/虫						旱		荒		荒/旱
1711	旱			旱		虫	涝		涝/风		旱/虫
1712				涝/风		涝/霾	霾		涝		霾
1713	寒					风					旱
1714					旱/寒	寒/风	荒/旱/寒	涝			旱
1715					涝	涝	涝	涝			涝
1716		霾			涝/霾	涝/虫	涝			涝	涝
1717						涝	荒/涝				

续表

年份	冀州	赵州	深州	定州	济南府	兖州府	泰安府	武定府	沂州府	曹州府	东昌府
1718						旱			荒/旱/风		
1719		荒			涝/寒	旱	旱	寒	荒/旱/涝		
1720	旱	荒				旱	旱	旱			
1721	荒	风	旱	荒	旱	荒/旱	荒/旱/虫	风/霾/虫	荒/旱	旱/涝	荒/旱
1722	寒	霾	旱	荒/旱	荒/旱/涝/虫	荒/旱/虫	荒/旱/涝	寒	荒/旱/风/虫	荒/旱/涝	荒/旱
1723	荒/旱	荒			荒/涝/霾	旱/霾/虫/疫	旱/涝/虫	荒/旱/风/霾/虫	荒/风/霾/热	霾/虫	荒/旱/风/霾/热
1724	虫		涝	涝	旱/虫		虫	风/疫	荒/风/虫		涝
1725	旱/涝		涝	涝/风	旱/涝			荒/旱/涝	旱/涝/风		涝
1726	风		涝		涝/风	涝	旱	寒		涝	涝
1727					旱/虫		虫	旱/涝	风		
1728			风		涝			涝			涝
1729		涝	旱			荒/涝	涝		涝		
1730	涝	霾	涝	涝	荒/涝	荒/涝	荒/涝	荒/涝	涝/寒	荒/旱/涝	涝
1731	旱			旱	荒/旱/涝	寒	荒/涝/寒	荒/涝/风	荒	荒	涝
1732	旱/涝				旱/寒	旱	旱/热		旱/虫	旱	涝
1733			涝		旱/涝/虫			涝/风	涝/寒/风/虫		旱/涝
1734							虫				
1735									荒/涝		
1736					虫						
1737	涝	荒/涝	涝		旱/涝	旱/涝	旱		荒	霾	涝

续表

年份	冀州	赵州	深州	定州	济南府	兖州府	泰安府	武定府	沂州府	曹州府	东昌府
1738	涝	涝	涝	涝	旱/风/虫				旱/虫		
1739	涝/虫		涝/虫		涝	涝	涝	涝	涝	涝	涝
1740	虫					涝	荒			虫	荒
1741					旱						旱
1742	涝/虫				旱	涝/寒			涝/寒		
1743	荒/旱/热	旱/热	旱/热/热	旱/热	荒/旱/寒/热	旱/虫		荒/旱/热	旱	涝	旱
1744		荒/旱			旱	风/虫	风/虫		旱	涝/风	
1745	旱			旱	涝/寒	荒/涝		风/雹	涝/寒		
1746						荒/涝		荒/旱/雹	荒/旱/涝/风		
1747					涝	荒/旱/涝/风/虫/疫	荒/涝/风	涝	旱/涝/风/寒	荒/涝	
1748					荒/旱/涝/震	荒/涝/风/虫/疫	荒/涝/疫	荒	荒/旱/涝/虫	荒	荒/疫
1749	涝	涝/风	寒						涝/寒		
1750						虫	寒	风	旱/涝/风		
1751			涝/寒			涝	涝	涝	涝	涝	涝
1752		虫			涝/虫	虫	虫	虫	旱/虫	虫	荒/虫
1753		荒			虫	风	荒	涝	涝		
1754				旱/涝				涝/风	涝/风	涝	
1755	涝					涝/风	风		涝/虫	荒/涝	
1756	涝				荒/涝	涝			荒	荒/涝	
1757	涝				涝	涝			涝/风	涝	涝
1758					风/虫			旱/风/虫	旱	荒/旱	荒/涝
1759	荒/旱/涝/虫	雹		虫	旱/虫			虫	涝/虫	涝	虫

续表

年份	冀州	赵州	深州	定州	济南府	兖州府	泰安府	武定府	沂州府	曹州府	东昌府
1760		涝							涝		
1761	涝	涝			荒/涝	旱	涝	涝		荒/涝	旱/涝
1762	涝		虫		涝			涝	涝		荒/涝
1763	寒				旱/虫	涝		虫			虫
1764					风						虫
1765		热			涝/风	旱/虫	旱/风/虫	涝			
1766		寒			荒/涝	涝	涝	涝	风	涝	涝/风
1767	霾					风	旱/			霾	涝
1768		虫			涝	旱/虫		涝	荒/旱/风	荒	虫
1769	虫							涝	风		
1770		霾			涝/虫	寒/虫	风/霾		风		涝/虫
1771					涝	涝		涝/虫	涝		荒/涝/虫
1772		寒/霾/热				旱	涝	涝			
1773					荒	霾	虫		涝		
1774	旱/霾	旱/寒/霾	荒/旱		旱/虫	涝/霾	霾		虫		旱
1775		霾	疫	涝	旱/虫			旱			
1776					霾/虫		寒	荒/旱			
1777					旱	风	旱				
1778					旱	荒	荒/旱			荒/旱	旱
1779	风				荒/涝						
1780						涝					
1781					涝/虫	涝	涝	涝		涝	
1782					旱/风/虫	旱/涝/虫					
1783					旱	旱/风	旱			旱	旱
1784				风	旱/涝/虫	旱/寒/虫		风		旱/寒/虫	旱/霾/疫

续表

年份	冀州	赵州	深州	定州	济南府	兖州府	泰安府	武定府	沂州府	曹州府	东昌府
1785	霾				荒/旱/热	荒/旱/风/霾/热/虫	荒/旱	旱	荒/旱/寒/虫	荒/旱/霾	旱
1786					荒/旱/疫	荒/霾/疫	荒/旱	荒/旱	荒/疫	荒/虫/疫	荒/旱/疫
1787					旱/涝	旱			旱/涝		
1788	涝/霾					涝					
1789			荒		涝				风		
1790			涝		涝/寒	涝	涝	涝		寒	涝
1791	荒/涝				荒/旱/涝/寒	寒	寒	寒			
1792	荒/旱/虫	旱	旱	旱	荒/旱/寒/风/虫	旱	旱	荒/旱	风		旱
1793	荒/风				旱/霾/虫	荒		荒/风			
1794	涝	涝	涝	涝	旱/涝/寒/风/霾	风		旱			涝
1795	虫	涝			荒/旱/虫				虫	旱	
1796						涝	涝	涝/风	旱/涝/虫	涝	
1797	涝			虫		涝/风	涝			涝	
1798	涝				疫					涝/疫	
1799					旱/涝/风	风					
1800						涝/风					
1801	涝	涝	涝	涝	旱/涝/风	风/霾	涝		疫	涝	涝
1802	涝	风	虫	虫	旱/风/虫	旱/虫				荒/寒/虫	虫

续表

年份	冀州	赵州	深州	定州	济南府	兖州府	泰安府	武定府	沂州府	曹州府	东昌府
1803	涝				涝/虫	荒/旱/涝/虫	涝/虫	涝/虫	涝/虫	涝	涝
1804					虫	荒	涝				涝
1805					旱/霾/虫	寒/虫/疫	寒	涝/寒			寒
1806					霾	风/霾/疫	霾/虫				
1807	霾		霾	涝/霾	风	霾	霾	风	风/霾		霾
1808			风	涝		荒/旱			风		
1809					风	荒/旱					
1810	涝				荒/涝/风/霾	旱/涝/风/霾	旱/涝/霾		霾	旱/霾	
1811				旱	荒/旱/涝/虫/霾	旱/涝/风/霾/虫	旱/涝/虫	旱	风/霾	旱/风	旱/虫
1812	旱/涝				旱/风/霾	荒/旱/虫/疫	旱/虫	旱/霾		荒/旱	旱
1813	旱	荒/旱			荒/旱/寒/虫	荒/旱/寒/霾	荒/旱/涝	旱	荒/旱/寒	荒/旱/涝/疫	荒/旱/涝
1814	虫		寒		虫/疫	荒/旱/涝/风/霾	荒/涝	虫	荒	荒/寒/霾/虫	寒/疫
1815					涝/寒	涝/疫	疫			涝/寒/疫	
1816		涝			涝	涝	涝				
1817		虫	旱	旱	旱/寒/风	风	旱	涝		旱	旱/涝
1818		虫	霾	霾	旱/涝/风	旱/风/虫		涝			
1819	涝/寒	涝	寒	寒	涝/寒	涝/寒	涝/寒/风	涝	涝	寒	涝/寒
1820	荒				热/虫	荒/寒	涝	涝		涝/寒	

续表

年份	冀州	赵州	深州	定州	济南府	兖州府	泰安府	武定府	沂州府	曹州府	东昌府
1821	涝/疫	疫	疫	寒/疫	涝/疫	涝/寒/疫	涝/疫	涝/疫	涝/疫	旱/疫	疫
1822	涝	涝	涝	荒/涝	荒/涝/风	荒/涝/风	涝	荒/旱/涝	荒/旱/涝	涝/寒	涝/疫
1823	涝	荒/涝	涝	荒/涝	旱/涝/寒	荒/旱/涝/虫	涝/风		荒	涝	涝/虫
1824	涝/虫		虫	风/虫	旱/涝/虫	旱/风/虫	荒/风/虫	涝	风	旱/霾	虫
1825				旱/虫	荒/旱/涝/虫	荒/旱/涝/霾/虫	旱/虫	旱	旱/热/热/疫	旱/虫	旱/风/霾/虫
1826	霾	虫	霾		旱/涝/霾	旱/涝/风/霾/虫	荒/旱/霾/虫	涝		霾	旱/霾
1827	旱				风/霾	涝/风			荒/涝/霾	霾	
1828					涝	涝/寒	涝	涝	荒/涝		涝
1829	风				荒/旱/涝/风/虫	风	涝	涝		旱	
1830	涝	涝/风	旱		旱/涝/风/虫	涝/寒	涝		涝/风		
1831	寒	寒		寒	寒	涝/寒	涝/风	涝/风	涝	涝/寒/霾/虫	
1832	旱/涝/寒/风/热				荒/旱/涝/寒	涝/寒	旱/涝	荒/涝	荒	涝/寒	
1833	风	荒/虫		风	旱/风/寒	荒/涝/寒	旱/涝/寒		荒/旱/涝/风/疫	荒/涝	
1834	涝/风/虫	寒		涝	旱/风/虫	涝/风/虫	旱/风	旱	荒/风	涝/风	霾

续表

年份	冀州	赵州	深州	定州	济南府	兖州府	泰安府	武定府	沂州府	曹州府	东昌府
1835	涝/风	虫		风	旱/涝/虫	风/虫	荒/旱/虫	荒/旱/涝/虫	涝/虫	风/虫/疫	旱/风
1836	荒/虫				旱/涝	旱/涝/风/虫	荒/旱/涝/虫	涝/虫	疫		
1837	旱/风/风/热			热	旱/涝/风/虫	涝/热/虫	荒/涝/虫	旱/涝/虫	虫	旱/虫	
1838	旱	涝			旱	旱/虫	荒	涝	虫	荒/涝/虫	荒/疫
1839	涝/风/虫			风	旱/涝/寒/霾/热	风	涝	涝		旱/涝/风/疫	涝
1840	虫	风			旱/涝/风	涝/霾	涝	涝/虫		涝/疫	
1841	涝/风				涝/风	旱/涝/寒/风	寒		风		
1842	旱/风/虫				旱/涝/风/虫	涝/风/虫	风	旱/涝	风		
1843	寒/风				旱/涝	虫	涝		涝		
1844	涝/寒	风			旱/涝/风	涝	涝	涝	旱		
1845	旱				旱/涝	涝/风	涝	涝/虫	涝	旱	
1846	虫				涝/风	涝/风/虫	涝	涝/风		风	
1847	荒				旱/涝/风	荒/风	涝	旱/涝/虫	涝/寒/风	荒/旱	荒
1848	霾/虫				涝/风	涝/风	荒/涝	涝/虫	涝/风	荒/风/霾	涝
1849	寒/风				涝	涝/风	风	涝	涝	霾	
1850	涝/风/霾				旱/涝/寒	旱/风	涝	涝		风	
1851	风/霾/热	旱/虫			旱/涝	涝/寒	涝/疫	涝/风/疫	涝/风/寒/疫	涝	涝/霾

续表

年份	冀州	赵州	深州	定州	济南府	兖州府	泰安府	武定府	沂州府	曹州府	东昌府
1852	涝/寒/热				旱/涝/风/霾	涝/风	涝	荒/涝/风/疫	荒/涝/寒/风/虫	霾	涝
1853	涝/风/寒/风/虫	涝/寒/风		涝	荒/涝	荒/风/疫	寒/虫	涝/虫	荒/虫/疫	荒/旱/涝/霾/虫	虫
1854	涝/虫				荒/涝/风/虫	旱/寒	涝	旱/涝/虫	旱/涝/虫	寒	虫
1855	涝/风			涝	涝/风/虫	涝	涝	涝/虫	涝/风/虫	涝	旱/涝/风/霾/虫
1856	旱/涝/霾/虫	荒/旱/虫	涝	虫	荒/旱/涝/虫	荒/旱/风/霾/虫	旱/虫	旱/涝/虫	旱/霾/虫	旱/风/虫	荒/虫
1857	涝/虫	虫		旱/虫	旱/涝/虫	荒/旱/寒/风/虫	涝/虫	涝/虫	荒/旱/风/虫	荒/旱/涝/虫	荒/旱/虫
1858	霾/虫	荒/旱/虫		旱/风/虫	涝/虫		虫	荒/虫	风/虫	风/霾/虫	涝/霾/虫
1859	荒/旱/涝/霾	旱			旱/涝/寒	旱/寒	荒/旱/涝	旱/涝		寒	霾
1860	寒/霾/虫				旱/涝/风/寒/虫	风	涝/风/寒	荒/旱/涝/寒/霾	虫	寒/霾	
1861	风				旱/涝/风/霾/疫		涝/疫	风/霾/疫	风/虫	荒/涝/风/霾	
1862	霾/疫	疫		虫/疫	涝/风/霾/疫	旱/虫/疫	涝/疫	霾/疫	荒/涝/霾/热/虫/疫	风/虫	荒/旱/风/虫
1863	风/霾/虫				荒/旱/涝		涝	荒/涝/霾	风/虫/疫	涝/风/虫	涝

续表

年份	冀州	赵州	深州	定州	济南府	兖州府	泰安府	武定府	沂州府	曹州府	东昌府
1864	寒				涝/风/寒	寒	涝/寒	涝	荒	寒/风/寒/霾	涝
1865	旱/热				旱/涝/风/寒	寒	涝	涝	荒/风/寒/风	涝/寒/风/寒/风	旱
1866	荒/旱/热				旱/涝/风			涝	霾	荒/涝/霾/疫/虫	风
1867	旱/风			旱/涝	荒/旱/涝	涝	旱/涝	旱/涝	荒/霾/疫	涝/风/虫/疫	
1868	寒/虫		涝		涝/虫/疫	涝	涝	荒/涝	霾/疫	寒/霾	涝
1869	旱	旱/虫			旱/虫	旱/虫	涝/风	涝	荒/虫	旱/虫	荒/旱/虫
1870	涝	风/热			荒/旱/涝/风/热/虫	风/疫	涝/虫	涝/霾	涝	热	旱/涝/虫/疫
1871	旱/涝/虫	旱/涝		涝	涝/虫	疫	涝	涝	寒/疫	旱/涝/虫/疫	涝
1872	旱/虫	涝			涝	风	涝	涝	风/寒/风	涝/风	
1873	涝/虫				涝/风	风	涝/风	风	涝	涝/风	旱/涝/虫/疫
1874					旱/震	旱/涝/疫		旱	旱/风	旱/涝/寒/风/霾/疫	
1875					荒/旱/涝	旱/虫	旱/风	荒/旱/虫	荒/旱/涝/风/热/疫	涝/霾	旱/虫
1876		旱			荒/旱/涝/虫/疫	荒/旱	荒/旱	荒/旱/涝/寒/风	荒/旱/风/虫	荒/旱/风/虫	荒/旱

年份	冀州	赵州	深州	定州	济南府	兖州府	泰安府	武定府	沂州府	曹州府	东昌府
1877	旱/虫			荒/旱	荒/旱/风/疫	荒/旱/涝	荒/旱/霪	荒/旱/霪	旱/风/虫	荒/旱/风/霪/虫	荒/旱
1878	荒	荒/旱		荒/风		荒/旱/涝/霪	荒/旱/涝/风/虫	荒/旱/涝/风/霪	荒/风	涝/疫	荒/风/霪/疫
1879	荒	荒/旱/涝/虫		涝	涝/风	旱/涝/寒/风/虫		涝	涝/风	涝/寒/风	旱/涝/寒
1880		荒/旱			涝	旱	涝		旱/虫	旱	旱/风
1881					涝/风	涝		荒	涝/风/虫	涝/风/霪	涝
1882	涝	风		风	涝/风	涝			涝/虫	风	
1883	涝	涝			涝	涝	涝	涝	风	涝/风	涝
1884			涝		涝	旱/涝/风		涝	风	涝	涝
1885	涝	涝			涝	旱/风/虫	涝	涝		涝/风	旱/涝
1886	旱/虫				旱/涝/虫	旱/涝/虫		荒/涝/寒/虫	疫	涝	
1887					荒/涝	荒/旱/涝/风/疫	寒/疫	荒/旱/涝	荒/旱/寒	涝/虫	旱/涝
1888	涝	旱			荒/旱/涝/风/疫	荒/旱/涝/寒	荒/涝	荒/涝	荒/旱/寒/风	荒/旱/涝/寒	荒/旱/涝/震/疫
1889				风	荒/涝/虫	荒	荒/疫	荒/涝	涝/风	荒/涝	荒/旱/霪
1890	涝/风			涝	旱/涝/虫	涝/疫	涝/风	涝	涝	涝/风/疫	涝
1891	虫	旱		旱/虫	涝/寒/霪/虫		荒/寒/风/虫	荒/涝	寒/风	涝	涝/虫

续表

年份	冀州	赵州	深州	定州	济南府	兖州府	泰安府	武定府	沂州府	曹州府	东昌府
1892	涝				涝/风/虫	涝/风/虫	寒/虫	涝/虫	寒	风/虫	荒/涝/虫
1893	涝				涝/风/寒/霾	涝/风/虫/疫	霾/热	涝/霾			涝
1894	涝	涝			荒/涝/风	涝		涝/风/霾	寒	旱/疫	涝
1895	涝/风	涝/风		疫	涝/疫		涝/风	涝/寒	寒	风	涝/风/虫
1896	虫	风			涝/风/霾/虫	涝/寒	寒	涝/风		风	旱/寒
1897					涝/风	涝/虫		涝/风		旱	风
1898					涝	荒/涝/虫	涝/风/虫	荒/涝/风	荒/旱	涝/虫	涝
1899					旱/涝/霾/热/虫/疫	荒/旱/虫/疫	虫	旱/涝/虫	荒/旱/虫	涝/寒/霾/虫/疫	旱
1900	旱/风	旱			旱/风/虫/疫	旱/涝/虫		旱/涝/虫/疫	荒/虫/疫	虫	旱/寒
1901					荒/涝/风	涝/寒/虫	涝	涝/风		霾/热	涝/风/霾
1902	疫	旱/疫		霾/热/疫	旱/涝/霾/疫	虫/疫	疫	涝/虫/疫		疫	疫
1903					旱/涝/虫		涝/寒/疫	旱/涝/寒/虫/疫		涝	
1904					热/霾	风		涝/热		涝	
1905					旱/涝/虫		涝	风/疫			
1906	虫				旱/涝/寒/虫	涝	寒/风/虫	旱/风/虫/疫			风
1907					旱/风/疫	旱		涝/风/疫	旱	旱/涝	旱

续表

年份	冀州	赵州	深州	定州	济南府	兖州府	泰安府	武定府	沂州府	曹州府	东昌府
1908					旱/涝/寒/风/霾	旱/涝	涝	旱	涝	旱/涝/虫	旱/霾
1909		涝			旱/寒/风/虫		旱/虫	旱/寒/虫	涝	旱/热/虫/疫	
1910	风				涝/寒/风/寒/风		旱/寒/风/霾	涝/寒/风/疫		涝/风/寒	
1911					涝/寒/风		涝	涝/寒/风/霾/虫			涝/寒/风/虫

3.青州府、登州府、汝宁府、济宁州、临清州、开封府、陈州府、归德府、彰德府、卫辉府和怀庆府等11州县自然灾害事件

年份	青州府	登州府	汝宁府	济宁州	临清州	开封府	陈州府	归德府	彰德府	卫辉府	怀庆府
1644	霾	涝/寒/风	霾		旱	荒/旱/霾		旱			涝/寒/霾
1645			涝	涝	荒/旱	荒/涝		涝/寒	风	风	旱/虫
1646	涝						风	涝/疫			涝
1647	荒/旱/涝/虫		旱/涝/虫	涝	涝	涝/风	涝	涝/虫	涝/虫		涝
1648	荒/旱/涝		涝		风	涝/虫	涝/风	涝	涝		涝/虫
1649			涝			旱		涝		涝	涝
1650	旱/涝	荒/旱/涝	荒/涝	涝		旱/涝/风		旱/涝/风/虫	虫	涝	旱/涝/风
1651	涝	荒				旱	涝		风		荒/涝/风
1652	涝/风		涝/风	涝	涝	涝/风	涝/疫	荒/涝/寒	涝	涝	涝
1653	寒	涝			涝	涝	涝/风	涝		涝/风	涝

续表

年份	青州府	登州府	汝宁府	济宁州	临清州	开封府	陈州府	归德府	彰德府	卫辉府	怀庆府
1654	寒/风/寒	寒	风		荒/涝	涝	涝	涝	涝	涝/风	荒/涝/风
1655	寒	旱	荒		涝/虫	旱	涝/寒	涝/寒		旱/涝	旱/风
1656	荒		寒		旱/风/虫	旱/寒/霾/虫	旱/涝	旱/寒/风/虫	旱/涝	霾/虫/疫	涝/风/霾/虫
1657	旱/涝					旱/涝/寒	涝	旱/涝/风		旱/虫	旱
1658	旱		旱/虫	涝		旱/涝/风	涝	涝/虫		旱	旱/涝/风
1659	涝		涝/风			涝/寒	涝	涝	旱	涝/寒	涝/寒
1660	旱	风		寒	旱		涝	涝		旱/霾	旱
1661		旱	荒/旱/虫			风		涝			风
1662	霾	疫		涝		涝	荒/涝	涝	涝	涝	旱/涝
1663		旱/虫/疫	旱			虫	旱/虫			旱/涝	涝
1664	旱/寒	旱/寒/虫	寒		风	旱/涝/虫	旱/虫				寒/虫
1665	荒/旱/寒/风	荒/旱/虫/疫	荒/旱/霾	旱	旱/风/霾	旱/涝/霾	涝	涝/虫	荒/旱/涝	涝	旱/虫
1666	旱		霾								寒/风/震
1667	旱/涝/风/虫	旱/涝/寒/虫		旱		虫	旱/虫	涝/虫	旱/虫	风/虫	风/虫
1668	旱/涝/寒	荒/风/虫	涝/震		风	涝	涝	涝	涝/风		旱/涝/寒/震
1669	风	寒		涝	风	荒/涝	涝				
1670	旱/寒	旱/寒	寒	涝		旱/寒			荒/旱/霾		旱/疫
1671		旱/涝/风		涝	虫	虫	涝		旱/虫	旱	

续表

年份	青州府	登州府	汝宁府	济宁州	临清州	开封府	陈州府	归德府	彰德府	卫辉府	怀庆府
1672	旱/寒/风/虫	风/虫	旱/风/虫/震		虫	涝/虫	涝	涝/虫	旱	寒	旱/涝/虫
1673	荒/旱/虫	旱	虫			旱	涝		涝		风
1674	旱/寒/风/寒/虫		霾		旱	旱/寒	荒/风	旱		旱	旱/寒/霾
1675	旱/寒/热		涝/寒			旱/寒	涝/寒				旱/涝
1676	涝/寒						涝	涝			旱/风
1677	涝	风	涝				荒/旱/涝	涝	旱/涝	风	涝/寒
1678	荒/旱/涝/疫		旱/涝	旱/涝		荒/涝/虫	荒/旱/涝/寒	涝	风/寒	荒/风	
1679	荒/旱/风/虫	荒/旱	荒/旱/虫			荒/旱/涝/震	涝/风/疫	旱	寒/震	涝	涝/寒/震
1680	风	涝				荒/旱/涝/疫	荒/旱/风	荒/疫		风/虫	荒
1681	旱/风					疫	荒/涝/寒				荒/旱/涝/风
1682	旱/涝/风/虫		寒	风	荒/旱		涝		涝		旱
1683	疫			荒/旱/涝	荒/霾	荒/旱/涝/寒/霾/虫/震	涝		寒	旱/涝/风/霾/虫	荒/旱/涝/寒/霾/震
1684	涝			荒	旱	荒/旱/霾	旱/霾		涝/风/虫	旱/风/疫	荒/旱/涝/霾
1685	涝/虫	涝/风	涝	涝	荒/风/虫	旱/涝/风/疫	荒/涝	荒/涝		旱/涝/疫	
1686	旱/涝/风/虫	涝	涝		荒/涝	旱/涝/霾	涝	荒/旱/虫		旱/虫	旱
1687	涝			涝	涝	旱/涝	旱/虫	涝/虫		旱	旱/涝

续表

年份	青州府	登州府	汝宁府	济宁州	临清州	开封府	陈州府	归德府	彰德府	卫辉府	怀庆府
1688	风			涝		旱/涝/寒/风/热/虫	旱/涝/虫	荒/涝	旱	旱	旱
1689	虫	荒		旱	旱	旱/寒/热	荒/旱/涝/虫	荒/旱/涝/寒	旱	荒/旱	荒/旱/涝/虫
1690	荒			荒	旱/虫	荒/旱/寒/风/寒/风/霾/虫/疫	旱/涝/虫/疫	荒/虫/疫	荒/旱/霾/疫	荒/旱/风/霾/虫	荒/旱/寒/风/霾/热/虫/疫
1691	虫	虫	虫	虫		荒/旱/寒/霾/热/虫	旱/风/虫	风/虫	荒/旱/虫	荒/旱/虫	荒/旱/霾/虫
1692	霾/虫	风	荒/风		涝/风/霾	旱/风/霾/疫	旱/涝/虫	涝/风	旱/霾/虫/疫	荒	荒/旱/霾/疫
1693	涝		涝		涝/霾	涝/风/风/霾/热/虫	旱/霾/虫		虫	虫	涝/虫
1694	虫	荒/寒	寒			荒/旱/涝/虫	荒/涝/虫	风/虫	虫	旱/虫	寒
1695						涝	旱/涝/风/虫			旱	涝/风
1696	涝/风/疫	荒/涝	荒/涝		荒/涝	涝/风/虫	旱/涝/虫				
1697	荒/旱/疫	荒	荒			涝/风/虫	风			涝	
1698	疫			荒	涝						
1699	风				涝	涝		涝	荒		
1700	寒					风		涝			
1701	涝		涝	涝		荒/涝/寒		涝	旱		
1702	涝/风			涝	热	荒/涝/霾	涝	涝	涝		霾

续表

年份	青州府	登州府	汝宁府	济宁州	临清州	开封府	陈州府	归德府	彰德府	卫辉府	怀庆府
1703	荒/涝	荒/旱/涝	荒/涝/疫	荒/涝/风	荒/涝	涝	荒/涝	荒/涝/风	荒/涝	荒/旱/涝/寒	涝
1704	荒/旱/虫/疫	荒/旱/热/虫/疫	荒/旱/疫	荒	霾		荒	涝	荒/虫/疫		
1705	荒/霾		风		风	涝/寒				霾	
1706	旱			涝			风			涝	
1707	旱/涝/寒	涝	寒		涝	风	涝/虫	荒/涝			
1708	旱/涝/虫			旱	旱	旱/虫			旱	荒/旱	荒/旱
1709	涝/虫	荒/涝	虫	荒/涝	旱/霾	荒/旱/涝/风/疫	荒/涝	涝			荒/旱
1710	旱	荒		荒/旱/涝		荒/疫	荒/疫	疫		虫	荒
1711	旱/风/霾		涝				旱	旱/涝	荒		
1712				旱	霾	旱/涝	虫	荒			
1713			风			旱		涝	风		
1714	旱/涝	涝				旱	旱/涝/风			旱/寒	旱/寒
1715	涝		荒		涝	旱	旱/涝			荒/风	荒/霾
1716	涝/霾	旱/涝/风		涝	涝	旱					
1717	涝	旱/涝/风	涝/风			旱	涝				
1718	旱/涝/虫	旱/涝/风	风			旱					旱/涝/风
1719	涝	旱/涝	荒/涝/风			旱	旱/风	风		风	
1720	旱/寒/霾	涝	荒/涝/虫		旱	旱	风	涝	旱/涝		旱

续表

年份	青州府	登州府	汝宁府	济宁州	临清州	开封府	陈州府	归德府	彰德府	卫辉府	怀庆府
1721	旱/寒/风/霾	旱	荒/旱	旱	旱/霾	旱	旱/涝	旱	旱	荒/旱/涝/虫	荒/旱/涝/风
1722	荒/旱/风	旱/霾	旱	荒/旱/虫	旱/风	荒/旱/涝/风/疫	旱	虫	荒/旱/涝	荒/旱/涝/寒	荒/旱/涝/虫
1723	荒/旱/寒/霾/虫	荒/虫	霾	旱	霾	旱/涝/霾/虫	旱/涝/风/虫	旱/虫	旱/涝	荒/旱/涝/虫/疫	荒/旱/涝/虫/疫
1724	寒/风/霾/虫	风/寒/虫	涝/霾/虫			霾	旱/涝	涝	涝		
1725	旱/涝/虫		荒		旱/涝/霾	旱/涝	涝	涝	涝	涝	
1726	旱/涝/霾		涝	涝	涝/风		涝		涝	涝/寒	旱/涝/虫
1727	虫	寒	涝		霾	涝	涝	涝	涝		涝/寒/霾/虫
1728	涝			涝		涝/寒/风	风			疫	
1729				涝		涝	涝	涝/虫	荒/涝	涝	涝
1730	涝	涝	涝	荒/涝	涝	荒/旱/涝/寒	涝	荒/旱/涝/寒/虫	涝/寒	涝	旱/涝/风
1731	荒/涝	荒	荒			荒	荒	荒			旱
1732		荒			旱	寒	旱/涝/寒			寒	旱/霾
1733	旱/寒	荒/涝	虫		涝/虫	涝		涝		虫	涝
1734			旱	涝			涝	旱		涝	涝
1735	虫	荒	荒			荒/涝	涝			风/虫	
1736		荒/寒				荒/旱/涝	荒/旱/涝/寒	涝		风	
1737	旱/风			旱/霾	涝	涝	涝	荒		涝	涝/霾
1738	旱/虫		旱/虫			涝	涝	旱/涝/疫		风/虫	虫

续表

年份	青州府	登州府	汝宁府	济宁州	临清州	开封府	陈州府	归德府	彰德府	卫辉府	怀庆府
1739		荒/旱/涝	虫	涝	涝/虫	荒/涝	荒/涝	荒/涝	旱/涝/寒	涝	涝
1740		涝/风/寒	风		风	涝/虫	涝/虫	虫	涝	涝/虫	涝/虫
1741	旱					涝	涝/虫	涝			荒/旱/风
1742	涝/寒		涝	涝	涝	涝/风	荒/涝/风	涝	旱	风	风/虫
1743	旱/热		涝		旱	荒/旱/涝/寒	荒/疫	荒/疫		旱	荒/旱
1744	旱/寒/风			涝/虫	风/虫	旱	虫	虫		涝/虫	旱
1745	涝/风	寒/霾	涝	涝		旱/涝/风	旱/涝/风/霾	涝/疫		旱/霾	旱
1746	旱/涝	涝/疫	荒/涝/疫	涝/风		涝/寒/风	涝/风				涝
1747	荒/旱/涝/虫	旱/涝/风/虫	荒/旱/涝/风	涝	风	旱/涝/风		荒		风	涝
1748	荒/旱/涝/虫/疫	荒/涝/虫/疫	荒/旱/涝/虫/疫	荒/涝/疫		荒/旱/霾/疫		荒/旱			
1749	荒/涝/寒	荒/涝/风	荒/风/风			涝/疫	涝			涝	
1750	寒	涝	荒/涝/寒/风/虫/疫			旱/寒				荒/旱/寒/风	风
1751	荒/涝/虫	旱/涝/寒/风/虫	旱/涝/寒	涝	涝	旱/涝		涝		旱/涝/虫	涝/虫
1752		荒/涝/风				荒/旱/涝/虫	旱/虫			旱/风/虫/疫	涝/风
1753	涝	热		虫		旱/涝/虫				涝	涝

续表

年份	青州府	登州府	汝宁府	济宁州	临清州	开封府	陈州府	归德府	彰德府	卫辉府	怀庆府
1754	涝	旱/涝	风			涝					虫
1755	涝/风	旱/风	涝/风/震	涝/寒		涝				涝	荒/涝/霾
1756	涝	涝	涝/风	涝		荒/涝/风					涝
1757			涝/风/震	涝	涝	荒/旱/涝/寒	荒/涝	荒/涝	旱	荒/涝	涝
1758	寒/风					荒/旱/疫	荒	疫			旱/涝
1759	风/虫		风		涝	旱/涝	虫		荒/旱/涝	疫	旱/涝
1760									荒/涝/疫		
1761	寒	寒		涝	涝	涝	涝	涝	涝	涝	涝
1762		涝		涝	涝	旱/涝		旱/涝	涝/风		涝
1763				涝	涝		荒		涝	涝	
1764	虫		虫								风
1765	涝	涝/虫				风/虫					
1766		旱	涝	旱/涝	涝	荒/旱/涝					
1767		风		风		风/虫			涝	涝	旱
1768	霾/虫		霾		涝	旱/风/霾				涝	旱
1769					风	旱		涝			
1770	涝		虫			旱/霾	霾		涝/霾	风	旱/涝
1771	涝/风	风	旱/涝/虫	涝	涝	旱/涝/风	旱			虫	涝
1772	涝/虫	荒				霾				虫	
1773	旱	荒/涝				霾	霾				
1774	旱/虫	风/霾/虫	虫	霾					旱	风/霾	霾

续表

年份	青州府	登州府	汝宁府	济宁州	临清州	开封府	陈州府	归德府	彰德府	卫辉府	怀庆府
1775	旱/虫	旱/风/虫			旱	涝			旱/涝		疫
1776	霾/虫	寒/霾									
1777	风	涝/风	旱			荒/旱/涝/寒			旱	旱	旱
1778	旱/涝	荒/热	旱	旱	荒/霾	荒/旱/涝/风	旱	涝		荒/旱/虫	旱
1779	旱	风			涝			涝	涝	涝	涝/风
1780		寒	涝			旱		涝		旱	旱/涝
1781	涝	涝/风	涝	涝		涝		涝			
1782	涝	荒/旱/涝/风/虫	涝			旱/涝	涝	涝		涝	
1783	荒/寒	荒/旱/风	荒/旱	旱		旱/风		旱/涝		旱/霾	旱/霾
1784	旱/风/霾	旱/虫	旱			荒/旱/风/霾		旱	疫	荒/旱	荒/旱
1785	荒/旱/寒/霾/虫/疫	旱/涝/风/热	荒/旱/涝/寒/虫	旱	旱/风/虫	荒/旱/风/震	旱/风/霾	荒/旱	霾	旱/疫	荒/旱
1786	荒/旱/涝/疫	荒/风/霾	荒/涝/疫	荒/旱	荒/旱/疫	荒/旱/虫/疫	荒/旱/虫/疫	荒/涝/疫	荒	荒/旱/虫	旱/虫
1787	旱/寒	旱				虫		涝			涝/虫
1788	风	旱/涝	涝			旱/风/虫			荒	荒	旱/涝
1789	寒/风	涝/风	涝			寒				荒	涝
1790	寒	荒	涝/寒	涝	涝						涝
1791	旱/涝	涝/风/虫	涝			涝			旱		旱/虫
1792	风	旱/风/虫		旱	旱/虫				旱	旱	旱
1793	涝/虫		涝/虫					涝/风		风	涝

续表

年份	青州府	登州府	汝宁府	济宁州	临清州	开封府	陈州府	归德府	彰德府	卫辉府	怀庆府
1794	旱	旱	荒		旱/涝	旱			涝	涝	旱/涝
1795	荒/旱/虫	荒/旱/涝/虫	旱/虫			涝			风		
1796	涝/寒/虫	旱/涝/寒/风/虫	涝/寒	涝		虫	涝/虫				风
1797	涝/寒/风	旱	涝/虫	涝		寒	涝	霾			涝
1798	涝/风	旱/热	荒/涝			旱	涝	涝			
1799	疫	寒/风/霾	涝			涝		虫	寒		风
1800	涝	荒/风	风								涝
1801	涝/风	荒/旱/疫	风		涝					旱/风	
1802	寒/虫	寒/虫	旱/寒/虫	虫		旱/虫					旱
1803	涝/风/寒/虫	风/虫	寒/虫	虫		涝/虫	霾		风	涝/虫	荒/风/虫
1804	旱/涝/虫	旱/风/虫		虫	涝	旱					
1805	荒/旱/风/虫	风/霾/热/虫	旱/霾/虫	寒/风					荒	旱	旱/风
1806		涝/风/虫	涝/风			涝					荒/涝
1807	霾	旱/风	旱/涝/风/霾	涝		旱/风			风		
1808		荒			风	旱/寒			涝/风	涝/风	
1809	寒/霾	寒							涝		
1810	旱/涝/霾	涝/霾	荒/旱/涝/风/霾	涝	霾	旱/霾	霾				

续表

年份	青州府	登州府	汝宁府	济宁州	临清州	开封府	陈州府	归德府	彰德府	卫辉府	怀庆府
1811	旱/涝/风	荒/旱/涝/寒/风	荒/旱/涝/霾	旱	荒/虫	旱/虫	旱	涝	荒/虫		涝/霾
1812	荒/涝/寒/风	荒/旱/涝/风/疫	荒/涝/疫	旱		旱/涝	霾	旱			旱/寒/霾
1813	荒	热/虫	荒/涝/虫	荒/旱	荒	荒/旱/涝/寒/霾/热	荒/旱/涝/寒	荒/旱/涝/寒	涝	荒/旱/涝/霾	荒/旱/涝/寒
1814	旱/寒/虫	寒/虫		荒/涝		荒/寒/疫	疫	荒/旱/涝/风/疫	疫		荒/旱/疫
1815	旱			疫		涝/疫	疫			涝/疫	
1816		风	寒	涝		涝/疫			涝	涝	涝/寒
1817	旱		霾						涝		
1818	涝/虫/疫	涝	涝			风			涝	涝	涝
1819	涝/热	涝	涝/寒/热	涝/寒	涝	涝/霾	涝/寒	涝/寒	涝	荒/涝	涝
1820	涝/寒/风/疫	寒	寒/风		涝	涝	涝	涝/风			
1821	涝/疫	荒/旱/涝/疫	涝/寒/风/虫/疫	涝/疫	虫/疫	霾/疫	疫	涝/疫	疫	疫	疫
1822	涝/寒/虫	虫	荒/风	涝	涝			涝	涝	旱/涝	涝/风
1823	荒/旱/涝/虫	旱/涝		涝	涝				涝	涝/寒/风/霾	涝/风/霾
1824	荒/旱/涝/风	旱		旱/风/虫							
1825	旱/虫		荒	旱/风/虫			旱	涝/霾/虫			

续表

年份	青州府	登州府	汝宁府	济宁州	临清州	开封府	陈州府	归德府	彰德府	卫辉府	怀庆府
1826	旱/涝	风	荒/旱/风		旱/风	涝/霾	霾		霾	荒/霾	
1827	荒/涝/霾/热	虫	旱/涝/热	风		涝				霾	
1828	涝	风	涝/风	涝		涝		涝			
1829	霾	涝/虫		涝		涝		旱	涝		
1830	寒		旱	涝/寒		旱/风/寒/风				风	涝
1831			涝/寒	涝/风	旱	涝/风/寒/风	寒/风	涝	寒	寒	涝/寒
1832	旱/涝/寒/风/疫	疫	荒/涝/寒/疫	涝		涝/虫/疫	涝	涝		涝/寒	寒
1833	荒/涝/风/寒/疫	旱/涝	寒/疫	涝/寒	涝			荒/旱/涝/疫	涝		
1834	荒/旱/寒/风	风	荒/涝/热		风				荒/涝		
1835	荒/旱/涝/虫	荒/旱/涝/寒/风/虫	荒/旱/涝/风/虫	旱/虫		荒/涝			荒	震/疫	旱/涝/虫
1836	荒/旱/风/热/热/疫	荒/旱/涝	荒/旱/涝/寒/疫	涝		虫	虫	寒/虫	荒/涝		
1837	荒/旱/风/虫	荒/旱	荒/旱/风/虫	虫		虫	荒/涝		荒/虫	虫	
1838	荒/旱/涝/寒/虫	旱/虫	荒/旱	涝	寒/虫			荒			
1839	荒/旱/涝/风	涝/风/虫	荒/旱/涝/寒/风	涝		涝	旱/风		涝		涝

年份	青州府	登州府	汝宁府	济宁州	临清州	开封府	陈州府	归德府	彰德府	卫辉府	怀庆府
1840	寒/霾	虫	旱/涝/虫	涝			风				
1841	寒/风/寒/风/热/虫	涝/寒/风	寒/风/霾			涝/霾	涝	涝/风	旱		涝
1842	涝	涝/虫	涝/风/虫			旱/风	涝/霾		旱/涝		
1843	涝	涝	寒	涝		涝	涝	荒/涝	涝	荒	
1844	旱/涝/寒	涝	涝/风	涝	涝		涝	涝	荒		
1845	涝/风/虫	寒/风	旱/涝/寒/虫	涝		涝/风	涝	风	涝	荒	
1846	旱/风	风/寒/疫	涝/风	涝	旱/风	荒/旱/风			荒/涝	荒/涝	旱
1847	旱/风/寒/风	荒/疫	风	涝		荒/旱/霾	荒/旱	荒/旱/涝	荒/旱/涝	荒/旱/涝	荒/旱
1848	涝/风	旱/虫	寒	旱	涝			涝	疫	荒	荒
1849	旱	旱/虫		风				涝	涝		疫
1850	霾/虫	涝/寒/风/霾	霾	涝					涝/霾		
1851	涝/风/风/霾	涝/寒/风	荒/风/虫	涝	涝		涝	涝	涝/风	涝	
1852	荒/旱/涝/寒/风/疫	风/霾	涝/寒	涝/寒		热/虫		霾/震	涝	涝	
1853	荒/涝/风/霾/热	风/霾	霾	涝/寒	热	霾				涝	
1854	涝/虫		涝	涝				风		荒/涝/虫	旱
1855	旱/涝/风/霾/虫	虫	旱/虫	涝		涝/虫	热	荒/涝/热		涝	旱

续表

年份	青州府	登州府	汝宁府	济宁州	临清州	开封府	陈州府	归德府	彰德府	卫辉府	怀庆府
1856	荒/旱/涝/虫	风/霾/虫/疫	旱/霾/虫	旱/虫		旱/虫	荒/旱/虫	荒/旱/虫	旱/虫	荒/虫	虫
1857	荒/旱/涝/寒/风/虫	虫	荒/寒/霾/虫	荒/虫	荒/虫	风/虫	虫	荒/涝/风/寒/虫	荒/旱/虫		涝/寒
1858	荒/旱/风/虫/疫	旱/风/虫	荒/虫/疫		荒/疫	风/虫	旱/涝	虫	旱/虫	荒	
1859	旱/风/虫	旱/风/虫	荒/旱/寒/虫	涝/风	旱	涝/虫		旱			
1860	涝/风/寒/霾/虫/疫	旱	旱/涝/虫	涝	虫	寒/虫	寒	涝/虫		荒	
1861	涝/寒/风/疫	疫	霾/疫			寒	荒	虫	涝	荒	
1862	旱/涝/霾/疫	涝/热/虫/疫	旱/虫/疫			旱/虫		霾/虫			疫
1863	虫	涝/寒	霾	涝/霾	涝/风	寒	旱/虫/疫	风/虫	旱/涝	涝	虫
1864	旱/涝/寒/虫		风	涝/虫		涝	涝	涝			
1865	涝/寒/风/虫	旱/涝/寒	涝	旱/寒/虫	寒	风/寒/霾/热	寒	涝/寒/风		旱	
1866	旱/涝/风			涝/风	风	风/霾/虫		荒/涝/风/霾		涝	
1867	虫/疫	疫	疫			涝	虫	涝	风/虫		涝
1868	旱/虫/疫	寒/疫	荒	涝	涝	涝/风	涝	涝/寒/疫			涝
1869	旱/风/寒	旱/风/风	旱/涝/风/寒/霾	涝	旱	涝/虫	疫			寒/虫	
1870	旱/涝/寒/风/寒/疫	旱/风/寒		荒	荒/旱/涝	旱/涝/热/虫	风/热		涝	涝	涝

续表

年份	青州府	登州府	汝宁府	济宁州	临清州	开封府	陈州府	归德府	彰德府	卫辉府	怀庆府
1871	霾/疫	旱	寒		涝	旱/疫	涝				涝
1872	涝/风	旱/风/霾/疫	风	涝			涝			风	
1873	旱/涝/风/寒/疫		旱		涝		涝/寒	虫			
1874	风		风	旱/涝		风	旱/涝	风/霾/虫			涝
1875	旱/风/风/热		涝/风/热	旱/涝	荒/旱	旱/寒	涝/风	风/寒/风			寒
1876	荒/旱/风/疫	荒/旱/涝/风	荒/旱	荒/旱/寒	旱	荒/旱/涝/寒	旱/虫	荒/旱/虫	旱	旱	荒/旱/涝
1877	荒/旱/寒/风/虫	荒/寒	荒/风	荒/旱	旱	荒/旱/霾	荒/旱/霾/虫/疫	荒/旱/霾/虫/疫	荒/旱/疫	荒/旱	荒/旱
1878	荒/旱/涝/风/霾/虫/疫	霾	寒/风/寒	旱	荒/旱/涝	荒/旱/风/霾/疫	荒/旱/涝/寒/疫	荒/旱/风/霾	荒/旱	旱/涝/霾/疫	荒/旱/涝/霾/疫
1879	涝/风/虫/疫	涝/风	涝/风/疫	寒	涝	疫	寒	涝/寒			寒/风
1880	寒/风/霾/虫/疫	涝	风/霾	旱		旱	旱/风	旱/风/霾/疫			风
1881	旱/涝/寒/风/虫		涝	旱	风	涝	旱	旱	疫		
1882	涝/寒/风/寒/风		寒/霾			涝		涝			涝
1883	涝/寒/热		疫		涝		风	涝/寒	涝	涝	

年份	青州府	登州府	汝宁府	济宁州	临清州	开封府	陈州府	归德府	彰德府	卫辉府	怀庆府
1884	旱/涝/寒/风/风		旱/涝/虫/疫		荒/风/虫	涝/霾	涝	霾			
1885	旱/涝/寒/风		旱/涝/风		涝		荒/涝		涝	风	
1886	涝/寒/风/风/虫		风	寒		寒/虫	涝	疫	涝/虫	涝/寒/风	涝/寒
1887	旱/涝/寒/风/虫/疫		涝			涝/寒	荒/旱/涝/疫	旱/涝/风/疫		涝	涝
1888	荒/涝/风/虫/疫	风	涝/寒/风/疫	荒/旱/涝/疫		涝	涝	涝	旱	涝	
1889	荒/涝/风/虫	疫	荒/涝	荒/涝		涝	涝/虫/疫	风/疫		涝	旱/涝/风
1890	涝/寒/风/虫/疫		涝/寒/风/虫/疫		涝	风/霾/热	涝/虫/疫		涝	涝	涝
1891	旱/涝/寒/风/虫/疫		涝	寒	寒	虫	涝/风/热/虫	涝/风/虫			涝/寒
1892	涝/寒/虫	旱/涝	涝/虫	涝/风	涝/虫	旱/寒/疫	荒/虫	虫	涝	涝	涝
1893	风	荒/旱/风	虫	荒/涝		风/寒/风	涝/虫	旱/涝/疫	霾	风/虫	虫
1894	涝			涝	涝	旱/涝/风	涝		涝		
1895	荒/旱/涝/寒/虫		涝/风		涝	涝/寒/风/寒/疫	涝/风/虫/疫	霾	涝/疫	荒/涝/风/虫	涝
1896	旱	风	虫		荒/虫		涝/虫				旱/涝
1897	寒/风			涝		寒	荒/涝/震	涝		荒/旱	涝

续表

年份	青州府	登州府	汝宁府	济宁州	临清州	开封府	陈州府	归德府	彰德府	卫辉府	怀庆府
1898	涝/风/虫	涝/风	虫/疫		涝	荒/旱/涝/寒/风	荒/涝/寒/风/疫	荒/涝	霾		涝
1899	旱/涝/寒/虫	旱/风/虫	旱/风/虫		旱/霾/虫	荒/旱/风	荒/旱/涝/霾/虫/疫	虫	虫	旱/虫	旱
1900	涝/寒/虫	荒	风/虫	涝	荒/旱/涝/寒/疫	荒/旱/霾/虫	旱/涝/虫	涝/风/霾/虫	旱	旱/霾/虫	旱/风/虫
1901	旱/涝/风/霾		风			荒/旱/霾	寒/霾	涝/风/霾/虫	霾	旱/霾/虫	涝/风/霾/虫
1902	寒/疫	虫/疫	涝/疫	涝	旱/霾/疫	涝				风	寒
1903	风/虫/疫	涝/风	风							涝	
1904	荒/寒					涝			荒/旱/风	涝/风	涝
1905	风/虫		涝	涝	涝		风				涝
1906	旱/涝/风/虫		风/热	风	风	涝/风	风	荒/涝		涝	旱
1907	虫		涝/风			旱/涝	荒/风			旱	
1908	荒/旱/涝/风/虫		风	风/虫	风	虫	涝			寒	
1909	荒/旱/风/虫/疫		涝	涝	旱	虫	涝	风/虫	虫	旱/风/虫	旱/霾
1910	涝/寒/风	涝/疫	涝/寒		寒/风	寒	涝/虫	荒/涝			寒
1911	涝/寒/风/热/虫/疫	涝/疫	涝/霾/疫		涝/风		涝	荒/震		涝	

4. 河南府、汝宁府、许州、光州、汝州、淮安府、徐州府、海州、凤阳府、颍州府和泗州等 11 州县自然灾害事件

年份	河南府	汝宁府	许州	光州	汝州	淮安府	徐州府	海州	凤阳府	颍州府	泗州
1644	寒	荒/风/寒/霾	荒/旱/寒	旱		涝/霾	涝		涝/风/霾		涝/风
1645		荒/涝/寒		涝		风	风			涝	涝
1646	热	涝		涝			涝			涝	
1647	旱/涝	旱/涝	风	涝		荒/涝	荒/涝			涝	涝
1648		旱/涝/风		旱/涝	旱	荒/涝	荒/涝	旱	虫	涝	涝
1649		涝/风		旱/涝		涝	旱/涝/风/虫		涝	涝	涝
1650		风		涝/风		涝/虫	旱/涝/寒/虫	涝		风	荒/涝
1651	荒/旱	旱	涝	旱	涝	旱/涝/虫	涝				
1652	涝	旱/涝	旱/涝	旱	涝	旱	荒/涝		荒/旱/涝	荒/旱/涝	旱
1653	涝	寒		荒/旱/涝		旱/寒/风	涝		旱/涝/虫	寒/震	寒
1654	涝		涝			旱	旱/寒/风			旱/涝	
1655	旱/热	旱		旱/涝	旱/涝		旱			旱/涝/虫	旱/涝
1656			虫			涝	寒	寒		旱/涝	
1657	涝/热		涝	旱			旱/涝	风			
1658	涝	涝/风	涝	涝	风	涝	涝	涝		涝	涝
1659	涝/风	涝/疫	涝/寒/霾	涝		荒/旱/涝/寒	荒/旱/涝/寒	涝	荒/旱/涝	荒/涝	涝
1660		荒/热	旱	荒/旱	风	旱/涝/风	荒/旱	涝	风		风
1661		旱/虫	旱/涝	荒/旱		旱/涝	旱/虫	涝	旱/涝/寒	旱	虫

续表

年份	河南府	汝宁府	许州	光州	汝州	淮安府	徐州府	海州	凤阳府	颖州府	泗州
1662					涝	涝/虫	涝	风	涝	涝	涝
1663				涝	风		旱/涝/风	涝	旱	涝/风	旱/风
1664						旱/涝	涝	涝/风	涝	旱/涝	
1665	荒/旱	虫	荒/旱/虫			旱/涝/寒/风	旱/涝/虫/疫	涝/风/虫	涝	旱/涝	涝
1666		风	虫			涝	旱/风/疫	涝	涝	虫	涝
1667	荒	虫	涝	虫	虫	涝/虫	涝/虫	旱/涝	旱/虫	旱/涝/虫	涝/虫
1668	涝/虫	涝		涝/震	涝/寒	涝	荒/涝/寒	涝		涝/寒	涝/虫
1669	风	荒/涝				涝	涝/风	涝	涝/风/热	涝	涝/风
1670		旱/涝		旱/风		涝	旱/涝/寒	涝/寒	寒/风/寒	寒	涝/寒
1671		旱		旱/涝	虫	荒/旱/涝/虫	涝/寒/虫/震	旱/涝/虫	荒/旱/虫	旱/虫	荒/旱/涝/寒/虫
1672	荒/旱/虫	旱/虫	涝	旱/虫		涝/虫	涝/寒/热/震	涝/风/虫	涝/寒/虫	虫	涝/虫
1673		旱/涝	荒/涝	旱		涝	涝/热	涝	荒/涝		涝
1674	旱/涝/虫	旱/涝		旱/涝		涝	旱		旱/涝/虫	旱	涝
1675	虫	旱			涝	涝/风	涝				涝
1676					涝	涝	涝/风				
1677		涝/风/寒	涝/风	寒		涝/风	涝/风/霾		涝		
1678	旱	荒/涝/疫				旱/涝/虫	荒/旱/涝/寒/霾		旱/涝	荒/寒	旱/虫
1679	荒/旱/涝	荒/旱/风			荒/旱/寒	荒/旱/涝	旱/涝/虫/震	旱	荒/旱	荒	荒/旱/涝/虫

续表

年份	河南府	汝宁府	许州	光州	汝州	淮安府	徐州府	海州	凤阳府	颍州府	泗州
1680		旱/涝/疫			荒	涝/虫	涝/风/		涝/虫	荒	荒/涝/疫
1681						荒/涝	荒/涝/霍		荒/旱/涝		旱/涝
1682		涝/风/霍				涝	涝	涝	荒/涝		涝
1683		荒/涝	涝	涝		涝/寒/风	旱/涝/霍		荒/涝		涝
1684		荒/风				涝/寒	荒/涝		荒/涝	虫	荒/涝
1685		旱/风			疫	涝	荒/涝/风/虫		荒/涝/风		涝
1686		旱/虫		涝		虫	旱		荒/旱/涝		旱/涝/虫
1687		旱/涝	旱/虫		风/虫	涝	虫		荒/涝		荒/旱/虫
1688		虫	虫	涝	旱	涝/虫	涝/虫				荒
1689	荒/旱	旱		旱	荒/虫/疫		荒/涝		旱		
1690	荒/旱/风/霍/虫/疫	旱/涝/寒/虫/疫	寒/虫/疫	旱/虫/疫	旱/风/疫	寒	荒/旱/虫/疫		荒/虫	寒/疫	涝/寒/风/虫
1691	荒/旱/虫/疫	旱/虫/疫	旱/虫		旱/涝/虫/疫	虫	涝/风	荒/旱	虫		
1692	荒/旱/虫/疫		虫	旱/涝/霍/虫	旱/霍/疫	旱/涝	风/霍/虫		虫	虫	
1693	风	旱/疫	荒/疫			荒/旱/涝	荒/霍		旱		旱/热
1694	虫	旱/风/虫	虫		虫	涝	涝				
1695	涝	寒/风	虫	旱			涝				
1696		旱/涝	涝	旱		涝	荒/涝/风	涝	涝/寒	旱	荒/旱/涝

续表

年份	河南府	汝宁府	许州	光州	汝州	淮安府	徐州府	海州	凤阳府	颍州府	泗州
1697						涝	荒/涝		荒/旱/涝		涝
1698		荒/旱/涝/寒/风			荒/涝	涝	荒/旱/涝		涝		涝
1699		荒				荒/涝	涝/寒		风/虫		涝/寒
1700			荒			风	荒/涝		涝/虫	涝	旱/涝
1701						涝	旱/涝				涝
1702						荒/涝/虫	涝				
1703		荒/旱/涝	荒/涝		荒/疫	涝/虫	荒/旱/涝/风			荒	荒/旱
1704			涝			旱	荒/旱/疫	荒	荒/旱/虫	荒	
1705		涝	涝			荒/涝	荒/涝/寒		涝	涝	涝
1706						荒	涝/风/霾		涝	涝	荒/旱
1707							涝		荒/涝/寒		荒/旱
1708	旱/涝	涝	旱			荒					
1709	涝	旱/涝	荒/涝	风	涝	荒/涝/疫	荒/涝	涝	荒/涝	荒/涝	
1710	荒	荒	荒	涝/疫	荒	寒	涝		荒/疫	荒	旱/风
1711		旱/寒/虫				旱/虫	旱		荒/旱/涝	旱	风/寒/虫
1712				旱	风	荒/涝	涝		旱/霾		
1713		涝/疫			风/震	涝/虫	涝		旱/涝	涝	旱
1714			旱	旱/虫		旱/涝	旱/虫			旱	荒/旱/寒
1715						涝	旱/涝/虫			旱/涝	寒

续表

年份	河南府	汝宁府	许州	光州	汝州	淮安府	徐州府	海州	凤阳府	颍州府	泗州
1716				旱		旱/涝	旱/涝/虫		旱	寒	荒/旱
1717				旱		涝			虫		荒/旱
1718				旱/寒		旱/涝/寒/虫			旱	虫	
1719		荒		涝		涝			涝	涝	
1720	旱/寒	涝	荒/旱	涝		寒/风	旱/涝		涝/寒		
1721	荒/旱/涝/虫			旱	荒/旱	旱/涝/寒	荒/旱/寒				旱
1722	荒/旱		旱/涝	旱			荒/旱	涝			旱/寒
1723		风	风/虫/疫	旱	疫	荒/涝			涝/虫	涝/虫	荒/旱/涝/虫
1724	旱			旱	涝	涝/风/虫	涝				旱/虫
1725			荒/涝		涝	涝	旱/涝				荒/旱/涝/风/虫
1726			涝			荒/涝	涝		涝		涝/虫
1727	疫			涝/疫	疫	涝	涝		涝	涝	涝/风
1728	涝					热	涝			旱	涝
1729		涝	涝	旱			涝		荒/涝		涝
1730		涝	荒/涝			涝	涝	涝	涝		
1731	荒		荒/旱	虫		涝	荒				涝/风
1732			涝			涝/虫			涝		涝
1733			涝	涝		风	涝		涝		涝
1734	涝	荒	荒	涝		风	涝		涝		涝
1735			涝	旱		旱/涝/寒/虫	涝/虫			涝	旱
1736		旱/涝			涝	涝	涝		涝	涝	涝
1737	涝		涝		涝	荒/旱/涝	旱			涝	

年份	河南府	汝宁府	许州	光州	汝州	淮安府	徐州府	海州	凤阳府	颍州府	泗州
1738	虫	荒/旱		荒/旱/涝/寒	涝/风/疫	荒/旱/虫		虫	旱/虫	旱	荒/旱/涝
1739		荒	荒/涝		涝	旱/涝/虫/疫	荒/旱/涝		涝	涝	荒/涝/虫
1740		虫	荒/虫	旱	虫	风	涝		寒/虫		风
1741	风			旱/涝	涝	涝/风	荒/涝		荒/旱/涝	荒/涝	涝
1742	涝/寒	荒/涝/寒	涝	涝	涝/虫	荒/涝/寒	涝		荒/涝	荒/旱/涝	荒/涝
1743	荒/旱		旱	涝/疫	旱	荒/旱	旱/涝/霾		旱/涝	涝/虫/疫	旱
1744	荒/涝			虫		涝/虫	荒/涝/虫		涝/虫	旱/涝/虫	涝/虫
1745		旱/涝	涝			涝	旱/涝		旱/涝	涝	涝
1746			涝			涝	涝		涝/风	荒/涝	涝
1747			涝			涝/风	涝		涝	涝	涝
1748						旱/涝	荒/涝/风		旱/涝	涝	旱
1749				涝		涝	荒		涝	荒/涝/震	涝
1750		风				涝	涝		涝	涝	涝
1751					虫		荒/涝		旱/涝		荒/旱/涝
1752			旱				涝		旱/虫	旱	旱
1753		涝	涝			涝	涝		旱/涝/虫	荒/涝	涝/虫
1754					涝	涝	荒/寒		涝	荒/旱/涝	
1755	涝					旱/涝	荒/涝/风	涝/风	荒/旱/涝	荒/涝	涝
1756		荒	涝	荒		荒/疫	旱/涝/疫		荒/涝/疫	荒/涝	涝/疫

续表

年份	河南府	汝宁府	许州	光州	汝州	淮安府	徐州府	海州	凤阳府	颍州府	泗州
1757		荒	荒/涝	荒		风/虫	涝		涝	旱/涝	涝
1758			荒	虫	虫		荒/虫			旱	
1759				寒/虫		涝					涝
1760						涝	涝		涝		涝
1761	涝				涝	涝	荒/涝		涝	涝	涝
1762				涝							
1763						涝				荒/涝	
1764					风					涝	
1765				涝		荒/涝/疫	涝/虫			荒	
1766							涝				涝
1767				涝			涝		荒/涝		涝
1768				荒/旱/涝/风		旱	旱		荒/旱	荒/旱/涝/虫	旱/虫
1769		霾		涝		涝	荒/旱/风/虫				
1770				虫			虫		虫	虫	
1771						涝	涝		荒/旱/涝		旱/涝
1772				涝					霾	涝	旱
1773		荒/旱/涝				涝			涝		涝
1774				旱		旱/涝			荒/旱/涝/虫		旱/虫
1775						旱			旱/涝		旱
1776						涝	涝		涝		旱/涝
1777	荒/旱			旱	旱						
1778	荒/旱/风	旱/热		旱	荒/旱	旱/涝	旱/风		荒/旱/涝	涝	旱/涝
1779					涝	涝			涝	涝	涝
1780		涝				涝	涝		涝		涝
1781		涝			涝/风	旱/涝	涝		荒/涝	涝	涝

续表

年份	河南府	汝宁府	许州	光州	汝州	淮安府	徐州府	海州	凤阳府	颍州府	泗州
1782		涝	涝			荒/旱/涝/虫	荒/涝		旱/涝	旱/涝	涝
1783							涝			涝	旱/虫
1784			荒/旱			涝	荒/旱/虫		旱	荒/旱	旱/涝
1785	荒/霾	旱	旱/虫	旱/寒	荒/旱/风/虫	荒/旱/涝/虫	荒/旱/霾/震	旱/风	荒/旱/霾/虫	荒/旱/疫	旱
1786	荒/虫	荒/虫/疫	荒/旱/虫/疫	虫/疫	荒/虫/疫	荒/涝/疫	荒/疫	荒/疫	荒/涝/虫/疫	荒/疫	涝
1787				疫		涝	涝/虫		涝	涝	
1788			风								
1789			寒			涝/风	涝		涝	涝	
1790						涝	涝		涝		旱
1791						涝			涝	荒	
1792						涝	涝			旱	旱
1793						涝			涝		涝
1794	荒				涝	涝/风	涝	涝	荒/涝		涝
1795			涝			涝					
1796			虫			涝	涝		荒/涝		涝
1797							涝		荒	旱/涝	
1798						荒/涝	涝		涝		涝
1799						涝	涝		涝	虫	涝
1800		涝		涝		旱	旱/涝/寒		涝		
1801							涝/寒		荒		
1802						旱/虫	涝		荒/旱/涝/虫		旱/涝
1803	虫					涝	虫		旱/涝	风/霾	涝
1804						旱	旱/虫		荒/涝		荒/风
1805	荒				风	涝	旱		荒/旱/涝		涝

续表

年份	河南府	汝宁府	许州	光州	汝州	淮安府	徐州府	海州	凤阳府	颍州府	泗州
1806						涝	涝		涝		旱/涝/寒
1807						涝	风/霾		旱/涝/霾	旱	旱/寒/风
1808			旱			荒/涝	风	涝/虫			涝/风
1809					涝/霾/震	涝	旱/风/寒		旱	风	寒/风/虫
1810						涝/霾	霾	霾	旱/涝	霾	旱/涝/风/霾
1811	涝					涝	旱/涝		旱/涝	涝	旱/涝
1812					旱	涝	旱/涝/霾	涝	涝/霾		涝
1813	荒	荒/旱	荒/旱/涝/寒/疫	荒	荒/旱/寒/霾/虫		荒/旱/涝/风		旱/涝	荒/涝/寒	风
1814	荒		荒	荒	荒	涝/虫	寒/风		荒/旱/涝/寒	荒/旱	旱/虫
1815						涝			涝	涝	涝
1816					涝	涝	荒/涝		涝	寒/疫	涝
1817							荒		涝	涝	旱/涝
1818			涝		涝						旱/虫
1819	荒/旱					荒/涝	涝		涝	涝	涝
1820					风	涝	涝		涝	风	涝/疫
1821	疫	风	疫		疫	荒/涝/风	荒/涝/风/疫		涝/疫	疫	荒/涝/风/疫
1822						涝/风	荒/涝	荒	涝	涝	荒/虫
1823						虫	涝			旱/风	旱
1824						涝					涝
1825	荒		涝/虫			旱	涝	虫	虫	虫	
1826			旱/霾			荒/涝	荒/涝/霾/疫		荒/涝/风	涝	涝
1827		霾	涝				风/虫				

续表

年份	河南府	汝宁府	许州	光州	汝州	淮安府	徐州府	海州	凤阳府	颍州府	泗州
1828					寒	涝	荒				
1829					风						风
1830						涝	涝/风			涝	涝/风
1831			寒			荒/涝			荒		荒/涝
1832	涝					荒/涝	荒/涝/风	荒	旱/涝	荒/涝	荒/旱/涝/风
1833	荒	荒/旱/涝				荒/涝/疫	荒/寒/疫	荒	荒/旱/涝/寒/虫/疫	荒/涝	荒/旱/霾/疫
1834	涝				旱					涝	
1835	荒/涝/虫				涝	旱/涝/虫	虫				旱/虫
1836	寒/虫	虫	虫		虫	旱/虫				涝/虫	虫
1837	虫				虫	风/虫	风		旱/虫		风
1838						热			风		涝
1839						涝	霾		涝	旱	
1840						涝	旱/涝				旱
1841			涝		风	涝	旱/涝		涝	涝/风/虫	旱
1842						旱/涝	涝/风/霾	荒	涝/疫		风
1843			涝			涝/风/虫			荒	涝	
1844			涝			涝/风	涝/风			涝	涝
1845	旱/涝		涝			涝/寒	涝				旱/涝
1846	旱	荒	旱/涝			旱/涝/风	荒/涝/风		旱	涝	风
1847	荒/旱/涝	旱	荒/旱		荒/旱	旱/虫			荒/旱		涝/涝
1848	荒	涝				荒/涝	涝/风				涝/风
1849						涝	虫			涝	涝
1850		旱/疫			涝	荒	涝		涝	涝	

续表

年份	河南府	汝宁府	许州	光州	汝州	淮安府	徐州府	海州	凤阳府	颍州府	泗州
1851						涝	涝/风/疫		涝	霾	涝/霾/虫
1852						旱/涝/风	荒/涝/寒/热/震		涝		涝/热/疫
1853		荒			霾	荒/涝/风/疫	荒/涝/霾/疫		荒/风	风	霾
1854	虫	荒		虫		热	荒/涝/风		风	旱/涝/虫	
1855	虫					旱/涝	荒/旱/涝/虫		旱/风/虫		涝/热/虫
1856		荒/旱/虫	旱/涝/虫		旱/寒/虫	荒/旱/涝/霾/虫	荒/旱/涝/虫		旱/虫	旱/霾/虫	荒/旱
1857	虫	虫				荒/旱/虫	荒/旱/涝/风/虫		荒/旱/涝	荒/旱/涝/风/虫/疫	荒
1858	旱/风/疫	旱				旱/涝/寒	涝/寒/风/虫		虫	荒/虫	旱/风/虫
1859	荒	旱/涝					涝/风		虫	虫	涝
1860	荒		寒			涝/风	涝/虫		涝/虫	涝/风/虫	荒/涝/虫/疫
1861			涝/霾				荒/风/虫		荒/涝	虫	
1862	荒/虫	涝/风/疫				旱/寒/霾	荒/涝/风/霾/虫		旱/涝/虫	虫	荒/霾
1863	荒/涝/寒/虫	涝		虫	寒		寒		荒	荒/涝/霾/虫	霾
1864	虫	霾	涝	旱		涝	旱			涝	
1865		风				涝	涝/风/寒		风		风

续表

年份	河南府	汝宁府	许州	光州	汝州	淮安府	徐州府	海州	凤阳府	颍州府	泗州
1866		荒/旱/涝/寒/风				涝	涝/风		涝	荒/涝/风	旱/涝/风
1867	旱	荒/旱/涝/虫	涝			荒/旱/霾/疫	荒/涝/热/疫		荒/涝	旱/涝	荒/涝/热/疫
1868	荒	涝/寒	涝/风/霾/热			涝	涝/风/虫			荒/涝	涝/震
1869	风	涝	涝						旱/风	风	旱/寒/风
1870	涝	涝				涝/寒	涝/风		涝	寒	旱/风
1871		涝	涝			涝/寒	涝		风	涝	
1872	荒/旱					涝/寒	风				风
1873		霾				涝/虫	涝/霾			涝	涝
1874	寒		风			涝/热	涝/寒			涝	涝
1875	旱	风	霾			涝/风	旱/涝/风	旱/风	旱		
1876	旱/涝	旱	旱/虫			荒/旱/寒/虫	荒/旱/涝/虫		旱/虫	旱/虫	
1877		荒/旱/虫/疫	荒/旱/虫	旱/虫		荒/旱/寒/虫	旱/涝/寒/虫/疫		虫	荒/旱	旱/虫
1878	荒/旱/霾/疫		霾/疫	疫					涝/虫	荒/疫	涝
1879	旱/虫		涝/寒/风			风	涝/风/霾			涝	
1880		虫				旱/虫	旱/涝			寒/疫	
1881	旱		霾			涝/寒/风	涝/热				
1882		涝/疫		寒		涝	涝			寒	
1883	涝	荒/涝/虫/疫	涝/风	荒/涝		涝	涝/寒		涝	荒/涝/风	涝
1884	涝		涝			涝/风	旱/涝	虫			荒

续表

年份	河南府	汝宁府	许州	光州	汝州	淮安府	徐州府	海州	凤阳府	颖州府	泗州
1885	风					旱/涝					旱/虫
1886	涝						寒		寒/虫		寒
1887	涝					涝		荒	涝/风	涝	涝
1888		旱	涝			荒/旱/涝/风/疫	涝	旱	涝	涝	涝
1889						荒	荒/涝/风		旱/涝/风	涝	涝
1890		虫					涝/风				
1891		涝/风/虫	涝/风			荒/旱/虫	荒			涝/虫	虫
1892	寒		旱/虫/震			旱/涝/虫	旱			旱/寒/虫	寒/虫
1893	风	涝	旱			涝				旱/涝	旱/涝
1894		涝	旱/涝			涝	风/虫			旱/涝/虫/疫	旱/风/霾
1895	寒/疫	涝					涝/风			旱/涝/风	
1896		荒/涝/疫	涝							涝	
1897	荒/旱/寒	荒/涝	热	涝		涝	荒/涝/虫		荒/涝	荒/涝	
1898	涝	涝	旱/涝	涝		涝/风	荒/涝/疫	涝		荒/涝	
1899	风		荒/旱			旱/涝/霾	荒/旱/涝/疫			虫/疫	
1900	风/热	涝/霾	荒/旱/虫			旱/涝/风/虫			风/霾		霾
1901	荒/涝/风/寒/霾	霾/热	霾	涝/风/霾			风/霾			风	
1902			虫			涝	风				

续表

年份	河南府	汝宁府	许州	光州	汝州	淮安府	徐州府	海州	凤阳府	颍州府	泗州
1903			风								
1904	旱					旱/涝				涝	
1905	风						涝			涝/风	
1906	虫	风/霾	涝			涝	荒/涝	涝		涝	
1907	旱/虫					荒/涝	荒/旱	荒/涝		荒/涝	
1908	涝/风					涝	旱/风	涝		涝/风/虫/疫	
1909	涝/风/虫/疫		旱/涝			涝	旱/涝/虫	涝		涝	
1910	旱/寒/风/寒/虫	涝				涝/风	荒/涝	荒		涝	
1911	旱/热	涝/风	荒/涝/寒			涝/寒/风	涝	涝		涝/疫	

附表二：小麦价格数据水平序列单位根检验结果

府州名	仅有差分滞后项（6.1a）		带截距项（6.1b）		带趋势项（6.1c）	
	滞后阶数	ADF 统计量	滞后阶数	ADF 统计量	滞后阶数	ADF 统计量
顺天府	0	−0.698964	0	−1.697388	0	−2.514187
保定府	1	−0.678796	1	−1.624230	1	−1.686407
永平府	1	−0.574847	1	−2.964495**	1	−3.188391*
河间府	0	−0.885863	0	−1.543183	0	−2.874424
天津府	5	0.122665	3	−2.298604	3	−2.678784
正定府	8	−0.021610	8	0.039688	8	−0.370356
顺德府	0	−0.488135	0	−1.442812	0	−1.660356
广平府	0	−0.800886	0	−2.204075	0	−2.354766
大名府	0	−0.624973	0	−1.908712	0	−1.954978
遵化州	13	0.637983	0	−1.466120	0	−2.760893

续表

府州名	仅有差分滞后项（6.1a）		带截距项（6.1b）		带趋势项（6.1c）	
	滞后阶数	ADF 统计量	滞后阶数	ADF 统计量	滞后阶数	ADF 统计量
易州	9	− 0.738944	9	− 1.634144	9	− 1.878158
冀州	0	− 0.698736	0	− 1.716535	0	− 2.752985
赵州	0	− 0.354945	0	− 0.777092	0	− 1.083142
深州	0	− 0.565600	1	− 2.341463	1	− 3.117259
定州	0	− 1.248149	0	− 2.907637*	0	− 3.094185
济南府	0	0.371558	0	− 0.801270	0	− 1.089019
兖州府	0	0.542399	0	− 0.849047	0	− 0.811355
泰安府	8	0.459672	8	− 0.652073	8	− 0.824800
武定府	2	0.096772	2	− 1.304246	2	− 1.591404
沂州府	0	− 0.455989	0	− 1.318232	0	− 1.783365
曹州府	9	1.060145	9	0.559063	9	0.605854
东昌府	1	− 0.146465	1	− 1.832495	1	− 2.219196
青州府	0	0.212587	0	− 1.527613	0	− 1.530008
登州府	2	− 0.051733	2	− 1.079041	2	− 1.601607
莱州府	10	− 0.797578	10	− 0.697231	10	− 1.460196
济宁州	8	− 0.892801	8	− 1.768799	8	− 1.770308
临清州	5	0.171295	5	− 0.083273	5	− 0.823428
开封府	12	0.019475	14	− 2.901227*	10	− 1.193995*
陈州府	14	− 0.229446	8	− 2.987809**	8	− 2.554748
归德府	14	− 0.139808	14	− 1.283858	11	− 1.718323
彰德府	11	1.665085	11	− 2.488739	11	− 0.067579
卫辉府	14	− 0.212251	6	− 2.103538	5	− 1.485481
怀庆府	11	1.882613	11	− 2.521413	11	− 0.673642
河南府	10	1.136594	7	− 0.973830	10	− 0.398299
汝宁府	6	− 1.284926	14	1.379708	14	1.228535
许州	13	0.440221	13	2.801579	13	3.266422
光州	12	− 1.072955	12	− 1.062831	12	− 1.582387

续表

府州名	仅有差分滞后项（6.1a）		带截距项（6.1b）		带趋势项（6.1c）	
	滞后阶数	ADF 统计量	滞后阶数	ADF 统计量	滞后阶数	ADF 统计量
汝州	11	3.413575	11	3.153917	11	1.550135
淮安府	12	0.509668	12	−2.572003	12	−2.304214
徐州府	0	−0.065544	0	−1.396599	0	−1.984717
海州	8	0.188086	8	−3.261068[**]	8	−3.531686[**]
凤阳府	4	0.163363	4	−0.945340	5	−0.481680
颍州府	4	0.149859	4	−1.546628	4	−1.500485
泗州	9	0.458771	9	−1.922909	9	−1.269680

附表三：小麦价格数据水平序列单位根检验结果

府州名	仅有差分滞后项		带截距项		带趋势项	
	滞后阶数	ADF 统计量	滞后阶数	ADF 统计量	滞后阶数	ADF 统计量
顺天府	0	−12.41549[***]	0	−12.38057[***]	0	−12.32224[***]
保定府	0	−15.64130[***]	0	−15.59240[***]	0	−15.51791[***]
永平府	0	−10.23682[***]	0	−10.21333[***]	0	−10.18829[***]
河间府	0	−12.75737[***]	0	−12.70979[***]	0	−12.64865[***]
天津府	4	−6.662137[***]	4	−6.645011[***]	2	−6.597142[***]
正定府	14	−3.873692[***]	13	−3.827942[***]	14	−3.476974[**]
顺德府	4	−5.087744[***]	4	−5.064023[***]	4	−5.022731[***]
广平府	0	−12.58115[***]	0	−12.54055[***]	0	−12.49990[***]
大名府	4	−5.318838[***]	4	−5.357594[***]	4	−5.329889[***]
遵化州	12	−3.495361[***]	12	−3.425787[**]	12	−3.146326
易州	1	−10.40310[***]	1	−10.36541[***]	1	−10.34877[***]
冀州	0	−12.61702[***]	0	−12.57013[***]	0	−12.53319[***]
赵州	0	−13.10842[***]	0	−13.05880[***]	0	−12.99522[***]

续表

府州名	仅有差分滞后项		带截距项		带趋势项	
	滞后阶数	ADF 统计量	滞后阶数	ADF 统计量	滞后阶数	ADF 统计量
深州	0	−14.03868***	0	−13.98473***	0	−13.91297***
定州	0	−16.25704***	0	−16.19738***	0	−16.10793***
济南府	0	−11.23790***	0	−11.23661***	4	−5.768051***
兖州府	0	−11.96488***	0	−11.98518***	0	−11.95573***
泰安府	0	−3.650476***	7	−3.710102***	7	−3.684187**
武定府	0	−8.960002***	1	−8.959414***	1	−8.931965***
沂州府	0	−11.14191***	0	−11.12096***	0	−11.08120***
曹州府	8	−5.091717***	8	−5.173897***	8	−5.094563***
东昌府	0	−10.73143***	0	−10.71775***	0	−10.67820***
青州府	0	−10.82600***	0	−10.84100***	0	−10.83888***
登州府	1	−10.24089***	1	−10.23314***	1	−10.20130***
莱州府	9	−4.642880***	9	−4.569781***	9	−4.612549***
济宁州	7	−3.806945***	7	−3.679356***	7	−3.669381**
临清州	4	−6.196806***	4	−6.159759***	4	−6.189223***
开封府	11	−3.079531**	11	−3.065041**	7	−3.860592**
陈州府	11	−3.782944***	11	−3.744882***	11	−4.881038***
归德府	7	−1.972524**	3	−4.303286***	7	−2.583404
彰德府	10	−4.838077***	11	−4.237671***	11	−5.378598***
卫辉府	0	−8.162414***	0	−8.121585***	4	−9.071175***
怀庆府	10	−7.256091***	9	−4.651794***	9	−4.099776***
河南府	6	−3.384798***	6	−3.378745**	6	−2.713689
汝宁府	5	−5.750674***	13	−4.040976***	13	−3.568205**
许州	14	−0.514505	14	−0.517340	14	0.509556
光州	8	−3.439825***	8	−3.673279***	8	−3.649662**
汝州	8	−1.749418*	8	−1.712117	14	−5.372601***
淮安府	11	−3.114037***	11	−3.189048**	11	−3.638360**
徐州府	14	−3.180025***	14	−3.141757**	14	−3.079343

续表

府州名	仅有差分滞后项		带截距项		带趋势项	
	滞后阶数	ADF 统计量	滞后阶数	ADF 统计量	滞后阶数	ADF 统计量
海州	3	-4.823157^{***}	3	-4.854199^{***}	3	-4.815833^{***}
凤阳府	3	-4.504008^{***}	3	-4.529979^{***}	3	-4.575992^{***}
颍州府	3	-4.732660^{***}	3	-4.828346^{***}	3	-4.797749^{***}
泗州	8	-4.099936^{***}	8	-4.322083^{***}	8	-4.579538^{***}

附表四：华北各府州配组协整检验

配组府州		K	λ	λ_{trace}	λ_{max}
顺天府	保定府	1	0.040179	6.038944	5.208062
		2	0.006521	0.830882	0.830882
顺天府	河间府	1	0.047254	10.728360	6.147730
		2	0.035425	4.580629	4.580629
顺天府	天津府	1	0.036751	8.611453	4.755244
		2	0.029907	3.856209	3.856209
顺天府	正定府	1	0.044596	6.074336	5.793905
		2	0.002206	0.280431	0.280431
顺天府	顺德府	1	0.050043	8.835730	6.519980
		2	0.018069	2.315750	2.315750
顺天府	广平府	1	0.070365	13.490430	9.266330
		2	0.032714	4.224101	4.224101
顺天府	大名府	1	0.042137	9.114748	5.467424
		2	0.028311	3.647323	3.647323
顺天府	遵化州	1	0.100045	15.293570	13.387100
		2	0.014899	1.906466	1.906466

续表

配组府州		K	λ	λ_{trace}	λ_{max}
顺天府	易州	1	0.041189	7.189949	5.341770
		2	0.014447	1.848179	1.848179
顺天府	冀州	1	0.068028	12.163100	8.947470
		2	0.025002	3.215628	3.215628
顺天府	赵州	1	0.045603	6.588353	5.927836
		2	0.005187	0.660517	0.660517
顺天府	深州	1	0.090427	17.397720	12.037050
		2	0.041332	5.360662	5.360662
顺天府	济南府	1	0.042147	7.913614	4.693650
		2	0.029109	3.219964	3.219964
顺天府	兖州府	1	0.051028	7.871388	5.709015
		2	0.019643	2.162373	2.162373
顺天府	泰安府	1	0.072077	10.363290	8.153915
		2	0.020065	2.209379	2.209379
顺天府	武定府	1	0.032167	5.358470	3.563871
		2	0.016329	1.794599	1.794599
顺天府	沂州府	1	0.059439	11.286060	6.679443
		2	0.041382	4.606617	4.606617
顺天府	曹州府	1	0.049204	7.494671	5.499621
		2	0.018137	1.995050	1.995050
顺天府	东昌府	1	0.035514	6.037472	3.905224
		2	0.019549	2.132248	2.132248
顺天府	青州府	1	0.062864	9.634521	7.012065
		2	0.023990	2.622456	2.622456
顺天府	登州府	1	0.043782	5.780466	4.835082
		2	0.008715	0.945384	0.945384
顺天府	莱州府	1	0.044752	8.097541	4.944672
		2	0.028771	3.152869	3.152869

续表

配组府州		K	λ	λ_{trace}	λ_{max}
顺天府	济宁州	1	0.0563	8.831435	6.200287
		2	0.024290	2.631148	2.631148
顺天府	临清州	1	0.059268	7.108971	6.537359
		2	0.005328	0.571612	0.571612
顺天府	归德府	1	0.157366	18.729510 *	17.464660 **
		2	0.012324	1.264856	1.264856
顺天府	彰德府	1	0.210999	25.276020 ***	24.172740 ***
		2	0.010758	1.103276	1.103276
顺天府	卫辉府	1	0.1207	14.009680	13.377470
		2	0.006060	0.632209	0.632209
顺天府	怀庆府	1	0.186822	22.272310 **	21.507720 ***
		2	0.007325	0.764597	0.764597
顺天府	河南府	1	0.103817	11.777370	11.399540
		2	0.003626	0.377825	0.377825
顺天府	汝宁府	1	0.237869	28.797370 ***	28.250280 ***
		2	0.005247	0.547088	0.547088
顺天府	光州	1	0.093992	10.613350	10.265600
		2	0.003338	0.347752	0.347752
顺天府	汝州	1	0.273083	33.040560 ***	32.532240 ***
		2	0.004971	0.508323	0.508323
顺天府	淮安府	1	0.108353	12.693090	12.386020
		2	0.002839	0.307065	0.307065
顺天府	徐州府	1	0.073741	8.983832	8.272927
		2	0.006561	0.710905	0.710905
顺天府	凤阳府	1	0.054163	10.556260	6.515117
		2	0.033950	4.041144	4.041144
顺天府	颍州府	1	0.057813	12.444880	6.967518
		2	0.045736	5.477360	5.477360

续表

配组府州		K	λ	λ_{trace}	λ_{max}
顺天府	泗州	1	0.064174	13.826080	7.760102
		2	0.050525	6.065977	6.065977
保定府	河间府	1	0.053092	9.828767	6.928307
		2	0.022579	2.900460	2.900460
保定府	天津府	1	0.06399	10.912560	8.398368
		2	0.019602	2.514193	2.514193
保定府	正定府	1	0.041207	6.046075	5.344200
		2	0.005511	0.701875	0.701875
保定府	顺德府	1	0.081432	13.521910	10.787270
		2	0.021302	2.734636	2.734636
保定府	广平府	1	0.112184	17.377810	15.111870 *
		2	0.017684	2.265940	2.265940
保定府	大名府	1	0.076294	12.999990	10.078900
		2	0.022738	2.921084	2.921084
保定府	遵化州	1	0.055936	9.197278	7.310336
		2	0.014748	1.886942	1.886942
保定府	易州	1	0.04666	10.874790	6.068546
		2	0.037137	4.806242	4.806242
保定府	冀州	1	0.127911	18.559750 *	17.381730 **
		2	0.009233	1.178027	1.178027
保定府	赵州	1	0.082596	12.010170	10.948330
		2	0.008326	1.061832	1.061832
保定府	深州	1	0.044461	7.262978	5.775964
		2	0.011640	1.487014	1.487014
保定府	济南府	1	0.029861	5.856116	3.304404
		2	0.023138	2.551712	2.551712
保定府	兖州府	1	0.058518	9.009691	6.572655
		2	0.022110	2.437036	2.437036

续表

配组府州		K	λ	λ_{trace}	λ_{max}
保定府	泰安府	1	0.046932	7.226038	5.239485
		2	0.018060	1.986554	1.986554
保定府	武定府	1	0.044093	6.790838	4.915359
		2	0.017059	1.875480	1.875480
保定府	沂州府	1	0.051611	10.625600	5.775922
		2	0.043517	4.849673	4.849673
保定府	曹州府	1	0.077873	12.234210	8.836838
		2	0.030688	3.397375	3.397375
保定府	东昌府	1	0.045873	8.155882	5.071559
		2	0.028155	3.084324	3.084324
保定府	青州府	1	0.057516	9.158971	6.397550
		2	0.025245	2.761421	2.761421
保定府	登州府	1	0.095298	12.459800	10.816130
		2	0.015104	1.643668	1.643668
保定府	莱州府	1	0.047672	9.453926	5.275299
		2	0.037952	4.178627	4.178627
保定府	济宁州	1	0.052469	9.302972	5.766883
		2	0.032507	3.536090	3.536090
保定府	临清州	1	0.10181	12.354620	11.489020
		2	0.008057	0.865594	0.865594
保定府	归德府	1	0.133289	15.560350	14.591040 [*]
		2	0.009458	0.969310	0.969310
保定府	彰德府	1	0.208277	24.630770 [***]	23.821400 [***]
		2	0.007904	0.809371	0.809371
保定府	卫辉府	1	0.133624	15.677650	14.917400 [*]
		2	0.007283	0.760251	0.760251
保定府	怀庆府	1	0.197058	23.566590 [**]	22.825140 [***]
		2	0.007104	0.741454	0.741454

续表

配组府州		K	λ	λ_{trace}	λ_{max}
保定府	河南府	1	0.080689	9.382078	8.749606
		2	0.006063	0.632472	0.632472
保定府	汝宁府	1	0.223738	26.907690 ***	26.339620 ***
		2	0.005447	0.568072	0.568072
保定府	光州	1	0.088415	10.218800	9.627325
		2	0.005671	0.591477	0.591477
保定府	汝州	1	0.250758	30.102390 ***	29.446760 ***
		2	0.006407	0.655637	0.655637
保定府	淮安府	1	0.09927	13.162510	11.291350
		2	0.017176	1.871161	1.871161
保定府	徐州府	1	0.088371	10.901590	9.992449
		2	0.008383	0.909137	0.909137
保定府	凤阳府	1	0.048362	8.978126	5.799737
		2	0.026800	3.178389	3.178389
保定府	颍州府	1	0.041098	7.898091	4.910122
		2	0.025215	2.987969	2.987969
保定府	泗州	1	0.054568	10.435330	6.565223
		2	0.032537	3.870105	3.870105
河间府	天津府	1	0.075272	12.763240	9.938461
		2	0.021997	2.824776	2.824776
河间府	正定府	1	0.075615	11.298060	9.985575
		2	0.010281	1.312481	1.312481
河间府	顺德府	1	0.052228	10.590170	6.812398
		2	0.029308	3.777774	3.777774
河间府	广平府	1	0.065356	12.239290	8.583821
		2	0.028373	3.655469	3.655469
河间府	大名府	1	0.036116	7.889888	4.671579
		2	0.025023	3.218309	3.218309

续表

配组府州		K	λ	λ_trace	λ_max
河间府	遵化州	1	0.082463	13.045240	10.929950
		2	0.016518	2.115288	2.115288
河间府	易州	1	0.050879	12.611260	6.631745
		2	0.045992	5.979512	5.979512
河间府	冀州	1	0.184819	28.841060 ***	25.951760 ***
		2	0.022494	2.889304	2.889304
河间府	赵州	1	0.040269	6.428594	5.219944
		2	0.009472	1.208650	1.208650
河间府	深州	1	0.059643	11.043520	7.809980
		2	0.025140	3.233542	3.233542
河间府	济南府	1	0.077685	12.404410	8.814691
		2	0.032397	3.589714	3.589714
河间府	兖州府	1	0.060712	9.385266	6.827035
		2	0.023197	2.558231	2.558231
河间府	泰安府	1	0.062539	8.962120	7.039226
		2	0.017487	1.922894	1.922894
河间府	武定府	1	0.074008	10.472030	8.381024
		2	0.019001	2.091007	2.091007
河间府	沂州府	1	0.056709	12.196380	6.363523
		2	0.052106	5.832860	5.832860
河间府	曹州府	1	0.051248	8.954048	5.734207
		2	0.029108	3.219841	3.219841
河间府	东昌府	1	0.063716	11.727390	7.110378
		2	0.041849	4.617009	4.617009
河间府	青州府	1	0.0558	9.442823	6.201049
		2	0.029570	3.241774	3.241774
河间府	登州府	1	0.106646	13.428370	12.179410
		2	0.011498	1.248967	1.248967

续表

配组府州		K	λ	λ_{trace}	λ_{max}
河间府	莱州府	1	0.057523	10.873290	6.398377
		2	0.040588	4.474913	4.474913
河间府	济宁州	1	0.052543	10.457520	5.775147
		2	0.042817	4.682374	4.682374
河间府	临清州	1	0.113592	13.598180	12.901870
		2	0.006486	0.696301	0.696301
河间府	归德府	1	0.1059	12.249680	11.417670
		2	0.008124	0.832011	0.832011
河间府	彰德府	1	0.21824	26.415230 ***	25.113160 ***
		2	0.012684	1.302074	1.302074
河间府	卫辉府	1	0.11364	13.705720	12.545730
		2	0.011092	1.159991	1.159991
河间府	怀庆府	1	0.18808	22.916590 **	21.668790 ***
		2	0.011926	1.247795	1.247795
河间府	河南府	1	0.078822	9.404453	8.538612
		2	0.008291	0.865840	0.865840
河间府	汝宁府	1	0.207656	25.040590 ***	24.207050 ***
		2	0.007983	0.833544	0.833544
河间府	光州	1	0.077177	8.908927	8.353019
		2	0.005331	0.555908	0.555908
河间府	汝州	1	0.257498	32.065080 ***	30.368430 ***
		2	0.016496	1.696646	1.696646
河间府	淮安府	1	0.12405	17.318040	14.304160 *
		2	0.027520	3.013876	3.013876
河间府	徐州府	1	0.060958	9.393799	6.792643
		2	0.023797	2.601156	2.601156
河间府	凤阳府	1	0.060848	13.164230	7.345007
		2	0.048520	5.819222	5.819222

续表

配组府州		K	λ	λ_{trace}	λ_{max}

配组府州		K	λ	λ_{trace}	λ_{max}
河间府	颍州府	1	0.078817	14.272730	9.605257
		2	0.039108	4.667477	4.667477
河间府	泗州	1	0.07272	15.253380	8.833425
		2	0.053393	6.419951	6.419951
天津府	正定府	1	0.047917	6.257926	6.236064
		2	0.000172	0.021862	0.021862
天津府	顺德府	1	0.066428	12.981570	8.729656
		2	0.032925	4.251912	4.251912
天津府	广平府	1	0.073545	14.577780	9.701533
		2	0.037668	4.876248	4.876248
天津府	大名府	1	0.039874	9.712310	5.167781
		2	0.035151	4.544529	4.544529
天津府	遵化州	1	0.103808	15.191720	13.919280 [*]
		2	0.009969	1.272447	1.272447
天津府	易州	1	0.054021	10.704590	7.052919
		2	0.028344	3.651675	3.651675
天津府	冀州	1	0.14955	22.407550 [**]	20.572750 [***]
		2	0.014343	1.834803	1.834803
天津府	赵州	1	0.115841	16.483150	15.636070 [*]
		2	0.006648	0.847089	0.847089
天津府	深州	1	0.038034	7.881775	4.924624
		2	0.023016	2.957151	2.957151
天津府	济南府	1	0.076484	11.623980	8.672773
		2	0.026712	2.951205	2.951205
天津府	兖州府	1	0.090904	13.272550	10.388140
		2	0.026115	2.884408	2.884408
天津府	泰安府	1	0.176753	23.207040 [**]	21.200330 [***]
		2	0.018242	2.006709	2.006709

续表

配组府州		K	λ	λ$_{trace}$	λ$_{max}$
天津府	武定府	1	0.07914	10.374570	8.986732
		2	0.012652	1.387838	1.387838
天津府	沂州府	1	0.095015	15.378180	10.882200
		2	0.040408	4.495982	4.495982
天津府	曹州府	1	0.045072	9.265182	5.027042
		2	0.038136	4.238140	4.238140
天津府	东昌府	1	0.061806	10.084930	6.890239
		2	0.029147	3.194691	3.194691
天津府	青州府	1	0.065271	12.280990	7.289910
		2	0.045162	4.991077	4.991077
天津府	登州府	1	0.134223	16.554980	15.565790[*]
		2	0.009117	0.989193	0.989193
天津府	莱州府	1	0.06755	12.770250	7.553524
		2	0.047155	5.216725	5.216725
天津府	济宁州	1	0.051634	8.243142	5.672571
		2	0.023738	2.570571	2.570571
天津府	临清州	1	0.120093	14.470410	13.689480
		2	0.007272	0.780929	0.780929
天津府	归德府	1	0.124821	13.842160	13.599390
		2	0.002377	0.242777	0.242777
天津府	彰德府	1	0.195889	22.551960[**]	22.237800[***]
		2	0.003075	0.314157	0.314157
天津府	卫辉府	1	0.122798	14.367940	13.625930
		2	0.007109	0.742009	0.742009
天津府	怀庆府	1	0.169061	19.578920[*]	19.260620[**]
		2	0.003056	0.318298	0.318298
天津府	河南府	1	0.08816	11.309350	9.598258
		2	0.016318	1.711091	1.711091

续表

配组府州		K	λ	λ_{trace}	λ_{max}
天津府	汝宁府	1	0.226987	27.450270 ***	26.775770 ***
		2	0.006465	0.674501	0.674501
天津府	光州	1	0.101148	11.189930	11.090190
		2	0.000959	0.099736	0.099736
天津府	汝州	1	0.245455	30.572090 ***	28.727250 ***
		2	0.017924	1.844834	1.844834
天津府	淮安府	1	0.080371	10.710790	9.048741
		2	0.015272	1.662046	1.662046
天津府	徐州府	1	0.063058	8.835867	7.034476
		2	0.016541	1.801391	1.801391
天津府	凤阳府	1	0.060641	12.267470	7.319220
		2	0.041411	4.948249	4.948249
天津府	颍州府	1	0.075678	14.076140	9.207339
		2	0.040760	4.868800	4.868800
天津府	泗州	1	0.082342	15.713090	10.053870
		2	0.047218	5.659213	5.659213
正定府	顺德府	1	0.034043	5.318031	4.398783
		2	0.007212	0.919249	0.919249
正定府	广平府	1	0.07589	10.715110	10.023400
		2	0.005432	0.691710	0.691710
正定府	大名府	1	0.051215	7.399521	6.676734
		2	0.005675	0.722787	0.722787
正定府	遵化州	1	0.063886	9.527492	8.384351
		2	0.008961	1.143141	1.143141
正定府	易州	1	0.056148	10.471850	7.338828
		2	0.024368	3.133026	3.133026
正定府	冀州	1	0.095139	13.343510	12.696670
		2	0.005080	0.646833	0.646833

续表

配组府州		K	λ	λ_{trace}	λ_{max}
正定府	赵州	1	0.010584	2.313217	1.351297
		2	0.007546	0.961920	0.961920
正定府	深州	1	0.046149	6.106797	6.000497
		2	0.000837	0.106300	0.106300
正定府	济南府	1	0.050456	5.750443	5.643307
		2	0.000982	0.107136	0.107136
正定府	兖州府	1	0.048885	5.830108	5.463062
		2	0.003362	0.367045	0.367045
正定府	泰安府	1	0.039771	4.670656	4.423604
		2	0.002264	0.247052	0.247052
正定府	武定府	1	0.052664	6.080227	5.897011
		2	0.001679	0.183216	0.183216
正定府	沂州府	1	0.071175	8.769403	8.048012
		2	0.006596	0.721391	0.721391
正定府	曹州府	1	0.055238	7.208979	6.193648
		2	0.009272	1.015330	1.015330
正定府	东昌府	1	0.076714	8.748106	8.620096
		2	0.001185	0.128010	0.128010
正定府	青州府	1	0.070061	7.983162	7.844687
		2	0.001281	0.138475	0.138475
正定府	登州府	1	0.028388	3.535642	3.110307
		2	0.003931	0.425336	0.425336
正定府	莱州府	1	0.054359	6.244594	6.036323
		2	0.001927	0.208270	0.208270
正定府	济宁州	1	0.054793	6.199882	6.029582
		2	0.001590	0.170300	0.170300
正定府	临清州	1	0.070046	8.069328	7.770323
		2	0.002791	0.299005	0.299005

配组府州		K	λ	λ_{trace}	λ_{max}
正定府	归德府	1	0.126691	14.972180	13.817490 *
		2	0.011257	1.154686	1.154686
正定府	彰德府	1	0.213729	25.269450 ***	24.526220 ***
		2	0.007260	0.743228	0.743228
正定府	卫辉府	1	0.122761	15.296140	13.621510
		2	0.015973	1.674628	1.674628
正定府	怀庆府	1	0.180993	22.011300 **	20.764880 ***
		2	0.011913	1.246428	1.246428
正定府	河南府	1	0.10133	11.669060	11.111310
		2	0.005349	0.557752	0.557752
正定府	汝宁府	1	0.238911	29.320540 ***	28.392560 ***
		2	0.008883	0.927989	0.927989
正定府	光州	1	0.089117	10.596540	9.707435
		2	0.008513	0.889103	0.889103
正定府	汝州	1	0.238558	27.952250 ***	27.799210 ***
		2	0.001499	0.153038	0.153038
正定府	淮安府	1	0.123974	14.961160	14.294860 *
		2	0.006150	0.666294	0.666294
正定府	徐州府	1	0.128174	14.816780	14.813820 *
		2	0.000027	0.002958	0.002958
正定府	凤阳府	1	0.059253	7.738290	7.146482
		2	0.005045	0.591808	0.591808
正定府	颖州府	1	0.056364	7.321557	6.787702
		2	0.004552	0.533855	0.533855
正定府	泗州	1	0.067932	9.366188	8.230883
		2	0.009657	1.135305	1.135305
顺德府	广平府	1	0.090277	14.100620	12.016170
		2	0.016279	2.084448	2.084448

续表

配组府州		K	λ	λ_{trace}	λ_{max}
顺德府	大名府	1	0.090659	15.277990	12.069410
		2	0.024948	3.208586	3.208586
顺德府	遵化州	1	0.062011	10.470870	8.130108
		2	0.018262	2.340760	2.340760
顺德府	易州	1	0.081424	16.688200	10.786180
		2	0.045409	5.902021	5.902021
顺德府	冀州	1	0.127544	19.141540 *	17.328320 **
		2	0.014176	1.813223	1.813223
顺德府	赵州	1	0.070724	11.189690	9.315429
		2	0.014650	1.874261	1.874261
顺德府	深州	1	0.045895	6.627380	5.966634
		2	0.005189	0.660746	0.660746
顺德府	济南府	1	0.079302	11.199230	9.005905
		2	0.019921	2.193330	2.193330
顺德府	兖州府	1	0.177196	24.088070 **	21.259000 ***
		2	0.025621	2.829067	2.829067
顺德府	泰安府	1	0.071527	9.995674	8.089289
		2	0.017338	1.906385	1.906385
顺德府	武定府	1	0.073966	9.825839	8.376068
		2	0.013213	1.449772	1.449772
顺德府	沂州府	1	0.070491	12.013100	7.967742
		2	0.036433	4.045354	4.045354
顺德府	曹州府	1	0.116314	18.270340 *	13.478270
		2	0.043012	4.792070	4.792070
顺德府	东昌府	1	0.082255	11.217340	9.270303
		2	0.017867	1.947041	1.947041
顺德府	青州府	1	0.083217	12.512130	9.383504
		2	0.028553	3.128623	3.128623

续表

配组府州		K	λ	λ_{trace}	λ_{max}
顺德府	登州府	1	0.148416	18.160660 *	17.350930 **
		2	0.007470	0.809737	0.809737
顺德府	莱州府	1	0.055666	10.206010	6.185694
		2	0.036541	4.020312	4.020312
顺德府	济宁州	1	0.105184	16.588150	11.891630
		2	0.042943	4.696514	4.696514
顺德府	临清州	1	0.076234	8.778838	8.484729
		2	0.002745	0.294109	0.294109
顺德府	归德府	1	0.108635	11.887520	11.730110
		2	0.001542	0.157418	0.157418
顺德府	彰德府	1	0.194273	22.183220 **	22.033060 ***
		2	0.001471	0.150162	0.150162
顺德府	卫辉府	1	0.123233	13.732490	13.677480
		2	0.000529	0.055006	0.055006
顺德府	怀庆府	1	0.185828	21.827040 **	21.380650 ***
		2	0.004283	0.446385	0.446385
顺德府	河南府	1	0.081259	9.021007	8.814052
		2	0.001988	0.206955	0.206955
顺德府	汝宁府	1	0.199773	23.234980 **	23.177390 ***
		2	0.000554	0.057599	0.057599
顺德府	光州	1	0.077187	8.732148	8.354151
		2	0.003628	0.377997	0.377997
顺德府	汝州	1	0.221554	26.307800 ***	25.546540 ***
		2	0.007436	0.761261	0.761261
顺德府	淮安府	1	0.084992	12.505270	9.592798
		2	0.026607	2.912468	2.912468
顺德府	徐州府	1	0.072612	9.126450	8.141341
		2	0.009080	0.985109	0.985109

续表

配组府州		K	λ	λ$_{trace}$	λ$_{max}$
顺德府	凤阳府	1	0.063144	10.198100	7.631384
		2	0.021699	2.566720	2.566720
顺德府	颖州府	1	0.079597	14.403070	9.704357
		2	0.039364	4.698714	4.698714
顺德府	泗州	1	0.065656	13.259640	7.945520
		2	0.044404	5.314120	5.314120
广平府	大名府	1	0.067203	14.118510	8.835070
		2	0.040748	5.283445	5.283445
广平府	遵化州	1	0.086588	14.039560	11.502190
		2	0.019781	2.537362	2.537362
广平府	易州	1	0.076795	16.512830	10.147820
		2	0.048883	6.365012	6.365012
广平府	冀州	1	0.115608	16.942590	15.602610 *
		2	0.010496	1.339979	1.339979
广平府	赵州	1	0.103902	14.514260	13.932600 *
		2	0.004570	0.581659	0.581659
广平府	深州	1	0.0483	10.904310	6.287198
		2	0.035702	4.617113	4.617113
广平府	济南府	1	0.067772	10.155260	7.649330
		2	0.022728	2.505927	2.505927
广平府	兖州府	1	0.114814	16.795330	13.293330
		2	0.031618	3.502001	3.502001
广平府	泰安府	1	0.089991	11.978080	10.278730
		2	0.015469	1.699349	1.699349
广平府	武定府	1	0.077396	10.007740	8.780541
		2	0.011196	1.227201	1.227201
广平府	沂州府	1	0.085135	14.691480	9.698630
		2	0.044773	4.992854	4.992854

配组府州		K	λ	λ_{trace}	λ_{max}
广平府	曹州府	1	0.083037	14.838600	9.448981
		2	0.048244	5.389623	5.389623
广平府	东昌府	1	0.10464	14.191490	11.937150
		2	0.020657	2.254333	2.254333
广平府	青州府	1	0.09041	16.889200	10.234230
		2	0.059760	6.654974	6.654974
广平府	登州府	1	0.125215	15.062630	14.447880 *
		2	0.005676	0.614754	0.614754
广平府	莱州府	1	0.099892	16.052110	11.366030
		2	0.042462	4.686080	4.686080
广平府	济宁州	1	0.107595	18.281490 *	12.180340
		2	0.055425	6.101153	6.101153
广平府	临清州	1	0.123099	14.368140	14.055700 *
		2	0.002916	0.312439	0.312439
广平府	归德府	1	0.130091	20.348460 **	14.215420 *
		2	0.058356	6.133043	6.133043
广平府	彰德府	1	0.197233	28.898210 ***	22.408430 ***
		2	0.061643	6.489776	6.489776
广平府	卫辉府	1	0.116727	15.893740	12.908560
		2	0.028296	2.985178	2.985178
广平府	怀庆府	1	0.164033	23.457030 **	18.633300 **
		2	0.045323	4.823732	4.823732
广平府	河南府	1	0.095262	11.571830	10.411380
		2	0.011096	1.160451	1.160451
广平府	汝宁府	1	0.227887	30.171570 ******	26.896910 ***
		2	0.030997	3.274658	3.274658
广平府	光州	1	0.125567	16.982640	13.954640 *
		2	0.028696	3.028001	3.028001

续表

配组府州		K	λ	λ_{trace}	λ_{max}
广平府	汝州	1	0.26413	37.596210 ***	31.283630 ***
		2	0.060012	6.312581	6.312581
广平府	淮安府	1	0.07577	12.187420	8.509791
		2	0.033479	3.677625	3.677625
广平府	徐州府	1	0.07458	11.053520	8.370828
		2	0.024534	2.682695	2.682695
广平府	凤阳府	1	0.074735	14.126730	9.088006
		2	0.042152	5.038724	5.038724
广平府	颍州府	1	0.08456	15.249400	10.336990
		2	0.041117	4.912406	4.912406
广平府	泗州	1	0.098977	17.842130	12.194220
		2	0.047126	5.647911	5.647911
大名府	遵化州	1	0.058104	10.101800	7.602303
		2	0.019489	2.499495	2.499495
大名府	易州	1	0.054889	12.466770	7.169566
		2	0.040852	5.297202	5.297202
大名府	冀州	1	0.082038	12.786030	10.871110
		2	0.014965	1.914921	1.914921
大名府	赵州	1	0.086347	12.714190	11.468610
		2	0.009760	1.245579	1.245579
大名府	深州	1	0.042476	8.203585	5.512325
		2	0.020968	2.691260	2.691260
大名府	济南府	1	0.058524	9.491529	6.573390
		2	0.026417	2.918140	2.918140
大名府	兖州府	1	0.083351	13.652250	9.486373
		2	0.037498	4.165876	4.165876
大名府	泰安府	1	0.059021	8.686180	6.631013
		2	0.018678	2.055167	2.055167

续表

配组府州		K	λ	$\lambda_{\text{-trace}}$	$\lambda_{\max}$
大名府	武定府	1	0.075825	10.160880	8.595074
		2	0.014263	1.565809	1.565809
大名府	沂州府	1	0.05383	9.941420	6.031356
		2	0.035236	3.910064	3.910064
大名府	曹州府	1	0.074568	13.198790	8.446893
		2	0.042659	4.751892	4.751892
大名府	东昌府	1	0.069028	8.675442	7.724767
		2	0.008764	0.950675	0.950675
大名府	青州府	1	0.068001	11.619440	7.605732
		2	0.036482	4.013712	4.013712
大名府	登州府	1	0.102733	13.149040	11.707440
		2	0.013259	1.441604	1.441604
大名府	莱州府	1	0.069344	13.633270	7.761469
		2	0.052917	5.871803	5.871803
大名府	济宁州	1	0.071881	13.960140	7.981710
		2	0.054341	5.978427	5.978427
大名府	临清州	1	0.083743	9.784050	9.358085
		2	0.003973	0.425964	0.425964
大名府	归德府	1	0.120929	17.309600	13.146750
		2	0.039991	4.162850	4.162850
大名府	彰德府	1	0.197927	26.733260 [***]	22.496640 [***]
		2	0.040685	4.236618	4.236618
大名府	卫辉府	1	0.098095	11.634230	10.737640
		2	0.008584	0.896592	0.896592
大名府	怀庆府	1	0.160009	21.182230 [**]	18.133820 [**]
		2	0.028886	3.048406	3.048406
大名府	河南府	1	0.065696	7.139902	7.067204
		2	0.000699	0.072698	0.072698

续表

配组府州		K	λ	λ_{trace}	λ_{max}
大名府	汝宁府	1	0.226643	28.559860 ***	26.729440 ***
		2	0.017446	1.830418	1.830418
大名府	光州	1	0.089062	11.746290	9.701141
		2	0.019473	2.045147	2.045147
大名府	汝州	1	0.227837	32.720830 ***	26.373110 ***
		2	0.060336	6.347727	6.347727
大名府	淮安府	1	0.092004	12.459340	10.423690
		2	0.018672	2.035654	2.035654
大名府	徐州府	1	0.081749	10.568200	9.210779
		2	0.012490	1.357425	1.357425
大名府	凤阳府	1	0.061533	9.710059	7.430438
		2	0.019295	2.279622	2.279622
大名府	颍州府	1	0.056993	11.421930	6.865744
		2	0.038193	4.556183	4.556183
大名府	泗州	1	0.066567	11.810320	8.059684
		2	0.031548	3.750631	3.750631
遵化州	易州	1	0.053711	7.952844	7.011335
		2	0.007386	0.941510	0.941510
遵化州	冀州	1	0.125703	18.228070 *	17.060590 **
		2	0.009151	1.167474	1.167474
遵化州	赵州	1	0.07338	11.406350	9.678936
		2	0.013510	1.727414	1.727414
遵化州	深州	1	0.110761	16.528500	14.908430 *
		2	0.012675	1.620068	1.620068
遵化州	济南府	1	0.054585	8.102364	6.118289
		2	0.018038	1.984075	1.984075
遵化州	兖州府	1	0.033337	5.198573	3.695630
		2	0.013694	1.502944	1.502944

配组府州		K	λ	λ_{trace}	λ_{max}
遵化州	泰安府	1	0.075368	9.965003	8.541224
		2	0.012977	1.423779	1.423779
遵化州	武定府	1	0.044904	6.674704	5.007813
		2	0.015176	1.666891	1.666891
遵化州	沂州府	1	0.07552	10.462860	8.559089
		2	0.017314	1.903768	1.903768
遵化州	曹州府	1	0.044811	6.381357	4.997229
		2	0.012618	1.384127	1.384127
遵化州	东昌府	1	0.052833	8.584888	5.862228
		2	0.024895	2.722660	2.722660
遵化州	青州府	1	0.065245	8.221150	7.286846
		2	0.008614	0.934304	0.934304
遵化州	登州府	1	0.063262	8.061142	7.057929
		2	0.009246	1.003213	1.003213
遵化州	莱州府	1	0.057633	8.201877	6.410973
		2	0.016446	1.790904	1.790904
遵化州	济宁州	1	0.045105	5.637443	4.938449
		2	0.006511	0.698995	0.698995
遵化州	临清州	1	0.066588	9.089419	7.373257
		2	0.015911	1.716162	1.716162
遵化州	归德府	1	0.125041	14.083360	13.624970
		2	0.004484	0.458390	0.458390
遵化州	彰德府	1	0.234505	27.872680 [***]	27.257660 [***]
		2	0.006011	0.615018	0.615018
遵化州	卫辉府	1	0.127431	15.084920	14.176600 [*]
		2	0.008696	0.908315	0.908315
遵化州	怀庆府	1	0.162094	19.183920 [*]	18.392270 [**]
		2	0.007583	0.791646	0.791646

续表

配组府州		K	λ	λ$_{trace}$	λ$_{max}$
遵化州	河南府	1	0.106104	12.030830	11.665280
		2	0.003509	0.365546	0.365546
遵化州	汝宁府	1	0.199218	23.509110 **	23.105380 ***
		2	0.003874	0.403730	0.403730
遵化州	光州	1	0.098109	10.848400	10.739160
		2	0.001050	0.109243	0.109243
遵化州	汝州	1	0.25054	30.941860 ***	29.416980 ***
		2	0.014839	1.524888	1.524888
遵化州	淮安府	1	0.094237	10.945790	10.689550
		2	0.002370	0.256233	0.256233
遵化州	徐州府	1	0.147854	17.615410	17.279740 **
		2	0.003103	0.335673	0.335673
遵化州	凤阳府	1	0.092756	14.108630	11.389290
		2	0.022974	2.719340	2.719340
遵化州	颍州府	1	0.079225	11.912510	9.657091
		2	0.019092	2.255414	2.255414
遵化州	泗州	1	0.078171	13.390190	9.523221
		2	0.032511	3.866973	3.866973
易州	冀州	1	0.109124	19.332520 *	14.674800 *
		2	0.036011	4.657728	4.657728
易州	赵州	1	0.066472	13.042680	8.735556
		2	0.033346	4.307120	4.307120
易州	深州	1	0.074246	12.555360	9.797694
		2	0.021480	2.757663	2.757663
易州	济南府	1	0.062625	11.014760	7.049233
		2	0.035727	3.965528	3.965528
易州	兖州府	1	0.039333	7.964422	4.373886
		2	0.032404	3.590536	3.590536

续表

配组府州		K	λ	λ_trace	λ_max
易州	泰安府	1	0.042838	8.973073	4.772363
		2	0.037805	4.200710	4.200710
易州	武定府	1	0.057228	10.909770	6.423433
		2	0.040324	4.486340	4.486340
易州	沂州府	1	0.070297	11.799040	7.945070
		2	0.034740	3.853967	3.853967
易州	曹州府	1	0.064603	11.494130	7.279448
		2	0.037929	4.214684	4.214684
易州	东昌府	1	0.085837	16.070310	9.692566
		2	0.057343	6.377746	6.377746
易州	青州府	1	0.082984	11.953330	9.356054
		2	0.023762	2.597277	2.597277
易州	登州府	1	0.08686	12.804020	9.813582
		2	0.027309	2.990441	2.990441
易州	莱州府	1	0.064466	10.610460	7.196837
		2	0.031113	3.413627	3.413627
易州	济宁州	1	0.051052	10.101000	5.606919
		2	0.041131	4.494082	4.494082
易州	临清州	1	0.1019	14.929470	11.499690
		2	0.031546	3.429781	3.429781
易州	归德府	1	0.18537	22.733590 [**]	20.912140 [***]
		2	0.017699	1.821452	1.821452
易州	彰德府	1	0.199178	24.137710 [**]	22.655910 [***]
		2	0.014422	1.481801	1.481801
易州	卫辉府	1	0.134134	16.134490	14.978630 [*]
		2	0.011053	1.155863	1.155863
易州	怀庆府	1	0.18015	22.488720 [**]	20.657970 [***]
		2	0.017449	1.830757	1.830757

续表

配组府州		K	λ	λ_{trace}	λ_{max}
易州	河南府	1	0.127256	15.182020	14.155750 *
		2	0.009819	1.026271	1.026271
易州	汝宁府	1	0.265785	34.145870 ***	32.131140 ***
		2	0.019186	2.014736	2.014736
易州	光州	1	0.084247	10.392250	9.152898
		2	0.011846	1.239348	1.239348
易州	汝州	1	0.215978	27.913030 ***	24.818420 ***
		2	0.029884	3.094612	3.094612
易州	淮安府	1	0.10732	14.132460	12.260890
		2	0.017180	1.871563	1.871563
易州	徐州府	1	0.110255	13.118800	12.616560
		2	0.004640	0.502238	0.502238
易州	凤阳府	1	0.046489	9.842130	5.569708
		2	0.035858	4.272422	4.272422
易州	颖州府	1	0.06817	13.836610	8.260769
		2	0.046539	5.575839	5.575839
易州	泗州	1	0.078992	16.111910	9.627528
		2	0.053914	6.484387	6.484387
冀州	赵州	1	0.083771	12.208300	11.111150
		2	0.008602	1.097149	1.097149
冀州	深州	1	0.09315	14.053370	12.417860
		2	0.012795	1.635510	1.635510
冀州	济南府	1	0.092821	11.851700	10.618270
		2	0.011252	1.233429	1.233429
冀州	兖州府	1	0.113328	14.445380	13.110490
		2	0.012172	1.334892	1.334892
冀州	泰安府	1	0.080824	10.377570	9.186251
		2	0.010870	1.191322	1.191322

续表

配组府州		K	λ	λ_{trace}	λ_{max}
冀州	武定府	1	0.059269	7.577416	6.659690
		2	0.008384	0.917726	0.917726
冀州	沂州府	1	0.079945	10.584540	9.082124
		2	0.013689	1.502415	1.502415
冀州	曹州府	1	0.099919	13.871190	11.474440
		2	0.021749	2.396751	2.396751
冀州	东昌府	1	0.076247	10.020430	8.565587
		2	0.013380	1.454841	1.454841
冀州	青州府	1	0.071623	9.999316	8.026313
		2	0.018103	1.973004	1.973004
冀州	登州府	1	0.073354	8.676948	8.227844
		2	0.004150	0.449104	0.449104
冀州	莱州府	1	0.058005	8.877812	6.453626
		2	0.022196	2.424186	2.424186
冀州	济宁州	1	0.073398	9.842707	8.156701
		2	0.015634	1.686006	1.686006
冀州	临清州	1	0.07122	8.511974	7.905524
		2	0.005652	0.606450	0.606450
冀州	归德府	1	0.136037	16.158650	14.914930[*]
		2	0.012119	1.243723	1.243723
冀州	彰德府	1	0.265164	32.643990[***]	31.427060[***]
		2	0.011860	1.216923	1.216923
冀州	卫辉府	1	0.134469	15.807240	15.018840[*]
		2	0.007552	0.788407	0.788407
冀州	怀庆府	1	0.210004	25.294930[***]	24.515690[***]
		2	0.007465	0.779234	0.779234
冀州	河南府	1	0.083088	9.959671	9.021370
		2	0.008982	0.938300	0.938300

续表

配组府州		K	λ	λ$_{trace}$	λ$_{max}$
冀州	汝宁府	1	0.238885	29.714260 ***	28.388940 ***
		2	0.012663	1.325329	1.325329
冀州	光州	1	0.088072	10.226660	9.588169
		2	0.006121	0.638488	0.638488
冀州	汝州	1	0.236128	28.726760 ***	27.474170 ***
		2	0.012205	1.252592	1.252592
冀州	淮安府	1	0.106681	14.346620	12.183680
		2	0.019828	2.162945	2.162945
冀州	徐州府	1	0.076049	10.306140	8.542423
		2	0.016198	1.763720	1.763720
冀州	凤阳府	1	0.099694	14.950870	12.287410
		2	0.022507	2.663460	2.663460
冀州	颍州府	1	0.108414	15.293170	13.426210
		2	0.015830	1.866963	1.866963
冀州	泗州	1	0.085548	12.538670	10.463320
		2	0.017582	2.075349	2.075349
赵州	深州	1	0.055135	9.245035	7.202639
		2	0.015953	2.042396	2.042396
赵州	济南府	1	0.04303	6.313277	4.794191
		2	0.013840	1.519087	1.519087
赵州	兖州府	1	0.092082	12.737390	10.529580
		2	0.020051	2.207809	2.207809
赵州	泰安府	1	0.083062	11.006820	9.452010
		2	0.014163	1.554807	1.554807
赵州	武定府	1	0.03354	5.012140	3.718590
		2	0.011797	1.293550	1.293550
赵州	沂州府	1	0.069394	9.624542	7.839233
		2	0.016246	1.785309	1.785309

续表

配组府州		K	λ	λ_{trace}	λ_{max}
赵州	曹州府	1	0.040808	8.393944	4.541364
		2	0.034727	3.852580	3.852580
赵州	东昌府	1	0.039547	6.323855	4.357826
		2	0.018039	1.966029	1.966029
赵州	青州府	1	0.078502	9.542884	8.829543
		2	0.006583	0.713341	0.713341
赵州	登州府	1	0.071959	9.438514	8.065373
		2	0.012634	1.373141	1.373141
赵州	莱州府	1	0.057866	9.214131	6.437669
		2	0.025380	2.776462	2.776462
赵州	济宁州	1	0.057475	8.823837	6.333605
		2	0.023004	2.490232	2.490232
赵州	临清州	1	0.045627	5.560538	4.996944
		2	0.005253	0.563595	0.563595
赵州	归德府	1	0.120266	13.073850	13.069820
		2	0.000040	0.004030	0.004030
赵州	彰德府	1	0.210118	24.123830[**]	24.058930[***]
		2	0.000636	0.064897	0.064897
赵州	卫辉府	1	0.141434	16.156170	15.859180[**]
		2	0.002852	0.296991	0.296991
赵州	怀庆府	1	0.184171	21.172380[**]	21.169230[***]
		2	0.000030	0.003149	0.003149
赵州	河南府	1	0.084178	9.683536	9.145115
		2	0.005164	0.538421	0.538421
赵州	汝宁府	1	0.23441	28.044460[***]	27.779240[***]
		2	0.002547	0.265226	0.265226
赵州	光州	1	0.076802	8.393856	8.310833
		2	0.000798	0.083022	0.083022

续表

配组府州		K	λ	λ_{trace}	λ_{max}
赵州	汝州	1	0.23817	27.965220 ***	27.747200 ***
		2	0.002135	0.218018	0.218018
赵州	淮安府	1	0.093896	12.168820	10.648980
		2	0.013974	1.519838	1.519838
赵州	徐州府	1	0.037491	5.250801	4.126887
		2	0.010353	1.123914	1.123914
赵州	凤阳府	1	0.06092	9.107859	7.353985
		2	0.014879	1.753874	1.753874
赵州	颍州府	1	0.072247	11.792670	8.773741
		2	0.025473	3.018927	3.018927
赵州	泗州	1	0.064367	11.065900	7.784246
		2	0.027659	3.281652	3.281652
深州	济南府	1	0.043738	7.121307	4.874868
		2	0.020399	2.246439	2.246439
深州	兖州府	1	0.079238	11.346280	8.998341
		2	0.021310	2.347943	2.347943
深州	泰安府	1	0.069011	9.226829	7.794313
		2	0.013056	1.432516	1.432516
深州	武定府	1	0.041793	5.628353	4.653387
		2	0.008905	0.974966	0.974966
深州	沂州府	1	0.080658	13.846980	9.166523
		2	0.042031	4.680455	4.680455
深州	曹州府	1	0.05707	8.705413	6.405223
		2	0.020882	2.300190	2.300190
深州	东昌府	1	0.043975	5.780373	4.856932
		2	0.008514	0.923441	0.923441
深州	青州府	1	0.072681	12.137840	8.149461
		2	0.036256	3.988380	3.988380

续表

配组府州		K	λ	$λ_{trace}$	$λ_{max}$
深州	登州府	1	0.06726	8.262148	7.519909
		2	0.006849	0.742240	0.742240
深州	莱州府	1	0.057407	11.216120	6.385046
		2	0.043746	4.831074	4.831074
深州	济宁州	1	0.067937	10.274070	7.527937
		2	0.025338	2.746135	2.746135
深州	临清州	1	0.070039	7.968270	7.769580
		2	0.001855	0.198690	0.198690
深州	归德府	1	0.136171	15.760000	14.930810 [*]
		2	0.008096	0.829196	0.829196
深州	彰德府	1	0.208748	25.279070 [***]	23.882150 [***]
		2	0.013602	1.396925	1.396925
深州	卫辉府	1	0.112352	13.266650	12.394670
		2	0.008349	0.871980	0.871980
深州	怀庆府	1	0.144742	17.644250	16.260660 [**]
		2	0.013216	1.383591	1.383591
深州	河南府	1	0.112268	12.548130	12.384890
		2	0.001568	0.163249	0.163249
深州	汝宁府	1	0.227089	28.088100 [***]	26.789530 [***]
		2	0.012409	1.298568	1.298568
深州	光州	1	0.125739	15.341580	13.975110 [*]
		2	0.013053	1.366474	1.366474
深州	汝州	1	0.321448	42.912700 [***]	39.555070 [***]
		2	0.032382	3.357628	3.357628
深州	淮安府	1	0.094503	14.961040	10.721260
		2	0.038497	4.239775	4.239775
深州	徐州府	1	0.069621	11.488360	7.793607
		2	0.033632	3.694756	3.694756

续表

配组府州		K	λ	λ_{trace}	λ_{max}
深州	凤阳府	1	0.061821	12.419980	7.466259
		2	0.041456	4.953725	4.953725
深州	颖州府	1	0.079954	14.803050	9.749762
		2	0.042271	5.053289	5.053289
深州	泗州	1	0.066709	13.976220	8.077468
		2	0.049167	5.898756	5.898756
济南府	兖州府	1	0.08019	15.052130	11.702400
		2	0.023643	3.349724	3.349724
济南府	泰安府	1	0.042066	9.322309	6.016665
		2	0.023335	3.305644	3.305644
济南府	武定府	1	0.082471	14.072670	12.049910
		2	0.014344	2.022756	2.022756
济南府	沂州府	1	0.092256	19.562380 [*]	13.163900
		2	0.045958	6.398471	6.398471
济南府	曹州府	1	0.061033	13.431850	8.816550
		2	0.032429	4.615298	4.615298
济南府	东昌府	1	0.131788	23.916360 [**]	19.643360 [**]
		2	0.030273	4.273002	4.273002
济南府	青州府	1	0.058946	13.091850	8.444854
		2	0.032879	4.646999	4.646999
济南府	登州府	1	0.065418	10.968550	9.404100
		2	0.011192	1.564445	1.564445
济南府	莱州府	1	0.036668	9.357219	5.192625
		2	0.029517	4.164594	4.164594
济南府	济宁州	1	0.077799	15.894660	10.852990
		2	0.036925	5.041675	5.041675
济南府	临清州	1	0.076729	12.438000	11.016950
		2	0.010245	1.421056	1.421056

续表

配组府州		K	λ	λ_{trace}	λ_{max}
济南府	归德府	1	0.099134	12.754090	12.110250
		2	0.005535	0.643845	0.643845
济南府	彰德府	1	0.211616	30.736890 ***	27.581360 ***
		2	0.026836	3.155527	3.155527
济南府	卫辉府	1	0.084404	10.750210	10.228870
		2	0.004484	0.521340	0.521340
济南府	怀庆府	1	0.189651	26.953120 ***	24.393650 ***
		2	0.021823	2.559464	2.559464
济南府	河南府	1	0.051281	6.962871	6.106505
		2	0.007355	0.856366	0.856366
济南府	汝宁府	1	0.130197	18.017040 *	16.180650 **
		2	0.015706	1.836390	1.836390
济南府	光州	1	0.063035	9.847234	7.552738
		2	0.019586	2.294496	2.294496
济南府	汝州	1	0.098328	14.668830	12.006540
		2	0.022689	2.662296	2.662296
济南府	淮安府	1	0.119067	19.713950 *	15.339580 *
		2	0.035506	4.374368	4.374368
济南府	徐州府	1	0.057293	11.596060	7.138967
		2	0.036165	4.457097	4.457097
济南府	凤阳府	1	0.05548	9.316476	7.191895
		2	0.016720	2.124581	2.124581
济南府	颍州府	1	0.07944	12.630510	10.429460
		2	0.017317	2.201049	2.201049
济南府	泗州	1	0.068336	13.328040	8.918682
		2	0.034390	4.409358	4.409358
兖州府	泰安府	1	0.051894	10.625770	7.460407
		2	0.022356	3.165366	3.165366

续表

配组府州		K	λ	λ$_{trace}$	λ$_{max}$
兖州府	武定府	1	0.059571	10.714040	8.598643
		2	0.014996	2.115397	2.115397
兖州府	沂州府	1	0.06512	14.882040	9.157802
		2	0.041217	5.724239	5.724239
兖州府	曹州府	1	0.095681	18.131460 *	14.080250 *
		2	0.028523	4.051212	4.051212
兖州府	东昌府	1	0.072277	14.661520	10.428100
		2	0.029997	4.233418	4.233418
兖州府	青州府	1	0.144484	24.780240 ***	21.691030 ***
		2	0.021979	3.089209	3.089209
兖州府	登州府	1	0.073622	14.290800	10.629760
		2	0.025995	3.661048	3.661048
兖州府	莱州府	1	0.056752	12.485290	8.121166
		2	0.030909	4.364126	4.364126
兖州府	济宁州	1	0.113115	22.095730 **	16.085330 **
		2	0.043863	6.010399	6.010399
兖州府	临清州	1	0.041135	7.512788	5.796642
		2	0.012359	1.716146	1.716146
兖州府	归德府	1	0.108344	14.147490	13.302240
		2	0.007260	0.845248	0.845248
兖州府	彰德府	1	0.205744	29.398490 ***	26.720550 ***
		2	0.022821	2.677943	2.677943
兖州府	卫辉府	1	0.108471	14.333050	13.318860
		2	0.008705	1.014187	1.014187
兖州府	怀庆府	1	0.261284	37.761380 ***	35.129640 ***
		2	0.022432	2.631745	2.631745
兖州府	河南府	1	0.071523	9.299534	8.608373
		2	0.005941	0.691161	0.691161

续表

配组府州		K	λ	λ_trace	λ_max
兖州府	汝宁府	1	0.213906	29.201020 ***	27.918700 ***
		2	0.010994	1.282317	1.282317
兖州府	光州	1	0.061474	8.727954	7.359581
		2	0.011727	1.368374	1.368374
兖州府	汝州	1	0.110974	15.528020	13.644960
		2	0.016102	1.883062	1.883062
兖州府	淮安府	1	0.084435	14.315560	10.673880
		2	0.029648	3.641677	3.641677
兖州府	徐州府	1	0.050569	8.559444	6.278944
		2	0.018671	2.280500	2.280500
兖州府	凤阳府	1	0.063736	12.231450	8.298052
		2	0.030735	3.933396	3.933396
兖州府	颖州府	1	0.078452	13.381920	10.294280
		2	0.024207	3.087642	3.087642
兖州府	泗州	1	0.060663	13.099950	7.885254
		2	0.040542	5.214697	5.214697
泰安府	武定府	1	0.042858	7.619601	6.132510
		2	0.010566	1.487091	1.487091
泰安府	沂州府	1	0.059278	14.448630	8.310599
		2	0.044129	6.138028	6.138028
泰安府	曹州府	1	0.038785	9.680148	5.537957
		2	0.029154	4.142191	4.142191
泰安府	东昌府	1	0.053822	10.522710	7.690126
		2	0.020172	2.832579	2.832579
泰安府	青州府	1	0.039246	8.726114	5.565168
		2	0.022484	3.160947	3.160947
泰安府	登州府	1	0.04166	7.153081	5.914804
		2	0.008869	1.238277	1.238277

续表

配组府州		K	λ	λ_{trace}	λ_{max}
泰安府	莱州府	1	0.033709	7.728644	4.766401
		2	0.021086	2.962243	2.962243
泰安府	济宁州	1	0.076009	16.036840	10.593040
		2	0.039811	5.443797	5.443797
泰安府	临清州	1	0.050622	8.200816	7.168857
		2	0.007450	1.031959	1.031959
泰安府	归德府	1	0.112594	14.901340	13.856550 *
		2	0.008966	1.044789	1.044789
泰安府	彰德府	1	0.207462	29.559010 ***	26.971690 ***
		2	0.022058	2.587315	2.587315
泰安府	卫辉府	1	0.092018	11.700260	11.197550
		2	0.004324	0.502708	0.502708
泰安府	怀庆府	1	0.175997	24.243080 **	22.455450 ***
		2	0.015292	1.787632	1.787632
泰安府	河南府	1	0.050641	6.236550	6.028366
		2	0.001793	0.208184	0.208184
泰安府	汝宁府	1	0.154486	21.165100 **	19.466000 **
		2	0.014541	1.699107	1.699107
泰安府	光州	1	0.063932	8.687501	7.663738
		2	0.008787	1.023763	1.023763
泰安府	汝州	1	0.109313	15.453780	13.428370
		2	0.017309	2.025410	2.025410
泰安府	淮安府	1	0.073047	12.406830	9.178129
		2	0.026331	3.228705	3.228705
泰安府	徐州府	1	0.046953	8.637569	5.818973
		2	0.023025	2.818596	2.818596
泰安府	凤阳府	1	0.054046	9.015149	7.000712
		2	0.015860	2.014437	2.014437

续表

配组府州		K	λ	λ_{trace}	λ_{max}
泰安府	颍州府	1	0.079474	12.688370	10.434010
		2	0.017733	2.254361	2.254361
泰安府	泗州	1	0.059659	12.189480	7.750655
		2	0.034615	4.438827	4.438827
武定府	沂州府	1	0.112034	19.270720 *	16.159780 **
		2	0.022615	3.110935	3.110935
武定府	曹州府	1	0.076286	12.690930	11.109410
		2	0.011233	1.581518	1.581518
武定府	东昌府	1	0.153504	25.817620 ***	23.164310 ***
		2	0.018908	2.653309	2.653309
武定府	青州府	1	0.089614	14.438180	13.050200
		2	0.009936	1.387976	1.387976
武定府	登州府	1	0.090497	14.211980	13.185170
		2	0.007360	1.026813	1.026813
武定府	莱州府	1	0.049229	8.927889	7.017020
		2	0.013653	1.910869	1.910869
武定府	济宁州	1	0.082308	14.746040	11.509690
		2	0.023863	3.236350	3.236350
武定府	临清州	1	0.082078	14.589210	11.818660
		2	0.019876	2.770547	2.770547
武定府	归德府	1	0.131734	16.542020	16.385810 **
		2	0.001346	0.156211	0.156211
武定府	彰德府	1	0.202959	28.482420 ***	26.314570 ***
		2	0.018515	2.167844	2.167844
武定府	卫辉府	1	0.096337	11.905540	11.750670
		2	0.001334	0.154863	0.154863
武定府	怀庆府	1	0.216109	28.530110 ***	28.244340 ***
		2	0.002461	0.285770	0.285770

配组府州		K	λ	λ_{trace}	λ_{max}
武定府	河南府	1	0.061309	7.395992	7.339232
		2	0.000489	0.056760	0.056760
武定府	汝宁府	1	0.126332	15.882330	15.666300 *
		2	0.001861	0.216025	0.216025
武定府	光州	1	0.075038	9.500401	9.048251
		2	0.003890	0.452149	0.452149
武定府	汝州	1	0.090857	12.609810	11.049290
		2	0.013363	1.560520	1.560520
武定府	淮安府	1	0.105153	15.806670	13.443370
		2	0.019342	2.363299	2.363299
武定府	徐州府	1	0.07114	11.545060	8.929519
		2	0.021384	2.615543	2.615543
武定府	凤阳府	1	0.05016	7.313675	6.484166
		2	0.006562	0.829509	0.829509
武定府	颍州府	1	0.089494	12.869500	11.813080
		2	0.008349	1.056427	1.056427
武定府	泗州	1	0.077376	12.243060	10.147190
		2	0.016496	2.095875	2.095875
沂州府	曹州府	1	0.051601	12.340140	7.205333
		2	0.037052	5.134804	5.134804
沂州府	东昌府	1	0.092049	19.513880 *	13.036200
		2	0.046850	6.477686	6.477686
沂州府	青州府	1	0.081159	17.242360	11.426710
		2	0.042164	5.815655	5.815655
沂州府	登州府	1	0.159861	25.426810 ***	23.515450 ***
		2	0.014058	1.911364	1.911364
沂州府	莱州府	1	0.094299	17.030490	13.371220
		2	0.026742	3.659276	3.659276

续表

配组府州		K	λ	λ_{trace}	λ_{max}
沂州府	济宁州	1	0.083133	18.553520 *	11.630230
		2	0.050354	6.923289	6.923289
沂州府	临清州	1	0.10829	18.958050 *	15.358290 *
		2	0.026506	3.599754	3.599754
沂州府	归德府	1	0.121485	18.359420 *	14.506560 *
		2	0.033816	3.852857	3.852857
沂州府	彰德府	1	0.249014	36.887510 ***	32.073320 ***
		2	0.042073	4.814191	4.814191
沂州府	卫辉府	1	0.098658	17.731340	11.633520
		2	0.052989	6.097822	6.097822
沂州府	怀庆府	1	0.258429	38.978140 ***	33.486230 ***
		2	0.047852	5.491908	5.491908
沂州府	河南府	1	0.066467	13.784110	7.703290
		2	0.052845	6.080820	6.080820
沂州府	汝宁府	1	0.162096	24.617710 ***	19.807360 **
		2	0.042040	4.810349	4.810349
沂州府	光州	1	0.071621	12.808240	8.323309
		2	0.039253	4.484931	4.484931
沂州府	汝州	1	0.124524	20.604480 **	14.894570 *
		2	0.049704	5.709915	5.709915
沂州府	淮安府	1	0.098858	17.908320 *	12.282960
		2	0.046554	5.625362	5.625362
沂州府	徐州府	1	0.0589	12.910020	7.163239
		2	0.047535	5.746780	5.746780
沂州府	凤阳府	1	0.053418	8.881151	6.917121
		2	0.015467	1.964030	1.964030
沂州府	颖州府	1	0.077223	14.286830	10.126360
		2	0.032480	4.160466	4.160466

续表

配组府州		K	λ	λ_{trace}	λ_{max}
沂州府	泗州	1	0.076621	14.715270	10.044170
		2	0.036393	4.671103	4.671103
曹州府	东昌府	1	0.051862	13.472950	7.402494
		2	0.042732	6.070452	6.070452
曹州府	青州府	1	0.051895	11.693370	7.407275
		2	0.030365	4.286096	4.286096
曹州府	登州府	1	0.055181	8.964052	7.889964
		2	0.007697	1.074088	1.074088
曹州府	莱州府	1	0.042255	9.272695	6.001148
		2	0.023261	3.271547	3.271547
曹州府	济宁州	1	0.072277	15.581090	10.052910
		2	0.040416	5.528178	5.528178
曹州府	临清州	1	0.057722	8.965480	8.204785
		2	0.005497	0.760696	0.760696
曹州府	归德府	1	0.109871	15.188540	13.501080
		2	0.014442	1.687461	1.687461
曹州府	彰德府	1	0.183132	28.370850 ***	0.183132
		2	0.041417	4.906656	0.041417
曹州府	卫辉府	1	0.096872	13.452410	11.819410
		2	0.013979	1.633002	1.633002
曹州府	怀庆府	1	0.226988	34.380310 ***	29.865440 ***
		2	0.038174	4.514874	4.514874
曹州府	河南府	1	0.067044	9.820714	8.050124
		2	0.015148	1.770590	1.770590
曹州府	汝宁府	1	0.208535	30.963630 ***	27.128820 ***
		2	0.032518	3.834818	3.834818
曹州府	光州	1	0.066052	11.222950	7.926778
		2	0.028015	3.296167	3.296167

续表

配组府州		K	λ	λ_{trace}	λ_{max}
曹州府	汝州	1	0.143804	20.968850 **	18.009750 **
		2	0.025187	2.959104	2.959104
曹州府	淮安府	1	0.087342	16.636920	11.058620
		2	0.045055	5.578299	5.578299
曹州府	徐州府	1	0.085888	12.563560	10.866030
		2	0.013931	1.697531	1.697531
曹州府	凤阳府	1	0.04903	11.199730	6.334337
		2	0.037878	4.865389	4.865389
曹州府	颍州府	1	0.071362	13.868460	9.328576
		2	0.035389	4.539888	4.539888
曹州府	泗州	1	0.055571	12.625120	7.203964
		2	0.042113	5.421157	5.421157
东昌府	青州府	1	0.073681	15.727640	10.638630
		2	0.035950	5.089012	5.089012
东昌府	登州府	1	0.120474	19.031530 *	17.843760 **
		2	0.008509	1.187770	1.187770
东昌府	莱州府	1	0.063294	12.471560	9.088694
		2	0.024043	3.382862	3.382862
东昌府	济宁州	1	0.075163	15.763070	10.470510
		2	0.038727	5.292558	5.292558
东昌府	临清州	1	0.141056	21.613550 **	20.983100 ***
		2	0.004558	0.630449	0.630449
东昌府	归德府	1	0.103081	13.769400	12.510840
		2	0.010884	1.258551	1.258551
东昌府	彰德府	1	0.193586	27.147790 ***	24.743230 ***
		2	0.020692	2.404561	2.404561
东昌府	卫辉府	1	0.082731	9.979895	9.930790
		2	0.000427	0.049106	0.049106

续表

配组府州		K	λ	λ_trace	λ_max
东昌府	怀庆府	1	0.156743	20.573970 **	19.605580 **
		2	0.008385	0.968381	0.968381
东昌府	河南府	1	0.049492	5.847602	5.837209
		2	0.000090	0.010393	0.010393
东昌府	汝宁府	1	0.144421	18.283180 *	17.937280 **
		2	0.003003	0.345894	0.345894
东昌府	光州	1	0.066058	8.922950	7.859189
		2	0.009207	1.063761	1.063761
东昌府	汝州	1	0.071144	11.918510	8.487165
		2	0.029397	3.431346	3.431346
东昌府	淮安府	1	0.088899	15.460550	11.172170
		2	0.035105	4.288381	4.288381
东昌府	徐州府	1	0.042278	8.527299	5.183736
		2	0.027478	3.343563	3.343563
东昌府	凤阳府	1	0.044359	7.744398	5.671625
		2	0.016445	2.072774	2.072774
东昌府	颍州府	1	0.069823	10.535580	9.047566
		2	0.011834	1.488013	1.488013
东昌府	泗州	1	0.057418	12.338160	7.391514
		2	0.038800	4.946649	4.946649
青州府	登州府	1	0.119821	19.060160 *	17.740510 **
		2	0.009449	1.319645	1.319645
青州府	莱州府	1	0.076472	14.932690	11.058090
		2	0.027490	3.874602	3.874602
青州府	济宁州	1	0.109566	22.737470 **	15.550270 *
		2	0.052223	7.187195	7.187195
青州府	临清州	1	0.070157	10.833730	10.038040
		2	0.005749	0.795693	0.795693

续表

配组府州		K	λ	λ~trace~	λ~max~
青州府	归德府	1	0.11793	16.434540	14.430710 *
		2	0.017274	2.003833	2.003833
青州府	彰德府	1	0.240427	36.521540 ***	31.624800 ***
		2	0.041687	4.896739	4.896739
青州府	卫辉府	1	0.103069	16.398980	12.509220
		2	0.033258	3.889761	3.889761
青州府	怀庆府	1	0.280286	42.939520 ***	37.823670 ***
		2	0.043511	5.115841	5.115841
青州府	河南府	1	0.061918	10.900470	7.350579
		2	0.030397	3.549892	3.549892
青州府	汝宁府	1	0.145699	22.412210 **	18.109190 **
		2	0.036726	4.303028	4.303028
青州府	光州	1	0.068903	11.903540	8.209999
		2	0.031607	3.693539	3.693539
青州府	汝州	1	0.131388	19.698620 *	16.198750 **
		2	0.029975	3.499868	3.499868
青州府	淮安府	1	0.113827	17.788200	14.501220 *
		2	0.027020	3.286982	3.286982
青州府	徐州府	1	0.062426	10.450660	7.735194
		2	0.022375	2.715462	2.715462
青州府	凤阳府	1	0.057687	9.347796	7.427236
		2	0.015247	1.920560	1.920560
青州府	颍州府	1	0.085865	14.636560	11.222150
		2	0.026946	3.414413	3.414413
青州府	泗州	1	0.0717	14.664900	9.299997
		2	0.042011	5.364905	5.364905
登州府	莱州府	1	0.098043	15.010740	14.343120 *
		2	0.004792	0.667627	0.667627

续表

配组府州		K	λ	λ_{trace}	λ_{max}
登州府	济宁州	1	0.072516	12.007820	10.087530
		2	0.014228	1.920296	1.920296
登州府	临清州	1	0.094844	14.780210	13.751420 *
		2	0.007427	1.028793	1.028793
登州府	归德府	1	0.121764	15.923490	14.931550 *
		2	0.008588	0.991941	0.991941
登州府	彰德府	1	0.227091	31.439250 ***	29.623270 ***
		2	0.015667	1.815978	1.815978
登州府	卫辉府	1	0.128175	17.166070	15.774140 **
		2	0.012031	1.391937	1.391937
登州府	怀庆府	1	0.293176	41.643770 ***	39.902030 ***
		2	0.015031	1.741736	1.741736
登州府	河南府	1	0.06574	9.490112	7.820052
		2	0.014417	1.670061	1.670061
登州府	汝宁府	1	28.11447	19.751700 *	17.862310 **
		2	6.344814	1.889386	1.889386
登州府	光州	1	0.069159	9.627042	8.241622
		2	0.011975	1.385419	1.385419
登州府	汝州	1	0.117905	16.504410	14.427340 *
		2	0.017899	2.077070	2.077070
登州府	淮安府	1	0.085527	11.327330	10.728910
		2	0.004974	0.598421	0.598421
登州府	徐州府	1	0.077508	11.123980	9.681199
		2	0.011951	1.442782	1.442782
登州府	凤阳府	1	0.070707	9.626279	9.166344
		2	0.003673	0.459934	0.459934
登州府	颖州府	1	0.105981	15.062110	14.003530 *
		2	0.008433	1.058582	1.058582

续表

配组府州		K	λ	λ_{trace}	λ_{max}
登州府	泗州	1	0.093479	13.862900	12.267660
		2	0.012681	1.595242	1.595242
莱州府	济宁州	1	0.068329	14.770490	9.483973
		2	0.038684	5.286513	5.286513
莱州府	临清州	1	0.046265	8.818469	6.536929
		2	0.016397	2.281540	2.281540
莱州府	归德府	1	0.113259	16.456930	13.823290 [*]
		2	0.022641	2.633632	2.633632
莱州府	彰德府	1	0.203468	29.356900 [***]	26.161160 [***]
		2	0.027406	3.195735	3.195735
莱州府	卫辉府	1	0.120082	18.013300 [*]	14.711500 [*]
		2	0.028303	3.301799	3.301799
莱州府	怀庆府	1	0.239647	35.015700 [***]	31.506820 [***]
		2	0.030051	3.508878	3.508878
莱州府	河南府	1	0.065922	11.340150	7.842514
		2	0.029956	3.497631	3.497631
莱州府	汝宁府	1	0.146289	20.987890 [**]	18.188740 [**]
		2	0.024047	2.799148	2.799148
莱州府	光州	1	0.069613	12.096230	8.297806
		2	0.032490	3.798423	3.798423
莱州府	汝州	1	0.098859	15.802730	11.970730
		2	0.032773	3.832001	3.832001
莱州府	淮安府	1	0.073994	11.642720	9.224888
		2	0.019947	2.417832	2.417832
莱州府	徐州府	1	0.040644	8.120961	4.979197
		2	0.025842	3.141764	3.141764
莱州府	凤阳府	1	0.050437	7.762400	6.469179
		2	0.010292	1.293221	1.293221

续表

配组府州		K	λ	λ$_{trace}$	λ$_{max}$
莱州府	颍州府	1	0.084075	13.557430	10.977620
		2	0.020427	2.579812	2.579812
莱州府	泗州	1	0.083289	14.662900	10.870400
		2	0.029884	3.792494	3.792494
济宁州	临清州	1	0.078448	12.560730	10.947330
		2	0.011968	1.613398	1.613398
济宁州	归德府	1	0.123686	17.559760	14.523360 *
		2	0.027226	3.036397	3.036397
济宁州	彰德府	1	0.192508	31.645730 ***	23.520460 ***
		2	0.071204	8.125263 *	8.125263 *
济宁州	卫辉府	1	0.095423	16.694870	11.031690
		2	0.050181	5.663178	5.663178
济宁州	怀庆府	1	0.238447	38.330190 ***	29.963510 ***
		2	0.073240	8.366681 *	8.366681 *
济宁州	河南府	1	0.065229	11.519270	7.419868
		2	0.036581	4.099402	4.099402
济宁州	汝宁府	1	0.201851	30.852820 ***	24.800540 ***
		2	0.053534	6.052282	6.052282
济宁州	光州	1	0.090719	13.721190	10.461080
		2	0.029203	3.260116	3.260116
济宁州	汝州	1	0.172463	24.776650 ***	20.823100 ***
		2	0.035303	3.953550	3.953550
济宁州	淮安府	1	0.098813	17.133080	12.068980
		2	0.042717	5.064101	5.064101
济宁州	徐州府	1	0.096367	14.696470	11.754500
		2	0.025043	2.941971	2.941971
济宁州	凤阳府	1	0.080612	15.234750	10.421850
		2	0.038070	4.812900	4.812900

续表

配组府州		K	λ	λ_{trace}	λ_{max}
济宁州	颍州府	1	0.078127	14.501200	10.087090
		2	0.034972	4.414111	4.414111
济宁州	泗州	1	0.058291	13.631400	7.447351
		2	0.048648	6.184048	6.184048
临清州	归德府	1	0.12809	15.865370	15.625850 *
		2	0.002099	0.239517	0.239517
临清州	彰德府	1	0.208327	27.198650 ***	26.631110 ***
		2	0.004966	0.567538	0.567538
临清州	卫辉府	1	0.089019	10.881010	10.628640
		2	0.002211	0.252369	0.252369
临清州	怀庆府	1	0.173718	21.814460 **	21.753390 ***
		2	0.000536	0.061070	0.061070
临清州	河南府	1	0.057148	7.332767	6.708433
		2	0.005462	0.624334	0.624334
临清州	汝宁府	1	0.128983	15.777060	15.742630 **
		2	0.000302	0.034431	0.034431
临清州	光州	1	0.040225	4.880061	4.680425
		2	0.001750	0.199637	0.199637
临清州	汝州	1	0.074258	10.696710	8.796242
		2	0.016533	1.900470	1.900470
临清州	淮安府	1	0.103304	15.835750	12.975540
		2	0.023749	2.860209	2.860209
临清州	徐州府	1	0.061534	9.757900	7.557589
		2	0.018320	2.200311	2.200311
临清州	凤阳府	1	0.103246	14.623410	13.512720
		2	0.008917	1.110686	1.110686
临清州	颍州府	1	0.092712	12.938730	12.064660
		2	0.007024	0.874072	0.874072

续表

配组府州		K	λ	λ_{trace}	λ_{max}
临清州	泗州	1	0.099541	15.868750	13.001510
		2	0.022858	2.867249	2.867249
归德府	彰德府	1	0.213985	33.106990 ***	32.264440 ***
		2	0.006268	0.842552	0.842552
归德府	卫辉府	1	0.206921	39.582120 ***	31.065620 ***
		2	0.061578	8.516493 *	8.516493 *
归德府	怀庆府	1	0.142364	23.379770 **	20.579100 ***
		2	0.020684	2.800672	2.800672
归德府	河南府	1	0.115817	23.202570 **	16.494230 **
		2	0.048830	6.708341	6.708341
归德府	汝宁府	1	0.185246	27.928670 ***	27.452380 ***
		2	0.003548	0.476288	0.476288
归德府	光州	1	0.181319	32.778990 ***	26.808210 ***
		2	0.043580	5.970778	5.970778
归德府	汝州	1	0.190622	32.025060 ***	28.339600 ***
		2	0.027129	3.685464	3.685464
归德府	淮安府	1	0.175527	30.025840 ***	23.161270 ***
		2	0.055599	6.864568	6.864568
归德府	徐州府	1	0.16591	28.114470 ***	21.769650 ***
		2	0.051500	6.344814	6.344814
归德府	凤阳府	1	0.102551	13.447550	11.793660
		2	0.015059	1.653895	1.653895
归德府	颍州府	1	0.122039	15.813260	14.186650 *
		2	0.014812	1.626611	1.626611
归德府	泗州	1	0.107341	15.234850	12.377050
		2	0.025878	2.857806	2.857806
彰德府	卫辉府	1	0.269959	47.165840 ***	42.163750 ***
		2	0.036641	5.002091	5.002091

续表

配组府州		K	λ	λ_{trace}	λ_{max}
彰德府	怀庆府	1	0.117791	18.387020 *	16.793670 **
		2	0.011820	1.593350	1.593350
彰德府	河南府	1	0.040175	5.852524	5.494538
		2	0.002668	0.357986	0.357986
彰德府	汝宁府	1	0.036448	6.299405	4.975291
		2	0.009833	1.324114	1.324114
彰德府	光州	1	0.150449	23.625230 **	21.848350 ***
		2	0.013173	1.776878	1.776878
彰德府	汝州	1	0.077264	12.906740	10.775180
		2	0.015781	2.131557	2.131557
彰德府	淮安府	1	0.137581	21.229320 **	17.761660 **
		2	0.028484	3.467662	3.467662
彰德府	徐州府	1	0.098211	14.130950	12.404900
		2	0.014281	1.726047	1.726047
彰德府	凤阳府	1	0.212105	26.385270 ***	25.984540 ***
		2	0.003670	0.400732	0.400732
彰德府	颍州府	1	0.250749	33.806130 ***	31.466300 ***
		2	0.021238	2.339837	2.339837
彰德府	泗州	1	0.229154	32.715490 ***	28.369030 ***
		2	0.039091	4.346458	4.346458
卫辉府	怀庆府	1	0.400311	79.603840 ***	70.054220 ***
		2	0.067331	9.549625 **	9.549625 **
卫辉府	河南府	1	0.073525	15.074640	10.462500
		2	0.033105	4.612144	4.612144
卫辉府	汝宁府	1	0.125538	23.185490 **	18.378100 **
		2	0.034482	4.807387	4.807387
卫辉府	光州	1	0.114524	19.422910 *	16.663330 **
		2	0.019941	2.759578	2.759578

续表

配组府州		K	λ	λ_{trace}	λ_{max}
卫辉府	汝州	1	0.092459	17.713120	13.000230
		2	0.034560	4.712893	4.712893
卫辉府	淮安府	1	0.209046	29.155910 ***	28.845460 ***
		2	0.002521	0.310455	0.310455
卫辉府	徐州府	1	0.19094	26.084090 ***	26.061450 ***
		2	0.000184	0.022643	0.022643
卫辉府	凤阳府	1	0.07982	9.641234	9.233671
		2	0.003665	0.407563	0.407563
卫辉府	颍州府	1	0.068891	12.261550	7.923041
		2	0.038332	4.338504	4.338504
卫辉府	泗州	1	0.088775	15.119420	10.319200
		2	0.042323	4.800215	4.800215
怀庆府	河南府	1	0.03802	7.600943	5.310356
		2	0.016581	2.290588	2.290588
怀庆府	汝宁府	1	0.129387	20.328880 **	18.982400 **
		2	0.009780	1.346477	1.346477
怀庆府	光州	1	0.103225	18.354840 *	14.926210 *
		2	0.024716	3.428631	3.428631
怀庆府	汝州	1	0.096229	15.321500	13.558030
		2	0.013074	1.763476	1.763476
怀庆府	淮安府	1	0.256177	36.727890 ***	36.402140 ***
		2	0.002645	0.325744	0.325744
怀庆府	徐州府	1	0.215256	30.063030 ***	29.814940 ***
		2	0.002015	0.248097	0.248097
怀庆府	凤阳府	1	0.139813	17.140560	16.717220 **
		2	0.003807	0.423340	0.423340
怀庆府	颍州府	1	0.166334	22.603590 **	20.193420 **
		2	0.021479	2.410171	2.410171

续表

配组府州		K	λ	λ_{trace}	λ_{max}
怀庆府	泗州	1	0.151001	23.121890 **	18.170450 **
		2	0.043627	4.951436	4.951436
河南府	汝宁府	1	0.103809	16.924270	15.015480 *
		2	0.013836	1.908789	1.908789
河南府	光州	1	0.120585	22.549330 **	17.604340 **
		2	0.035451	4.944993	4.944993
河南府	汝州	1	0.138457	21.570100 **	19.970140 **
		2	0.011869	1.599967	1.599967
河南府	淮安府	1	0.140461	18.983880 *	18.617180 **
		2	0.002977	0.366700	0.366700
河南府	徐州府	1	0.065841	8.512630	8.377328
		2	0.001099	0.135303	0.135303
河南府	凤阳府	1	0.07457	9.154215	8.602164
		2	0.004961	0.552051	0.552051
河南府	颍州府	1	0.124666	16.242370	14.779660 *
		2	0.013091	1.462710	1.462710
河南府	泗州	1	0.078355	11.373240	9.057053
		2	0.020650	2.316184	2.316184
汝宁府	光州	1	0.241095	38.735850 ***	37.795380 ***
		2	0.006841	0.940473	0.940473
汝宁府	汝州	1	0.066561	10.716540	9.229918
		2	0.011033	1.486624	1.486624
汝宁府	淮安府	1	0.092307	15.166820	11.912480
		2	0.026111	3.254344	3.254344
汝宁府	徐州府	1	0.057585	10.490530	7.295099
		2	0.025645	3.195429	3.195429
汝宁府	凤阳府	1	0.226123	30.307190 ***	28.454010 ***
		2	0.016557	1.853183	1.853183

续表

配组府州		K	λ	λ_{trace}	λ_{max}
汝宁府	颍州府	1	0.223933	29.262090 ***	28.140290 ***
		2	0.010055	1.121804	1.121804
汝宁府	泗州	1	0.202512	27.002910 ***	25.117970 ***
		2	0.016838	1.884940	1.884940
光州	汝州	1	0.20465	39.617540 ***	30.682330 ***
		2	0.064506	8.935208 *	8.935208 *
光州	淮安府	1	0.07812	16.765050	10.004890
		2	0.053478	6.760158	6.760158
光州	徐州府	1	0.054872	11.037070	6.941545
		2	0.032749	4.095520	4.095520
光州	凤阳府	1	0.061031	7.929135	6.989926
		2	0.008426	0.939209	0.939209
光州	颍州府	1	0.066507	9.707081	7.639272
		2	0.018456	2.067808	2.067808
光州	泗州	1	0.057198	9.307250	6.537742
		2	0.024642	2.769509	2.769509
汝州	淮安府	1	0.095861	14.008980	12.092710
		2	0.015842	1.916272	1.916272
汝州	徐州府	1	0.066833	9.567402	8.300523
		2	0.010502	1.266879	1.266879
汝州	凤阳府	1	0.112564	14.760410	13.016700
		2	0.015870	1.743708	1.743708
汝州	颍州府	1	0.137865	17.694070	16.169480 **
		2	0.013890	1.524587	1.524587
汝州	泗州	1	0.114889	15.817000	13.302620
		2	0.022804	2.514377	2.514377
淮安府	徐州府	1	0.073306	15.697160	10.886780
		2	0.033080	4.810378	4.810378

续表

配组府州		K	λ	λ_{trace}	λ_{max}
淮安府	凤阳府	1	0.094098	11.623040	11.463540
		2	0.001374	0.159503	0.159503
淮安府	颍州府	1	0.083682	13.970570	10.137420
		2	0.032504	3.833147	3.833147
淮安府	泗州	1	0.114971	17.846750	14.167600[*]
		2	0.031219	3.679157	3.679157
徐州府	凤阳府	1	0.122882	16.052300	15.209150[*]
		2	0.007242	0.843154	0.843154
徐州府	颍州府	1	0.124754	18.831290[*]	15.457040[*]
		2	0.028669	3.374248	3.374248
徐州府	泗州	1	0.224162	32.472520[***]	29.442180[***]
		2	0.025785	3.030340	3.030340
凤阳府	颍州府	1	0.082257	14.685770	11.588110
		2	0.022684	3.097661	3.097661
凤阳府	泗州	1	0.069227	11.243600	9.684855
		2	0.011480	1.558746	1.558746
颍州府	泗州	1	0.065485	14.990010	9.143292
		2	0.042385	5.846715	5.846715

参 考 文 献

一、古籍类

[1]（北魏）魏收：《魏书》，中华书局 1974 年版。

[2]（北魏）郦道元：《水经注》，《文渊阁四库全书》本。

[3]（汉）班固：《汉书》，中华书局 1962 年版。

[4]（汉）孔安国传，（唐）孔颖达正义，黄怀信整理：《尚书正义》，上海古籍出版社 2008 年版。

[5]（汉）刘向：《战国策》，齐鲁书社 2005 年版。

[6]（汉）毛亨传，（汉）郑玄笺，（唐）孔颖达疏，（唐）陆德明音释：《毛诗注疏》，上海古籍出版社 2013 年版。

[7]（汉）司马迁：《史记》，中华书局 1959 年版。

[8]（金）蔡松年：《水龙吟词序》，《金文最》，中华书局 1990 年版。

[9]（金）元好问：《遗山集》，《文渊阁四库全书》本。

[10]（金）赵秉文：《滏水集》，《文渊阁四库全书》本。

[11]（晋）陈寿：《三国志》，中华书局 1982 年版。

[12]（明）顾炎武：《天下郡国利病书》，《续修四库全书》本。

[13]（明）宋濂：《元史》，中华书局 1976 年版。

[14]（明）宋应星：《天工开物》，岳麓书社 2002 年版。

[15]（明）孙承泽：《天府广记》，北京古籍出版社 1982 年版。

[16]（明）徐光启：《农政全书》，岳麓书社 2002 年版。

[17]（明）徐宏祖：《徐霞客游记》，商务印书馆 1933 年版。

[18]（南朝宋）范晔：《后汉书》，中华书局 1965 年版。

[19]（南朝梁）沈约:《宋书》,中华书局 1974 年版。

[20]（清）方承观:《赈纪》,北京出版社 2000 年版。

[21]（清）黄可润:《畿辅见闻录》,1754 年刻本。

[22]（清）林则徐:《畿辅水利议》,光绪三年三山林氏刻本。

[23]（清）刘锦藻:《清朝续文献通考》,商务印书馆 1955 年版。

[24]（清）陆耀:《甘薯录》,载《赐砚堂丛书》,乾隆四十一年刻本。

[25]（清）孙诒让:《周礼正义》,中华书局 1987 年版。

[26]（清）徐松辑:《宋会要辑稿》,上海古籍出版社 2014 年版。

[27]（清）尹会一:《尹少宰奏议》,清光绪五年刻本。

[28]（清）张廷玉:《明史》,中华书局 1974 年版。

[29]（清）郑达:《野史无文》,中华书局 1960 年版。

[30]（三国魏）卢毓:《冀州论》中华书局 1958 年版。

[31]（宋）范仲淹:《范文正集》,《文渊阁四库全书》本。

[32]（宋）梅尧臣:《梅尧臣集编年校注·下》,上海古籍出版社 2006 年版。

[33]（宋）欧阳修:《欧阳修全集·奏议》,中华书局 2001 年版。

[34]（宋）秦观:《淮海集》,《文渊阁四库全书》本。

[35]（宋）司马光:《资治通鉴》,中华书局 1956 年版。

[36]（宋）苏轼:《东坡后集》,《文渊阁四库全书》本。

[37]（宋）王安石:《临川文集》,《文渊阁四库全书》本。

[38]（宋）王钦若等:《册府元龟》,中华书局 1960 年版。

[39]（宋）周密:《癸辛杂识别集上·汴梁杂事》,中华书局 1988 年版。

[40]（唐）房玄龄等:《晋书》,中华书局 1974 年版。

[41]《全唐诗》,中华书局 1985 年版。

[42]（唐）李吉甫:《元和郡县图志》,中华书局 1983 年版。

[43]（唐）徐坚等:《初学记》,中华书局 1962 年版。

[44]（五代）刘昫:《旧唐书》,中华书局 1975 年版。

[45]（元）脱脱等:《金史》,中华书局 1975 年版。

[46]（元）脱脱等:《宋史》,中华书局 1975 年版。

[47]（元）王恽:《秋涧集》,吉林出版社 2005 年版。

[48]（元）王桢：《农书》，农业出版社 1981 年版。

[49]（元）于钦：《齐乘校释》，中华书局 2018 年版。

[50]《清实录》，中华书局 1985 年版。

[51]《全唐诗》，中华书局 1960 年版。

[52]《阮刻春秋左传注疏》，浙江大学出版社 2015 年版。

[53] 高亨注：《诗经》，上海古籍出版社 2009 年版。

[54] 光绪《钦定大清会典事例》。

[55] 乾隆《钦定大清会典》。

[56] 同治十三年《钦定户部则例》。

[57] 中国第一历史档案馆：《乾隆朝上谕档》，广西师范大学出版社 2008 年版。

二、方志类

[1] 嘉靖六年《章丘县志》。

[2] 嘉靖十二年《山东通志》。

[3] 嘉靖二十六年《宁海州志》。

[4] 嘉靖三十三年《南阳府志》。

[5] 嘉靖三十四年《河南通志》。

[6] 嘉靖三十五年《光山县志》。

[7] 嘉靖《青州府志》。

[8] 嘉靖《邓州志》。

[9] 万历二十四年《兖州府志》。

[10] 万历《福山县志》。

[11] 万历《安邱县志》。

[12] 顺治十七年《招远县志》。

[13] 康熙十二年《唐山县志》。

[14] 康熙十六年《清苑县志》。

[15] 康熙十七年《香河县志》。

[16] 乾隆四年《武安县志》。

[17] 乾隆十二年《陈州府志》。

[18] 乾隆《河南通志》。

[19] 乾隆七年《徐州府志》。

[20] 乾隆八年《宣化府志》。

[21] 乾隆三十年《济阳县志》。

[22] 乾隆二十二年《无极县志》。

[23] 乾隆二十七年《正定府志》。

[24] 乾隆二十一年《济阳县志》。

[25] 嘉庆四年《涉县志》。

[26] 道光五年《河内县志》。

[27] 道光十一年《承德府志》。

[28] 道光二十年《荣成县志》。

[29] 道光二十五年《胶州志》。

[30] 道光《辉县志》。

[31] 咸丰元年《宁阳县志》。

[32] 同治十二年《清苑县志》。

[33] 同治十三年《临邑县志》。

[34] 光绪十九年《扶沟县志》。

[35] 光绪三年《乐亭县志》。

[36] 光绪五年《永平府志》。

[37] 光绪十二年《保定府志》。

[38] 光绪十二年《遵化通志》。

[39] 光绪十二年《巨鹿县志》。

[40] 光绪十六年《沾化县志》。

[41] 光绪十九年《广平府志》。

[42] 光绪二十二年《鹿邑县志》。

[43] 光绪二十二年《容城县志》。

[44] 光绪二十五年《重修天津府志》。

[45] 光绪三十一年《束鹿县志》。

[46] 光绪十二年《遵化通志》。

[47] 光绪三十一年《邢台县志》。

［48］民国八年《隆化县志》。

［49］民国二十三年《完县新志》。

［50］民国二十四年《晋县志料》。

［51］民国三十年《磁县县志》。

三、论文类

［1］［日］安部健夫：《粮食供需研究——视为〈雍正史〉的一章》，《东洋史研究》1957 年第 4 期。

［2］［日］岸本美绪：《评林满红〈世界经济与近代中国农业——清人汪辉祖一段乾隆粮价记述之解析〉一文》，《"中央研究院"近代史研究所集刊》1997 年第 28 期。

［3］［日］岸本美绪：《清代前期江南的米价动向》，《史学杂志》（日本东京大学）1978 年第 9 期。

［4］［日］岸本美绪：《清代前期江南的物价动向》，《东洋史研究》1979 年第 4 期。

［5］［日］松田吉郎：《广东广州府之米价动向与粮食供需调整》，《中国史研究》1984 年第 8 期。

［6］［日］田仲一成：《关于清代浙东宗族组织形态中宗祠戏剧的功能》，《东洋史研究》1986 年第 6 期。

［7］［日］则松彰文：《雍正时期的粮食流通与米价变动》，《九州大学东洋史论集》1985 年。

［8］［日］重田德：《清初湖南米价市场一考察》，《东洋文化研究所纪要》1956 年第 10 卷。

［9］曹福铉：《宋代米价变动的原因》，《中国社会经济史研究》2008 年第 3 期。

［10］曹建廷、王苏民、沈吉、张振克：《近千年来内蒙古岱海气候环境演变的湖泊沉积记录》，《地理科学》2000 年第 5 期。

［11］曹树基、刘仁团：《清代前期"丁"的实质》，《中国史研究》2000 年第 4 期。

［12］曹树基：《清代北方城市人口研究——兼与施坚雅商榷》，《中国人口科学》2001 年第 4 期。

[13] 曾馨仪：《十八世纪清代粮价之统计分析——长江流域》，台湾中正大学 2002 年硕士学位论文。

[14] 曾早早、方修琦、叶瑜、张学珍、萧凌波：《中国近 300 年来 3 次大旱灾的灾情及原因比较》，《灾害学》2009 年第 2 期。

[15] 常建华：《乾隆早期廷议粮价腾贵问题探略》，《南开学报》（哲学社会科学版）1991 年第 6 期。

[16] 陈春声：《清代中叶岭南区域市场的整合：米价动态的数理分析》，《中国经济史研究》1993 年第 2 期。

[17] 陈东有：《康熙朝米价中的商人行为》，《中国社会经济史研究》1995 年第 3 期。

[18] 陈家其：《从太湖流域旱涝史料看历史气候信息处理》，《地理学报》1987 年第 3 期。

[19] 陈家其：《明清时期气候变化对太湖流域农业经济的影响》，《中国农史》1991 年第 3 期。

[20] 陈家其：《南宋以来太湖流域大涝大旱及近期趋势估计》，《地理研究》1987 年第 1 期。

[21] 陈金陵：《清朝的粮价奏报与其盛衰》，《中国社会经济史研究》1985 年第 3 期。

[22] 陈良佐：《从春秋到两汉我国古代的气候变迁：兼论〈管子·轻重〉著作的年代》，《新史学》1991 年第 1 期。

[23] 陈仁义、王业键、胡翠华：《十八世纪苏州米价的时间数列分析》，《经济论文丛刊》1999 年第 3 期。

[24] 陈仁义、王业键、周昭宏：《十八世纪东南沿海米价市场的整合性分析》，《经济论文丛刊》2002 年第 2 期。

[25] 陈树平：《玉米和番薯在中国传播情况研究》，《中国社会科学》1980 年第 3 期。

[26] 陈业新：《两汉时期气候状况的历史学再考察》，《历史研究》2002 年第 4 期。

[27] 陈支平：《清代前期福建的非正常米价》，《中国社会经济史研究》1988 年

第 3 期。

[28] 陈支平：《试论康熙初年东南诸省的"熟荒"》，《中国社会经济史研究》1982 年第 2 期。

[29] 戴逸：《从大清史角度看待刘铭传保台建台的意义》，《台湾周刊》2006 年第 17 期。

[30] 邓亦兵：《清代前期商品流通研究》，天津古籍出版社 2009 年版。

[31] 邓永飞：《米谷贸易、水稻生产与清代湖南社会经济》，《中国社会经济史研究》2006 年第 2 期。

[32] 邓永飞：《清代中后期湖南的环境恶化与水稻生产》，《中国社会经济史研究》2013 年第 4 期。

[33] 邓云乡：《清代三百年物价述略》，《复印报刊资料》（经济史）1982 年第 10 期。

[34] 董作宾、魏特夫：《商代卜辞中的气象记录》，《中国文化研究所集刊》1943 年第 1—4 期。

[35] 董作宾：《殷历谱》，《图书季刊》1945 年第 3—4 期。

[36] 董作宾：《殷文丁时卜辞中一旬间之气象记录》，《气象学报》1943 年第 Z1 期。

[37] 董作宾：《再谈殷代气候》，《华西协合大学中国文化研究所集刊》1946 年第 3 卷。

[38] 樊如森：《中国北方近代经济的市场化与空间差异》，《江西社会科学》2015 年第 2 期。

[39] 方金琪：《气候变化对我国历史时期人口迁移的影响》，《云南地理环境研究》1989 年第 2 期。

[40] 方行：《清代前期湖南农民卖粮所得释例》，《中国经济史研究》1989 年第 4 期。

[41] 方修琦、葛全胜、郑景云：《环境演变对中华文明影响研究的进展与展望》，《古地理学报》2004 年第 1 期。

[42] 方修琦：《从农业气候条件看我国北方原始农业的衰落与农牧交错带的形成》，《自然资源学报》1999 年第 3 期。

[43] 冯汉镛：《清代的米价与地主操纵》，《工商导报》（增刊）1951 年。

[44] 冯汉镛：《中国封建时期田租的变动》，《史学月刊》1951 年第 10 期。

[45] 傅筑夫：《由唐代的物价波动看唐王朝的兴衰》，《唐史论丛》1987 年第 2 期。

[46] 高王凌：《中国传统经济的发展序列》（续），《史学理论研究》1994 年第 4 期。

[47] 葛剑雄、曹树基：《对明代人口总数的新估计》，《中国史研究》1995 年第 1 期。

[48] 葛全胜、戴君虎、何凡能、潘嫄、王梦麦：《过去 300 年中国土地利用、土地覆被变化与碳循环研究》，《中国科学（D 辑：地球科学）》2008 年第 2 期。

[49] 葛全胜、方修琦、郑景云：《中国历史时期气候变化影响及其启示》，《地球科学进展》2014 年第 1 期。

[50] 葛全胜、刘浩龙、郑景云、萧凌波：《中国过去 2000 年气候变化与社会发展》，《自然杂志》2013 年第 1 期。

[51] 葛全胜、王绍武、方修琦：《气候变化研究中若干不确定性的认识问题》，《地理研究》2010 年第 2 期。

[52] 葛全胜、王维强：《人口压力、气候变化与太平天国运动》，《地理研究》1995 年第 4 期。

[53] 葛全胜、郑景云、郝志新、张学珍、方修琦、王欢、闫军辉：《过去 2000 年中国气候变化研究的新进展》，《地理学报》2014 年第 9 期。

[54] 龚高法、陈恩久：《论生长季气候寒暖变化与农业》，《大气科学》1980 年第 1 期。

[55] 龚胜生：《18 世纪两湖粮价时空特征研究》，《中国农史》1995 年第 1 期。

[56] 龚胜生：《从米价长期变化看清代两湖农业经济的发展》，《中国经济史研究》1996 年第 2 期。

[57] 勾晓华、邓洋、陈发虎、杨梅学、方克艳、高琳琳、杨涛、张芬：《黄河上游过去 1234 年流量的树轮重建与变化特征分析》，《科学通报》2010 年第 33 期。

[58] 韩光辉：《12 至 14 世纪中国城市的发展》，《中国史研究》1996 年第 4 期。

[59] 韩茂莉：《中国北方农牧交错带的形成与气候变迁》，《考古》2005 年第

10 期。

[60] 韩胜飞：《市场整合研究方法与传达的信息》，《经济学》（季刊）2007 年第 4 期。

[61] 郝志新、郑景云、葛全胜：《1736 年以来西安气候变化与农业收成的相关分析》，《地理学报》2003 年第 5 期。

[62] 何报寅、张穗、蔡述明：《近 2600 年神农架大九湖泥炭的气候变化记录》，《海洋地质与第四纪地质》2003 年第 2 期。

[63] 何炳棣：《美洲作物的引进、传播及其对中国粮食生产的影响》（三），《世界农业》1979 年第 6 期。

[64] 何凡能、李柯、刘浩龙：《历史时期气候变化对中国古代农业影响研究的若干进展》，《地理研究》2010 年第 12 期。

[65] 胡翠华：《清代粮价之时间序列模型》，台湾中正大学 1997 年硕士学位论文。

[66] 胡厚宣：《甲骨学商史论丛初集》，《齐鲁大学校刊》1943 年第 33 期。

[67] 胡厚宣：《气候变迁与殷代气候之检讨》，《甲骨学商史论丛》1945 年第二集下册。

[68] 胡焕庸：《气候变更说述要》，《科学》1929 年第 11 期。

[69] 胡鹏、李军：《农历抑或公历？数据形式对数理分析结果的影响——以清代中后期直隶小麦市场整合分析为例》，《中国经济史研究》2016 年第 4 期。

[70] 华林甫：《唐代水稻生产的地理布局及其变迁初探》，《中国农史》1992 年第 2 期。

[71] 华林甫：《唐代粟、麦生产的地域布局初探》，《中国农史》1990 年第 2 期。

[72] 黄冕堂：《中国历代粮食价格问题通考》，《文史哲》2002 年第 2 期。

[73] 黄玉玺、胡鹏、李军：《清代粮食价格波动与国家行为》，《农业考古》2017 年第 6 期。

[74] 寄萍：《古今米价史略》，《江苏省立第二农业学校月刊》1921 年第 1 期。

[75] 姜修洋、李志忠、李金全、孔兴功、郭允：《最近 500 年来福建玉华洞石笋氧同位素记录及气候意义》，《地理科学》2012 年第 2 期。

[76] 蒋德隆、严济远：《长江下游地区夏季旱涝演变趋势的研究》，《地理学报》

1965 年第 2 期。

　　[77] 康兴成、程国栋、康尔泗、张其花：《用树轮资料重建黑河近千年来出山口径流量》，《中国科学 D 辑》2002 年第 8 期。

　　[78] 康兴成、张其花、LisaJ.Graumlich、Paul Sheppard：《青海都兰过去 2000 年来的气候重建及其变迁》，《地球科学进展》2000 年第 2 期。

　　[79] 李伯重：《"道光萧条"与"癸未大水"——经济衰退、气候剧变及 19 世纪的危机在松江》，《社会科学》2007 年第 6 期。

　　[80] 李伯重：《气候变化与中国历史上人口的几次大起大落》，《人口研究》1999 年第 1 期。

　　[81] 李伯重：《重新认识历史：明清江南农业经济及其变化——关于〈江南农业的发展、1620—1850〉》，《中国图书评论》2007 年第 2 期。

　　[82] 李春圆：《元代的物价和财税制度》，2014 年复旦大学博士学位论文。

　　[83] 李辅斌：《清代河北山西粮食作物的地域分布》，《中国历史地理论丛》1993 年第 1 期。

　　[84] 李红春、顾德隆、D.Stott Lowel、陈文寄：《高分辨率洞穴石笋稳定同位素应用之一——京津地区 500A 来的气候变化——Δ~（18）O 记录》，《中国科学（D 辑：地球科学）》1998 年第 2 期。

　　[85] 李红春、顾德隆、陈文寄、袁道先、李铁英：《高分辨率洞穴石笋中稳定同位素应用——北京元大都建立后对森林资源的破坏—δ~（13）C 记录》，《地质论评》1998 年第 5 期。

　　[86] 李军、李志芳、石涛：《自然灾害与区域粮食价格——以清代山西为例》，《中国农村观察》2008 年第 2 期。

　　[87] 李军：《灾害对古代中原王朝与游牧民族关系的影响：以唐代为中心》，《山西大学学报》（哲学社会科学版）2014 年第 4 期。

　　[88] 李秋芳：《史前时期华北平原粮食种植结构之变迁》，《华南农业大学学报》（社会科学版）2012 年第 1 期。

　　[89] 李四光：《战后中国内战的统计和治乱的周期》，《庆祝蔡元培先生六十五岁论文集》，1932 年。

　　[90] 李文涛：《气候变冷与市场经济衰退——以北朝为例》，《南都学坛》2009

年第 2 期。

[91] 连鹏灵、方修琦：《岱海地区原始农业文化的兴衰与环境演变的关系》，《地理研究》2001 年第 5 期。

[92] 梁仲勋：《唐代物价与物价管理》，《西北大学学报》（哲学社会科学版）1988 年第 3 期。

[93] 廖声丰：《清代常关与区域经济研究》，人民出版社 2010 年版。

[94] 林满红：《与岸本教授论清乾隆年间的经济》，《"中央研究院"近代史研究所集刊》1997 年第 28 卷。

[95] 刘俊杰：《清代粮价水平及粮食供需之统计检定》，台湾中正大学 2001 年硕士学位论文。

[96] 柳诒徵：《江苏各地千六百年间之米价》，《史学杂志》1930 年第 3—4 期。

[97] 卢锋、彭凯翔：《我国长期米价研究（1644—2000）》，《经济学》（季刊）2005 年第 1 期。

[98] 罗畅、李启航、方意：《清乾隆至宣统年间的经济周期——以开封、太原粮价数据为中心》，《经济学（季刊）》2016 年第 2 期。

[99] 罗畅：《两套清代粮价数据资料的比较与使用》，《近代史研究》2012 年第 5 期。

[100] 吕长全、王玉茹：《清代粮价奏报流程及其数据性质再探讨》，《近代史研究》2017 年第 1 期。

[101] 马立博：《南方"向来无雪"：帝制后期中国南方的气候与收成（1650—1850 年）》，载刘翠溶、伊懋可主编《积渐所至：中国环境史论文集》，"中央研究院"经济研究所 2000 年版。

[102] 马立博：《清代前期两广的市场整合》，载叶显恩主编《清代地区社会经济研究》，中华书局 1992 年版。

[103] 满志敏、葛全胜、张丕远：《气候变化对历史上农牧过渡带影响的个例研究》，《地理研究》2000 年第 2 期。

[104] 满志敏：《关于唐代气候冷暖问题的讨论》，《第四纪研究》1998 年第 1 期。

[105] 蒙文通：《中国古代北方气候考略》，《史学杂志》1930 年第 3—4 期。

[106] 闵宗殿：《从方志记载看明清时期我国水稻的分布》，《古今农业》1999

年第 1 期。

[107] 穆崟臣：《清代雨雪折奏制度考略》，《社会科学战线》2011 年第 11 期。

[108] 欧昌豪：《清代粮价资料库之资料探索》，台湾中正大学 2001 年硕士学位论文。

[109] 彭凯翔：《人口增长下的粮食生产与经济发展——由史志宏研究员的清代农业产出测算谈起》，《中国经济史研究》2015 年第 5 期。

[110] 全汉升、王业键：《清代的人口变动》，《"中央研究院"历史语言研究所集刊》1961 年第 32 期。

[111] 全汉升：《美洲白银与十八世纪中国物价革命的关系》，《"中央研究院"历史语言研究所集刊》1957 年。

[112] 全汉升：《清朝中叶苏州的米粮贸易》，《"中央研究院"历史语言研究所集刊》1969 年第 2 期。

[113] 全汉昇、王业键：《近代四川合江县物价与工资的变动趋势》，《"中央研究院"历史语言研究所集刊（故院长胡迪先生纪念论文集）》（上册），1962 年。

[114] 全汉升、王业键：《清雍正年间（1723—35）的米价》，《"中央研究院"历史语言研究所集刊》1959 年第 30 卷。

[115] 全汉昇、王业键：《清中叶以前江浙的米价变动趋势》，《庆祝董作宾先生六十五岁文集》，"中央研究院"历史语言研究所，1960 年。

[116] 全汉昇：《美洲白银与十八世纪中国物价革命的关系》，《"中央研究院"历史语言研究所集刊》，"中央研究院"历史语言研究所，1957 年。

[117] 全汉昇：《乾隆十三年的米贵问题》，《庆祝李济先生七十岁论文集》，清华学报社，1965 年。

[118] 全汉昇：《清朝中叶苏州的米粮毛衣》，《"中研院"历史语言研究所集刊》1969 年第 39 卷。

[119] 全汉昇：《清康熙年间（1662—1772）江南及附近地区米价》，《香港中文大学中国文化研究所学报》1979 年第 10 期上。

[120] 任美锷：《气候变化对全新世以来中国东部政治、经济和社会发展影响的初步研究》，《地球科学进展》2004 年第 5 期。

[121] 阮建青、李垚：《自然灾害与市场演进——基于 18 世纪清代粮食市场的

研究》，《浙江大学学报》（人文社会科学版）2018 年第 1 期。

[122] 邵雪梅、范金梅：《树轮宽资料所指示的川西过去气候变化》，《第四纪研究》1999 年第 1 期。

[123] 邵雪梅、吴祥定：《利用树轮资料重建长白山区过去气候变化》，《第四纪研究》1997 年第 1 期。

[124] 沈吉、王苏民、R.Matsumoto、朱育新：《内蒙古岱海古水温定量恢复及其古气候意义》，《中国科学（D 辑）》2001 年第 12 期。

[125] 沈吉、张恩楼、夏威岚：《青海湖近千年来气候环境变化的湖泊沉积记录》，《第四纪研究》2001 年第 6 期。

[126] 沈小英、陈家其：《太湖流域的粮食生产与气候变化》，《地理科学》1991 年第 3 期。

[127] 盛俊：《清乾隆期江苏省物价统计》，《学林》1937 年第 2 期。

[128] 施雅风、姚檀栋、杨保：《近 2000A 古里雅冰芯 10A 尺度的气候变化及其与中国东部文献记录的比较》，《中国科学（D 辑：地球科学）》1999 年第 S1 期。

[129] 施雅风：《近 2000a 古里雅冰芯 10a 尺度的气候变化及其与中国东部文献记录的对比》，《中国科学 D 辑》1999 年第 S1 期。

[130] 史志宏：《清代前期的耕地面积及粮食产量研究》，《中国经济史研究》1989 年第 2 期。

[131] 孙敬之：《更系统地深入地学习苏联经济地理学的成果》，《地理知识》1957 年第 1—12 期。

[132] 唐文基：《乾隆时期的粮食问题及其对策》，《中国社会经济史研究》1994 年第 3 期。

[133] 唐锡仁、薄树人：《河北省明清时期干旱情况的分析》，《地理学报》1962 年第 1 期。

[134] 田沁花、周秀骥、勾晓华、赵平、范泽鑫、Samuli HELAMA：《祁连山中部近 500 年来降水重建序列分析》，《中国科学》（地球科学）2012 年第 4 期。

[135] 王道瑞：《清代粮价奏报制度的确立及其作用》，《历史档案》1987 年第 4 期。

[136] 王晖、黄春长：《商末黄河中游气候环境的变化与社会变迁》，《史学月刊》

2002 年第 1 期。

[137] 王会昌：《2000 年来中国北方游牧民族南迁与气候变化》，《地理科学》1996 年第 3 期。

[138] 王俊荆、叶玮、朱丽东、李凤全、田志美：《气候变迁与中国战争史之间的关系综述》，《浙江师范大学学报》（自然科学版）2008 年第 1 期。

[139] 王俊荆：《历史时期气候变迁与中国战争关系研究》，浙江师范大学 2007 年硕士学位论文。

[140] 王日昇、王绍武《近 500 年我国东部冬季气温的重建》，《气象学报》1990 年第 2 期。

[141] 王绍武、蔡静宁、朱锦红等：《中国气候变化的研究》，《气候与环境研究》2002 年第 2 期。

[142] 王绍武、龚道溢：《全新世几个特征时期的中国气温》，《自然科学进展：国家重点实验室通讯》2000 年第 4 期。

[143] 王绍武、闻新宇、罗勇、董文杰、赵宗慈、杨保：《近千年中国温度序列的建立》，《科学通报》2007 年第 8 期。

[144] 王绍武、叶瑾琳、龚道溢：《中国小冰期的气候》，《第四纪研究》1998 年第 1 期。

[145] 王绍武：《公元 1380 年以来我国华北气温序列的重建》，《中国科学（B 辑：化学　生命　科学　地学）》1990 年第 5 期。

[146] 王树林：《清代灾荒：一个统计的研究》，《社会学界》1932 年第 6 期。

[147] 王苏民、李建仁：《湖泊沉积——研究历史气候的有效手段——以青海湖、岱海为例》，《科学通报》1991 年第 1 期。

[148] 王砚峰：《清代道光至宣统间粮价资料概述——以中国社科院经济所图书馆馆藏为中心》，《中国经济史研究》2007 年第 2 期。

[149] 王业键、陈春声：《十八世纪福建的粮食供需与粮价分析》，《中国社会经济史研究》1987 年第 2 期。

[150] 王业键、黄国枢：《十八世纪中国粮食供需的考察》，载《近代中国农村经济史论文集》，稻乡出版社 1989 年版。

[151] 王业键、黄莹珏：《清代中国气候变迁、自然灾害与粮价的初步考察》，

《中国经济史研究》1999 年第 1 期。

[152] 王业键、黄莹珏：《清中叶东南沿海的粮食作物分布、粮食供需及粮价分析》，《"中央研究院"历史语言研究所集刊》1999 年第 2 期。

[153] 王业键：《清代的粮价陈报制度》，《故宫季刊》1978 年第 1 期。

[154] 王业键：《十九世纪前期物价下落与太平天国革命》，载《第一届台湾地区历史学学术讨论会论文集》，台湾大学历史系，1996 年。

[155] 王铮、黎华群、孔祥德等：《气候变暖对中国农业影响的历史借鉴》，《自然科学进展》2005 年第 6 期。

[156] 王铮、张丕远、周清波：《历史气候变化对中国社会发展的影响——兼论人地关系》，《地理学报》1996 年第 4 期。

[157] 魏柱灯、方修琦、苏筠、萧凌波：《过去 2000 年气候变化对中国经济与社会发展影响研究综述》，《地球科学进展》2014 年第 3 期。

[158] 温乐平：《秦汉物价研究》，江西师范大学 2002 年硕士学位论文。

[159] 吴承明：《利用粮价变动研究清代的市场整合》，《中国经济史研究》1996 年第 2 期。

[160] 吴量恺：《清代前期农业经济中的短雇与资本主义萌芽》，《华中师范大学学报》(人文社会科学版) 1983 年第 5 期。

[161] 吴量恺：《清前期农业雇工的工价》，《中国社会经济史研究》1983 年第 2 期。

[162] 吴麟：《清代米价》，《中央日报》1948 年 1 月 21 日。

[163] 吴玲清：《台湾米价变动与"台运"变迁之关系（1783—1850)》，《台湾史研究》2010 年第 1 期。

[164] 吴滔：《建国以来明清农业自然灾害研究综述》，《中国农史》1992 年第 4 期。

[165] 吴文祥、葛全胜、郑景云、周扬、胡莹：《气候变化因素在蒙古西征中的可能作用研究》，《第四纪研究》2009 年第 4 期。

[166] 吴文祥、刘东生：《4000aB.P. 前后降温事件与中华文明的诞生》，《第四纪研究》2001 年第 5 期。

[167] 吴盈美：《十八世纪清代粮价之统计分析——长江以南地区》，台湾中正

大学 2002 年硕士学位论文。

[168] 萧凌波、方修琦、黄欢、魏柱灯：《1780—1819 年华北平原水旱灾害社会响应方式的转变》，《灾害学》2011 年第 3 期。

[169] 萧凌波、方修琦、叶瑜：《清代东蒙农业开发的消长及其气候变化背景》，《地理研究》2011 年第 10 期。

[170] 萧凌波、黄欢、魏柱灯：《华北 1743—1744 年与 1876—1878 年旱灾中的政府粮食调度与社会后果对比》，《灾害学》2012 年第 1 期。

[171] 萧凌波、叶瑜、魏本勇：《气候变化与清代华北平原动乱事件关系分析》，《气候变化研究进展》2011 年第 4 期。

[172] 萧廷奎、彭芳草、李长付、周拔夫、盛福垚、张恒渤：《河南省历史时期干旱的分析》，《地理学报》1964 年第 3 期。

[173] 萧廷奎：《关于"河北省明清时期干旱情况的分析"一文的商榷意见》，《地理学报》1962 年第 4 期。

[174] 肖尚斌、李安春、蒋富清、李铁刚、黄朋、徐兆凯：《近 2ka 来东海内陆架的泥质沉积记录及其气候意义》，《科学通报》2004 年第 21 期。

[175] 谢美娥：《自然灾害、生产收成与清代台湾米价的变动（1738：1850)》，《中国经济史研究》2010 年第 4 期。

[176] 谢天佑：《论中国封建社会大规模农民战争周期性爆发的原因》，《华东师范大学学报》(哲学社会科学版) 1983 年第 3 期。

[177] 谢天佑：《气候·收成·粮价·民情——读〈李煦奏折〉》，《中国社会经济史研究》1984 年第 4 期。

[178] 谢义炳：《清代水旱灾之周期研究》，《气象学报》1943 年第 Z1 期。

[179] 谢自楚、武筱舲、姚檀栋、L.G.Thompson：《敦德冰岩芯古气候环境记录的初步研究》，《第四纪研究》1989 年第 2 期。

[180] 徐登铉：《清代粮价资料之统计模型比较》，台湾中正大学 2000 年硕士学位论文。

[181] 徐近之：《黄淮平原气候历史记载的初步整理》，《地理学报》1955 年第 2 期。

[182] 徐新创、葛全胜、郑景云、刘成武：《湖北省近 500 年区域干湿序列重建

及其比较分析》,《地理研究》2010 年第 6 期。

[183] 徐毅:《清代道光至宣统间粮价表的现代意义》,《中国图书评论》2010 年第 5 期。

[184] 徐中舒:《殷人服象及象之南迁》,《中央研究院历史语言研究所集刊》1930 年第 1 期。

[185] 许清海、肖举乐、中村俊夫、阳小兰、杨振京、梁文栋、井内美郎:《孢粉记录的岱海盆地 1500 年以来气候变化》,《第四纪研究》2004 年第 3 期。

[186] 许清海、阳小兰、杨振京、梁文栋、孙黎明:《孢粉分析定量重建燕山地区 5000 年来的气候变化》,《地理科学》2004 年第 3 期。

[187] 薛刚:《从人口、耕地、粮食生产看清代直隶民生状况——以直隶中部地区为例》,《中国农史》2008 年第 1 期。

[188] 薛汝芳:《十八世纪清代粮价之统计分析——晋皖江浙地区》,台湾中正大学 2002 年硕士学位论文。

[189] 闫军辉、葛全胜、郑景云:《清代华北地区冬半年温度变化重建与分析》,《地理科学进展》2012 年第 11 期。

[190] 严火其、陈超:《历史时期气候变化对农业生产的影响研究——以稻麦两熟复种为例》,《中国农史》2012 年第 2 期。

[191] 严中平:《英国资产阶级纺织利益集团与两次鸦片战争史料》(上),《经济研究》1955 年第 1 期。

[192] 严中伟、李兆元、王晓春:《历史上 10 年—100 年尺度气候跃变的分析》,《大气科学》1993 年第 6 期。

[193] 颜色、刘丛:《18 世纪中国南北方市场整合程度的比较:利用清代粮价数据的研究》,《经济研究》2011 年第 12 期。

[194] 颜色、徐萌:《晚清铁路建设与市场发展》,《经济学》(季刊)2015 年第 2 期。

[195] 杨保、康兴成、施雅风:《近 2000 年都兰树轮 10 年尺度的气候变化及其与中国其它地区温度代用资料的比较》,《地理科学》2000 年第 5 期。

[196] 杨保、施雅风、李恒鹏:《过去 2ka 气候变化研究进展》,《地球科学进展》2002 年第 1 期。

[197] 杨保、周清波、施雅风：《长江下游地区过去 300 年的气候变化》，《长江流域资源与环境》2002 年第 4 期。

[198] 杨海滨：《明清中国的商人组织与市场整合研究》，经济科学出版社 2014 年版。

[199] 杨煜达：《清代昆明地区（1721—1900 年）冬季平均气温序列的重建与初步分析》，《中国历史地理论丛》2007 年第 1 期。

[200] 姚檀栋、L.G.Thompson、施雅风、秦大河、焦克勤、杨志红、田立德：《E.Mosley-Thompson.古里雅冰芯中末次间冰期以来气候变化记录研究》，《中国科学（D 辑：地球科学）》1997 年第 5 期。

[201] 姚檀栋、L.G.Thompson：《敦德冰芯记录与过去 5ka 温度变化》，《中国科学（B 辑）》1992 年第 10 期。

[202] 姚檀栋、秦大河、徐柏青、杨梅学、段克勤、王宁练、王有清、侯书贵：《冰芯记录的过去 1000a 青藏高原温度变化》，《气候变化研究进展》2006 年第 3 期。

[203] 姚檀栋、杨梅学、康兴成：《从古里雅冰芯与祁连山树轮记录看过去 2000 年气候变化》，《第四纪研究》2001 年第 6 期。

[204] 姚檀栋、杨志红、黄翠兰、焦克勤、谢超、L.G.Thompson：《近 2Ka 来高分辨的连续气候环境变化记录——古里雅冰芯近 2Ka 记录初步研究》，《科学通报》1996 年第 12 期。

[205] 姚檀栋、朱立平：《青藏高原环境变化对全球变化的响应及其适应对策》，《复印报刊资料》（生态环境与保护）2006 年第 9 期。

[206] 姚檀栋：《古里雅冰芯近 2000 年来气候环境变化记录》，《第四纪研究》1997 年第 1 期。

[207] 应奎：《近六十年之中国米价》，《钱业月报》1922 年第 3 期。

[208] 余开亮：《粮价细册制度与清代粮价研究》，《清史研究》2014 年第 4 期。

[209] 张德二、李红春、顾德隆、陆龙骅：《从降水的时空特征检证季风与中国朝代更替之关联》，《科学通报》2010 年第 1 期。

[210] 张德二、刘传志、江剑民：《中国东部 6 区域近 1000 年干湿序列的重建和气候跃变分析》，《第四纪研究》1997 年第 1 期。

[211] 张德二、刘月巍：《北京清代"晴雨录"降水记录的再研究——应用多因

子回归方法重建北京（1724—1904 年）降水量序列》，《第四纪研究》2002 年第 3 期。

[212] 张德二：《历史时期"雨土"现象剖析》，《科学通报》1982 年第 5 期。

[213] 张德二：《唐代季风、夏季雨量等和唐朝衰亡的关系研究》，《中国社会科学文摘》2008 年第 7 期。

[214] 张德二：《我国历史时期以来降尘的天气气候学初步分析》，《中国科学（B 辑：化学　生物学　农学　医学　地学）》1984 年第 3 期。

[215] 张德二：《由中国历史气候记录对季风导致唐朝灭亡说的质疑》，《气候变化研究进展》2008 年第 2 期。

[216] 张德二：《中国历史气候记录揭示的千年干湿变化和重大干旱事件》，《科技导报》2004 年第 8 期。

[217] 张德二：《中国南部近 500 年冬季温度变化的若干特征》，《科学通报》1980 年第 6 期。

[218] 张恩楼、沈吉、王苏民、夏威岚、金章东：《青海湖近 900 年来气候环境演化的湖泊沉积记录》，《湖泊科学》2002 年第 1 期。

[219] 张恩楼、沈吉、夏威岚、朱育新、王苏民：《青海湖沉积物有机碳及其同位素的气候环境信息》，《海洋地质与第四纪地质》2002 年第 2 期。

[220] 张汉松：《明代水旱灾周期的初步探讨》，《气象学报》1944 年第 1—4 期。

[221] 张家诚：《气候变化对中国农业生产的影响初探》，《地理研究》1982 年第 2 期。

[222] 张利民：《论华北区域的空间界定与演变》，《天津社会科学》2006 年第 5 期。

[223] 张美良、程海、林玉石、覃嘉铭、朱晓燕、冉景丞、杨琰、陈会明、R.L.Edwards：《贵州荔波地区 2000 年来石笋高分辨率的气候记录》，《沉积学报》2006 年第 3 期。

[224] 张美良、林玉石、朱晓燕、覃嘉铭、杨琰、罗贵荣：《云南宁蒗地区中全新世晚期气候变化的石笋记录》，《海洋地质与第四纪地质》2006 年第 1 期。

[225] 张丕远、葛全胜：《2000 年来我国旱涝气候演化的阶段性和突变》，《第四纪研究》1997 年第 1 期。

[226] 张丕远、龚高法：《十六世纪以来中国气候变化的若干特征》，《地理学报》

1979 年第 3 期。

[227] 张养才：《历史时期气候变迁与我国稻作区演变关系的研究》，《科学通报》1982 年第 4 期。

[228] 张振克、吴瑞金：《中国小冰期气候变化及其社会影响》，《大自然探索》1999 年第 1 期。

[229] 章有义：《近代中国人口和耕地的再估计》，《中国经济史研究》1991 年第 1 期。

[230] 赵红军、尹伯成：《公元 11 世纪后的气候变冷对宋以后经济发展的动态影响》，《社会科学》2011 年第 12 期。

[231] 赵红军：《气候变化是否影响了我国过去两千年间的农业社会稳定？——一个基于气候变化重建数据及经济发展历史数据的实证研究》，《经济学》（季刊）2012 年第 2 期。

[232] 郑景云、葛全胜、郝志新、田砚宇：《1736—1999 年西安与汉中地区年冬季平均气温序列重建》，《地理研究》2003 年第 3 期。

[233] 郑景云、葛全胜、张丕远：《气候突变：史实与意义》，《地球科学进展》1999 年第 2 期。

[234] 郑景云、郝志新、狄小春：《历史环境变化数据库的建设与应用》，《地理研究》2002 年第 2 期。

[235] 郑景云、郝志新、葛全胜：《黄河中下游地区过去 300 年降水变化》，《中国科学》2005 年第 8 期。

[236] 郑景云、王绍武：《中国过去 2000 年气候变化的评估》，《地理学报》2005 年第 1 期。

[237] 郑斯中：《1400—1949 年广东省的气候振动及其对粮食丰歉的影响》，《地理学报》1983 年第 1 期。

[238] 周宏伟：《长江流域森林变迁的历史考察》，《中国农史》1999 年第 4 期。

[239] 周清波、张丕远、王铮：《合肥地区 1736—1991 年年冬季平均气温序列的重建》，《地理学报》1994 年第 4 期。

[240] 周荣：《清代前期耕地面积的综合考察和重新估算》，《江汉论坛》2001 年第 9 期。

[241] 周省人：《清代台湾米价志》，《台湾银行季刊》1964 年第 4 期。

[242] 周源和：《清代人口研究》，《中国社会科学》1982 年第 2 期。

[243] 朱涣尧：《江苏各县清代水旱灾表》，《江苏省立国学图书馆年刊》1934 年第 7 期。

[244] 朱琳：《数理统计方法在清代粮价研究中的应用与发展》，《中国经济史研究》2015 年第 1 期。

[245] 竺可侦：《中国历史上气候之变迁》，《东方杂志》1925 年第 3 号。

[246] 竺可桢：《历史时代世界气候的波动》，《气象学报》1962 年第 A1 期。

[247] 竺可桢：《南京之气候》，《史学与地学》1927 年第 4 期。

[248] 竺可桢：《南宋时代我国气候之揣测》，《科学》1925 年第 2 期。

[249] 竺可桢：《前清北京之气象记录》，《气象杂志》1936 年第 2 期。

[250] 竺可桢：《天时对于战争之影响》，《科学杂志》1932 年第 11—12 期。

[251] 竺可桢：《直隶地理的环境和水灾》，《科学》1927 年第 12 期。

[252] 竺可桢：《中国近五千年来气候变迁的初步研究》，《考古学报》1973 年第 2 期。

[253] 卓正大、胡双熙、张先恭、赵溙、王芸生、刘光远：《祁连山地区树木年轮与我国近千年（1059—1975 年）的气候变化》，《兰州大学学报》（自然科学版）1978 年第 2 期。

[254] 邹大凡、吴智伟、徐雯惠：《近百年来旧中国粮食价格的变动趋势》，《学术月刊》1965 年第 9 期。

[255] 邹逸麟：《历史时期黄河流域水稻生产的地域分布和环境制约》，《复旦学报》（社会科学版）1985 年第 3 期。

[256] 邹逸麟：《明清时期北部农牧过渡带的推移和气候寒暖变化》，《复旦学报》（社会科学版）1995 年第 1 期。

四、著作类

[1] ［法］魏丕信：《18 世纪中国的官僚制度与荒政》，徐建清译，江苏人民出版社 2003 年版。

[2] ［美］何炳棣：《1368—1953 中国人口研究》，上海古籍出版社 1989 年版。

[3] ［美］珀金斯：《中国农业的发展：1368—1968 年》，宋海文等译，上海译

文出版社 1984 年版。

[4] [美] 施坚雅主编：《中华帝国晚期的城市》，叶光庭等译，陈桥驿校，中华书局 2000 年版。

[5] [美] 李明珠：《华北的饥荒：国家、市场与环境退化》，石涛、李军、马国英译，人民出版社 2016 年版。

[6] [日] 岸本美绪：《清代中国的物价与经济波动》，刘迪瑞译，社会科学文献出版社 2010 年版。

[7] [日] 圆仁：《入唐求法巡礼行记》，上海古籍出版社 1986 年版。

[8] 曹树基：《中国人口史》第五卷《清时期》，复旦大学出版社 2001 年版。

[9] 陈春声：《市场机制与社会变迁——18 世纪广东米价分析》，中山大学出版社 1992 年版。

[10] （清）陈梦雷：《古今图书集成·职方典·物产考》，中华书局 1934 年版。

[11] 陈寅恪：《唐代政治史述论稿》，上海古籍出版社 1997 年版。

[12] 程民生：《宋代物价研究》，人民出版社 2008 年版。

[13] 邓云特：《中国救荒史》，生活·读书·新知三联书店 1958 年版。

[14] 傅筑夫：《中国封建社会经济史》，人民出版社 1981 年版。

[15] 傅筑夫：《中国古代经济史概论试论从周初到鸦片战争时期中国社会经济发展迟滞的原因》，中国社会科学出版社 1981 年版。

[16] 高王凌：《十八世纪中国的经济发展和政府政策》，中国社会科学出版社 1995 年版。

[17] 葛全胜、戴君虎、何凡能：《过去三百年中国土地利用变化与陆地碳收支》，科学出版社 2008 年版。

[18] 葛全胜：《中国历朝气候变化》，科学出版社 2011 年版。

[19] 龚高法、张丕远、吴祥定、张瑾瑢：《历史时期气候变化研究方法》，科学出版社 1983 年版。

[20] 龚胜生：《清代两湖农业地理》，华中师范大学出版社 1996 年版。

[21] 黄冕堂：《中国历代物价问题考述》，齐鲁书社 2008 年版。

[22] 姜涛：《中国近代人口史》，浙江人民出版社 1993 年版。

[23] 蒋建平：《清代前期米谷贸易研究》，北京大学出版社 1992 年版。

[24] 李成燕：《清代雍正时期的京畿水利营田》，中央民族大学出版社 2011 年版。

[25] 李国豪：《中国科技史探索》，上海古籍出版社 1986 年版。

[26] 李江风、袁玉江、周文盛：《新疆年轮气候年轮水文研究》，气象出版社 1989 年版。

[27] 李景汉：《定县社会概况调查》，中华平民教育促进会 1933 年版。

[28] 李秋芳：《明清时期华北平原粮食种植结构变迁研究》，社会科学文献出版社 2016 年版。

[29] 李文治、江太新：《清代漕运》，中华书局 1995 年版。

[30] 李文治：《明清时代封建土地关系的松懈》，中国社会科学出版社 1993 年版。

[31] 李向军：《清代荒政研究》，中国农业出版社 1995 年版。

[32] 李中清、王丰：《人类的四分之一马尔萨斯的神话与中国的现实 1700—2000》，生活·读书·新知三联书店 2000 年版。

[33] 李中清：《中国西南边境的社会经济：1250—1850》，人民出版社 2012 年版。

[34] 满志敏：《中国历史时期气候变化研究》，山东教育出版社 2009 年版。

[35] 懋可主编：《积渐所至：中国环境史论文集》，（台北）"中央研究院"经济研究所 2000 年版。

[36] 彭邦炯：《甲骨文农业资料考辨与研究》，吉林文史出版社 1997 年版。

[37] 彭凯翔：《清代以来的粮价：历史学的解释与再解释》，上海人民出版社 2006 年版。

[38] 彭信威：《中国货币史》，群联出版社 1954 年版。

[39] 全汉昇：《中国经济史研究：全汉昇经济史著作集》（一、二），中华书局 2011 年版。

[40] 施坚雅：《中国农村的市场和社会结构》，中国社会科学出版社 1998 年版。

[41] 水利水电科学研究院：《清代江河洪涝档案史料丛书·清代海河滦河洪涝档案史料》，中华书局 1981 年版。

[42] 水利水电科学研究院：《清代江河洪涝档案史料丛书·清代淮河流域洪涝

档案史料》，中华书局 1998 年版。

[43] 水利水电科学研究院：《清代江河洪涝档案史料丛书·清代黄河流域洪涝档案史料》，中华书局 1993 年版。

[44] 水利水电科学研究院：《清代江河洪涝档案史料丛书·清代辽河、松花江、黑龙江流域洪涝档案史料清代浙闽台地区诸流域洪涝档案史料》，中华书局 1998 年版。

[45] 水利水电科学研究院：《清代江河洪涝档案史料丛书·清代长江流域西南国际河流洪涝档案史料》，中华书局 1988 年版。

[46] 水利水电科学研究院：《清代江河洪涝档案史料丛书·清代珠江韩江洪涝档案史料》，中华书局 1988 年版。

[47] 谭文熙：《中国物价史》，湖北人民出版社 1994 年版。

[48] 王玉民：《中国人口史》，江苏人民出版社 1995 年版。

[49] 王仲荦：《金泥玉屑丛考》，中华书局 1998 年版。

[50] 魏建猷：《明清两代的田价与米价》，上海书店出版社 2007 年版。

[51] 温克刚：《中国气象灾害大典》（32 卷），气象出版社 2005—2008 年版。

[52] 文焕然：《秦汉时代黄河中下游气候研究》，商务印书馆 1995 年版。

[53] 吴祥定等：《树木年轮与气候变化》，气象出版社 1990 年版。

[54] 谢美娥：《清代台湾米价研究》，稻乡出版社 2008 年版。

[55] 严中平：《中国近代经济史统计资料选辑》，科学出版社 1955 年版。

[56] 杨月欣、王光亚、潘兴昌：《中国食物成分表》，北京医科大学出版社 2002 年版。

[57] 余耀华：《中国价格史》，经济科学出版社 2013 年版。

[58] 张德二：《中国三千年气象记录总集》，凤凰出版社 2004 年版。

[59] 张家诚、林之光：《中国气候》，上海科学技术出版社 1985 年版。

[60] 赵恒捷：《中国历代价格学说与政策》，中国物价出版社 1999 年版。

[61] 中国社会科学科学院经济研究所：《清代道光至宣统间粮价表》，广西师范大学出版社 2009 年版。

[62] 中央气象局气象科学研究院：《中国近五百年旱涝分布图集》，地图出版社 1981 年版。

[63] 中央气象局研究所：《北京 250 年降水（1724—1973）》，中央气象局研究所 1975 年版。

[64] 邹逸麟：《黄淮海平原历史地理》，安徽教育出版社 1993 年版。

五、外文文献

[1] Atwell，W. S.，"Time，Money，and the Weather：Ming China and the "Great Depression" of the Mid-Fifteenth Century"，*The Journal of Asian Studies*，2002，61（1）.

[2] Butzer，K. W.，"Collapse，Environment，and Society"，*Proceedings of the National Academy of Sciences*，2012，109（10）.

[3] Chuan，H. and Kraus，R. A.，*Mid-Ch'ing Rice Markets and Trade：An Essay in Price History*，Harvard University Press，1975.

[4] Cui，J. and Chang，H.，"The Possible Climate Impact On the Collapse of an Ancient Urban City in Mu Us Desert，China"，*Regional Environmental Change*，2013，13（2）.

[5] Fan，K.，"Climatic Change and Dynastic Cycles in Chinese History：A Review Essay"，2010，*Climatic Change*，101（3–4）.

[6] Fang，X.，Xiao，L. and Wei，Z.，"Social Impacts of the Climatic Shift Around the Turn of the 19th Century On the North China Plain"，*Science China（Earth Sciences）*，2013，（6）.

[7] Ge，Q.，Wang，S. and Zheng，J.，"Reconstruction of Temperature Series in China for the Last 5000 Year"，*Progress in Natural Science*，2006，16（8）.

[8] Ge，Q.，Zheng，J.，Fang，X.，Man，Z.，Zhang，X.，Zhuang，P. and Wang，W.，"Winter Half-Year Temperature Reconstruction for the Middle and Lower Reaches of the Yellow River and Yangtze River，China，During the Past 2000 Years"，*The Holocene*，2003，13（6）.

[9] Houghton，R. A. and Hackler J. L.，"Sources and Sinks of Carbon from Land-use Change in China"，Global Biogeochemical Cycles，2003，17（2）.

[10] Hsu，S.，"From Pingcheng to Luoyang—Substantiation of the Climatic Cause for Capital Relocation of the Beiwei Dynasty"，*Progress in Natural Science*，2004，（8）.

[11] Keigwin L D.，"The Little Ice Age and Medieval Warm Period in the Sargasso

Sea", *Science*, 1996, 274 (5292).

[12] Lamb, H. H. Climate: Present, *Past and Future Vol.I*, *Fundamentals and Climate Now*. Methuen, London, 1972.

[13] Lee, H. F. and Zhang, D. D., "A Tale of Two Population Crises in Recent Chinese History", *Climatic Change*, 2013, 116 (2): 285–308.

[14] Lee, J., Campbell, C. and Tan, G., "Infanticide and Family Planning in Late Imperial China: The Price and Population History of Rural Liaoning, 1774–1873", *Chinese History in Economic Perspective*, University of California Press, 1992.

[15] Li, L. M., "Grain Prices in Zhili Province, 1736-1911: A Preliminary Study", *Chinese History in Economic Perspective*, University of California Press, 1992.

[16] Mann M E, Zhang Z, Rutherford S, et al. "Global signatures and dynamical origins of the Little Ice Age and Medieval Climate Anomaly", *Science*, 2009, 326 (5957).

[17] Marks, R. B., "Food Supply, Market Structure and Rice Price in Eighteenth Century South China: The Qianlong Long Wave", *Late Imperial China*, 1991, 12 (2).

[18] Perdue, P. C., "The Qing State and the Gansu Grain Market, 1739–1864", *Chinese History in Economic Perspective*, University of California Press, 1992.

[19] Porter, Stephen C., "Pattern and Forcing of Northern Hemisphere Glacier Variations During the Last Millennium", *Quaternary Research*, 1986, 26 (1).

[20] Suess H E., "Climatic changes, solar activity, and the cosmic-ray production rate of natural radiocarbon", *Meteorological Monographs*, 1968, 8 (30).

[21] Wang, S., Li, J., "Lacustrine Sediments: an Indicator of Historical CL", *Chinese Science Bulletin*, 1991, (16).

[22] Wang, Y., "The Secular Trend of Prices During the Ch'ing Period (1644–1911)", *Journal of Institute of Chinese Studies*, 1972, 5 (2).

[23] Wang, Y., "Food Supply and Grain Prices in the Yangtze Delta in the Eighteenth Century", "The second conference on modern Chinese economic history", *The Institute of Economics*, Academic Sinica, 1989.

[24] Wang, Y., "Secular Trends of Rice Prices in the Yangzi Delta, 1638–1935", *Chinese History in Economic Perspective*, University of California Press, 1992.

[25] Wilkinson, E. P., *Studies is Chinese Price History*, Garland Publication, 1980.

[26] Wittfogel, K., "Meteorological Records From the Divination Inscriptions of Shang", *The Geographical Review*, 1940, 30 (1).

[27] Wong, R. B. and Perdue, P. C., "Four Grain Markets and Food Supplies in Eighteenth-Century Hunan", *Chinese History in Economic Perspective*, University of California Press, 1992.

[28] Xiao, L., Fang, X. and Ye, Y., "Reclamation and Revolt: Social Responses in Eastern Inner Mongolia to Flood/Drought-Induced Refugees From the North China Plain 1644–1911", *Journal of Arid Environments*, 2013, 88.

[29] Yancheva, G., Nowaczyk, N. R., Mingram, J., Dulski, P., Schettler, G., Negendank, J. F. W., Liu, J., Sigman, D. M., Peterson, L. C. and Haug, G. H., "Influence of the Intertropical Convergence Zone On the East Asian Monsoon", *Nature*, 2007, 445 (7123).

[30] Yang B, BraUning A, Shi Y. "Late Holocene temperature fluctuations on the Tibetan Plateau", *Quaternary Science Reviews*, 2003, 22 (21).

[31] Yao, S., Jiao, K., Tian, L., Yang, Z., Shi, W., "Lonnie, G., Thompson. Climatic variations since the Little Ice Age recorded in the Guliya Ice Core", *Science China*, 1996, (6).

[32] Ye, Y., Fang, X. and Khan, M. A. U., "Migration and Reclamation in Northeast China in Response to Climatic Disasters in North China Over the Past 300 Years", *Regional Environmental Change*, 2012, 12 (1).

[33] Yin J, Su Y, Fang X., "Relationships between temperature change and grain harvest fluctuations in China from 210BC to 1910AD", *Quaternary International*, 2015, 355.

[34] Yin P, Fang X, Yun Y. "Regional differences of vulnerability of food security in China", *Regional differences of vulnerability of food security in China*, 2009, (5).

［35］Zhang, D. D., Lee, H. F., Wang, C., Li, B., Zhang, J., Pei, Q. and Chen, J., "Climate Change and Large-Scale Human Population Collapses in the Pre-Industrial Era", *Global Ecology and Biogeography*, 2011, 20 (4).

［36］Zhang, D. D., Zhang, J., Lee, H. and He, Y., "Climate Change and War Frequency in Eastern China over the Last Millennium", *Human Ecology*, 2007, 35 (4).

［37］Zhang, D. and Lu, L., "Anti-Correlation of Summer/Winter Monsoons?", *Nature*, 2007, 450 (7168).

［38］Zhang, D., Jim, C., Lin, C., He, Y. and Lee, F., "Climate Change, Social Unrest and Dynastic Transition in Ancient China", *Chinese Science Bulletin*, 2005, 50 (2).

［39］Zhang, D., Liu, C., "Reconstruction of Summer Temperature Series (1724–1903) in Beijing", 1987, *Science Bulletin*, (15).

［40］Zhang, P., Cheng, H., Edwards, R. L., Chen, F., Wang, Y., Yang, X., Liu, J., Tan, M., Wang, X., Liu, J., An, C., Dai, Z., Zhou, J., Zhang, D., Jia, J., Jin, L. and Johnson, K. R., "A Test of Climate, Sun, and Culture Relationships From an 1810–Year Chinese Cave Record", *Science*, 2008, 322 (5903).

［41］Zhang, Z., Tian, H., Cazelles, B., Kausrud, K. L., Bräuning, A., Guo, F. and Stenseth, N. C., "Periodic Climate Cooling Enhanced Natural Disasters and Wars in China During AD 10–1900", *Proceedings of the Royal Society B—Biological Sciences*, 2010, 227 (1701).

后　记

　　写完一本书，总会有一段话附在后面，说明本书的始末，我也自然不能落俗，也总想着在书稿完成时即将其时的所思所想写毕，作为对本书的一个总结。但却因各种事务加之自己的懒沓，始终未能落笔，直至此时此刻，目睹新冠肺炎疫情给人类社会带来的苦难，思绪万千，久久心不能静，于是打开电脑，为这本书画个句号。

　　关注灾害的议题已经近二十年了，从进入博士阶段开始，就将灾害与社会发展作为研究的一个重要的选项。虽然这些年陆陆续续也出版了一些书籍，发表了一些文章，涉及了经济学、历史学等众多的问题，但其核心仍旧是多数集中在灾害的范畴中，将社会的种种问题置于灾害的视角下予以考察，成为一种重要的选项。延至后期，逐渐扩大到对气候变迁问题的探讨，甚至在课堂的讲授中，也往往与学生就气候变迁与人类社会的发展进行教学相长的讨论。这一研究视角的拓展，也确实加深了我们对中国历史中若干重大问题的理解。

　　我国是世界上自然灾害最为严重的国家之一，灾害种类多，分布地域广，发生频率高，造成损失重，是我国一个基本国情。习近平总书记指出，"防灾减灾、抗灾救灾是人类生存发展的永恒课题"。这一论断是在其对中国社会灾害多发这一国情判断的基础上形成的。毫无疑问，灾害自古以来就是制约中国经济发展的重要因素，是人类活动最重要的外部约束之一，深刻地影响着人类历史进程。现有研究表明，自然灾害引发的经济冲击是造成社会冲突的重要原因，暴力犯罪、宗教冲突和战争均与自然灾害有直接关系。特别是 20 世纪 80 年代以来，随着全球气候变化的加剧，自然灾害的发生频率日渐增高，灾害发生的频率、强度和区域分布变得更加复杂和难以把握，对人类社会的挑战越来越严峻。据统计，近30年来（1990—2019年），全球91.6%的重大自然灾害、67.6%的因灾死亡、83.7%的经济损失和92.4%的保险损失是由气象及其衍生灾害引起的。

五千年的华夏农耕文明史蕴含有国家治理的传统智慧。作为以农立国的古代社会，自然灾害是中国历史进程中最重要的制约因素之一，古代文明的起源、王朝的兴衰、民族关系的变化、人口的迁移分布、经济重心的南移等在很大程度上都是自然灾害冲击长期积累的结果。可以说，同自然灾害抗争是人类生存发展的永恒课题，从某种程度上来说，人类社会发展史是一部人与自然灾害抗争的历史。

近年来，全球气候发生了重要的变化，极端天气不断出现，给人类社会的生产生活带来了深重的灾难。据统计，21世纪以来，我国平均每年因气象灾害造成的直接经济损失高达2900亿元，气象灾害对人民生命财产安全造成了严重影响和威胁。当然，气候变化也是一个长期的过程，需要在一个大历史的视角下予以考察。本课题就是基于此的一个尝试。

我供职的中国农业大学经济管理学院的农业经济管理学科享有盛誉，迄今已近百年的历史了。2006年学院在农林经济管理一级学科下自设了农业经济史的博士学位点，其目的就是为经济学的研究提供史学的素养。至今这一方向的博士学位点仍旧是全国唯一一个，自2007年开始招生以来，已培养了多位博士研究生，出版了多部著作，也编撰了农业院校中普遍使用的农业经济史的教材。

本书的合作者均是我近年来在农业经济史方向指导的博士研究生，他们现在已成为其他高校和科研院所的研究人员。胡鹏博士，性格沉稳内敛，执着于学术研究，"不驰于空想，不骛于虚声"应该是符合他的写照，他的博士学位论文曾经获得过中国农业大学十佳优秀博士论文，现就职于西北大学，本书的四、五、六三章主要由他撰写。黄玉玺博士，颇有韧劲，吃苦耐劳，从硕士的农业经济管理方向转向了浩瀚的经济史史料的挖掘，其中艰辛，不言自知。在经过清华大学的博士后历练后，现就职于农业农村部，本书的第三章由他撰写。马烈博士，三晋人士，颇有古学人之风，性格执拗，敢于挑战自我，用经济学的视野探讨经济史的问题，为自己的科研开辟了新的领域，目前就职于中国社科院，本书的第二章主要由他撰写。我撰写了书稿的其他部分，并且对全部书稿进行了修改和总体把关。几位博士的学识及学术能力都有广阔的空间，也希望他们秉承学术初心，在未来取得更优秀的成绩！也相信他们必然会取得更辉煌的成就！感谢他们为该研究所付出的艰辛与努力！

书稿的完成当然还需要感谢很多很多的师长、好友与同学。感谢中国农业大学科研院对本书出版及基金申请时给予的诸多支持；感谢中国农业大学经济管理学院诸位领导及同事对本课题的完成及书稿的出版给予的帮助；感谢人民出版社邵永忠主任对本书专业的编辑；感谢我的家人对我工作和生活无微不至的照顾与支持！对此唯有铭记在心，以为前进之动力。

踵事增华，踔厉奋发！

谨以此书作为研究阶段的一个总结。

谨以此书致敬为民族复兴而努力的每一位同胞！

谨以此书献给不断与灾害抗争中前行的中华民族！

李　军

2021 年 11 月